유니콘 성장을 위한
하이 그로스 핸드북

유니콘 성장을 위한

하이 그로스
핸드북

1조 기업으로 성장시키는
스케일업 안내서

HIGH GROWTH HANDBOOK

Elad Gil
일라드 길
지음

최기원
옮김

황성현
감수

세종

일러두기

1. 저자주는 번호를 달아 미주로 처리했고, 옮긴이주는 기호로 표시하여 해당 페이지 하단에 각주 형식으로 넣었다.
2. 직함을 포함한 특정 용어(주로 경제 경영과 관련된 용어)는 처음 나올 때만 원어 병기해주고, 이후에는 약어로 표기하였다.
3. 이런 약어는 한눈에 살펴보기 쉽게 책 뒷부분에 따로 정리해두었다.

사랑스러운 아내 제니퍼와 아들 리아브,
두 사람 덕에 모든 일이 다시 가능해졌다.
존경하는 부모님과 멋진 누이,
수년 동안 나를 지지하고 믿어준 것에 감사의 마음을 전한다.

P.S. 앞으로 태어날 수도 있는 내 자녀(들),
아직 이 세상에 없어서 이름을 못 넣었다.

"일라드 길Elad Gil은 실리콘밸리에서 산전수전을 다 겪어본 가장 박식한 설립자 중 한 명이다. 당신의 스타트업을 제2의 구글이나 트위터로 만들고 싶은가? 그렇다면 이들 기업이 성장할 때 중심에서 진두지휘했던 일라드의 핵심가이드를 읽어보라."

_리드 호프먼Reid Hoffman, 링크드인LinkedIn의 공동 설립자

"한국의 많은 스타트업이 빠른 성장 과정에서 성장통을 겪는 것을 보게 된다. 실리콘밸리의 혁신 기업을 운영하고 자문했던 리더들의 조언을 통해 많은 국내 스타트업 대표들과 경영진이 혁신과 성장을 이루는 데 큰 도움을 받을 수 있으리라 생각한다. 국내에서 흔히 경험하거나 고민하지 못했던 영역들을 다룬 경영지침서로, 구체적인 사례들을 통해 명쾌하고 쉽게 풀어냈다. 스타트업뿐 아니라 모든 고성장 기업의 경영진과 직원들에게 일독을 권한다."

_황성현, 퀀텀인사이트 대표, 카카오 전 부사장

"일라드는 이사진 관리부터 시작해서 출혈 없이 회사를 기능적으로 재조직하는 노하우 등 복잡한 주제에 대해 진부한 조언 대신 실용적이고 단도직입적인 통찰력을 제시한다."

_딕 코스톨로Dick Costolo, 트위터Twitter의 전 CEO 겸 연쇄 창업가

"차고에서 시작해 회사를 키워나가는 창업자들에게 반드시 필요한 실용적인 조언을 담은 책이다. 실리콘밸리에서 가장 큰 성공을 거머쥔 기업들을 직접 키워내며 관찰한 내용을 아낌없이 제시한다."

맥스 레브친 Max Levchin, 어펌 Affirm의 공동 설립자 & CEO,
페이팔 Paypal의 공동 설립자 & CEO

"기술 분야에서 내로라하는 신생기업들을 키워내는 과정에서 얻은 생생한 노하우, 그리고 회사를 키워가는 데 필요한 핵심 틀을 소개하는 책이다. 나도 인스타카트 Instacart를 설립할 때 일라드의 조언이 많은 도움이 되었다. 내가 그에게서 얻은 여러 교훈이 책으로 소개되어 감회가 새롭다."

_ 아푸르바 메타 Apoorva Mehta, 인스타카트의 공동 설립자 겸 CEO

"일라드는 단 한 권의 책에 회사를 세우고 키워가는 데 필요한 모든 교훈을 녹아내었다. 우리가 박스 Box를 함께 설립하던 초창기에 이 책을 써서 노하우를 전수했더라면 내가 수없이 많은 난관을 겪지 않아도 되었을 텐데, 이 점이 아쉬울 따름이다."

_ 아론 레비 Aaron Levie, 박스의 공동 설립자 & CEO

저자의 말

서점에 가보면 기술 스타트업을 설립하는 초기 단계들(자금 조달에서 제품
과 시장의 정합성product/market fit ° 탐구부터 초기 팀 구축과 M&A Mergers and Acqui-
sitions(인수합병)를 통한 매각 등)에 관한 책이 넘쳐난다. 그러나 투자금을 회수한
엑시트exit °° 다음 단계에는 어떠한 관리가 필요할지 생각해보았는가? 직원
수 10~20명인 회사에서 수천 명인 회사로 키워나가는 과정에 필요한 생생
한 조언을 담은 책은 그동안 찾아보기가 어려웠다.

통계적으로 스타트업의 생존율만 보더라도 그 이유를 알 수 있다. 매년
수천 개의 스타트업이 세상의 빛을 보지만, 고성장high growth 단계('초고속
성장hypergrowth', '규모 확장scaling', 혹은 '선구breaking out'로 표현하기도 함)에 도
달하기 훨씬 전에 사라지거나 매수되는 경우가 다반사다. 창업을 경험하는
이들은 많지만, 규모를 확대하는 경우는 극히 드물다는 뜻이다.

창업 초기 단계의 기업들이 따르는 공통된 패턴이 존재하는 것처럼, 후기

° 제품이 시장에서 정말 고객이 원하는 제품인지 검증하는 것.
°° 기업 가치를 현금화하는 전략으로, 주로 M&A와 기업 공개IPO가 있으며 스타트업이 파산하거
나 중간에 청산하는 경우도 포함함.

단계의 고성장 회사들도 반복적으로 비슷한 문제에 직면한다. 결국 고성장 회사들은 조직 구조, 후기 투자 유치, 조직문화에 관한 문제를 해결하기 위해 또 창업자에게 버거운 역할과 업무를 수행하기 위해 임원을 채용하고, 다른 회사를 매입하는 등 비슷비슷한 이슈에 부딪힌다는 것이다. 대부분의 창업자들은 이와 같은 이슈를 처음 마주하며, 동시다발적으로 여러 이슈에 대한 해답을 찾아야 하는 상황에 처해 있다. 그렇기 때문에 초고속 성장을 향한 길은 마치 엄청난 스트레스를 불러일으키는 롤러코스터를 방불케 한다.

나는 2004년부터 각종 스타트업에 실무진 혹은 투자자로 참여하면서 기업 성장 주기의 거의 모든 단계를 경험했다. 구글 직원이 1,500~2,000명이던 때 나는 구글에 합류했고, 그로부터 4년 후 직원 수가 15,000명으로 늘어났을 때 회사를 나왔다. 그 후, '믹서 랩스Mixer Labs'라는 회사를 창업했다. 트위터의 직원이 약 90명이던 시절에 인수했던 회사가 바로 믹서 랩스다. 인수합병 이후 나는 트위터의 부사장이 되었는데, 직원 수 100명에서 1천 명으로 키워야 하는 임무가 주어졌다. 그로부터 2년 6개월이 지나 트위터의 직원이 약 1,500명에 도달했을 때, 나는 회사를 나왔다. 그 이후에는 1년 동안 트위터의 CEO 겸 COOChief Operating Officer(최고운영책임자)의 고문 역할을 담당했다. 당시 트위터의 직원은 약 2,500명이었다. 나는 트위터에서 제품, 플랫폼, 세계 시장 공략, 유저의 성장, M&A, 채용, 조직적 프로세스, 기업문화, 그리고 회사 규모를 확장하는 여러 측면을 포함한 다양한 부문에 관여했다.

또한 나는 에어비앤비Airbnb, 코인베이스Coinbase, 거스토Gusto, 인스타카트, 오픈도어Open Door, 핀터레스트Pinterest, 스트라이프Stripe, 스퀘어Square, 위시Wish와 같은 다수의 선구breakout 혹은 고성장 기업의 투자자이기도 하다. 기업에 도움이 되는 여러 의미 있는 방식으로 자문을 제공하기도 하고, 기업들이 성장하는 모습을 단순히 관망하기도 했다.[1]

그 과정에서 여러 고성장 기업들이 갖고 있는 공통된 패턴을 발견하게 되었다. 창업자, CEO, 임원들은 회사의 규모를 키우려 할 때 항상 비슷한 질문과 고민으로 나를 찾아왔다.

내가 이 책을 쓰는 이유는 그 사람들의 여러 질문에 답을 하고, 내가 경험으로 얻은 주요 교훈을 정리하고 싶어서다. 같은 맥락에서 오랜 세월 동안 블로그를 운영해왔는데, 이 책에서는 블로그 게시글에서 출발한 챕터들이 더러 있다. 앞으로도 블로그에 새로운 글을 꾸준히 올릴 예정이다. 최근 게시물, 추가 자료, 이 책에서 언급하는 여러 온라인 참고자료와 기사에 대한 링크는 growth.eladgil.com에서 확인할 수 있다.

책에서 전하는 조언을 최대한 전략적으로 이용하여 회사를 경영·확장한 경험이 없는 투자자와 의미 없는 논의를 하지 않길 바라는 마음으로 이 책을 썼다. 부디 이 책이 초고속 성장 단계에 있는 회사, 최초로 기업의 규모를 키우고자 하는 창업자, CEO, 그리고 직원들에게 도움이 되길 바란다.

스타트업을 향한 모든 조언은 허울 좋은 말잔치로 끝날 수 있다. 나는 스타트업에 보편적으로 적용되는 조언은 애초에 없다고 주장하는 사람이다. 이 책의 내용을 가감하여 받아들이길 바란다. 누군가의 경험을 공유하는 것일 뿐, 모든 상황의 모든 회사에 적용될 수 있는 규정집과는 거리가 멀다.

당신의 기업이 고성장 단계에 도달했지만 모든 게 뒤죽박죽인 것 같고, 겁나며 스트레스를 받더라도 걱정하지 마시라. 누구나 처음엔 그런 감정을 느끼기 때문이다. 안전벨트는 잘 매었는가? 질풍노도의 여정을 신나게 출발해보자!

일라드 길
@eladgil

이 책의 사용법

이 책은 2007년부터 운영한 내 블로그(blog.eladgil.com)에서 출발한다.

그러니 소설이나 교과서처럼 한 번에 읽히는 책은 아니다. 업무에서 어떠한 관점이나 조언이 궁금할 때, 구체적인 주제에 대한 유용한 지침을 얻기 위해 들춰 보는 참고서로 읽길 바란다.

이 책에는 업계에서 상당히 인정받는 여러 창업자를 만나며 인터뷰한 내용을 실었다. 나는 실리콘밸리 역사를 통틀어 가장 빠르게 성장한 몇몇 기업에서 일한 경험이 있지만, 내 경험만으로는 풍부한 조언이 나오기 어렵다고 판단했기 때문이다. 여러 사람의 의견을 듣는 것이 도움이 될 때가 많다는 점도 한 몫 했다. 내 관점과 전적으로 같지 않을 때도 있지만 훌륭한 전문가들의 관점을 이 책에 싣게 되어 영광이다.

개인적으로 관심 있는 인터뷰를 먼저 읽어도 좋고, 순서대로 읽어 나가도 좋다. 귀감이 될 만한 이야기와 소중한 조언이 넘쳐나는 책이다.

유용한 온라인 참고 사항에 관한 사이트 주소는 미주에 포함했다. 내 사이트에 가면 참고 내용에 직접 링크를 타고 들어가 확인할 수 있다.

관련 링크, 추가 출처, 업데이트 사항은 growth.eladgil.com에서 확인할 수 있다.

이 책의 인터뷰이 interviewee

마크 앤드리슨 Marc Andreessen : 앤드리슨 호로비츠 공동 설립자, 페이스북 이사

클레어 휴스 존슨 Claire Hughes Johnson : 스트라이프 COO

리드 호프먼 Reid Hoffman : 링크드인 공동 설립자

나발 라비칸트 Naval Ravikant : 엔젤리스트 공동 설립자 겸 회장

샘 올트먼 Sam Altman : Y 콤비네이터 전 CEO

키스 라보이스 Keith Rabois : 오픈도어 공동 설립자

에런 레비 Aaron Levie : 박스 공동 설립자 겸 CEO

마리암 나피시 Mariam Naficy : 민티드 설립자 겸 CEO

루치 상비 Ruchi Sanghvi : 코브 공동 설립자 겸 전 CEO

패트릭 콜리슨 Patrick Collison : 스트라이프 공동 설립자 겸 CEO

조엘 에머슨 Joelle Emerson : 패러다임 설립자 겸 CEO

섀넌 스투보 브레이턴 Shannon Stubo Brayton : 링크드인 CMO

에린 포스 Erin Fors : 커트라인 커뮤니케이션스 공동 설립자 겸 사장

헤먼트 타네자 Hemant Taneja : 어드밴스드 에너지 이코노미 공동 설립자

차
례

이 책에 쏟아진 찬사   006
저자의 말   008
이 책의 사용법   012

마크 앤드리슨과의 인터뷰 • 018

CHAPTER 01 | CEO는 모든 일을 하는 사람이 아니다

CEO의 역할: 자기 관리 • 036 | 개인 시간 관리 • 037 | 업무 위임하기 • 038 | 주 단위, 월 단위로 일정표 점검하기 • 041 | 거절하는 법을 배우라 • 043 | 이전의 업무 처리 패턴은 효과가 없다 • 045 | 반드시 휴가를 떠나고 휴식 시간을 챙겨라 • 045 | 취미생활을 하라 • 047 | CEO의 역할: CEO의 직속 부하직원 관리 • 047 | 클레어 휴스 존슨과의 인터뷰 • 050 | 인사이트–클레어와 일하는 법에 관한 지침서 • 067 | 공동 설립자 체계의 변화 • 077

CHAPTER 02 | 단순히 자리만 채우는 이사진은 필요 없다

이사진 '모집' • 084 | 이사회에 적합한 VC 파트너 선택하기 • 085 | 사외이사 선택하기 • 086 | 이사회 의장 • 095 | 이사진의 다양성 • 096 | 다양한 이사 후보자들을 모집하는 방법 • 097 | 회사의 변화에 따른 이사회의 변화 • 099 | 이사진에서 사퇴시키기 • 100 | VC 임원 사퇴시키기 • 100 | 사외이사 사임시키기 • 104 | 사외이사직의 구조 • 105 | 리드 호프먼과의 인터뷰 • 107 | CEO의 역할: 이사회 관리 • 119 | 이사회 회의 구조 • 119 | 이사회 회의 안건 • 121 | 이사회 회의에 참관인과 무작위 직급이 참석하는 경우 • 122 | 이사진과의 활발한 교류 • 122 | 나발 라비칸트와의 인터뷰(파트 1) • 124

CHAPTER 03 | 다양한 인재를 찾아내는 섬세한 노하우

채용에 관한 '모범 실무 사례'를 구축하라 · 134 | 모든 직무에 업무 분장서를 기록하라 · 135 | 모든 후보에게 같은 질문을 하라 · 136 | 면접을 시행하기 전에 각 면접관이 집중할 분야를 배분하라 · 136 | 샘플 작업을 통한 면접 · 136 | 후보에 대한 점수 평가 · 137 | 신속한 일 처리 · 137 | 후보의 평판을 조회하라 · 138 | 후보의 다양성 · 139 | 채용 조직 확대 · 140 | 스타트업 초기: 경영진이 채용 담당자 역할 맡기 · 140 | 초기 확대 단계: 사내 채용 담당자 영입하기 · 141 | 고성장을 향한 길: 세분화된 채용 담당자들의 역할 · 143 | 임원 채용: 리테이너 방식 · 145 | 직원 온보딩 과정 · 146 | 환영 이메일을 보내기 · 146 | 환영의 의미를 담은 '웰컴 패키지' · 147 | '버디 시스템' · 147 | 주인의식 부여 · 147 | 목표 설정 · 148 | '노땅·꼰대' 신드롬: 장기근속 직원 보유의 장단점 · 148 | 장기근속 직원의 성장 가능성 · 149 | 변화가 필요한 '노땅 임직원' · 150 | 샘 골드민파의 인디뷰 · 154

CHAPTER 04 | 완벽한 임원을 뽑아야 한다는 강박에서 벗어나라

임원진 채용 · 168 | 12~18개월 동안 일해줄 임원을 채용하라 · 170 | 임원진을 물색할 때 고려해야 하는 자질 · 170 | 역할을 정의하고, 성공적으로 그 역할을 해내는 사람들을 만나보라 · 173 | 한두 번 정도는 전 직원을 교체할 수 있다는 가능성을 생각하라 · 174 | 키스 라보이스와의 인터뷰(파트 1) · 176 | COO가 필요한가 · 195 | 왜 COO가 필요한가 · 195 | COO를 채용하지 않는 이유는 무엇인가 · 197 | COO를 어떻게 채용하는가 · 197 | 에런 레비와의 인터뷰 · 200 | 임원의 직급과 실용주의 · 212 | 임원 해고하기 · 213 | 유능한 사업 개발 담당자를 채용하는 방법 · 216 | 유능한 사업 개발 담당자 · 216 | 자격 미달인 사업 개발 담당자 · 218 | 유능한 사업 개발 담당자를 발굴하는 방법 · 220 | 유능한 거래 담당자는 대체적으로 파트너 관리 능력은 부족하다 · 222 | 마리암 나피시와의 인터뷰 · 223

CHAPTER 05 | 조직을 구성하는 방법에는 정답이 없다

실용주의는 조직 구조의 근간이다 · 242 | 회사가 빠르게 성장하고 있다면 6~12개월에

한 번씩 새로운 회사를 경영하는 것과 다름없다 · 243 | '정답'은 없다 · 243 | 완벽한 궁합보다 더 중요한 역량 · 244 | 제3자의 최종 판가름이 필요할 때가 많은 조직 구조 · 245 | 향후 12~18개월을 내다보고 임원을 채용하라 · 245 | 조직 개편 · 246 | 전사적·부서별 조직 개편 · 247 | 조직 개편 방법 · 248 | 루치 상비와의 인터뷰 · 252 | 기업문화와 진화 · 267 | 조직문화를 위협하는 것은 금물: 조직문화는 타협의 대상이 아니다 · 267 | 나쁜 문화의 결말은 고통 그 자체 · 268 | 견실한 문화를 구축하는 방법 · 269 | 회사의 문화와 가치관에 기반을 둔 채용 · 269 | 패트릭 콜리슨과의 인터뷰 · 272 | 다양성을 고려한 채용 · 288 | 조엘 에머슨과의 인터뷰 · 290 | 경기 침체기의 회사 경영 · 307

CHAPTER 06 | 마케팅과 PR은 씨앗 뿌리기다

마케팅, PR, 커뮤니케이션, 성장, 그리고 자사 브랜드 · 312 | '성장 중심 마케팅' · 312 | 제품 마케팅 · 313 | 브랜드 마케팅 · 314 | PR과 커뮤니케이션 · 314 | 마케팅팀과 PR팀 채용 · 315 | 마케팅 조직 구조 · 315 | PR을 할 것인가, 말 것인가 · 316 | 섀넌 스투보 브레이턴과의 인터뷰 · 317 | PR의 기본 사항 · 332 | '미디어 트레이닝' · 332 | 회사 소개 멘트 반복 연습 · 333 | '온 백그라운드', '오프 더 레코드', '온 더 레코드'의 차이 · 333 | 틀린 사실 정정하기 · 334 | 취재 방향 파악하기 · 335 | PR 전문가 채용하기 · 335 | 언론사와 관계 구축하기 · 336 | 최대한 일찍 PR 활동 착수하기 · 336 | 언론 노출이 성공을 담보하지는 않는다 · 337 | PR과 위기관리 · 337 | 에린 포스와의 인터뷰 · 339

CHAPTER 07 | PM은 제품의 CEO다

제품 관리 개요 · 356 | PM의 역할 · 356 | 적임자가 맞는가 · 361 | 훌륭한 PM의 특징 · 362 | PM의 네 가지 부류 · 363 | PM은 '프로젝트 관리자'가 아니다 · 366 | 수습 PM & 순환 보직형 PM · 366 | PM 면접하기 · 367 | 제품과 직결된 모든 채용 건에 대한 평판 조회의 필요성 · 369 | 제품, 디자인, 엔지니어링: 어떻게 접점을 찾을 것인가 · 370 | 실력 있는 제품 VP 영입하기 · 371 | 제품 VP의 역량 강화 · 373 | 제품 관리 프로세스 · 374 | 제품 관리직으로의 전환과 PM 교육 · 377 | 출시에서 보급까지 내다보는 자세 · 379

| CHAPTER | 회사의 가치가 가장 높을 때 자금을 유치하는 |
| 08 | 것이 정답일까? |

돈, 돈, 돈 • 384 | 후기 파이낸싱: 누구를 설득해야 하는가 • 385 | 후기 투자자들의 종류 • 387 | 후기 단계의 펀딩 자금 출처를 평가하는 방법 • 394 | 용어 설명 • 397 | 신중한 접근이 필요 • 399 | 본인 회사의 가치에 대한 지나친 낙관은 금물 • 400 | 설립자를 짓누르는 부담감 • 402 | 구주 매각 • 403 | 주식 매도를 고민하는 평가액 5억~10억 달러의 시기 • 404 | 설립자의 지분 매각 • 405 | 구주 매출을 조기에 하지 않으면 역효과 발생 • 406 | 구주 매출의 종류 • 407 | 정보 공유와 세컨더리 매수자 • 412 | 직원들이 매도할 수 있는 주식 상한선 • 413 | 투자자의 매도: 재협상의 기회 • 415 | 향후 매도 봉쇄 • 417 | 409A와 양도제한조건부주식 • 418 | RSU 선택 전략 • 419 | 구주매매: 직원들의 관점 • 420 | IPO: 회사의 상장 • 426 | 회사 상장의 장점 • 427 | 회사 상장의 단점 • 428 | 시장 주기 • 429 | IPO 절차 • 431 | 키스 라보이스와의 인터뷰(파트 2) • 432 | 나발 라비칸트와의 인터뷰(파트 2) • 442

| CHAPTER | 기업 인수로 업계 강자가 되다 |
| 09 | |

M&A: 다른 기업 인수하기 • 464 | 기업 인수를 언제 시작해야 하는가 • 465 | 세 가지 종류의 기업 인수 • 466 | M&A 로드맵 • 469 | 내부 이해관계자 관리 • 470 | 반대 의견에 대처하기 • 472 | M&A 인터뷰 프로세스 • 475 | M&A: 인수하는 기업에 대한 가치 평가 • 477 | 모든 종류의 M&A를 평가하기 위한 가치 평가 요소 • 477 | 팀의 인수 혹은 '애퀴하이어' • 478 | 제품의 인수 • 480 | 전략적 인수 • 481 | M&A: 주요 투자자들을 포함한 상대방에게 회사를 매각하도록 설득하기 • 482 | 매각 설득하기: 팀과 제품의 인수 • 483 | 창업자에게 회사를 매각하도록 설득하기: 전략적 인수 • 486 | M&A: 인수 협상 • 488 | 매각 협상: 전략적 자산 • 492 | 헤먼트 타네자와의 인터뷰 • 493

부록	금기시해야 할 것들	507
감사의 글		510
약어 목록		512
미주		514

제품이 시장에서 통했다면, 이제 어떤 방향으로 나아가야 할까?

마크 앤드리슨과의 인터뷰

마크 앤드리슨은 벤처 캐피털 기업 '앤드리슨 호로비츠 Andreessen Horowitz'의 공동 설립자이자 펀드 운용자 general partner다. IT업계에 큰 획을 그은 인터넷 브라우저 가운데 하나인 모자이크를 공동 발명했고, 42억 달러에 AOL로 인수된 넷스케이프 Netscape를 공동 설립했다. 또한 옵스웨어 Opsware가 휴렛팩커드 Hewlett-Packard에 16억 달러에 매각한 '라우드클라우드 Loudcloud'를 공동 설립했다. 일리노이대학교 어바나–샴페인캠퍼스에서 컴퓨터 공학을 전공한 그는 페이스북 Facebook과 휴렛팩커드를 비롯한 다수의 앤드리슨 호로비츠 포트폴리오 회사에서 이사로 재직하고 있다.

내가 개발한 신제품이 소비자들의 일상생활에 자연스럽게 녹아드는 것을 보는 일만큼 신나는 일이 있을까? 그러나 제품과 시장의 정합성을 맞춘 이후의 단계에서 실제로 많은 창업자가 난관을 겪기 시작한다. 시장에서 대박을 치겠다는 일념 아래 열정을 쏟아붓고 난 다음 단계는 어떻게 진행해야 할까? 성패를 좌우하는 순간에 대해 마크 앤드리슨만큼 풍부한 통찰력을 지닌 전문가도 드물 것이다. 여러 기업을 세상에 탄생시킨 설립자이자, 실리콘밸리에서 가장 영향력 있는 투자자 중 한 명인 그는 이처럼 중요한 기로에서 스타트업이 내리는 결정이 회사 차원에서 일생일대의 결정이 된다는 점을 몸소 체험했다. 나는 마크 앤드리슨에게 스타트업의 경영인들이 초기의 성공을 끝까지 이어가는 노하우를 얻기 위한 고견을 구했다.

인터뷰에서는 어떻게 직속 부하직원을 관리하는지, 어떻게 조직도를 설계하는지, 회사의 규모 확장에 도움이 될 부서별 기능화를 어떻게 구축하는지에 관한 노하우를 배우고, 전략적으로 계획을 수립하는 방법 및 회사가 커지면서 창업자들이 시간을 어떻게 배분해야 하는지를 알아본다.

일라드 길　제품과 시장의 정합성을 맞춘 이후, 회사의 성공을 결정짓는 가장 중요한 관건은 무엇인가? 첫 출시품이 홈런을 쳤고, 모든 게 확대되는 중이며, 다 잘되고 있다는 느낌을 받는 순간이 있다. 그때 당신이 생각하는 세 가지 주요 요소는 무엇이고, 회사를 이끌어 나가면서 사람들이 가장 보편적으로 마주하는 이슈는 무엇인가?

마크 앤드리슨　세 가지 주요 카테고리가 있다고 생각한다. 제품이 시장의 니즈에 적중한 이후에는 본격적으로 시장점유율에 최대한 집중하며, "어떻게 하면 해당 제품을 시장 전체로 넓혀나갈 수 있는가?", "점유율을 어떻게 확대할 것인가?"를 고민해야 한다. 대부분의 기술 시장에서는 하나의 기업이 대부분의 점유율을 장악하는 경향이 있기 때문이다. 또한 수익 관점에서는 해당 기업 영역에서 창출되는 모든 가치가 그 단일 기업이 창출해내는 가치인 경우가 많다. 신제품 개발을 비롯해 다른 사업 아이템들에 대해서도 한 기업이 모든 자원을 갖고 있을 확률도 높다.

이처럼 시장을 장악한다는 것은 어마어마한 일이다. 같은 맥락에서 사업하는 사람이라면 세계 무대는 실제로 매우 넓다는 점을 항상 기억해야 한다. 시장이 점점 커지고 있다는 점도 희소식이다. 많은 소비자가 인터넷 세상에 진입했고, 소프트웨어를 사용하는 비즈니스가 많아졌다. 경제의 많은 부문에서 이 모든 사실이 중요해졌다. 따라서 시장의 규모는 최대치를 경신하고 있다.

다만 이는 조직과 사업 모델을 구축하고, 판매하는 제품을 모든 고객에게 전달하는 유통 역량을 키우는 작업이 큰 도전 과제가 되었다는 의미이기도 하다. 획기적인 제품을 개발하는 기술 창업자들은 대개 시장을 장악하기 위한 그다음 조치를 직관적으로 이해하지 못하는 경우가 많다.

여기까지가 첫 번째 단계이고, 두 번째 단계는 다음 제품을 구상하는 것이다. 우리는 제품 주기로 먹고사는 사람들이다. 즉, 기술 분야에서 모든 제품은 도태되기 마련이고, 그 시기가 매우 빠르게 찾아온다. 현재의 제품을 출시해서 시장을 장악했다고 해도, 혁신을 위한 노력 없이 넋 놓고 있으면 기존 제품에 권태기가 찾아온다. 그리고 다른 누군가가 더 나은 제품을 출시하여 시장을 빼앗아버릴 것이다.

그러니 지체 없이 다음 제품으로 나아가야 한다. 물론 뼈를 깎는 고통이 요구된다. 첫 제품을 세상에 선보이기까지 충분히 고된 과정이었을 테지만, 이번엔 더 독한 여정이 펼쳐진다. 다만 두 가지 과정에서 공통분모는 존재한다. 일단 시장을 장악하게 되면 R&D **Research & Development**(연구개발)에 막대한 투자를 할 만큼 재정적 여력이 막강해진다는 점이다. M&A를 염두에 둔다면 필요에 따라 인수를 통해 두 번째 제품을 매입할 수 있다. 이는 두 번째 제품을 손에 넣을 수 있는 대안 중 하나다.

> "혁신을 위한 노력 없이 넋 놓고 있으면 기존 제품에
> 권태기가 찾아온다. 그리고 다른 누군가가 더 나은
> 제품을 출시하여 시장을 빼앗아버릴 것이다."
>
> _마크 앤드리슨

일라드　　　두 번째 제품도 기존의 유통망을 활용할 수 있으면 좋을 것 같다.

마크   정답이다. 그런데 성공한 기술기업들이 활용한 사업 모델을 보면, 제품 중심적인 것이라는 일반적 통념과 달리 유통을 중심에 둔다는 점을 알 수 있다. 세상의 빛을 볼 수 있게 하는 유통망에 전념한다는 의미다. 같은 유통망을 이용해 그다음에 나오는 신제품들을 판매하는 수순이다.

스타트업의 경우 월등한 제품을 들고 나와도 유통망이 막강한 기업에 치여 밀릴 때가 가장 힘들다. 기술 산업의 역사를 돌이켜봤을 때 보편적인 패턴이기도 하다. 지난 50년, 60년, 나아가 70년에 걸쳐 IBM, 마이크로소프트, 시스코와 같은 거물 기술기업들이 승승장구한 비결이기도 하다.

마지막으로 세 번째 단계에서는 첫 번째와 두 번째 단계에서 하지 않은 '나머지 모든 일'을 해야 한다. 즉, 세상에 내놓은 제품과 그동안 활용한 유통망을 토대로 어엿한 회사를 차리는 일에 전념해야 한다. 회사를 차린다는 것은 재무, HR_{Human Resources(인사)}, 법무, 마케팅, PR_{Public Relations(홍보)}, 투자자 관계, 채용의 각 부문에서 유능해야 한다는 의미다.

이런 부문들은 한시적으로 쉽게 간과해도 별문제 없을 분야들이기도 하다. 히트 상품과 훌륭한 판매망이 있으니, 나머지 문제는 크게 신경 쓰이지 않을 것이다. 그러나 나머지 부문을 오래 방치할수록, 리스크를 키우고 자승자박의 길로 들어서게 된다.

특히 오늘날 기술기업이 방치했다가 뒤통수 맞는 부문이 바로 HR이다. 실리콘밸리에서 HR이 중요하지 않다며 방치한 여러 기업이 현재 공공연하게 사면초가 상태에 있거나 곧 그 상태에 빠질 기미가 보인다. 피할 수 있었던 실수이기 때문에 안타까운 심정이다. 초기부터 HR에 진지하게 접근했다면 닥치게 될 여러 문제를 슬기롭게 극복할 수 있었을 텐데 말이다. 이처럼 HR은 진중하게 강조해야 하는 부문이다. 그다음에는 법무 기능을 꼽을 수 있다. 실리콘밸리에서 법은 지키면 다행이고, 중죄를 저질러도 상관없다는 사고방식을 지닌 기업들이 종종 있다. CEO에게 법적으로 넘어서면 안 되는 선을 설명해줄 수 있는 법무실장이 없다면 기업에 큰 화를 불러올 수 있다.

또한 재무 기능도 당연히 중시해야 한다. 비상식적인 비용 구조나 얼토당토않은 가격 체계로 재정을 날려버리는 기업들을 보면 그 중요성을 알 수 있다.

일라드 기업을 처음 설립한 창업자들을 비롯한 여러 창업자가 공통적으로 하는 질문은 "과연 어느 시점에 HR 총괄 혹은 HR 부서의 직원, 법무실장, 재무 직원 등을 채용할 것인가?"이다. 파이낸싱 단계에서 어떤 시점에 이들을 채용하는 것이 효과적인가? 아니면 회사의 수익이 어느 수준에 도달했을 때 채용하는 편이 나은가? 직원이 몇 명일 때 채용하면 좋은가? 회사의 각기 다른 부서를 추가하기에 적절한 시점은 언제인가?

마크 직원 수가 50~150명일 때가 적합하다. 직원 수가 50명을 넘어 150명이 될 때까지 HR 기능을 별도로 두지 않으면 앞으로 큰 문제가 생길 수도 있다.

그 이유는 다음과 같이 설명할 수 있다. 150은 '던바의 숫자Dunbar number', 즉 한 사람이 직접 알 수 있는 사람의 수가 많아야 150명 정도라는 의미다. 따라서 50~150명 사이의 조직에서는 모든 사람이 서로를 알기 힘들다. 전혀 만나본 적 없는 같은 조직 구성원이 모르는 사람처럼 왔다 갔다 하는 것이다. 직원 수가 5명, 10명 혹은 20명이던 시절에는 행복한 대가족의 느낌으로 오순도순 지내며 최소한 모든 사람들이 서로를 알고 있었을 것이다(물론 그 반대일 수도 있다). CEO도 회사의 모든 직원과 일대일로 직접적인 관계를 가질 수 있다. 그러나 50명이 넘어가면 쉽지 않다. 회사 내에서 주관적 감정을 배제한 전문적인 대인 관계 체계가 필요한 시점인 것이다. 적절한 HR 기능이 없는 조직에서는 HR의 문제로 분위기가 크게 흐트러진다. 직장에서 갖춰야 할 프로다운 행동과 사적인 행동의 경계를 구분 못하는 이들이 더러 있기 때문이다. 무질서 속에서 너무나 많은 사람들이 서로 소통하느라 매우 어수선해진다.

일라드　　이 세 가지 사항을 하나씩 짚어보자. 시장을 장악하고 싶을 때, 우선 무엇을 실행해야 하는가? 이 문제에서 사람들이 흔히 놓치는 지점은 무엇인가? 또는 어느 단계에서 일을 그르치는지 알고 싶다.

마크　　어느 시장이든 '얼리 어답터early adopter' 소비자들이 있다. 모든 신제품에 얼리 어답터가 존재한다는 사실은 가만히 생각해보면 놀랍기도 하다. 동시에 공급 일선에서는 소비자의 욕구에 맞추려고 노력하는 사람들이 있다. 그들은 매일 사람들이 새롭게 여길 만한 무언가를 탐구하며 고민한다. 회사 차원에서도 '얼리 어답터' CIOChief Information Officer(최고정보관리책임자)가 있다. 포춘 500대 기업의 CIO들은 관계형 데이터베이스, AI 등 차세대 신기술을 찾아 나서는 일에 전념한다는 데 자부심을 갖고 산다. 주위를 둘러보면 많이 있을 것이다.

　제품과 시장의 정합성이란 이러한 얼리 어답터와의 정합성을 일컫기도 한다. 얼리 어답터들은 대체로 신기술에 극도로 열광하는 이들이다. 신기술을 구현할 판매사vender company, 공급 업체를 직접 찾아 나서는 경우도 많다. 얼리 어답터 CIO가 만약 당신 회사의 제품을 보고, "우와! 정말 끝내주는데요. 한 번 써봐도 되나요?"라고 흥분하며 말한다면 제품과 시장의 정합성이 좋다는 신호다.

다만 문제는 얼리 어답터들이 전체 시장에서 차지하는 비중이 매우 적다는 점이다. 이에 많은 창업자들, 특히 기술을 직접 다루는 창업자들은 얼리 어답터의 좋은 반응을 보고, 시장의 다른 소비자들도 이들처럼 반응할 것이라고 스스로 확신하곤 한다. 고객들이 제품을 찾아줄 것이라고 확신에 차기도 하는데, 현실은 그렇게 녹록지 않다.

소비자들은 굳이 새로운 제품이나 신기술 없는 기존의 제품으로도 충분히 만족할 수 있다. 오히려 새로운 차세대 제품을 시도한다는 명분이 있어야 관심을 보인다. 이러한 노력을 마케팅 전략으로 간주할 수도 있고, '그로스 해킹growth hacking °' 혹은 '사용자 확보user acquisition'로 칭할 수 있다. 그 명칭이 무엇이든 유통망을 적절히 구축했는지 여부가 가장 중요한 관건이다.

특히 B2BBusiness to Business(기업 간 거래) 사업에는 더욱 그러하다. 전 세계에서 비즈니스를 하는 대부분의 사람과 CIO, 혹은 비즈니스를 위해 기술을 인수하고자 하는 사람이라면 뜬금없이 '배팅을 할 차세대 대박 아이템을 찾아볼까?'라고 생각하지 않는다. 사업가적인 사고방식과는 거리가 먼 생각이다. 구상하는 아이템을 시장에 선보일 유통 역량이 반드시 확보되어야 하기 때문이다.

다만 시장점유율에 함정이 있다는 점을 명심해야 한다. 얼리 어답터만 공략할 경우, 시장의 5퍼센트는 점유할 수 있겠지만, 나머지 95퍼센트에게는 다가갈 수 없는 노릇이다. 다시 말해 다른 누군가가 95퍼센트를 손에 넣게 된다는 의미다.

° 시장과 유저로부터 나오는 데이터 분석을 통해 상품 및 서비스에서 개선해야 할 사항을 계속 점검하고 반영함으로써 사업 성장을 극대화하는 온라인 마케팅 기법.

VC Venture Capital(벤처 캐피털)[o] 분야에서 분명한 사실이 하나 있다. 뭔가 돈이 되겠다 싶으면 벌 떼처럼 달려들어 경쟁이 치열해진다는 것이다. 우리는 매번 얘기한다. "이 스타트업은 뭔가 특별해 보이네. 희소성이 강한 제품이라 특별히 경쟁이 치열할 것 같진 않네." 그러나 늘 그렇듯 6개월 후면 VC를 등에 업은 경쟁사 20여 곳이 완전히 같은 사업을 하는 형국이 펼쳐진다.

따라서 시장에 첫발을 디딘 업체가 시장의 95퍼센트를 점유하지 못하면 다른 사업체의 몫이 된다. 첫째, 95퍼센트의 시장점유율을 차지한 사업체가 이윤을 싹쓸이해갈 것이다. 모든 투자 수익과 직원 상여금도 그 회사로 흘러 들어간다. 둘째, 그 회사는 자원을 늘리며 소비자들의 욕구를 깊이 파고든다. 시장에 해당 아이템을 처음으로 선보여 작은 지분이나마 '얼리 어답터'를 손에 넣은 회사를 인수하는 경우가 대부분이다. 그렇게 되면 시장 전체를 싹쓸이하게 된다.

일라드　스타트업들이 시장에서 생존력을 유지하기 위한 3~4가지 주요 사항을 잘 설명해주었다. 첫째는 지속적으로 제품을 수정하고, 목표로 하는 시장에서 점유율을 높일 제품을 만드는 것이고, 둘째는 유통망 구축에 힘쓰는 것이다. 세 번째는 M&A다. 오늘날 실리콘밸리에서는 특히 차세대 기업에 대한 인수를 비롯한 M&A 활용도가 현저히 낮은 편이다. 시가총액이 10억~20억 달러인 기업은 다른 업체를 인수하는 전략을 실행해야 할 것이다.

---

[o]　잠재성 있는 벤처기업에 자금을 대고 경영과 기술 지도 등을 지원하여 자본이득을 추구하는 금융자본.

당신이 언급하지 않은 것 중에 좀 더 듣고 싶은 부분이 '해자垓字(moat)'○ 혹은 '경쟁 우위'다. 현재 사업에 대한 보호망을 강화한다고 해석할 수 있다. 당신이 이 네 가지 요소를 떠올릴 때, 각각에 대한 중요도를 어떻게 평가하고, 스타트업들이 보편적으로 실패하는 부분은 무엇인가?

마크　　　우선 현재의 사업 환경에서 내 예상만큼 M&A가 진행되지 않는다는 점이 당황스럽다. 거물 기술기업들이 충분한 인수를 하지 않고 있는 것이 분명하다. 이 부분만큼은 아무도 이의 제기를 할 수 없을 것 같다. 과거에 이들 기업의 선배격인 여러 기술기업들은 M&A에 대해 훨씬 공격적으로 입지를 구축했다. 그러나 현재 포춘 500대 기업 중 대형 상장기업들은 M&A에 대한 공격적 태도가 결여되었다고 생각한다.

그저 일시적 소강이려니 한다. 하지만 지금부터 5년 후에는 매우 다른 담론이 오가지 않을까 싶다. M&A의 활용도가 낮다는 사실이 극명해질 테니 말이다. M&A는 그 사용법을 알고 적재적소에 공격적으로 사용하면 매우 효과적인 무기가 될 수 있다고 믿는다.

실리콘밸리에서 시스코는 훌륭한 사례 연구 대상 중 하나다. 시스코는 매우 성공적이고, 규모가 크며, 입지를 탄탄하게 구축했는데, 그 비결 중 큰 부분을 차지하는 것이 바로 M&A이기 때문이다. 구글도 마찬가지다. 구글의 성공담에서 많이 회자되지 않는 부분이 있다. 지금의 구글을 가능하게 한 것이 바로 M&A라는 점이다. 오늘날 구글에서 비롯된 수많은 제품이 탄생하기까지 구글이 얼마나 많은 회사를 인수했는지, 사람들은 크게 관심을

○　　성城 주위를 두르고 있는 연못으로, 외부 공격으로부터 성을 보호한다. 이 용어를 처음 사용한 '워렌 버핏'식으로 해석하면 '기업이 시장에서 경쟁을 허용치 않을 만큼 독점 지위를 갖는 것'을 의미한다.

두지 않는 듯하다.

구글의 주요 인수 사례

- 더블클릭 DoubleClick: 구글의 애드워즈 AdWords 네트워크의 백본 backbone(중심 네트워크)에 추가함.
- 유튜브 YouTube: 인터넷에서 사람들이 가장 많이 찾는 사이트 중 한 곳.
- 라이틀리 Writely: 후에 '구글 독스 Google Docs'가 되었고, 그다음에는 'G 스위트 G Suite' 가 됨.
- 웨어2 Where2: 후에 '구글 지도 Google Maps'가 됨.
- 안드로이드: 이용자 수가 가장 많은 모바일 운영 시스템. 더 설명이 필요할까?

보호망 얘기로 돌아가 보자. 제품의 혁신과 유통망 구축이 적절히 결합되었을 때 강력한 보호망을 구축할 수 있다고 생각한다. 일단 보호망을 구축하고 난 뒤에는 제품이 안정적으로 판매될 수 있도록 그 보호망을 최대한 많이 활용할 것이다. 여기에서 이상적인 '피터 틸 Peter Thiel (페이팔의 설립자)'의 사업 모델 "그 누구도 만들 수 없는 것을 만들라" 혹은 스페이스엑스 SpaceX 모델 "재능 있는 모든 인재를 포섭하라"를 상기할 수 있다.

그러나 여기에도 함정이 있다. 제품(생산) 단계에서 논하는 진정한 보호망이란 훌륭한 엔지니어가 넘쳐나는 실리콘밸리에서는 거의 존재하지 않기 때문이다. 심지어 매일 새로운 엔지니어들이 스탠퍼드대학교나 다른 국가들에서 실리콘밸리로 영입되고 있다.

그다음으로는 단순한 추격이 아닌 '추월 leap-frogging'의 문제가 있다. 아무리 좋은 제품을 시장에 들고 나왔어도, 다른 회사가 그 제품의 취약점을 보완하여 더 나은 제품을 출시하면 노력이 수포로 돌아간다. 따라서 제품 차원의 순수한 보호망이 있으면 더할 나위 없이 좋겠지만, 그 가능성은 희박하다.

나는 유통 부문의 경쟁 우위도 결국 제품만큼 중요하다고 생각한다. 어느 시점이 되면 안정적인 유통 역량을 확보한 회사가 시장을 100퍼센트 거머쥐게 되므로, 유통망 그 자체가 경쟁 우위가 된다. 서비스형 소프트웨어**Software as a Service(SaaS)**, 즉 사스 기업에서는 '엔터프라이즈 세일즈팀', 소비재 회사에서는 '성장지원팀'이 그 업무를 담당할 것이다.

그렇다면 이런 궁금증이 생길 수 있다. "향후 2년 동안 기존 제품으로 선두에 남을 것인가, 혹은 최신 기술로 차세대 제품을 만드는 데 투자할 것인가?" 나는 많은 소비재의 경우 후자의 노력, 즉 더 나은 제품으로 사업을 키워나가는 전략을 제안한다.

이 모든 과정에서 쉽게 간과하는 부분 중 하나가 가격 책정 전략이다. 나는 이 부분에 대한 강연을 한 적도 있다. 회사들은 대개 "우리 회사는 경쟁 우위가 없는 것 같다"라고 하지 않고 이렇게 말한다. "우리 회사는 경쟁 우위가 독보적이기 때문에 당분간은 제품 가격을 저렴하게 책정할 예정이다. 그래야 우리 사업을 어떻게든 최대로 키울 수 있을 것이기 때문이다." 하지만 나는 창업자들에게 가격을 올려야 한다고 늘 말한다.

무엇보다 가격을 높이는 것으로 자신의 회사나 제품이 실제로 경쟁 우위를 지니는지 시험해볼 수 있지 않은가? 경쟁 우위가 있다면 변함없이 고객들의 선택을 받게 될 것이고, 마땅히 그렇게 되어야 할 것이다. 나는 경쟁 우위를 더 높이 가격을 올려도 되는 능력으로 정의한다. 따라서 첫째, 경쟁 우위를 전면에 내세워 존재 여부를 적나라하게 시험해보는 것이 어떨까 한다.

둘째, 더 높은 가격을 내세우는 회사들은 유통 기능과 지속되는 R&D 노력에 더 풍부하게 투자하게 된다. 가격을 높이는 전략이야말로 성장을 위한 주요 지렛대가 된다. 따라서 가격을 올리는 회사들의 성장 속도는 매우 높다.

납득하기 어렵다는 엔지니어도 많이 있을 것이다. 그들은 가격과 가치 사이에는 1차원적인 관계가 존재한다고 생각하기 때문이다. 그들은 쌀과 같은 재화를 판매하는 경제 모델을 염두에 두었을 것이다. 마치 "내 제품은 특별해서 아무도 복제할 수 없다. 가격은 상식적인 수준에서 유사 제품의 가격 정도로 매겨야 할 것이다"라는 식의 논리다. 이렇게 생각해서는 안 된다. 그 반대로 생각해야 한다. 가격을 높게 매기면 훨씬 더 많은 돈을 들여 판매와 마케팅 업무를 강화할 수 있고, 결과적으로 시장점유율을 높이기가 쉬워지며, 히고가 하는 R&D와 다른 기업이나 제품을 인수할 재정적 여력도 갖출 수 있다. 따라서 높은 가격은 항상 빠른 성장과 직결된다는 2차원적 논리로 사람들을 설득할 수 있다.

일라드　　　진심으로 공감이 간다. 많이 회자되지 않지만 두 가지 주요 포인트를 제시했다. 첫째, 유통의 경쟁 우위다. 네트워크 효과_{network effects}[○]와 데이터 효과가 지나치게 강조되는 면이 있다고 본다. 적어도 최근에는 진정한 데이터 효과를 본 적이 없는 듯하다. 둘째, 높은 가격은 빠른 성장과 직결된다는 점을 지적해주었다. 사람들이 많이 논의하거나 고찰하지 않는 주요 사항인 것 같다.

마크　　　네트워크 효과가 큰 빛을 발하고 있긴 하지만 다소 과대평가받는다는 느낌이 있다. 네트워크 효과의 문제점은 빠른 입소문만큼 빠르게

○　　　특정 상품에 대한 수요가 타인의 수요에 영향을 받는 효과.

잊힌다는 점이다. 따라서 그 효과가 사라지지 않을 때까지는 아쉬울 것이 없지만, 상황이 역전되면 무서운 속도로 거품이 빠져버린다. '마이스페이스MySpace' 직원들에게 네트워크 효과가 회사에 어떤 영향을 주었는지 물어보라. 효과는 매우 강력했지만 양날의 검처럼 회사를 매우 취약한 상태로 만들기도 했다. 균열이 일어나면 공든 탑이 무너지기 때문이다. 입소문만 나면 게임 끝이라고 생각하는 회사를 보면 걱정이 앞선다. 그런 회사가 과연 얼마나 오래갈 수 있을까?

데이터 네트워크 효과를 언급해주었는데, 나는 그 효과가 자주 나타난다고 생각하지 않는다. 그 효과가 중요하다는 주장은 많이 들리지만, 증거는 미미하다. 실생활에서 매우 많은 양의 데이터가 존재하고, 그 데이터를 취할 수 있는 방법도 다양하다. 그러나 과학에서도 데이터 경쟁 우위라는 개념을 많이 보지 못했다. 딥 러닝deep learning은 데이터 네트워크 효과가 있다고 생각하는 최대 영역이다. 그러나 문제는 딥 러닝 혁신이 현재로서는 작은 데이터셋data sets에만 적용되고 있다는 점이다. 데이터 경쟁 우위라는 개념이 어떤 면에서는 과학을 숨 막히게 하고 있다. 그래서 위험하다.

일라드　이제는 제품 주기에서 다음 제품을 출시하는 이야기를 해보고 싶다. 어떤 방법으로 기존 제품을 개선하고, '버전 2' 혹은 신제품을 시장에 선보여야 하는가? 사업을 '핵심 사업-유사 사업-전적으로 새로운 사업', 이 세 가지로 나누었을 때 투자 비중은 각각 어떻게 하면 좋은가? 구글은 '70-20-10'의 공식으로 투자했다. 이러한 공식이 효과가 있다고 보는가?

마크　수학적으로 딱 떨어지는 공식은 지양한다. 몸집이 크고 어리석은 기업들이나 투자에서 숫자를 따지기 때문이다. 그들은 R&D에 몇 퍼센트를 투자한다고 떠벌리지만, R&D에 종사해본 사람이라면 연구개발이라는 분야가 실제로 돈의 문제는 아니라는 점을 알 것이다. 얼마나 지출했는지는 중요하지 않다. 어떤 연구자나 과학자가 R&D에 참여했는지가 중요하다.

이런 주제에 대해서는 내가 늘 주장하는 논리가 있다. "나에게 훌륭한 '프로덕트 피커Product Picker °'와 훌륭한 설계자를 주면 훌륭한 제품을 만들어낼 수 있다. 그러나 제품 관리자와 발의자originator(전에는 '프로덕트 피커'라고 불렸다)가 실력이 없고, 설계자도 별로라면 훌륭한 제품을 만들어낼 수 없다."

> "나에게 훌륭한 '프로덕트 피커'와
> 훌륭한 설계자를 주면 훌륭한 제품을
> 만들어낼 수 있다."
>
> _마크 앤드리슨

일라드 한 가지 짚고 넘어가고 싶은 점은 구글의 투자 공식이 투입되는 인력에 그 비중에 치우쳐 있다는 것이다. 구글의 핵심 사업에 대한 70퍼센트의 투자는 단순한 지출액 비중이 아닌 인력 비중, 즉 인력의 70퍼센트를 투자한다는 의미다.

마크 결국 마찬가지라고 본다. 인력을 염두에 둔다는 것은 좋은 생각

° 제품을 개념적으로 해석하여 어떤 제품이 성공하고 어떤 제품이 실패하는지 판단하는 전문가.

이지만, "과연 이 사람들은 누구인가?"라는 질문을 하게 된다.

구체적 관점으로 다음의 질문을 던져볼 수 있다. "훌륭한 프로덕트 피커를 몇 명이나 두고 있는가?" "실제 그 제품을 구현해낼 수 있는 설계자는 몇 명인가?" 때로는 제품을 개념화한 프로덕트 피커와 설계자가 같은 사람이기도 하다. 혼자서 이 두 가지를 다 하는 경우도 있고, 그것이 창업자 그 자신인 경우도 더러 있다.

회사 규모가 커지면 이런 인력이 더 많이 필요하다. 결국에는 이런 인재를 얼마나 보유하고 있거나 영입할 수 있는지가 성공을 좌우한다고 생각한다.

M&A 얘기로 돌아가 보자. 과연 몇 개의 회사를 인수할 수 있는가? 바로 그 숫자는 앞으로 선보일 제품의 수와 같다. 이것에 맞게 R&D 부서를 조직해야 한다. R&D 지출은 상대적으로 변동 없이 유지하되, 제품 단위로 독립적인 팀을 두어, 각 팀에서 최소한 제품 전문가 한 명과 설계자 한 명을 두는 것을 원칙으로 하는 R&D 모델을 권장한다.

따라서 이런 업무에 현재 몇 명을 두고 있는지 항상 생각해야 한다. 아주 큰 회사도 매우 소수의 인력만 배치한다. 심지어 대기업도 제품 선발과 설계에 각각 10~20명을 둔다. 그다음에는 이 인력에 기반을 두어 채용팀과 교육팀 등 다른 부서도 만든다. 그러나 핵심은 신제품의 콘셉트를 구성해낼 수 있는 인재가 누구이고, 그 콘셉트를 구축할 수 있는 전문가는 누구인지다.

그 인재가 창업자 본인일 수도 있다. 창업자 본인이 체계적인 조직을 갖춰 그 두 가지 기능을 수행하면 문제가 없을 것이다. 하지만 대개 경영 문제까지 신경 써야 하는 상황이 된다. 그러면 외부 인력을 CEO로 영입할지, 혹은 COO가 필요할지에 대해 깊이 고민해야 한다. 직접 다 할 수 있다고 생각하는 창업자들도 결국 시간에 쫓기게 되기 때문이다. 또한 문제도 커질 수 있다. 그렇다면 창업자는 자신의 업무 중 일부를 맡아줄 인재를 어떻게 영입하고 유지할 것인지 고민해야 한다.

일라드　　조직이 커지면 업무를 분산하기 위해 어떠한 조직 구조를 도입해야 할지 고민할 것이다. 전통적인 수직적 구조를 도입하는 것이 좋은가? 아니면 매트릭스 조직_{matrixed organization}°을 도입해야 하는가?

마크　　매트릭스 조직의 효과에 대해서는 부정적인 의견이 많다. 나는 회사의 조직 구조가 독립적인 팀들로 구성된 수평 구조를 권장하는 편이다. 이에 관해 제프 베이조스_{Jeff Bezos}가 만든 교육 프로그램과 생각을 같이한다. 그는 '피자 두 판'을 주문할 정도의 팀 사이즈가 좋다고 주장했다.[2] 매트릭스 조직 구조 보다 더 심각한 형태가 전통적 수직구조다. 혁신의 걸림돌이라고들 생각한다. 매트릭스 조직도 혁신을 꽃피우는 데 치명적인 경우가 많다. 예외는 있겠지만, 창의적 사고와 빠른 실행력이 관건이기 때문이다. 소규모 팀제가 아니고서는 불가능한 결과라는 게 내 생각이다.

인터뷰 내용은 이해를 돕기 위해 편집 및 요약되었다.

‧ ‧ ‧ ‧ ‧ ‧ ‧ ‧

○　　전통적인 기능식 조직과 제품/서비스별로 형성되는 사업부제 조직을 결합한 조직 형태.

HIGH GROWTH HANDBOOK

CEO는 모든 일을 하는
사람이 아니다

CEO의 역할: 자기 관리

대부분의 경영서에서 볼 수 있는 CEO의 역할은 크게 다음과 같은 몇 가지의 업무 분장으로 요약할 수 있다.

- 회사가 나아갈 방향과 전략을 세우고, 정기적으로 직원·고객·투자자들에게 그 방향을 제시한다.
- 기업문화를 유지하면서 그 방향에 부합하는 직원을 채용·교육·배치한다.
- 이런 전체적인 방향에 자본을 모으고 할당한다.
- 회사에서 심리 전문가에 버금가는 역할을 담당한다. 창업자들은 사람과 조직 전반에 관한 문제가 자신들의 시간을 얼마나 지배하는지 체감하면 놀라는 경우가 많다.

많은 책에서는 첫 번째와 두 번째 사항인 회사 전략과 문화 구축만 강조하지만, 실제로 회사가 고성장에 할애할 수 있는 시간은 턱없이 부족하다. 이를 해결하려면 막강한 임원진을 구성하고 CEO 자신의 시간을 체계적으로 관리할 수 있는 방안을 심도 있게 모색해야 한다.

이 장에서는 전략을 구축하고 큰 그림을 그리는 내용보다 CEO의 주요 전략적 임무 세 가지를 다루고자 한다. 스스로를 관리하고, 직속 부하직원들과 이사진을 관리하는 방법을 논한다. 중요하지만 논의가 부족한 주제다.

우선 자기 관리에 대한 내용이다. 자기 관리에 실패하면 '번아웃 **burnout**'◦에 시달리며, CEO 본인과 회사 모두에 타격을 입힌다.

개인 시간 관리

회사의 규모가 커지면 CEO의 역할도 이에 비례하여 막중해진다. 실제로 CEO가 할애해야 하는 시간이 많아지며, 시간을 내달라는 요청이 쇄도한다. 자사 직원, 고객(특히 B2B 기업을 경영하는 경우), 투자자, 언론사, 다른 창업자 등 다양한 이해관계자를 만나야 하기 때문이다. CEO에게 현명한 시간 관리와 여러 요청을 센스 있게 거절하는 노하우는 필수 덕목이다.

개인 시간 관리의 주요 요소는 다음과 같다.

- 업무 위임하기
- 주기적으로 일정표 점검하기
- 요청을 거절하는 빈도 높이기
- 기존 업무 방식은 더 이상 효과가 없다는 점 인식하기
- 개인적으로 중요하게 여기는 것들에 시간을 할애하기

◦ 의욕적으로 일에 몰두하던 사람이 극도의 신체적·정신적 피로감을 호소하며 무기력해지는 현상.

업무 위임하기

회사를 처음으로 경영하는 사람들이 업무를 위임할 때 참고할 만한 몇 가지 팁을 제안한다.

1. 전문 경영인을 고용하여 팀의 운영을 맡긴 후 어떻게 관리하는지 관찰하면서 노하우를 터득한다

전문 경영인은 팀의 상황을 놓치지 않고 파악하기 위해 정기적으로 1대1 회의를 열며 개인적인 성향이 높은 팀원에게 많은 신경을 쓰고 도움의 손길을 주고자 할 것이다. 가장 유능한 임원진이라면 업무 위임에 능하고(다른 직원들에게 업무를 추진하도록 위임해서 회의를 마칠 무렵에는 거의 모든 업무를 적임자에게 위임하여 임원 본인이 직접 나설 일이 없다), 훌륭한 전략가이자 문제 해결사일 것이다(팀원들이 목표에서 벗어나 엉뚱한 방향으로 움직일 때 적재적소에 도움을 줄 수 있는 능력자다).

2. 시행착오가 필요하다

업무 위임을 잘하려면 어느 정도 시행착오가 필요하다. 시행착오를 받아들이는 자세도 중요하다. 직원들의 개별 행동 패턴을 면밀히 파악할 필요도 있다(과로와 피로로 힘들어 보이진 않는지, 회의 때 매번 지각하지는 않는지 등). 지쳐서 쓰러지기 일보 직전이거나, 지나치게 여유를 부리며 시간을 낭비하는지 등을 파악한다. 위임하는 일에 대한 책임의 무게, 위임하는 팀이나 프로젝트의 규모에 따라 사람들이 어떻게 일을 처리하고 어떠한 행동을 보이는지 파악하라.

3. 공식적 혹은 비공식적인 멘토를 구하라

이사진, 엔젤투자자_{angel investor}°, 동료 창업가 또는 자신이 신뢰하는 임원진에게 경영과 업무 위임에 대한 자문을 요청하라. 아니면 자신의 회사와 유사한 단계에 있는 여러 회사의 CEO를 정기적으로 만나 저녁 식사를 하며 노하우를 주고받아라. 각자 수첩에 메모한 내용을 공유하는 것도 좋다. 이처럼 동료에게서 배울 수 있는 점이 무궁무진하다.

4. 임원진을 대상으로 하는 전문 코치를 기용하라

사실 임원 전문 코치들은 대부분 실력이 좋지 않다(이 분야에 대한 기본실력도 없는 사람이 임원 전문 코치로 자칭하는 경우가 꽤 많다). 그러나 잘 알아보면 유능한 코치들도 있다. 이들은 CEO의 업무 효율성을 높일 수 있는 적절한 업무 위임 방식 등의 노하우를 알려줄 수 있다.[3]

이런 노하우를 어떤 방식으로 습득하건, 고성장 회사의 CEO는 업무 위임 시에 다음과 같은 행동을 해서는 안 된다.

- CEO 본인이 실행해야 하는 실행 계획을 수두룩하게 남기며, 꼭 필요한 계획은 제대로 다루지 않은 채 회의를 마친다.
- CEO로 승진하기 전에 하던 업무와 일하던 공간은 이미 다른 직원이 '차지'하고 있다. 그런데 인수인계를 마치고 4~8주가 지나도 여전히 기존 업무를 하고 있거나, 기존 업무와 관련된 사소한 결정을 비롯한 모든 의사 결정에 관여한다.

°   사업 극초기에 지분투자 형태로 들어오는 개인투자자.

- 이메일 스레드email thread°에 관여하거나 회사의 모든 회의에 참석한다.

이 외에도 회사의 성공에 직결된 분야에 인력을 투입하는 문제에 대해 지나치거나 부족하게 대처할 수 있다. 내가 알고 있는 한 CEO는 신비주의로 일관하면서 언론의 관심을 받게 되면 쉽게 당황한다. CEO가 이러한 성향을 보이면 회사에 많은 문제를 불러일으킬 수 있지만, 그렇게 보편적인 사례는 아니므로 자세히 다루지는 않겠다.

보통 CEO가 업무 위임을 하지 못하는 가장 큰 이유는 다음과 같다.

- 방법을 모른다.
- 전체적으로 업무를 위임하기엔 직원들의 노하우가 부족하고, 직원들을 신뢰하기도 어렵다. 이 문제에 대한 해답은 '임원 채용'에 관한 부분을 참고하라.
- 회사가 초고속으로 성장하다 보면 업무 방식이 부적합해도 타성에 젖어 바꾸지 않으려는 성향을 보이기도 한다. 다만 소기업에서는 기존의 부적합한 업무 방식을 따라도 크게 문제되지 않을 수 있다.

특히 마지막 경우라면 CEO 자신의 일정을 점검하며 "과연 내가 이 업무를 할 필요가 있나?" 혹은 "내 팀의 다른 직원이 대신할 수 있나?"를 자문하라. 위임을 할 것인지 말 것인지 도저히 결정할 수 없다면 억지로라도 위임하는 방향으로 가라. 불참하는 회의를 늘리거나, 각종 회의의 비중을 나

° 가장 먼저 쓰인 이메일부터 답장들이 쭉 이어진 리스트로 하나의 주제에 관해 주고받은 대화 목록.

타내는 주간 목표치를 설정하라. 이와 같은 점진적인 노력을 통해 본격적으로 위임하려는 업무를 정할 수 있을 것이다.

주 단위, 월 단위로 일정표 점검하기

주 1회 단위로 일정표를 점검하여, CEO 자신의 시간이 전체적으로 어디에 사용되고 있는지 합계를 낸다(이렇게 점검하는 일에 능숙해지면 월 혹은 분기별로 점검할 것을 권장한다). CEO로서 특정 업무를 성공시키는 데 직접 개입할 필요성이 낮거나, 특정 사업 아이템이 CEO 개인의 삶에 중요하지 않다면 과감히 그 일을 본인의 업무에서 떨쳐 내도록 한다. 단호하게 거절하는 노하우에 대한 내용은 다음 주제에서 다룬다.

고성장 기업의 CEO들에게 일정표를 점검하는 노하우를 전수하다보면 열에 아홉 번 정도는 참여할 필요가 없는 회의에 참여하고 있는 것을 보게 된다.

- **1차 채용 면접:** 채용 후보 전원이 참여하는 1차 채용 면접에는 참여할 필요가 없다. 2차 이상의 면접이나 최종 면접 때도 후보들과 충분히 대화할 수 있다. 단, 임원 채용은 다르다. CEO로서 임원 후보들에게 적극적으로 다가갈 필요가 있을 것이다. 다음 장에서 임원 채용에 대한 내용을 소개한다.
- **세일즈 혹은 사업 제휴 회의:** CEO 본인 대신 다른 누가 참여할 수 있는지 확인해보라. 이런 회의 전체에 일절 참여하지 말라는 것은 아니지만, CEO가 참석하지 않는 회의가 의외로 많다. 반대로 CEO가 지금보

다 회의에 더 많이 참여해야 하는 회사들도 있다. 특히 실리콘밸리에서 활동하는 제품 혹은 기술 중심의 창업자들은 고객들과 충분히 대화하지 못한다는 지적을 받고 있다. B2B 사업에서 다른 회사에 세일즈를 해야 하는 기술 창업자인 경우, 주기적으로 고객사들을 만나는 시간을 가져야 한다.

- **사내의 모든 기술, 제품, 세일즈 회의:** 이러한 회의에 CEO가 반드시 참석해야 하는 경우는 언제인가? 자잘한 여러 회의(모든 기술 회의 혹은 제품에 관한 서브팀sub-team 회의 등)에는 참여하지 말고, CEO의 중요한 의사 결정이 필요한 경우에는 관계된 직원들이 CEO를 찾아 올 수 있도록 절차를 간소화하라(CEO와 함께하는 주간 제품 업데이트 회의 등).
- **즉흥적인 회의:** 다음의 '거절하는 법을 배우라' 항목을 참조하라.

고정 시간을 투자하는 업무 중에 더 이상 CEO가 없어도 되는 분야를 파악했다면 해당 업무를 팀의 다른 직원에게 위임하거나, 해당 업무를 맡을 직원을 채용하라. 업무에 과부하가 걸렸을 때 직원 채용을 대안으로 생각할 수 있지만, 의외로 채용 과정은 복잡할 수 있다. 그러나 그 번거로움을 감내하더라도 CEO로서 자신의 시간을 아끼는 데 힘쓰라.

이 부분에 신경 쓰면서 4~8주 정도 CEO 본인의 시간을 관리해 보면, 회사의 전략과 기타 주요 요소에 집중할 수 있는 시간이 충분히 확보될 것이다. CEO는 모든 업무가 아니라 최우선 과제에 집중해야 한다. 또한 한 걸음 뒤로 물러서서 큰 그림을 볼 수 있어야 한다. 세세한 업무에까지 시간을 투자하다보면 어느새 회사를 잘못된 방향으로 이끌게 된다(혹은 CEO 스스로가 주도적으로 잘못된 방향으로 움직이게 된다).

거절하는 법을 배우라

시간을 들일 만한 가치가 없는 일에 대해 거절하는 법을 아는 것도 CEO의 최우선 과제 중 하나다. 어느 시기에 이르면 CEO에게는 더 이상 하지 않아도 되는 업무(창업 초기 때처럼 쓰레기통을 치우거나 음식을 주문하는 일 등)나, 전보다 더 밀어붙여야 하는 업무가 존재한다.[6] 몇 가지 예시를 제안하면 다음과 같다.

- **일정표 점검을 위한 항목:** 앞서 언급한 대로 1차 면접을 비롯하여 이전에 참석했던 각종 내부 회의에 참석하지 않아도 된다. 그렇다고 관여나 책임을 전적으로 포기하라는 말은 아니다. 단, 데이터베이스의 도식이 갖는 미묘한 차이를 논의하는 회의에 (회사에서 데이터베이스 제품을 판매하는 게 아니고서야) 굳이 CEO가 관여할 필요는 없다.
- **새벽 6시에 열리는 고객 혹은 파트너 회의:** 미국 동부 시간 기준 오전 9시나 정오에 회의를 요청했을 때, 미국의 다른 지역에서는 깨어 있기 힘든 시간일 경우 그 요청을 다 받아줄 필요는 없다. 상대가 원하는 모든 시간에 응하지 말라. 몸만 지치고 진전도 별로 없다. 사업을 하다보면 고객과의 관계가 중요해지겠지만, 번아웃이 되지 않으려면 CEO로서 한계점을 정해야 한다. 제품과 시장의 정합성 단계를 지나 어느 정도 안정된 회사들인데도 CEO가 창업 초기의 습관을 버리지 못해 부지런을 떨다 번아웃되는 경우를 종종 목격했다.
- **모든 언론 인터뷰:** 굳이 반려견 전문 잡지에 실리는 사스 기업 대표 관련 인터뷰에 응할 필요가 있겠는가?
- **모든 행사:** 분기별로 반드시 참석하거나 강연해야 하는 가장 영향력 높

은 행사 두 곳만 선택하라. 모든 행사에 참석할 필요는 없다. 행사 선택에 신중을 기하여 다른 주요 업무에 집중할 수 있는 시간을 충분히 마련해야 한다.

- **과도한 인맥 관리:** 인맥 관리를 뜻하는 네트워킹networking은 기업가의 주요 활동 중 하나지만, 기업가는 자신의 일정표를 꼼꼼히 점검해야 한다. 매주 여러 기업가나 투자자를 만나는 데 많은 시간을 투자하고 있다면, 기업가 본인의 시간에 충분히 집중하지 않고 있다는 신호다. 네트워킹 활동의 우선순위를 정하여 참여함으로써 불필요한 시간 낭비를 최소화하라. 본인의 회사나 자신에게 실질적으로 의미 있는 대인관계 활동을 하는 데 집중해야 한다.

- **불필요한 자금 조달:** 회사의 규모를 키우려면 자금이 필요한 경우가 많다. 이때 자금 조달 활동이 부작용을 낳거나, 회사의 목표 의식에 혼선을 줄 수도 있다. 뚜렷한 목표 없이 막연하게 자금을 조달하는 경우도 더러 있다. 혹은 "VC에서 우리에게 접근했으니 자금을 늘릴 좋은 기회다. 물 들어올 때 노를 젓자"고 생각하기도 한다. 기억하라. 충분히 준비가 되었다고 판단했을 때 자금을 조달하라. 그러면 회사가 정한 일련의 목표를 달성하는 데 큰 도움이 될 것이다.

'배고픈 CEO, 제품과 시장의 정합성이 전무한 회사의 CEO'에서 '고성장 회사의 CEO'로 도약하고 싶은가? 그 비결은 철두철미한 시간 관리, 허투루 보내는 시간을 축소하는 데 있다. 이전에 무조건 응했던 약속 요청에 거절할 필요가 있음을 명심하라.[5]

이전의 업무 처리 패턴은 효과가 없다

작은 스타트업을 운영하다가 어느새 몸집이 커진 회사를 경영하게 되면 여러 가지 예상치 못한 변화를 겪는다. 회사를 잘 키워보겠다고 혼자 처리하던 이전의 업무에도 변화가 생긴다. CEO 본인이 훌륭한 프로그래머라고 해도, 자신이 이끄는 팀원이 엔지니어 50명 혹은 500명으로 늘어난다면 CEO로서 코드를 만드는 일이 최상의 업무는 아닐 것이다. 마찬가지로 더 많은 사람이 CEO를 찾고 CEO가 신경 써야 하는 일이 많아지는데, 어떻게 옛날처럼 개인 시간과 업무 시간을 관리할 수 있겠는가. 변화는 고통을 수반하지만, 조직을 키우고 고성장 회사의 CEO로 약진하려면 그간에 중요하다고 여겼던 활동의 일부는 놓아주어야 한다.

> "창업자가 번아웃에 빠지는 공통된 원인은
> 자신이 하기 싫은 일을 하는 데
> 시간을 보낸다는 인식 때문이다."
>
> _ 일라드 길

반드시 휴가를 떠나고 휴식 시간을 챙겨라

내가 컬러 지노믹스Color Genomics의 CEO로 2년 반 동안 일했을 때 후회하는 부분이 하나 있다. 내게 주어진 휴가를 진정한 휴가답게 보내지 않은 것이다. 아내와 결혼 1주년 여행을 갔을 때, 하루의 반나절은 주요 잠재 파트너와 전화를 하는 데 시간을 보냈다(우연인지 당시 공들이던 파트너십은 성사되지 않았다). 그 이후 여행이나 휴가를 갈 때도, 쉴 새 없이 온라인에 접속하거나 전화 통화를 했다. 몸은 사무실 밖에 있는데도 사실 업무를 놓지 않고 있었다. 주말도 예외는 아니었다. 연중무휴로 일을 놓지 못했다. 번아웃을 피해갈 수 없는 나날이었다. 그러나 이제는 변했다. 여행이나 휴가를 떠날 때, 일도 떠나려고 노력한다.

CEO가 재충전을 통해 활기를 되찾지 않으면 팀원들도 같이 마음고생을 할 수밖에 없다. CEO의 에너지가 곧 팀원들의 사기에 직결되기 때문이다. 어떻게든 시간을 내어 휴가를 다녀오고, 말 그대로 인터넷 연결이 안 된 상태에서 휴식을 취하라. 그렇지 않으면 방전된 상태에서 번아웃을 겪으며, 언젠가는 하던 일도 포기해버릴지 모른다. 요약하면 1년에 한 번씩 1~2주 휴가를 다녀오고, 분기별로는 주말을 포함하여 2박 3일로 바람을 쐬고 오라. 하루도 안 빼고 매일 일하는 유형이라면 최소 일주일에 한 번은 개인적으로 일과 멀어지는 '노워크 데이_no-work day_'를 가져볼 것을 제안한다.

번아웃은 CEO나 회사 모두에게 회사의 확장에서 오는 온갖 스트레스를 대처하는 데 도움이 안 된다. 제대로 된 휴가든 소소한 휴식이든 자신만의 시간이 필요하다는 점을 기억하라. 사랑하는 아내나 남편이 있다면 일주일에 최소 하루는 데이트를 할 것을 권한다. 그날 밤만큼은 둘이 진정 함께할 수 있는 시간을 보내라. 같은 맥락에서 오전에 주 3회 정도는 운동을 위해 일정을 비우라. 개인 PT를 받으며 운동을 하거나, 친구와 러닝을 해도 좋다. 혼자서는 의지가 약해질 수 있기 때문에 누군가 함께 있을 때 생겨나는 긴장감을 최대한 활용하여 나태해지지 않도록 해야 한다.

취미생활을 하라

창업자가 번아웃에 빠지는 공통된 원인은 개인의 취향이나 적성에 안 맞는 각종 업무에 시간을 보낸다고 생각하기 때문이다. 직원 관리, 세일즈 보상계획·영업 파이프라인, 마케팅 계획, HR 문제 등의 사안에 쉴 새 없이 관여하다 보면 자기만의 시간을 가질 수 없는 경우도 있다. 페이스북의 마크 저커버그는 제품과 전략에 집중하는 시간을 충분히 갖기 위해 셰릴 샌드버그**Sheryl Sandberg**에 상당한 양의 회사 업무를 위임했다.

개인 시간을 전혀 가질 수 없을 정도로 바빠지면 한 명 이상의 임원(혹은 COO)을 고용하여 전에 하던 업무를 위임하라. 창업자이자 CEO로서 모든 일을 다 잘하거나 모든 일에서 만족을 얻어야 한다고 생각하지 말라. 회사 내에서도 역량이 강해져야 일사분란하게 여러 업무를 처리해낼 수 있다.

CEO로서 자신을 돌보면 회사의 리더로서 직원들의 보고 사항 관리(다음 항목에서 다룸)와 이사진 관리와 같은 앞으로 해야 할 주요 업무를 해결할 수 있는 기반을 닦게 된다.

CEO의 역할: CEO의 직속 부하직원 관리

CEO가 직속 부하직원팀을 관리하는 주요 요소가 있다. 이 주제는 앞서 여러 차례 다루었기 때문에 앞 내용을 반복하지 않고 몇 가지 관련 링크와 간략한 제안 사항을 언급하겠다.

1. CEO 역시 팀원들과 정기적으로 1대1 회의를 가져라

벤 호로비츠는 두어 개의 포스팅에서 효과적인 1대1 회의에 관한 노하우를 소개한다.[6]

2. 직원 수가 대략 30명이 되면 주간 직원 회의를 열어야 한다

- 정기적으로 주간 회의를 연다.

- 주요 성과 지표key metrics를 검토한다.

- 광범위한 회사 전략 혹은 제품이나 특정 부서가 직면한 주요 사안을 논의하기 위해 회의 안건을 사전에 준비한다. 이 회의는 주1회에 걸쳐 업무에 대한 심층 업데이트를 하는 시간이 아니라 주요 지수와 전략에 대한 논의의 장이라는 점을 기억하라.

- 회의의 목적이 CEO가 다른 임원들에게 보고하는 자리가 될 수도 있다는 점을 기억하라. CEO가 모든 임원이 하는 일을 파악하고 있다 해도, 임원들은 타 임원이 총괄하는 조직에 대해 명확히 알지 못할 수도 있다. 주간 직원 회의를 통해 지식을 공유하고, 문제를 제기하며, 관계를 구축하고, 협업하며 전략을 세우는 시간을 가질 수 있을 것이다.

3. '스킵레벨 회의skip-level meetings'를 추가하여 회사 전체 상황을 파악하도록 하라

스킵레벨 회의는 CEO가 중간 관리자를 건너뛰고 직원과 직접 소통하는 회의다. 회사의 규모가 커지면 CEO는 종종 회사에서 일어나는 상황을 놓치게 된다. 이는 CEO가 '중요하지 않은' 정보를 군이 알지 않도록 '교통정리'를 하는 중간 관리자나 대기업 출신의 직원들에 의해 정보가 여과되기 때문이다. 문제는 CEO가 알고 있어야 하는 사실마저 여과해서 보고할 수 있다는 점이다.

스킵레벨 회의에는 CEO의 결재를 받는 직속 부하직원이나 더 아래 직급의 직원들이 참여한다. 직급은 낮아도 놀라울 정도로 유능한 젊은 직원들이 더러 있지 않은가. 이들은 시장의 흐름을 간파하는 명쾌한 해답을 제안하기도 하고, 새로운 아이디어나 정보에 민첩하게 반응하기도 한다. CEO는 그들의 생각에서 영감을 받고, 그들은 CEO가 회사, 제품, 시장, 문화에 대해 어떠한 생각을 갖고 있는지 알게 되어 양측 모두에 이롭다.

스킵레벨 회의를 통해 CEO가 얻을 수 있는 혜택은 다음과 같다.

- 팀원들과의 직접적인 소통 채널이 구축된다.
- 새로운 인재를 파악하고 육성한다.
- 회사의 실무진으로부터 새로운 아이디어를 얻는다.

CEO는 스킵레벨 회의에서 직속 부하직원이 심적 부담을 느끼지 않도록 주의해야 한다. 스킵레벨 회의에서 누군가의 상사 혹은 관리자가 주도권을 쥐려고 하는 경우가 있다. 이럴 경우 일상 업무에서도 상사나 관리자 혹은 그들의 관리 방식에 문제가 있을 가능성이 높다. 직속 부하직원들에게도 스킵레벨 회의의 취지를 확실히 일러두라. 스킵레벨 회의에는 많은 직원이 참여할 수 있기 때문에 심적 부담을 느끼거나 걱정할 필요가 없다고 안심시켜주어야 한다.

의사 결정과 임원 관리

클레어 휴스 존슨과의 인터뷰

클레어 휴스 존슨은 스트라이프의 COO이자 홀마크 카드 Hallmark Cards 의 이사로 재직 중이다. 그전에는 구글에서 부사장이자 온라인 세일즈 와 운영 부문 총괄을 역임하며, 구글의 자율주행차량 프로젝트를 진두 지휘했다. 그녀는 브라운대학교에서 영문학 학사 학위를, 예일대학교 경영대학원에서 전략과 마케팅 석사 학위를 취득했다.

클레어 휴스 존슨이 2014년 스트라이프의 COO로 합류했을 당시, 직 원 수는 165명이었다. 현재 스트라이프는 직원 수 1,000명을 둔 기업으 로 성장했다. 페이팔처럼 결제 처리 서비스사로 창업한 이후, 이 회사 는 줄곧 아마존과 같은 굴지의 거물 기업들과 제휴를 체결했고, 아틀라 스 Atlas °와 같은 차세대 제품을 출시하여, 합병을 통해 인터넷 사업체들 에게 길잡이 역할을 하고 있다.

인터뷰에서는 어떻게 직속 부하직원을 관리하는지, 어떻게 조직도를 설 계하는지, 회사의 규모 확장에 도움이 될 부서별 기능화를 어떻게 구축하 는지에 관한 노하우를 배우고, 전략적으로 계획을 수립하는 방법 및 회 사가 커지면서 창업자들이 시간을 어떻게 배분해야 하는지를 알아본다.

°   기업가가 해외에서도 미국 은행 계좌를 개설하여 미국에서 사업을 할 수 있도록 돕고, 스트라이프로 결제를 승인하는 툴킷 toolkit.

일라드 길　초창기 구글의 수석 부사장으로 재직한 우르스 회즐Urs Holzle은 '우르스를 상대하는 법에 관한 가이드A Guide to Urs'를 직접 작성했다. 자신과 소통할 때 가장 효과적인 방법들을 기술한 지침서다. 그와 대화를 하거나 그에게 요청할 일이 있을 때 이 지침서만 참조하면 되는 것이다. 덕분에 직원들은 간소화된 업무 방식으로 일할 수 있었다. 당신은 모든 창업자나 임원이 이러한 지침서를 써야 한다고 생각하는가? 아니면 그저 특수한 사례리고 보는가?

클레어 휴스 존슨　모범 사례라고 생각한다. 내가 스트라이프에 합류했을 때도 나도 이와 비슷한 문서를 만들어보았다. 그 이전에 구글에 다닐 때 '클레어와 일하는 법'이라는 문서로 만들어둔 것을 활용했다. 스트라이프에 처음 들어왔을 때, 그 문서를 약간 수정해서 만든 것이지만 상당히 많은 내용이 새 직장에서도 유효했다. 이 문서를 내 곁에서 함께 일하는 이들과 공유했지만, 다른 직원들도 볼 수 있도록 공개하자 회사 전체로 꽤 빠르게 전파되었다. 어느 정도 효과적인 방법이었다. 내가 경영진으로 새롭게 합류한 터라 직원들은 내가 어떠한 사람인지 궁금했던 것이다. 그 후 직원들은 "다른 사람들에 대해서도 이런 문서를 만들어보는 게 어떨까?"라고 얘기할 정도로 반응이 좋았다.

결국 입소문을 타고 유기적으로 활용되는 듯했다. 이제는 스트라이프의 많은 직원이 _스스로_에 대한 지침서를 작성해두고 있다. 관리직은 아니지만 내 팀에 속한 직원들이 자신의 지침서를 작성하기도 했다. 동료로서 함께 일할 때 피가 되고 살이 되는 정보였다. 그러니 이 방식을 추천한다.

창업가들은 자신들과 협업하는 데 필요한 내용의 지침서를 작성해야 한다고 생각한다. 창업자의 역할을 명확하게 정의하기 위한 취지로 작성하면 될 것이다. 지침서를 작성하려면 다음의 질문을 창업자 자신에게 던져 보라. "나는 어떠한 일에 관여하고 싶은가? 내가 다른 직원에게 듣고 싶은 내용은 무엇인가? 내가 선호하는 소통 방식은 무엇인가? 내가 견디지 못하는 것은 무엇인가? 나는 무엇에 소스라치게 놀라며 불쾌해하는가?" 막대한 도움이 될 것이다. 왜냐하면 사람들은 실수를 저지른 후에야 새로운 사실을 알게 되는데, 이미 그때가 되면 수습하기에는 많이 늦기 때문이다.

일라드   회사들이 규모를 확장하면서 처리해야 하는 일상 업무가 늘어나는 현상을 보게 된다. 직원 수 100명의 회사와 1,000명의 회사의 운영 방식은 큰 차이가 있기 때문이다. 특히 제품의 규모와 기술직 조직이 타사에 비해 크면 더욱 그렇다. 회사가 성장 가도에 있을 때 가장 중요한 프로세스이면서, 임원으로서 할애하는 시간을 보다 여유롭게 하는 2~3가지 핵심 사항을 알려달라.

클레어   좋다. 다양한 '운영 구조operating structure'의 결합으로 요약할 수 있겠다. 운영 원칙과 프로세스를 문서화하는 것도 여기에 포함된다. 운영 구조는 하나의 특정 프로세스에만 적용되지 않고, '임직원이 함께 추구하는 업무 방식'을 나타낸다. 이와 같은 사항을 문서화해놓으면 신입 임원·관리자·직원이 '아, 이 부분이 중요하구나. 우리 회사가 규모를 키워갈 때 이 구조에 맞게 행동하면 되겠구나'라고 생각할 수 있게 된다.

> "창업가들은 자신들과 협업하는 데 필요한
> 내용의 지침서를 작성해야 한다고 생각한다."
>
> _클레어 휴스 존슨

그 외에 제품 출시 프로세스와 같은 주요 사안이 있을 것이다. 내가 그동안 지켜본 바에 따르면, 회사는 임직원이 지켜야 할 의무 규정을 과도하게 정하면 안 된다고 생각한다. 의무 사항을 정하거나 규정을 세울 때 신중하게 고민해야 한다. 그 내용이 너무 많아서는 안 되기 때문이다. 성과와 피드백에 관한 규정, 계획 수립 과정에 관한 규정, 출시 검토 업무와 같은 몇몇 주요 전략적인 일상 업무에 대한 규정 등을 정할 수 있을 것이다. 과도하지 않도록 해야 하며 업무 단계별로 하나 정도면 충분하다.

회사의 규모가 커지다 보면 '규정이 더 있어야겠다'는 생각이 들 것이다. 그러나 달성해야 하는 목표를 직원들이 이해하기 쉽게 명료화하는 것이 가장 중요하므로, 프로세스 그 자체에 지나친 의미를 두지 않도록 해야 한다. 직원들이 "이 업무는 이러한 이유로 하는구나"라고 이해하게 하는 데 집중하라는 의미다. '일에 대한 이해를 돕는 노력'과 '숨 막힐 정도의 통제'는 엄연히 다르지 않은가. 지나치게 독재적이고, 위계적이며, 관료주의적인 구조에서는 업무를 과하게 통제하는 '마이크로 매니지먼트micromanagement°'의 우를 범한다.

한편 빠르게 성장하는 성공 기업들의 업무 환경은 정반대다. 똑똑한 사람들이 최대한 최적의 방식으로 적재적소의 업무를 하는 분위기가 형성되

° '미관 관리'로도 번역되며, 관리자인 상사가 부하의 업무를 지나치게 감독·간섭하는 행위.

어 있기 때문이다. 직원들에게는 '구조적 경계structural boundary'가 필요하되, 지나치게 구속하지 말아야 한다. 예방책으로 전 직원이 따르는 거시적 지표, 운영 원칙, 문서화된 일련의 계획, 그리고 따라야 할 프로세스가 필요하다.

따라서 우리 회사에서는 '제품 출시 일정표'에 출시에 대한 내용이 기입되어 있지 않으면 출시는 실현되지 않는 일로 간주한다. 반드시 일정표에 기입해야 추진 가능하다고 보기 때문이다. 또한 일정표에 올리려면 몇 가지 단계를 거치는데, 그 과정을 줄이거나 단순화할 수 있다.

회사가 커지면 정보를 전달하는 소통 방식도 변해야 한다. 앞서 언급한 구조를 구축하고, 몇 가지 프로세스를 마련하면서, 새로운 소통법이 있어야 한다는 사실을 기억하라. 규모가 커졌기 때문에 더 이상 전 직원이 한 회의실에 모일 수 없기 때문이다. 또한 전 직원이 필독해야 할 사항은 무엇인가? 검토해야 할 모든 문서는 어디에 게재해야 하는가? 특정 사안에 대해 몇 가지 추측과 사실이 난무할 때, 사실 확인은 어디에서 할 수 있는가? '올핸즈 미팅all hands meeting º'은 어떻게 활용할 것인가? 경영진이 직원들에게 보낸 이메일은 어떠한 방식으로 활용하는가? 이 모든 사안을 고민해야 한다.

> "회사가 커지면 정보를 전달하는
> 소통 방식도 변해야 한다."

_ 클레어 휴스 존슨

º   조직 내 구성원 모두가 참여하며 조직의 리더가 경영 현황을 공유하고 질문에 답변하는 행사 (조직은 회사 전체가 될 수도 있고, 부서나 팀이 될 수도 있다).

일라드   맞는 얘기다. 실제로 그런 사례가 컬러 지노믹스에서 있었다. 회의가 열릴 때마다 누가 참석했고, 논의한 내용이 무엇인지를 기록한 회의록을 전달하라고 요청하기 시작했다. 그러고 나서 일주일 정도가 지난 후 직원 한 명이 "옳은 제안이었어요. 진작 이렇게 했어야 했는데 말입니다"라고 말했지만, 다른 한 편에서는 저항이 거세었다. 마이크로 매니지먼트와 다름없다거나, 전 직원을 비도덕적인 방법으로 추적하려고 한다는 인식이 팽배했다. 그러나 그 취지는 열린 소통을 하자는 것이었다.

클레어   그렇다. 단순히 '통제하려는 게 아니라, 맥락을 이해하고 소통을 원활히 하는 처지'라는 점을 명백하게 밝혀야 한다, 당연한 사실이라도 잘 풀어서 설명하고 강조해서 전 직원이 알도록 해야 한다.

일라드   조직 구조가 의사 결정과 어떻게 연결된다고 생각하는가?

클레어   일단 나는 최적의 조직 구조라는 개념은 없다고 생각한다. 굳이 찾아보겠다면 행운을 빈다. CEO나 팀장 각자가 기능적으로 관여하는 습성이나 방식이 각각 다르기 때문에 일정 단계까지는 조직 구조를 사용해서 의사 결정을 하는 것도 괜찮다고 본다. 단 주의할 점이 있다. 결정된 사안에 대한 책임이 누구에게 있는지 그릇된 추측을 하지 않아야 한다. 스트라이프에서는 특정 개인이 아닌, 그룹 단위로 공동 의사 결정을 내리는 편이다. 어떤 문제가 터졌다고 개인에게 찾아가는 불상사는 없다. 그렇게 될 경우 내부적으로 분란이 일어날 수 있다고 생각한다. 왜 공동으로 하는지 궁금할 텐데, '집단 지성', 즉 유능한 직원들로 구성된 팀이 한 명의 개인보다 더 나은 결정을 할 것이라는 사실을 믿으면 그 취지를 이해할 것이다. 그러려면 조직도 그러한 팀에게 필요한 정보와 시간을 주어야 한다는 점을 생각해야 한다.

어느 정도는 의사 결정이 조직 구조와 연결되어 있다고 답할 수 있을 것이다. 다만 간과하지 말아야 할 점이 있다. 어떠한 과정으로 결정을 내리는지에 대해 명백하게 공개해야 한다는 점이다. 예를 들면 '이번에 가격 정책을 대대적으로 조정하려면 경영진 전원의 동의가 필요하겠어'라고 생각하는 경우다. 이처럼 의사 결정을 내릴 때 어떠한 팀·조직이 총괄하는지 조직 구조상 명백해야 한다.

그렇지 않으면 '어지간한 결정을 창업자가 알아서 하겠지'라고 생각하고 만다. 규모가 커지는 회사에서는 건전하지 않은 사고방식이다. 내가 아는 몇몇 임원진은 '역할과 책임'이라는 내용이 담긴 문서를 작성하여 내부적으로 공유한다. 창업자가 독단적으로 결정하는 것이 아니라, 임원진 각 개인이 주요 의사 결정자라는 점을 명확히 하는 효과가 있다. 만약 그들이 주요 의사 결정자가 아닌 경우에는 누구에게 책임 소재를 묻겠는가? 문서화되어 있기 때문에 주요 의사 결정자가 누구인지 명확하다. 이렇게 확실한 교본이 있으니, 회사의 규모가 커져도 전사적 조직들이 적응하기가 쉬워진다.

일라드　　　그렇다면 공동으로 혹은 집합적으로 결정을 내리기에 적합하지 않은 사안은 무엇인가? 결정 방식이 워낙 다양하지 않은가? 컨센서스, 즉 구성원 전체의 합의에 따르는 조직도 있고, 대표 1인의 마음이 가는 대로 결정되는 경우도 있다. 혹시 그룹 단위가 아니라, 대표가 재량껏 책임을 져야 하는 구체적인 경우가 있는가? 아니면 상황에 따라 다른가? 다시 말해, CEO가 위임해서는 안 되는 일에는 어떠한 것들이 있는가?

클레어   CEO나 설립자가 직원들의 의견을 듣기 위해 그룹 토의를 장려하는 것과 공동 결정권이 부여되는 것은 다른 문제다. CEO나 설립자가 '종국에 가서 결정을 내리는 사람은 바로 나'라고 생각할 수도 있다.

그렇다. 어느 정도 혼란스러울 수 있다. 그룹 차원에서는 그룹 구성원이 공동으로 의사 결정자라고 생각하고, 컨센서스를 지향하는 것이 목표라고 생각하기 때문이다. 이때 진정한 목표는 이렇게 명시한다. "함께 계속 논의하여 결론을 내는 것이다. 우리가 다 동의하지 않을 수도 있다. 함께 논의를 거친 이후, 구성원들의 의견을 토대로 최종적으로 한 사람이 의사 결정을 내리면 우리 모두 그 내용에 대해 찬성의 입장을 밝힌다." 다만 어떤 종류의 의사 결정인지를 명확히 하지 않으면 그룹 차원에서는 구성원들의 기대가 정확하게 반영되지 않았기 때문에 불만을 토로할 수 있다.

내 경우를 이야기하겠다. 힘든 결정을 내려야 하는 과정에서 먼저 나서서 논의를 주관할 때, 나는 처음부터 이렇게 말하려고 노력한다. "저는 여러분의 의견을 하나도 거르지 않고 듣고 싶습니다. 그러나 최종적으로 의사 결정을 내리는 주체는 제가 될 것입니다." 아니면 이렇게 언급하는 경우도 있다. "제가 의사 결정을 내리는 적임자인지는 모르겠습니다. 그래서 의사 결정에 관련된 모든 변수와 요소를 탐색하는 데 여러분 모두의 도움이 필요합니다. 그리고 우리의 논의가 일단락되고 나면 여러분에게 우리가 어떻게 결정을 내릴 것인지 알려드리겠습니다." 이렇게 사람들에게 지침을 알려주지 않으면 불미스러운 일이 생기는 경우가 허다하다.

결국 CEO와 설립자가 주체적으로 내려야 하는 결정이 반드시 존재한다. 단 의사 결정에 이르는 전 과정과 시스템을 통해 많은 인풋input을 받게 된다. 회사에 새로운 경영인이 투입되는 경우에 특히 그러하다.

내가 이끄는 기술팀과 많은 대화를 하는 사안이 있다. 회사의 계획, 인센티브, 측정 지표의 근본 구조는 그간의 업무를 중단하거나, 중단한 뒤 재개하려는 취지는 절대 없다는 점이다. 따라서 기술적 부채technical debt °에 대해 돈을 납입해야 하거나, 진행 중인 어떤 프로젝트를 중단하는 어려운 결정을 내려야 할 상황에서, 경영진 또는 CEO가 단도직입적으로 "여러분, 걱정하지 마세요. 더 이상 이러한 상황은 없을 겁니다"라고 직원들에게 알려주어야 한다. 왜냐하면 조직이란 항상 업무를 건설적인 방향으로 추진시켜 나가야 하는 사명을 안고 있기 때문이다. 무언가를 중단하거나, 긴축하거나, 재건하는 결정은 경영진까지는 아니더라도 CEO가 내려야 마땅하다.

일라드   일리가 있는 주장이다. 다 그런 것은 아니지만, 첫 단추를 잘못 끼우는 경우도 있다. 설립자나 CEO가 자신보다 경험이 많은 고위급 임원으로 COO 혹은 CFOChief Financial Officer(최고재무책임자)를 고용하여, 당사자 개인의 능력을 전적으로 믿고, 해당 업무에서 손을 떼는 경우다. 본인들이 잘하던 일에서 손을 떼거나, 회사의 고유한 특성에 맞게 정해지는 주요 결정 사항에서 물러서니 안타깝다.

클레어   조직에도 좋은 신호가 아닐 것이다. 그렇게 되면 "뭐지? 대표가 이런 업무는 더 이상 신경 쓰지 않겠다는 것인가?"라고 받아들이기 때문이다. 따라서 당신이 언급한 것처럼 균형점을 찾는 것이 진정 중요하다. 우리가 초반에 논의했던 주제, 즉 누가 어떠한 업무를 맡고, 어떠한 방식으로 협업할 것인지에 대해 명확히 이해해야 한다.

°   단기적으로는 이익이 있거나 빠르게 실행할 수 있지만, 장기적 관점에서 성장에 걸림돌이 되거나 비용이 더 들게 되는 의사 결정 또는 경영 행위.

일라드　　커져가는 조직을 이끌며 전략적으로 계획을 수립하는 과정에서 새로운 고민을 하는 창업자들에게 해주고 싶은 말이나 조언이 있는가?

클레어　　이러한 사안에 대해서 왈가왈부하기란 쉽지만, 제대로 실행하기는 어렵다. 이렇게 조언하고 싶다. 어떻게든 충분한 시간을 할애하여 이 사안들을 실행하라. 그 과정 자체가 의미 있고 소중한 시간이기 때문이다. 스트라이프의 경영진으로서 우리는 우리의 역할, 그리고 정해진 역할을 어떻게 실천할 것인지에 대해 많은 시간을 들여 논의한다.

　마지막으로 안일주의에 빠지지 않도록 주의해야 한다. 회사의 규모가 성공적으로 커지면 그다음 단계로 도약하기 위해 기존의 관행을 모두 따를 수는 없다. 새로운 관행을 도입하는 일은 앞으로도 반복적인 과정이 되어야 함을 직원들에게 알려주어야 한다. 또한 '인간은 배움의 동물'이므로 모든 임직원도 새로운 관행을 잘 학습할 수 있다는 믿음을 가져야 하며, 거부보다는 반갑게 맞이하는 마음을 갖도록 해야 한다. 기존의 관행을 바꿔야 할 때, 혹여 자신이 뭔가 잘못하지는 않았는지 생각할 수도 있지만, 절대 오해하지 않길 바란다. 회사가 잘하고 있기 때문에 판을 새롭게 짤 뿐이다. 다음 단계로 도약하는 과정에서 변화를 꺼리는 회사들도 있다. 부디 그 변화를 매우 합리적인 것으로 인식하길 진정으로 바란다.

일라드　　다음 단계로 변화하기 위해 필요한 것은 논리적으로 이해가 되지만 직원들의 입장에서는 회사의 성장 속도가 너무 빨라서 3~6개월에 한 번씩 재조직되니 정신이 없고, 앞으로 어떻게 되는 건지 불확실해 보일 수도 있다.

클레어　　　정확하게 짚어주었다. 그렇다면 사람들이 변화의 취지를 긍정적으로 받아들이게 하고, 우왕좌왕하는 현실이지만 회사가 커지니 기뻐할 만한 일이라는 점을 어떻게 인식시킬 것인가? 내 조언은 이렇다. 회사 대표 스스로 근거 없는 두려움이나 걱정을 하지 않도록 혼란의 과도기를 극복하는 방법을 찾고, 직원들이 불가피한 변화를 맞이할 마음의 준비를 하도록 해야 한다.

일라드　　　스타트업이 규모를 키워가는 과정에서 전략적 계획과 의사 결정에 접근하는 방법에 대해 혼란스러워하는 것 같다. 어떠한 단계에서 회사가 거시적 계획을 새롭게 수립해야 하는가? 각 단계들이 어떻게 상호 연계되고, 회사는 얼마나 자주 그 연결 고리를 찾아야 하는가?

클레어　　　회사가 변화하고 몸집을 키워가면서 함께 변화해야 하는 부분이라고 생각한다. 제품과 시장의 정합성 단계에 아직 도달하지 않은 회사라면 그 단계에 도달한 회사와 대비되는 달라진 호흡과 속도가 필요하다. 최대한 박차를 가해야 하는 만큼 더 애자일agile해져야 한다. 단기 목표에 집중할 수도 있다. "제품 테스트를 시작하고, 제품과 시장의 정합성이 있다는 것을 증명하기 위해 준비해야 할 우선 과제는 무엇인가?"를 고민하는 식이다.
　핵심 제품에 대해 시장의 반응이 뜨겁다 싶으면 지체 없이 제품의 진척 사항을 알려줄 지수를 만들어야 한다. 주요 목표치나 측정 지표 등을 만들어야 한다. 이를 통해 "이 목표를 달성하기 위한 단기·중기·장기 목표는 이렇다"는 밑그림이 나와야 한다. 보통은 시장의 반응이 좋을 때, 타이밍을 놓치지 않고 최대한 활용하여 더 확장해야 한다. 그러려면 여전히 해야 할 일이 산더미다.

단기주의 혹은 장기주의에 치우치지 않고 균형을 찾는 것이 중요하다. 나는 이와 관련된 두 가지 문서를 갖고 있다. 첫 번째 문서는 스트라이프에서 '헌장'이라고 불렀다. 왜 이 팀이나 이 제품 혹은 이 회사가 존립해야 하는지, 회사의 총체적인 전략이 무엇인지, 그리고 앞으로 3~5년에 걸쳐 어떠한 모습으로 성공적인 결과를 얻을 것인지에 대한 장기 계획을 명시한 문서다. 두 번째 문서는 "단기적으로 우리가 성취하려는 목표는 무엇인가?"라는 취지의 단기 계획을 포괄한다. 어떤 면에서는 결과 기반의 경영 모델 혹은 OKR_{Objectives and Key Results}(목표 및 핵심 결과)^o 모델처럼 보일 수 있다. 팀 차원에서는 이렇게 말할 수 있을 것이다. "이것이 우리가 장기적으로 추구하는 목표의 방향이다. 또한 단기적인 관점에서 분기별로 집중하는 부분은 이렇다. X와 Y의 지표를 향상시키기 바란다."

출시하려는 제품이 초기 단계에 있다면 성숙기의 다른 제품을 보유하고 있는 회사일지라도 초기 제품에 맞는 특별한 단기 계획이 필요할 것이다. 그 단계에서는 X와 Y의 지표가 아직 도출되지 않았을 것이다. 여전히 '마일스톤 단계_{milestone mode}^{oo}'에 있을 확률이 높다. 가능하다면 어떠한 계획 단계에서도 제품의 전체 주기를 고려해야 한다. 제품 주기의 각 단계에서 반드시 완료해야 하는 목표를 설정하기도 한다.

단 모든 단계에서 장기적 관리 헌장("우리 회사의 존립 이유는 무엇인가?")과 단기적 계획("우리는 무엇을 실행할 것인가?") 사이에서 균형점을 찾아야 한다.

일라드　　그렇다면 장단기에 관한 사항은 반복 적용되는 것인가? 예를 들

---

o　　조직의 목표에 따라 개인이 목표를 설정하고 결과를 확인해나가는 성과 관리 기법.
oo　　대략의 아이디어와 계획 정도만 있는 극초기 단계로서 아직 목표가 구체화되기 전의 단계.

어, '장기적 관리 헌장'은 매년 혹은 반기별로 한 번씩 변경하는 것이 효과적인가? 장기적 관리 헌장은 목표 수립이나 OKR에 관한 문서와는 다른 특징을 갖고 있는 것인가?

클레어   헌장은 매년 대략적으로 검토할 필요가 있다고 생각한다. 한편 목표 수립과 OKR은 취급 제품에 따라 분기 혹은 반기별로 검토한다. 우리 회사에서는 헌장 외에도 연례적으로 다음 해에 대한 지표 목표치를 설정하여, 분기별로 해당 목표를 토대로 계획을 조정한다.

일라드   귀사의 헌장이나 전략적 계획이 미래의 어느 지점까지 포괄해야 한다고 생각하는가?

클레어   직원 수가 50명 혹은 100명을 넘어가는 회사라면 매우 중요한 '설립 문서founding documents'를 가지고 있어야 한다. 내가 이름 붙인 문서이기도 한데, 여기에는 회사의 사명과 비전뿐 아니라 회사의 포괄적인 장기 목표도 싣는다. 우리가 스트라이프에서 그 문서를 작성했을 때, 나는 그 문서를 3~5년 계획서로 간주했다. 사내에서는 그 내용을 '장기 목표'로 칭하기도 했다. 지금 그 목표를 읽어보더라도, 여전히 바뀔 만한 내용이 없다. 3년 전에 나와 경영진이 작성한 내용인데도 여전히 유효하다는 의미다. 그리고 앞으로 3~5년 동안도 바뀌지 않을 것 같다. 결국 회사가 추구하는 장기 목표이기 때문이다.
    이 외에도 회사의 운영 원칙 혹은 가치관 등 명칭은 달라도 내용은 같은 문서도 있다. 회사에서는 일련의 원칙과 행동을 명문화하고, 직원들이 준수할 수 있는 기업문화를 마련해야 한다. 단 '설립 문서'를 자주 변경해서는 안 되지만, 운영 원칙은 매년 점검하여 수정하되 크게 의미를 바꾸지는 않도록 한다. '설립 문서'는 가능한 한 변경하지 않도록 해야 한다.

특정 제품이나 사업 영역에 대해서 전망할 수 있는 기간은 길어야 3년 정도이다. 워낙 사업 환경이 급변하기 때문에 성장 단계에서는 3년 이상 내다보기 어렵다. 우리 회사에서는 향후 3년의 전망치를 토대로 한 재무계획을 세우고 있다. 5년 치를 전망하라고 하면 큰 부담이 앞설 것 같다.

> "회사에서는 일련의 원칙과 행동을 명문화하고,
> 직원들이 준수할 수 있는 기업문화를 마련해야 한다."
>
> _ 클레어 휴스 존슨

일라드 그렇다면 헌장과 OKR을 작성하고 이행하는 주체는 누구라고 생각하는가? 나는 트위터에서 일할 때, OKR을 전사적으로 실행하도록 지원하라는 요청을 받았다. 트위터의 직원이 무려 500명이었을 때였다. 당시 CEO였던 딕 코스톨로가 나서서 힘을 실어주지 않으면 불가능한 일이었다. 이미 회사의 몸집은 많이 커져 있었기 때문이다.

회사가 어느 정도의 규모로 성장했을 때, 직원들이 새롭게 변화한 프로세스를 받아들이는 편인가? 또한 앞으로도 헌장과 OKR은 누가 주체적으로 관리해야 하는가?

클레어 계획을 수립하기 위한 기본적 틀은 초기에 마련해야 한다고 생각한다. 최근 어느 스타트업 회사에서 강연을 했는데, 회사에 어떠한 운영 프로세스가 있어야 하는지, 수립하는 시점은 언제인지에 관한 질문이 나왔다. 나는 어떠한 운영 프로세스를 수립해야 하는지는 언급하지 않겠다고 말했다. 다만 회사는 운영 프로세스가 필요하고, 생각보다 빨리 필요할 것이라고만 말했다.

나는 게임이나 스포츠를 하는 경우를 비유로 들며 이렇게 말했다. "게임을 하는 게 왜 재미있는 줄 아시나요? 게임에는 법칙이 있고, 이길 수 있는 방법이 있기 때문입니다. 많은 사람이 운동장에서 아무 장비를 들고 아무런 규칙도 없는 시합을 한다고 생각해보십시오. 우선 부상을 입기 쉬울 것이고, 대체 무슨 게임을 하고 있는 것인지, 어떻게 해야 이기거나 점수를 내는지, 그리고 목표가 무엇인지 알지 못할 겁니다."

청중은 내 말을 듣고 고개를 끄덕였다. 그 스타트업은 직원 40명 규모의 회사였다. 나는 강연을 하면서 직감적으로 회사에 핵심 목표가 없어서 갈피를 잡지 못하고 있다고 느꼈다. 그 회사는 분명히 제품과 시장의 정합성 단계에는 들어와 있으면서, 나아갈 방향을 알고 있는 상태였기 때문에 큰 고민은 없을 것이라고 여겼다. 다만 조직은 최상의 결과를 도출하려면 제약과 목표를 설정해야 하고, 이렇게 해야만 직원들이 독립적으로 의견을 내고 의사 결정을 할 수 있다.

내가 스트라이프에 처음 합류했을 때, 회사에는 OKR도 없었다. 현재는 보유하고 있지만 당시에는 헌장이나 계획 프로세스도 전무했다. 오로지 여섯 가지 목표 사항만 있었을 뿐이다. 그래서 처음 2분기 동안 우리는 기존에 정한 목표들을 서서히 팀 단위로 구체화하여 실행하도록 했다. 6~8개월 정도는 효과가 좋았다. 직원들이 적어도 어떠한 팀이 무슨 업무를 하고 있는지 알 수 있는 계기가 되었다. 최대한 빨리 이처럼 밑그림을 그리고 구조를 세운 이후, 적합한 것을 선취하면 좋을 것이다. 결국 우리가 초기에 도입한 접근법은 회사의 사업 차원과 우리의 성숙도 차원에서 백점짜리는 아니라는 결론에 도달했다. 그래도 앞만 보고 달리는 것이 아니라, 이렇게 잠시 멈추어 계획과 전망 및 목표를 설정하고 진척 정도를 측정하는 과정에서 기초공사를 튼튼히 할 수 있었다. 이처럼 초기 단계에서 조직적 역량을 키우는 것이 가장 필수적이다.

헌장과 OKR을 작성하고 이행하는 주체는 결국 회사의 '리더'라고 생각한다. 수장으로서 주체가 되어 전사적으로 헌장과 OKR이 파급되도록 하는 책임을 갖고 있다. CEO를 비롯한 경영진의 관여도도 높아야 할 것이다. 매번 계획을 세우고 이행하는 프로세스를 견인할 필요는 없겠지만, 그 과정에서 참여자로서 최선을 다해야 한다.

내 생각을 요약하면 계획의 틀을 짜는 일은 생각보다 조기에 해야 하고, 상명하달top down의 형태로 전개되어야 한다.

일라드　임원진 중 큰 조직에서 일해본 경험이 없는 임원이 1~2명 정도일 때 가끔 잡음이 일기도 한다. 임원진 차원에서 새로운 프로세스의 틀을 짜는 것 자체에 저항하기도 한다. 그러다 새로운 프로세스를 도입하고 6개월 정도 지나면 언제 그랬냐는 듯 "훌륭하네. 전부터 이렇게 해야 한다고 생각했는데 말이야"라고 말한다. 이처럼 초기에는 어느 정도 잡음이 난다.

좀 더 주제를 넓혀보겠다. 세월이 지나면서 설립자들이 지속적으로 관여해야 하는 부분은 무엇인가? 이들이 업무 위임을 제대로 하지 못하는 분야는 무엇인가? 이와 관련한 공통된 패턴을 여러 회사에서 목격하진 않았는지 궁금하다. 설립자들의 손을 떠나야 하는 업무에는 어떠한 것들이 있는가? 역으로 그들의 손을 떠나서는 안 되는 업무도 있을 텐데, 그들이 주요 사안을 놓치지 않도록 의사 결정권을 다른 임직원에게 배분하도록 하는 프로세스가 있는가?

클레어 나는 스스로 자각하는 방법이 크게 효과적이라고 믿는 사람이다. 설립자나 CEO, 그리고 경영진으로서 공들여 고민해야 할 질문을 두 가지로 요약할 수 있다. 첫째, 설립자나 CEO만 할 수 있는 업무는 무엇이고, 회사 차원에서 해야 하는 업무는 무엇인가? 둘째, 설립자나 CEO는 어느 부문에 시간을 쏟아야 하는가? 이러한 일은 수뇌부에 새로운 인사를 영입하는 일이 될 수 있고, 대부분의 회사의 경우엔 제품에 대한 비전을 명확히 설정하고 기업 고유 문화에 대한 표준을 세우는 일이 될 수 있다.

이 부분들이 무엇인지 정확하게 파악한 후, 경영진과 투명하게 논의하라. 그러고 나서 경영진 전원이 이 내용과 관련하여 자신에게 필요한 능력, 과거의 경험, 강점이 무엇인지 자각하도록 한다. 설립자 혹은 CEO는 자신의 사업적 니즈와 목표를 달성하기 위해, 직원을 관리하고 회사를 경영할 수 있는지 생각한다. 그런 다음 자신이 관여해야 하는 부분에 대해 냉혹한 판단을 내린다. '내가 관여하고 싶은 분야'와 '내가 관여해야 하는 분야' 사이에서 저울질을 해야 할 수도 있다. 이렇게 숙고하여 '어떠한 방식으로 관여하고자 하는지'와 '관여하는 분야에서 자신의 역할이 무엇인지'를 문서화한다.

이렇게 중심을 세워 놓지 않으면 그때마다 피상적으로 적합해 보이는 결정을 내리거나 상황에 맞춘 어설픈 결론에 도달한다. 예컨대, "이번에 채용한 이 직원은 분야가 이러이러하니, 이 일을 시키면 되겠다"고 단순한 결론을 내린다는 의미다. 부디 거시적인 회사의 목표를 염두에 두고, 회사의 전략과 제품과의 연결 고리 차원에서 고민했으면 한다.

인터뷰 내용은 이해를 돕기 위해 편집 및 요약되었다.

• • • • • • • •

인사이트-클레어와 일하는 법에 관한 지침서°

우선 여러분과 아울러, 여러분의 팀과 함께 일하게 되어 매우 기쁩니다.

회의 방식

- 2주에 1회, 혹은 주 1회를 기본으로 합니다. 회의 시간은 일관되게 유지하여 여러분이 미리 계획할 수 있도록 할 것입니다. 저는 안건, 실천 사항, 목표, 업데이트와 이전 내용을 추적하기 위해 '1대1 개인별 문서에 대한 공동 관리' 방식을 선호합니다.

- 주 단위 팀 회의도 필요하다고 생각합니다. 업데이트된 소식을 듣고, 의사 결정 및 업무 검토에 대해 논의할 수 있기 때문입니다. 상황에 따라 화상회의를 하거나, 지역별로 다른 시간대를 고려해야 하겠지만, 참여 직원들이 준비된 상태에서 참여하길 기대합니다.

- 분기별 계획 회의도 필요하다고 생각합니다. 회사의 각종 팀과 (내·외부) 파트너들이 참여하는 이 회의에서는 충분한 사전 준비와 사후 점검도 이루어지길 바랍니다.

- 회사에서 별도로 '사업 검토' 회의를 가질 수도 있습니다. 사업 검토 및 계획 회의가 균형적으로 효과 있게 진행되도록 할 수 있을 것입니다. 지켜봐 주십시오.

- 1대1 회의에 관한 사항
  - 저와 함께 일하고 나서 첫 몇 개월 동안 시간을 내어 '경력 회의_career_

°   이 부분은 상사가 직원들에게 전하는 편지나 메모의 느낌이 강해서 존칭어 혹은 반존칭어로 번역하였다.

session'를 갖습니다. 개별 직원의 생애, 인생의 중요한 선택들을 내리게 된 이유, 미래에 대해 품고 있는 꿈 등이 논의 내용입니다. 제가 이러한 내용을 알고 나면 장기적 계획의 관점에서 여러분이 자기 계발에 대해 어떠한 관심과 포부를 갖고 있는지 알 수 있게 됩니다.

- 개인적 목표: 여러분이 분기 별로 정한 3~5개의 목표를 임원 두 명이 검토하게 됩니다(팀 계획이 아니라 여러분이 시간을 투자하는 자기계발 계획을 의미합니다). 분기 별로 해당 내용을 논의한 후, 여러분이 추구하는 목표를 달성하기 위해 필요한 시간, 공간, 지원을 얻도록 하는 방법에 관한 계획을 논의할 수 있습니다. 저는 이 작업을 3~6개월에 한 번씩 하고, 저의 개인적 목표에 관한 내용도 여러분 모두와 공유할 겁니다.

• 여러분의 팀에 관한 사항

- 팀의 일상과 업무를 이해하는 데 도움이 되는 이메일이나 문서는 저에게도 공유해주십시오(저한테 참조를 걸거나 저를 수신인 목록에 추가해주세요).

- 특정 업무가 계속되거나, 팀원이 성과를 내는 경우, 해당 내용이나 '1대1 문서'에서 링크를 달아 전달forward해주십시오. 저는 현재 진행 중인 업무를 파악하고 싶습니다. 또한 훌륭한 성과를 낸 직원들을 직접 만나서 어떻게 그런 성과를 냈는지 직접 듣고 싶습니다.

- 마지막으로 여러분의 팀원 전원을 한 분 한 분 만나길 기대합니다. 앞으로 몇 달에 걸쳐 제가 여러분을 만나는 모습을 지켜봐주십시오.

관리자 핸드북

관리 방식

협업 중심

- 저는 협업 중심적인 사람입니다. 결정 사항과 선택지를 같이 논의하는 것을 좋아하고, 화이트보드를 사용해 그룹이나 팀 내 주요 사안을 함께 고민하는 것을 좋아합니다. 또 저는 하나의 의견이나 입장에 치우치는 경우도 드물어요. 그 반면, 저의 단점은 결정을 신속하게 못 한다는 것입니다. 충분한 대화와 함께 몇몇 아이디어, 데이터, 선택지를 두고 신중하게 선택하는 유형이기 때문이죠. 그래서 제 결정이 가끔 느릴 수도 있다는 점을 염두에 두시길 바랍니다. 빠른 결정을 해야 하는 사안이라면 제게 사전에 알려주세요.

지나친 간섭 지양

- 저는 '마이크로 매니지먼트'는 지양하고, 세심한 부분까지 신경 쓰지 않는답니다. 단 '예외'가 있어요. 업무의 방향이 엇나간다고 생각할 때죠. 그런 생각이 들면 제가 우려하는 바를 여러분에게 알려줄 겁니다. 그래서 앞으로 어떻게 하면 더 효과적으로 상황을 전달할 수 있는지, 올바르게 소통할 수 있는지를 제가 이해하고 계획하기 위해 함께 노력할 수 있을 겁니다. 한편, 어떠한 프로젝트나 팀을 처음 맡게 되면 더 나은 리더가 되기 위해 실무를 면밀하게 파악하는 편입니다. 새로운 사업 계획이 있으면 초기에 세부 정보를 얻어 필요한 조치는 최대한 빨리 취하는 성향이기 때문에 이 부분은 미리 알아두시길 바랍니다. 초반부터 관여해야 나중에라도 저의 도움이 필요하면 제가 적절히 도움을 드릴 수 있기 때문입니다.

- 여러분이 저 없이도 여러 의사 결정을 내리게 되는 경우가 많으리라고 생각합니다. 저에게 찾아오더라도 저는 "어떻게 하고 싶으시죠?" 혹은 "어떻게 해야 옳다고 생각하시나요?"라고 되물으며, 여러분이 의사 결정을 내리는 데 단지 도움이 되길 바랍니다. 단, 일을 추진하다가 혹시라도 불미스럽거나 안 좋은 일이 예상되면 언제라도 저와 대화해주길 바랍니다. 여러분, 그리고 여러분의 팀에 대해 일어나는 상황을 저도 알고 싶습니다.

실천 과제: 주요 업무 실행 계획

- 저는 실천 과제를 매우 진지하게 검토합니다. 여러분도 여러분의 실천 과제가 무엇이고, 마감이 언제인지를 파악하고, 반드시 이행하기를 바랍니다. 제가 다 확인할 수 없겠지만, 상황이 여의치 않을 때 마감을 재조정하자는 의견도 받아들일 수 있습니다. 다만 마감을 미루고 또 미루는 것은 받아들이기 어려울 것 같습니다.

- 미리 할 수 있었는데도 마지막 순간까지 미루는 상황을 반기지 않습니다. 대대적인 노력이 필요하면 미리 박차를 가하고 함께 도와주며 노력하길 바랍니다. 우리가 가진 자원이 제한적이긴 하지만 우선순위가 높은 업무들에 최대한 전념하길 바랍니다. 여러분과 제가 분별력 있게 업무에 임하길 바랍니다.

데이터 중심

- 데이터와 대시보드를 이용하면 진척도와 결과를 최대한 객관적으로 측정할 수 있기 때문에 이 방식을 선호합니다. 단 데이터만 맹신하고 수치로만 얘기하는 부류의 사람은 아닙니다. 실질적으로 중요한 사안에 대해 일관된 정보를 검토하고, 데이터를 이용하여 통찰을 얻자는 겁니다. 어림짐

작이나 직감에 의한 결정의 덫에 빠지지 않자는 겁니다.

- 각자가 나름의 업무 방식이나 기본적 틀을 만들지 않고, 그룹 차원에서 '업무 방식'에 대해 합의하고 변경이 필요한 경우 내용을 수정하거나 합의하여 예외 조항을 만들기를 희망합니다.

- 여러분과 제가 어떠한 사안을 두고 논의하는 데, 우리가 의사 결정을 내릴 때 유용하다고 여겨지는 데이터가 있으면 주저 말고 말씀해주십시오 (아래 내용 참조. 저는 때로 직관적 방식으로 업무에 임하기도 합니다. 직관적으로 봤을 때 우선적으로 분석해야 하는 사항을 먼저 검토하기도 합니다).

직관적인 판단

- 저는 사람, 제품, 의사 결정에 대해 직관적으로 생각하는 편입니다. 여러 사실이나 데이터가 없을 때 충분히 즐거운 마음으로 상황에 임할 수 있는지를 중시한다는 의미죠. 이렇게 말하면 바로 결론에 도달할 것이라고 생각할 수도 있지만, 저는 일하면서 그렇게 행동하지 않으려고 최선을 다해왔습니다. 쉽게 말하면 저의 직감은 꽤 좋은 편이지만, 그렇다고 무턱대고 직관적으로만 판단하지는 않습니다. '여러분'은 제 의견이나 의도를 파악하고, 동의하지 않는 부분에 대해 가차 없이 이의를 제기해주길 바랍니다. 더 나은 결과를 위한 건설적인 논쟁을 매우 반깁니다.

- 인재 관리 부문에서 저는 직관을 많이 활용합니다. 사람을 잘 '본다'는 말도 많이 듣고요. 강조하건데, 저는 성급한 결론에 도달하지 않으려고 노력하지만 여러분의 팀원들에 대한 저의 추측을 제시할 것이고, 여러분은 제가 최대한 그들에 대해 정확하게 파악하도록 도와주어야 합니다.

- 저는 전반적인 상황을 크게 보고자 사람들의 개인사에 대해서도 관심이 많습니다. 우리는 개인적으로 집에서 일하는 것이 아니라, 함께 일하는

사람들이라고 생각합니다. 그러니 여러분이 처한 상황을 알게 되면 여러분과 여러분의 팀을 이해하는 데 도움이 될 것 같습니다. 여러분의 팀에서 누군가가 힘든 일을 겪고 있다면 저도 그 상황을 알고 도와주고 싶습니다.

전략적 업무 처리

- 저는 어떠한 일을 할 때, 그 일의 결과와 그 결과에 도달하기 위한 가장 효과적인 방법을 심도 있게 고민하지만 그 과정에서 유연성을 발휘합니다. 소용돌이가 일 때는 다음과 같은 질문을 스스로에게 던집니다. "지금 상황에서 가장 큰 걸림돌은 무엇인가?", "우리는 어떠한 문제를 해결하려고 하는가?", "왜 그 문제를 해결해야 하는가?", "언제 그 문제를 해결해야 하는가?" "필요한 정보는 무엇이고, 그 정보를 언제 얻게 되는가?" 여러분도 이러한 질문을 해보길 바랍니다. 저는 매일 제가 할 수 있는 가장 중요한 일에 대해 생각하려고 하고, 그 일을 우선적으로 실행합니다. 그러나 이메일에 파묻혀 그 일을 제대로 못할 때도 있습니다. 또한 저는 누가 저를 필요로 할 때나 대화를 원할 때, 제 시간을 최대한 내어주는 편입니다. 거절을 모른다는 말을 들을 정도죠. 그러니 혹시라도 제가 중요한 부분을 놓쳐가며 시간을 내어주고 있는 듯하면 저에게 알려주세요. 사람들을 만나는 걸 좋아하지만 전략적으로 중요한 사안을 검토하는 데 충분한 시간을 할애하지 않고 있다면 반드시 알려주세요. 제가 잘못하고 있는 부분은 반드시 지적해주시기 바랍니다.

이용자(고객) 중심적 사고

- 제 주요 업무가 개별 고객 관리라기보다는 총괄 고객 관리라고 생각하기

때문에 이 부분을 마지막으로 언급하였지만, 저는 항상 판매 현황, 고객 문제, 고객 이야기, 그리고 특히 제가 출장을 가게 되면 이용자와의 회의에 관심을 둡니다.

소통 방식

1대1 소통

- 구두로 논의하기 좋은 사안, 주 단위로 함께 점검할 만한 사안은 1대1 회의를 활용합니다. 이메일은 주고받는 시간이 '많이' 소요되기 때문에 1대1 회의를 현명하게 이용합니다.
- 한동안 1대1 회의를 열기가 여의치 않아지면 당연히 이메일이나 문자도 좋습니다.

이메일

- 이메일을 빨리 읽는 편이지만, 왼쪽 팔에 손 저림 증후군 증세가 약간 있어서 긴 이메일을 쓰는 것을 선호하는 편도 아니고, 그런 이메일이 생산적이라고 생각하지도 않습니다. 말은 이렇게 해도 간혹 이러한 원칙이 깨지는 경우도 있답니다.
- 매일 받는 이메일은 전부 읽습니다만 매번 답신은 하지 않아도 제가 수신해서 읽었다는 점은 알아주세요. 제가 직접적으로 답해야 하거나 질문이 있을 때만 답장을 씁니다. 따라서 18시간 이내에 보낸 이메일은 읽었다고 봐도 무방합니다. 혹시 답장이 필요하다면 다시 보내거나 문자를 보내도 개의치 않으니 그렇게 해도 됩니다.
- '참고로 알아두시면 좋아요'의 의미인 FYIFor Your Information 이메일을 '매우 좋아합니다.' 여러분이 본 특별한 것, 고객에 관한 일화, 기사, 데이터,

여러분의 팀에서 누군가가 했던 어떠한 행동에 관한 이메일 등입니다. 제목에 'FYI'를 넣거나 이메일을 내게 전달할 때 이런 문구를 넣어 전달한다면 제가 참고로 알면 좋을 내용이지만 굳이 답장이나 시급하게 읽을 필요는 '없다'고 이해하겠습니다. 제가 여러분에게 보내는 이메일에 FYI가 들어있을 때도 그러한 의미로 이해해주면 되겠습니다.

- 혹시라도 제가 깜빡하고 지나친 축하할 만한 내용을 담은 단체 메일에 저를 포함해주면 저도 같이 축하해주면 좋겠다는 신호로 받아들이겠지만, 너무 자주 활용하지는 않길 바랍니다. 제 경험상 그러한 메일을 자주 받아보면 별 의미 없다고 여기거든요.

채팅·문자 전송

- 시급하거나, 중요하거나, 때를 놓칠 수 없거나, 매우 짧은 내용이라면 제가 '휴무'인 날에도 문자 메시지를 전송해도 됩니다.
- 메시지로 짧은 질문을 하는 것은 상관없지만, 제가 회의 중일 때가 많아서 응답 시간이 불규칙적이라는 점은 양해 부탁드립니다.
- 긴 주제인데 시간에 민감한 사안이 아니라면 1대1 회의 시간까지 기다려주십시오.

전반적으로 저는 최대한 소통을 많이 하길 원하고, 여러분과 여러분의 팀의 현 상황을 알고 싶습니다. 이를 통해 여러분의 업무에 제가 더 큰 도움이 되길 바랍니다. 제 자신이 '마이크로 매니지먼트'를 하는 사람이라고 생각하지는 않지만, 혹시 제가 지나치게 간섭한다는 생각이 들면 저에게 알려주세요. 마지막으로 저는 이메일을 산더미처럼 보내는 유형은 아닙니다. 이메일을 계속 주거니 받거니 하느니 차라리 1대1로 만나 빠르게 문제를 해결하자고 요청하는 편이죠. 여러분이 오히려 먼저 요청하면 더 좋겠고요.

또한 저는 계획을 세우고 나면 그것을 문서화하는 업무 방식을 선호합니다. 슬라이드, 워드 문서 혹은 스프레드시트도 상관없습니다. 단 필요시에 세부 문서 작업이 되어 있길 바라고, 혹시 여러분의 업무가 진행 중이거나 계획이 있다면 저도 초기부터 그 내용을 알고, 어떻게 발전되고 있는지도 계속해서 파악하고 싶습니다. '그러나' 제가 계획에 대한 초안을 갖고 있다 해도, 여러분이 저의 관여나 최종 검토를 요청하는 경우에만 관여하는 편입니다.

피드백

저는 피드백을 환영합니다. 피드백을 주고받는 것을 좋아하는데, 특히 건설적인 피드백을 선호합니다. 이처럼 허심탄회하게 의견을 주고받는 이유는 함께 더 나은 결과를 얻기 위해서입니다. 회사에서 분기별 피드백 회의가 예정되어 있지만, 제가 무언가를 보거나 듣게 되는 바로 그때 피드백을 주려고 할 테니 여러분도 저에게 그렇게 해주세요. 팀의 생각과 감정이 어떠한지 알고 싶습니다. 피드백이 오갈 때는 직책이나 업무 시간 등은 그렇게 중요하지 않아요. 제가 어떠한 사실을 듣거나 보건 간에, 저는 여러분을 든든하게 지지해줄 것이고, 제가 우려하는 부분이 있으면 여러분께 알려드릴 것입니다. 누군가 저에게 와서 여러분에 대해 불만을 토로하면 여러분에게 직접 얘기할 수 있도록 제가 중간에서 도와줄 겁니다.

경영진 & 직원들

저는 여러분, 여러분 팀의 팀원들, 그리고 여러분 모두의 발전에 많은 애정이 있습니다. 경영진이 여러분의 팀과 계속 접촉하고, 경영진 개인으로서 역량 향상에 힘쓰며 팀으로서 협동을 강화할 수 있도록 협조해주십시오. 훌륭한 성과를 낸 직원이 있으면 같이 격려해주고, 업무에서 난관이 있을 때 경영진이 함께 도움이 되길 바랍니다.

결과

좋은 결과를 얻도록 노력하고, 또 그 결과를 어떻게 얻었는지 파악합시다. 결과에 대한 측정치는 반드시 도출되어야 합니다.

유머

마지막으로 유쾌한 웃음을 좋아하는 저는 함께 일하는 사람들과 즐거운 시간을 갖고 싶습니다.

위 내용이 도움이 되었길 바라며, 함께 일하는 날을 기다리겠습니다. 이 문서에 추가하길 바라는 내용을 제안해서, 조금 더 '공식적인' 문서답게 바꾸어도 좋습니다.

> "유쾌한 웃음을 좋아하는 저는
> 함께 일하는 사람들과 즐거운 시간을
> 갖고 싶습니다."

_ 클레어 휴스 존슨

공동 설립자 체계의 변화

공동 설립자일 경우, 임원진이 전환할 때 실질적 영향력과 공동 설립자의 역할도 대폭 바뀌게 된다. 여러 초기 스타트업에서는 여러 공동 설립자가 모든 결정에 관여하는 편이다. 단 회사의 규모가 커질수록, 의사 결정과 역할에 대한 경계선을 보다 더 엄격히 정의할 필요가 있다.
대부분의 공동 설립자 체계에서 세 가지 기본적인 공통분모가 나타난다.

- 고문의 자리에서도 만족하는 이들도 있다(애플의 스티브 워즈니악Steve Woxniak).
- 공동 설립자는 주요 임원으로 남아 CTO Chief Technology Officer(최고기술경영자), 사장, 제품 총괄자 등으로 재직하며 회사의 성공을 견인하는 데 기여할 수 있다.
- 여러 명의 공동 설립자가 회사를 떠나게 되는 경우는 회사에서 충분히 영향력을 행사하지 못한다고 느낄 때, CEO로 재직하길 바라지만 단기적으로는 요원한 희망일 뿐일 때, 혹은 그들이 가진 능력과 그들이 맡고자 하는 역할 사이에 괴리가 존재할 때 등이다. 아픈 가족이 있거나 배우자 때문에 다른 지역으로 이주해야 하는 경우 등의 가족 문제로 회사를 떠나는 경우도 있다.

공동 설립자의 지위를 변하게 하는 원인으로는 ① 회사의 규모가 커질 때, 회사를 주도할 단일의 전략적 방향과 관점이 필요한 경우, 혹은 ② 회사의 규모는 커지는데 공동 설립자의 능력과 역량이 이를 따라가지 못하는 경우를 들 수 있다. 직원 수가 늘어나면 직원들은 최종 결재자가 누군지 알아야 하고, 그렇지 못하는 경우 회사의 성장이 더뎌지면서 정체에 빠질 수 있다. 그리고 가장 필요하고 가치가 높은 부문에 자원을 배분해야 한다. 또한 공동 설립자가 향후에 자신이 회사에서 맡고 싶은 역할을 위해 필요한 기술과 경험을 보유할 수도, 그렇지 않을 수도 있다.

공동 설립자 체계에 변화를 적절히 관리하기 위해서는 다음의 사항을 고려해야 한다.

1. 회사를 위해 향후 12~18개월 동안 공동 설립자가 어떠한 역할을 맡는 것이 가장 적합할지 고민하라

공동 설립자는 어떠한 기능적인 역할을 해야 하는가(CTO, 기술 부문 부사장, 혹은 기술 자문 등)?, 기업문화에서 어떠한 역할을 담당해야 하는가(모든 입사 후보자에 대한 면접 혹은 다른 업무 등)?, CEO로서 이 책을 읽는 당신은 그들이 어떠한 방식으로 관여하길 바라는가(그들의 전문 분야가 빛을 발할 수 있는 연설장 혹은 행사장에 당신을 대신하여 참석할 수도 있고, 거래 체결이나 파트너십 제휴 등에 참여할 수 있다)?, 그들은 어떠한 인풋을 주고 어떠한 의사 결정에 참여하는가? 당신이 그들과 지속적으로 논의해야 하는 주요 주제는 무엇인가? 회사의 규모가 커지면서 이와 같은 질문 외에도 여러 사항을 고민해야 할 것이다. 단 너무 멀지 않은 미래, 즉 12~18개월 정도를 내다보고 고민하면 좋을 것이다.

2. 당신과 함께 회사를 설립한 공동 설립자가 무엇을 원하는지 생각하도록 유도하라

공동 설립자들이 자신이 바라는 업무에 대해 기술하도록 해야 한다.

3. 논의의 시간을 마련하라

공동 설립자가 자신의 업무에 대해 바라는 것과 당신이 CEO로서 그들이 맡길 바라는 것 사이에 차이를 좁히도록 두 사람의 대화가 필요하다. 이견이 좁혀지지 않는다면 수차례 대화를 전개하도록 한다.

4. 논의에서 중재 역할이 필요하면 두 사람 모두가 신뢰하는 고문, 투자자, 이사에게 그 역할을 맡겨라

두 사람이 역할 변경에 대해 합의점을 찾지 못하면 제3자의 중재를 요청할 필요가 있다.

5. 합의에 도달한 경우

여러분은 CEO로서 공동 설립자가 맡은 새로운 역할에 대해 어떠한 도움을 줄 수 있는가? 혹시 경영 코치가 필요하진 않은가?

공동 설립자가 당신처럼 회사의 창업 아이템을 선발하거나 회사를 설립하는 데 초기에 기여한 사람이라는 점과 그들이 주요 주주라는 점(이사진의 일원일 수도 있음)을 기억해야 한다. 여느 장기 파트너십이 그러하듯 CEO와 공동 설립자의 관계에는 많은 감정이 깃들어 있지만, CEO로서 최대한 해결책을 찾는 것이 회사가 성공하는 데 매우 중요하다.

혹시라도 두 사람이 합의에 이를 수 없다면 해당 공동 설립자가 퇴사하는 방안을 협의해야 할 수도 있다. 때로는 진흙탕 싸움이 된다. 반대로 회사가 어느 정도 성장하고 성공했으니 자신이 떠나도 그 여세를 잃지 않겠다고 생각하며 안심하는 공동 설립자도 있다. 공동 설립자가 CEO의 역할을 하지 않으면, 결국 자신의 영향력이 사라지고 있다는 것을 느낄 것이고, 자신이 최종 결재자 역할의 일을 하고 싶어 하게 된다.

공동 설립자

많은 사람은 실리콘밸리에서 공동 설립자가 동등한 지위를 갖고 있다는 착각을 한다.[7] 그러나, 지난 50년 동안 가장 큰 성공을 거둔 기술 스타트업들을 보면 다수의 기업에서 단 한 명의 설립자가 기업을 이끌었다는 것을 알 수 있다. 그 주요 사례는 다음과 같다.[8]

- 아마존: 제프 베이조스.
- 애플: 스티브 잡스 Steve Jobs가 회사의 지분을 공동 설립자인 스티브 워즈니악과 동등하게 나누지 않은 사실은 업계에서 유명하다.
- 페이스북: 마크 저커버그 Mark Zuckerberg는 여러 공동 설립자와 함께 회사를 만들었지만, 페이스북 사이트는 초기에 '마크 저커버그의 제작물 A Mark Zuckerberg production'로 불렸고, 그는 다른 공동 설립자들에 비해 훨씬 많은 지분과 권력을 지녔다.[9]
- 인스타그램: 케빈 시스트롬 Kevin Systrom이 주요 공동 설립자였다.
- 인텔: 로버트 노이스 Robert Noyce가 7년, 고든 무어 Gordon Moore가 12년간 회사를 이끌었다.[10]
- 인튜이트 Intuit: 스콧 쿡 Scott Cook이 주요 설립자였다.
- 링크드인: 리드 호프먼은 여러 명의 설립자와 함께 회사를 만들었지만, 지분과 통제권에서는 압도적인 위치에 있었다(그러나 제프 와이너 Jeff Weiner가 CEO로 들어오기 전에 다른 CEO를 채용하기도 했다).
- 마이크로소프트: 폴 앨런 Paul Allen은 빌 게이츠와 초기에 몇 년간 공동 설립자로 활동했지만, 곧 물러나서 빌 게이츠만 남게 되었다.
- 넷플릭스: 리드 헤이스팅스 Reed Hastings는 넷플릭스 초기에 마크 랜돌프 Marc Randolph에게서 CEO직을 인수했다.
- 오라클: 래리 엘리슨 Larry Ellison이 유일한 설립자였다.
- 핀터레스트: 벤 실버먼 Ben Silberman이 회사의 성공을 이끌었다.
- 세일즈포스 Salesforce: 마크 베니오프 Marc Benioff.
- 스퀘어: 잭 도시 Jack Dorsey가 주요 공동 설립자다.
- 우버: 트래비스 캘러닉 Travis Kalanick이 최근까지 주요 실세였다.
- 왓츠앱 WhatsApp: 얀 쿰 Jan Koum이 주요 설립자이자 주주였다.

대부분의 기업은 설립자 간의 권한과 지분이 평등하게 배분되지 않았다는 점을 보여준다. 권한과 지분을 평등하게 배분하는 경우는 한 명의 지배적인 공동 설립자를 두는 경우(혹은 회사의 경영이 시작되면서 최소 한 명이 주요 경영자로 등장하는 경우)에 비해 사업적으로 결과가 좋지 않다. 회사를 설립하는 일은 쉽지 않다. 공동 설립자를 두면 스타트업 창업자로서의 업무와 스트레스를 균형 있게 다룰 수 있다. 중요한 건 단 한 명_{CEO}이 주도적으로 나아갈 길을 정하도록 명확하게 의사 결정을 내려야 한다는 것이다.

한편, 역할과 지분이 평등한 공동 설립자 파트너십을 보여주는 사례도 있다. 그 대표적 사례가 구글이다(래리 페이지_{Larry Page}와 세르게이 브린_{Sergey Brin}이 공동 설립했고, 에릭 슈밋_{Eric Schmidt}이 설립자 겸 공헌자로서 구글 초기에 CEO로 재직했다). 이처럼 평등한 공동 설립자 관계를 구축하기란 불가능한 일은 아니다. 단지 가장 성공한 기업들의 사례에서 극히 드물 뿐이다.

CHAPTER

HIGH GROWTH HANDBOOK

단순히 자리만 채우는
이사진은 필요 없다

이사진 '모집'

당신이 CEO로 재직 중인 회사에서 공동 설립자는 당신의 배우자에, 이사진
은 시부모에 비유할 수 있다. 그들과는 정기적으로 만나야 하고, 등지고 살
기가 어려운데, 그들이 회사의 미래에 막대한 영향을 줄 수 있기 때문이다.

이사진의 구성원들은 당신이 회사를 위해 '모집'하는 가장 중요한 사
람들이다. 최상의 이사들은 회사의 전략에서 주요 역할을 하게 된다. 모
집sourcing, 채용hiring, 고위 임원과 주요 직책의 채용에 대한 최종 결정, 자금
조달, 운영, 거버넌스 등의 임무를 맡기 때문이다. 중간 단계 회사의 이사
진은 CEO를 선발·유지·해고하는 역할을 담당하고, CEO가 어떠한 업무
에 대한 시한을 지키고 계획을 실행하며 결과물을 도출하도록 책임을 부여
할 수 있다. 회사가 성숙기에 들어서면 이사진은 자신이 속해 있는 다양한
위원회에서 좀 더 전문적인 역할을 수행한다(이 책에서는 공적 이사회public
board°는 다루지 않는다).

이사진의 주요 구성원들은 회사에 투자한 VC, 사외이사, 공동 설립자들

이다(보통 1~2명이고, 3명인 경우도 있지만 드문 편이다). CEO가 외부에서 영입되었고 설립자가 아닌 경우에도 이사직을 차지할 수 있다(외부에서 영입된 비설립자 COO도 이사에 오를 수 있다).

이사회에 적합한 VC 파트너 선택하기

대부분의 이사진은 회사에 투자한 VC가 될 것이다. 탁월한 전략가나 사업가일 수도 있지만, 막대한 재력으로 이사직에 오르기도 한다. 나는 선호하는 이사 혹은 VC 파트너와 함께 일할 수 있다면 회사의 평가액이 낮아도 충분히 감당할 수 있는 편이다. 평가액은 높지만, 마음에 안 드는 이사나 VC 파트너를 둔 경우보다 훨씬 낫다.[11]

벤처 캐피털리스트가 당신의 회사에 투자할 때, 개별 파트너가 아니라 '펀드'에서 투자한다는 사실을 기억하라. 펀드는 회사의 이사직에 재직한 파트너를 쫓아버릴 수 있는 권리를 갖고 있다는 의미다. 이사를 선정할 때 처음에는 임원급 파트너로 시작할 수 있지만, 나중에는 미숙하고 새로운 VC가 이사직을 맡기도 한다. 주니어 파트너가 처음에는 참관인observer 자격으로[12] 이사회에 참석하기도 하지만 시니어 파트너와 함께 등장할 수도 있다. 시니어 파트너는 "우리 회사 직원들을 이 팀에 더 투입했으면 좋겠다"는 의사 표현을 할 가능성이 높다. 특히 회사의 실적이 좋으면 이러한 경우가 다반사다. 그러나 실적이 저조하면 벤처 펀드에서는 시니어 파트너의 시간을 빼앗지 않기 위해 상대적으로 효용가치가 떨어지는 구성원을 데리고 나올 수 있다. 주니어급 파트너인 이 사람은 당신의 회사에 큰 도움이 안 될 수 있기 때문에 당신과 다른 이사진이 실제로 교육시켜야 할 것이다.

사외이사 선택하기

사외이사는 업계에서 필요한 전문적 경력(예: 전직 CFO)이나 경험이 있는 사업자나 기업가 중에서 선발되는 편이다. 일부 시리즈 A 투자자들은 한동안 사외이사직을 차지하려고 노력하지 않지만(아예 생각도 않는 경우도 더러 있다), 이사직에 빨리 오르기 위해 노력하는 투자자들도 있다. 사외이사는 당신이 채용하는 가장 중요한 사람들 중 한 명이 될 것이므로, 일단 모집한 이후에는 물러나게 하기가 어렵다. 따라서 다음의 중요한 여덟 가지 단계를 거치면서 신중하고 진지하게 모집하라.

1. '직무기술서_{job spec}'를 작성하라

반복해도 지나침이 없다. 사외이사는 가장 중요한 '채용' 대상에 속한다. 체크리스트를 작성하거나 직무를 기술하여 원하는 사외이사에 대한 사항을 기록한다. 문서에는 다음의 내용을 포함한다.

- **경력 · 경험에는 다음의 내용이 포함될 수 있다**
  - **경영 경험:** 특정 규모의 회사를 경영해본 사람이나 직접 회사를 창업해본 사람을 필요로 하는가? 프로세스 혹은 관리에 관한 모범 실무 사례에 대해 당신과 생각하는 바가 같은가? 그에게서 배울 점은 무엇인가?
  - **시장 경험:** 이사를 뽑을 때 당신이 중시하는 구체적인 영역이나 시장에 관한 기술이 있는가? 정보의 흐름에서 이 후보를 뽑게 되면 당신에게 경쟁 우위가 더해질 수 있는가? 시장에서 인맥이 풍부하여 당신에게 실질적 도움이 될 수 있는가?
  - **기능적 경험:** 구체적인 기능적 경험이 필요한가(예: 전직 CFO 혹은 국

제판매 부문 부사장)?

당신 회사의 기존 이사진이 어떠한 경력·경험을 갖고 있는지, 당신이 설립자로서 어떠한 경험을 갖고 있는지에 따라 후보 이사가 가진 시장·기능적 경험과 경영 경험의 중요도가 달라진다. 현실적으로 완벽한 적임자를 찾기가 어려울 수 있기 때문에 앞에서 제시한 경험을 기준으로 채용할 때 현실적인 감안이 필요하기도 하다.

- **다른 고성장 회사에서 일한 경험(설립자로 참여한 적이 있으면 가장 이상적이다):** 변변한 사무실 하나 없이 커피숍에서 직원 두 명으로 시작한 회사가 수천 명을 거느리는 조직으로 성장하는 과정을 보지 못한 사람들은 그 과정에서 어떠한 어려움이 놓여 있는지 감을 잡지 못한다. 어떠한 일이든 예상보다 더 오래 걸리고 힘이 들기 마련이다. 대부분의 스타트업은 존립 여부를 결정지어야 할 순간을 적어도 한 번, 혹은 그 이상 마주하게 된다. 직원의 사망에서부터 경쟁, 과열된 시장 상황, 정부 규제 등 여러 문제에 직면하게 되니 말이다. 자리매김을 한 대기업과는 달리 추진력momentum이 자연스럽게 생겨나지도 않는다. 초기 단계의 스타트업에서는 모든 실행 단계에서 모멘텀의 작용보다는 적극적인 주도적 행위가 절실하다. 단 회사가 성숙 단계에 들어가면 변화가 일어난다. 잡고 있는 키의 방향을 틀기 어려운 대형 선박은 이미 추진력(배의 속도와 움직임)이 커질 대로 커진 상태다. 이 단계에 오르기까지 수년이 걸릴 수도 있고, 어떠한 경우에는 추진력이 거세졌다는 점이 문제로 작용하기도 한다. 따라서 이 여정을 잘 이해하는 이사들이 절실할 수밖에 없다.

만약 단 한 명의 사외이사 자리만 남이 있다면, 현지 혹은 이전 기업가가 그 자리에 앉는 것이 가장 바람직하다. 성공적으로 회사를 운영한 경험이 있는 기업가들은 설립자의 감정 상태에 대해서도 더 크게 공감할 것이고, 자신의 경험에 비추어 조언해줄 수 있기 때문이다. '새내기' 설립자 혹은 CEO의 특징을 파악하고 있을 것이고, '엉뚱한' 질문에도 면박을 주거나 가치 판단을 미리 내리지 않고 허심탄회하게 답해줄 것이다. 회사를 만들어나가는 방법에 대한 실무적 지식을 갖고 있을 것이고, 회사가 마주하는 여러 걸림돌이 불가피하다는 사실을 이해해줄 것이다.

마지막으로 성공적인 기업가들은 VC 이사진에 균형추 역할을 해서 회사에 득이 되며 결국 VC에도 득이 된다. 기업가 출신의 이사가 역할을 잘 수행해내면 VC는 별다른 영향력을 행사하려 하지 않을 것이다. 이미 돈도 많고, 보유한 브랜드도 자리 잡았으며, 함께 일할 파트너들도 보유하고 있기 때문이다. 이렇게 되면 논쟁이 될 만한 이사회의 일에 대해 VC가 권력을 앞세워 완전히 독립적인 사외이사를 자신의 편으로 만들 수 없게 된다.

- **타고난 능력:** 별 다른 설명이 필요 없는 자질이다. 마크 앤드리슨, 리드 호프먼, 마이크 모리츠Mike Moritz, 비노드 코슬라Vinod Khosla와 같은 인물들은 타고난 능력으로 유명하다. 앤드리슨과 호프먼은 풀타임 VC가 되기 전에 이사진으로 활동하거나 투자를 실시했다.

- **사업적·전략적 감각:** 고성장 회사의 이사진은 주로 사업과 관련 있는 전략적인 여러 질문과 마주하게 된다. 회사가 전략적 방향으로 나아가는 데 기여할 것인가? 대대적인 M&A를 하나의 사업적 수단으로 활용하는 방법을 이해하는가? 제품의 가격 책정이나 사업을 운영하는 기타 측면에 대한 깊은 통찰을 갖고 있는가? 설립자로 시작한 CEO들은 사업에 능한 사외이사가 제안할 수 있는 팀 관리와 운영에 대한 조언을

필요로 할 것이다.

- **기업가 중심적 자세:** 당신의 사외이사직에 '(벤처)회사에 다니는 지인'을 소개하는 VC들이 많을 것이다. 이 '지인'들은 당신의 회사보다 자신을 소개해준 VC에 신세를 졌다는 생각을 많이 한다. 다시 말해, '사외'이사직은 실제로 투자자 지위와 다름이 없게 되어 결국 당신은 회사의 통제권을 잃게 될 것이다(다음 페이지의 'VC 연고주의와 거리두기'를 참조하라). 어떻게든 통제권을 잃지 않으려면 VC의 '신의성실의 의무'가 아닌 당신이 기업가로서 추구하는 지향점에 공감하는 사외이사를 모집하는 게 가장 이상적이다. 한편, 이사의 의견에 VC가 경청할 수 있는 즉, VC가 존경할 만한 이사가 바람직할 것이다. 당신에게 자금을 지원한 벤처회사가 물망에 오른 사외이사 후보를 알고 있으면 이상적일 것이다. 그러나 무엇보다도 VC가 존중하는 인물이되, 당신이 생각하기에도 기업가적 마인드를 충분히 갖고 있거나 최소한 기업가 중심적인 자세를 취하는 사람이면 금상첨화다. 당신이 오래전부터 잘 알고 지낸 사람이라면 회사가 불가피하게 휘청거릴 때 서로를 신뢰할 수 있을 것이다.

- **투자자/VC의 신뢰:** 사외이사의 역할에는 각 투자자에게 최고의 이익을 주기보다 회사에 최고의 이익을 주는 방향으로 투표권을 행사해야 한다는 점을 VC 이사들에게 인식시키는 일이 포함된다. 필요한 경우에는 VC를 강하게 설득할 만큼 확고함과 통찰을 지녀야 한다. 사외이사는 VC가 줄곧 '정직함'을 유지할 수 있도록 예의 주시해야 한다. 그렇다고 설립자의 모든 제안을 무조건 승인하라는 의미는 아니다. 회사에 최상인지 여부를 감독하여 VC 구성원들에게도 같은 목적을 지향하도록 각인시켜야 한다. VC와 설립자가 사외이사를 존중할 수 있으면 그

목적을 가장 쉽게 달성할 수 있다. 양측 모두 사외이사를 결정하기 전에 후보들과 많은 시간을 보내봐야 한다.

VC 연고주의와 거리두기

벤처 캐피털리스트들은 자신이 신세를 졌다고 생각하는 친구나 지인들을 당신 회사의 이사로 앉히도록 종종 강요한다. '사외이사직'을 VC가 쥐락펴락하며 입김을 넣을 만한 자리로 만들려는 속셈이다. 이것을 간파해내는 몇 가지 공통된 방법을 소개한다.

- VC가 물망에 오른 인물과 과거에 함께 일한 적이 있거나, 그의 회사에 이사로 등재되어 있거나, 혹은 VC가 전에 그를 임원직에 소개해준 적이 있다.
- VC가 자금을 지원한 여러 회사에서 그가 일한 적이 있다.
- 그가 이사로 등재된 이사진 목록에 거의 매번 같은 VC들이 포함되어 있다.
- 그가 적합한 경력도 없거나, 당신 회사의 제품을 제대로 파악하고 있지도 않거나, 통찰력 있는 발언보다 상투적이고 일반적인 발언을 남발한다.
- 그가 현재의 직위에서 다른 직위로 옮기거나 승진할 때 손을 써준 듯한 인물이 바로 VC이다(예: CEO가 되고 싶은 판매 부문 부사장).

이 체크리스트를 토대로 점검하면 (그리고 당신의 VC에게도 여기서 설명하는 여덟 가지 단계를 점검하라고 설득하면) VC 연고주의를 피할 확률이 높아질 것이다.

2. 당신의 투자자들과 이사의 스펙, 즉 자격 조건에 대해 합의하라

당신이 원하는 바를 정의했다면 당신의 투자자들과 그 내용을 논의하고 이사의 스펙에 대해 합의하라. 자격 조건을 명료화하면 당신도 타당하게 자격이 미달되는 후보를 수락하지 못한다고 주장할 수 있고(예: 관련 경험이 전혀 없는 자신의 지인을 투자자가 소개하는 경우), 투자자의 입장에서도 당신이 추천하는 후보가 기준에 부합하는지에 대해 주장을 펼칠 수 있다. 또한 당신 스스로도 인맥에 의존하지 않고(예: 고등학생 때 제일 친했던 친구를 추천하는 경우) 정직한 마음으로 이사를 뽑아야 한다고 생각하게 된다.

3. 최고의 후보자들로 구성된 명단을 작성하라

이사진에 포함하고자 하는 적합한 후보 명단을 작성하라. 이사 채용에 전문화된 임원 헤드헌팅 회사를 활용하거나, 당신의 투자자, 자문가 혹은 다른 기업가들에게 자문을 요청하라. 업계에서 잔뼈가 굵어서 불러주는 곳이 많고, 당신 혼자서는 도저히 접촉하기 힘든 이들이 최적의 이사일 확률이 높다.

4. 시간적 여유를 갖고 이사 후보들을 파악하라

최종 이사 명단을 요청하는 투자자들의 압박이 거셀 수 있지만, 고집을 부려서라도 시간적 여유(수개월 정도)를 확보하여 적임자를 발굴하도록 하라. '단순히 자리를 채우기 위해' 서둘러 형편없는 엔지니어를 고용하길 바라진 않을 것이다. 엉터리 직원보다 해고하기가 훨씬 힘든 이사를 모집하는 과정이기에, 그 중요성이 높아질 수밖에 없다.

이사 후보들과 논의할 만한 질문과 주제를 마련하라.

- 회사의 주요 방향에 대해 의견을 피력하도록 요청하라. 그들은 당신이 취하고자 하는 비전과 접근법을 지지하는가? 주요한 통찰이나 흥미로운 피드백을 갖고 있는가?
- 그들이 회사에 어떠한 도움이 되고자 하는지 질문하라. 어떠한 부문에 기여할 것인가? 그들의 도움 중 효과가 큰 부분과 그렇지 않은 부분은 무엇인가?
- 그들의 목표와 지향점에 대해 질문하라. 그들의 경력이나 인생에서 성취하고자 하는 바가 무엇인가? 당신의 이사회에서 그들의 역할이 어떠한 영향을 줄 것인가?

- 그들에게 하나의 미션을 던져보라. 그들이 그 미션을 해결하도록 하고, 그들의 경험이 쓰임새가 있는지 지켜보라. 당신의 전문 분야에서 프로젝트를 진행할 때 그들을 컨설턴트로 채용할 수도 있을 것이다. 아니면 부담을 덜 주는 방향을 선택하여, 그들이 보유한 인맥 중에서 적임자를 소개해달라고 할 수도 있고, 거래를 성사시키기 위해 계약서를 작성할 때 그들의 자문을 구할 수도 있다. 혹은 당신이 현재 직면한 전략적 문제에 대해 시간을 두고 자문을 받을 수도 있다.

> "업계에서 잔뼈가 굵어서 불러주는 곳이 많아,
> 당신 혼자서는 도저히 접촉하기 힘든 이들이
> 최적의 이사일 확률이 높다."
>
> _ 일라드 길

5. 마음을 터놓을 수 있는 믿을만한 상대인지, 그는 어떠한 태도를 갖고 대하는지 점검하라

매우 중대한 사항이다. 당신은 설립자로서 사외이사와 두터운 친분이 있으면 큰 도움이 된다. 당신이 신뢰할 수 있는 사람(금요일 자정에 전화 연락을 할 만큼 거리낌 없는 사이)이자, 당신이 회사를 성장시키고 개인적으로도 성숙한 사람이 되는 데 도움이 될 만한 사람이면 좋다. 함께 회사를 새로 시작해도 될 만큼 믿음이 가는 상대면 된다. 사외이사 후보의 태도를 평가할 때, 다음의 유형은 피하는 게 상책이다.

- **거들먹거리는 백발의 '꼰대' 임원**은 당신을 '요즘 애들' 정도로 보며 자신이 애들을 관리하는 '성인 감독관'이라고 생각한다. 이러한 유형의 이

사는 결국 불필요한 일장 연설을 즐기는 이사로 골칫거리가 되거나, 설립자를 CEO직에서 물러나게 하여 회사에 대한 비전이라고는 없는 '경영인'을 한 명 구해서 교체하려고 할 것이다.

- **마이크로 매니지먼트를 일삼는 경영인**은 이사직에 오르면 당신의 '상사'가 된 거라고 착각하는 유형이다.
- **이사가 되고 싶은 이유가 금전적 보상 때문인 유형**은 당신이 사업을 키워나가는 데 함께 열정적으로 도와주려는 마음은 추호도 없다.
- **그저 '이사직'이라는 직함을 탐하는 유형**은 자신의 개인적인 지위를 높이거나 더 많은 이사직에 오르려는 욕망이 가득하다.
- 당신이 보유한 투자자들과의 **인맥을 키우고자 이사직에 오르려는 유형**은 투자자들의 비위에 맞춰 행동하는 데 집중하기 때문에 당신을 등지고 투자자와 한편이 되어 결국 크게 사고를 칠 것이다.
- **VC 연고주의**는 앞에서 따로 자세히 살펴보았다. 이 주제는 심층적으로 다뤄도 될 만큼 중요한 사안이고 빈번한 문제이기도 하다.

6. 회사의 비전에 공감하고 동의하는지 점검하라

사외이사는 당신이 어떠한 방향으로 사업을 이끌고자 하는지 이해하고 있는가? 그 비전과 방향에 공감하고 동의하는가? 의심을 품는 사람보다는 적극적으로 지지하는 사람이어야 할 것이다. 마찬가지로 (당신이 목표한 대로) 훌륭한 회사를 키워나가기 위해 근시안적 사고보다는 멀리 내다볼 수 있는 사람이 적합할 것이다. 후보자의 배경도 살펴보라. 후보자가 과거에 창업하거나 운영한 회사가 어떻게 엑시트를 했는가? 조기에 매각되었는가? 그렇다면 그 이유는 무엇인가? 후보자는 평생 일하면서 어떠한 주요 결정을 내렸고, 돌이켜봤을 때 그 결정은 얼마나 신중하고 현명했는가?

7. 평판 조회reference check를 하라

후보자와 함께 일했던 사람들은 그를 어떻게 생각하는가? 진실한 사람이라고 하는가? 어느 부분에 도움이 되는가? 이미 다른 이사직에 올라가 있는가? 함께 일한 기업가들은 그를 어떻게 생각하는가?

8. 최종 선발자를 선택하라

사외이사를 이사진에 등재하기 위해서는 '보통주common stock °'와 '우선주preferred stock °°'의 균형에 입각한 '주주평등의 원칙'을 적용해보면 좋을 것이다. 미국 대법원의 경우, 대통령이 판사를 임명하고, 의회 청문회를 거쳐 최종 승인 과정을 거친다. 이처럼 임명권자에 대한 권력의 균형이 존재해야 한다(이 비유는 나발 라비칸트가 처음으로 언급했다). VC가 새로운 이사를 추천하는 경우도 있다(각 후보에 대해 VC의 자문을 구해야 마땅하다). 그러나 결국 선정 과정을 총괄하는 주체는 당신이고, 최종 결정도 당신의 손에 달려 있다.

여느 팀원과 마찬가지로, 회사의 몸집이 특정 수준을 넘어서면 사외이사의 쓰임새도 결국 사라질 수 있다. 상장기업의 이사진은 초기 스타트업의 이사진과 다른 관점으로 관망하고 행동한다. 이사의 노하우와 통찰이 효용 가치를 잃게 되면 교체되어야 한다.[13]

° 가장 일반적인 주식의 형태로, 주주총회 참석 의결권이 부여되고, 우선주 대비 배당금이 낮은 반면 주식 금액이 높다.

°° 의결권이 없는 대신 보통주 대비 배당금이 높다. 이익, 이자 배당, 잔여재산 분배 등에서 우선적 지위가 주어진다.

이사회 의장

기업의 헌장과 설립 형태에 따라 의장직에 부여된 유일한 '법적' 권한은 CEO와 별개로 이사회를 열 수 있는 권한이다(단, 두 역할이 분리되었다는 가정이 존재한다).

초기 스타트업에서는 '의장직'이라는 직위에 큰 의미가 부여되지 않고, 대부분의 스타트업에는 독립적 의장직이 없다.

후기 단계의 회사에서 의장직은, 특히 이사회의 규모가 충분히 클 경우, 이사회를 조율하고 회사의 경영에도 영향력을 행사할 수 있다. 다른 이사진의 의견을 CEO에게 전달해주는 수통의 다리가 되기도 하고, 이사회의 안건 설정과 후속 조치 실행에 기여하기도 한다. 즉, 의장직의 역할은 이사회에 대한 직접적인 관리 책임을 지지 않고, 이사회의 적절한 분위기를 조성하고 안건을 설정할 수 있는 담당자인 '테크 리드tech lead'로 여겨질 수 있을 것이다.

대부분의 고성장 회사에서 의장직은 CEO이기도 한 설립자가 맡는 편이다. CEO가 의장직을 맡지 않는 경우, 다음 중 한 가지 방식으로 의장직을 수행한다.

1. 회사의 일상 업무에 더 이상 활발하게 관여하지 않지만, 재정 지분을 많이 갖고 있거나 회사에 도움이 될 만한 심층적 지식을 보유한 설립자가 맡는다. 예를 들어 잭 도시는 트위터에서 처음 맡게 된 CEO직에서 물러났을 때, 의장직을 맡았다. 이사회에서 CEO직에 전문 경영인을 앉히기로 하면 적극적인 설립자가 의장직을 맡는 경우가 많다('고위 임원 의장executive chair'으로 칭하며 다음 페이지에서 자세히 다룬다). 실리콘 그래픽스Silicon Graphics의 CEO였던 짐 클라크Jim Clark는 에드 매

크래컨 Ed McCracken에게 CEO 자리가 넘어간 후 이사회 의장이 되었다. 두 명의 설립자가 권력 분쟁에 휘말릴 때면 모를까, 설립자가 여전히 CEO로 활동하는 경우에는 굳이 CEO이자 설립자가 아니면서 사업에 적극적인 다른 사람에게 의장직을 부여하는 상황은 매우 어색해 보인다.

2. VC나 초기 투자자가 투자를 할 때 의장직을 맡는 경우도 가끔 발생한다. 세쿼이아 캐피털 Sequoia Capital을 시작한 돈 밸런타인 Don Valentine은 자신이 투자한 여러 회사에서 의장직을 수행했고, 하우즈 Houzz의 오렌 지브 Oren Zeev는 회사에 시드 머니 seed money °를 최초로 투자한 이후 의장직을 맡았다.

'고위 임원 의장'은 회사의 일상 업무에 적극적으로 관여하지만 전적으로 기업 관리 및 경영을 하지 않는 이사회의 의장에 부여되는 직위다(어떠한 부서 업무나 조직을 공식적으로 총괄하지 않을 수도 있다). 회사에서 좀 더 전략적인 여러 부문에 집중하는 경우가 많다. 에릭 슈밋이 구글의 CEO직에서 내려왔을 때, 그는 고위 임원 의장직을 맡으며 회사의 대정부관계 Government Relations 관리와 기업 전략 부문에 많은 시간을 할애했다.

이사진의 다양성

그렇다면 이사회의 구성원은 어떠한 마음가짐을 가져야 하겠는가? 무엇보다 회사의 존재 목적에 대해 당신과 생각이 같으며, 회사의 미션과 방향성

° 창업 초기 단계에서 투자자가 사업의 일부를 매입하는 투자를 제안하며 집행하는 자금.

을 강력히 지지하는 사람이어야 할 것이다. 불가피하게 난관이 닥칠 때도 평정심을 잃지 않고 견뎌낼 줄 아는 사람, 실무적으로 도움이 되는 자문, 재정적 전문지식, 깊은 인맥, 혹은 다른 능력을 보유해야 한다. 또한 높은 실적을 내고 확고한 의지를 가진 사람이면 좋을 것이다.

한편, 인종, 성별, 성적 지향 및 기타 요소에서 다양한 배경을 지닌 이사진을 구축하면 회사에도 여러 방면에서 도움이 된다. 회사에서 채용을 할 때와 팀에 롤 모델이나 멘토를 투입시키거나 회사의 인맥과 관점을 확대할 때, 다양성은 큰 득이 된다.

그러나 실제로 여러 기술 스타트업의 이사진은 다양성이 결여되어 있다. 대부분의 벤처 캐피털리스트가 백인 남성이기 때문이다. VC가 회사에서 주로 최초의 사외이사직을 맡기 때문에 대부분의 스타트업 이사회도 VC의 다양성을 확보하지 못한 채 운영된다. 사외이사의 경우도 비슷하다. 최고 직급은 대부분 다양성이 결핍된 대기업의 CEO나 고위 임원 출신들이기 때문이다.

다양한 이사 후보자들을 모집하는 방법

이사 후보자들을 여성과 소수자 등 다양한 그룹에서 찾을 수 있는 몇 가지 전략과 방법을 소개한다.

1. 초기부터 다양한 집단의 엔젤투자자를 모집하라
회사 설립 초창기부터 다양한 엔젤투자사 집단과 관계를 구축하라. 이사를 한 명 추가해야 할 시점이 도래했다는 것은 훌륭한 독립적 사외이사 후보들을 접촉할 수 있는 수단을 이미 충분히 확보했다는 의미다. 그 후보들의 생각을 직접 파악할 수 있고, 그들과 관계를 구축히여 다음에 이사로 전환할 수 있게 된다.

예를 들어, 내가 공동 설립한 컬러 지노믹스는 수십여 명의 여성 투자자들을 확보하고 있다. 컬러 지노믹스의 최초 외부 사외이사는 블랙록Black-Rock의 공동 설립자이자 애플, 블랙록, 스위스리SwissRE의 이사로 등재된 수잔 와그너Susan Wagner 였다. 그녀는 컬러 지노믹스와 엔젤투자자로 처음 인연을 맺었다. 다행히 그녀가 우리 회사와 미션에 대해 파악하도록 한 후, 이사회에 합류하도록 설득할 수 있었다.

2. 다양한 벤처 캐피털리스트와 접촉하라

매번 펀딩 단계에서 여성과 소수자 벤처 캐피털리스트들과 접촉하라. 더욱 다양한 이사회를 구성할 수 있는 확률을 높일 수 있다.

3. 당신이 추구하는 목표를 헤드헌팅 회사(채용 담당자)와 투자자들에게 전달하라

이사 구인을 위해 헤드헌팅 업체를 활용한다면 다양성이 중요한 기준이라고 명시하라. 투자자들이 이사 구인 노력에 관여하기도 하므로, 도움과 소개를 요청하라.

4. 'theBoardlist'를 확인하라

서킨더 싱 캐시디Sukhinder Singh Cassidy는 최근 여성 이사를 제안하고 찾을 수 있는 참고 출처가 될 만한 theBoardlist라는 서비스를 개시했다.[14]

5. '최강의' 리스트를 검토하라

여성, 흑인, 라틴계 및 기타 집단에 대한 '상위' 및 '최강의' 리스트가 있다. 지역 또는 기타 요소로 구분할 수도 있다. 이 명단들을 검토하고, 잠재 후보들을 소개할 만한 사람을 찾아라.[15]

회사의 변화에 따른 이사회의 변화

이사회 구성은 일회성의 노력으로는 불가능한 일이다. 시간이 지나면서 이사회의 구성도 분명 변화하게 되어 있다. 구성원들은 밀물과 썰물처럼 들어오고 나간다. 회사의 성장 주기에서 몇 번의 주요 변곡점을 맞이할 때 특히 이사회의 변화가 필요하다. 의미 있는 제품을 개발하려는 젊은 조직에서 보다 성숙한 고성장 스타트업으로 회사가 규모를 키워나갈 때 이사회의 구성도 변화해야 한다. 회사의 초기 단계, 특히 제품과 시장의 정합성 단계 혹은 2차 펀딩 단계에서 반드시 필요한 이사들이 있다. 그러나 시간이 지날수록 회사의 운영 경험, 후기의 인원 채용을 위한 풍부한 인맥, 폭넓은 전략적 통찰이 필요하게 된다.

비상장회사에서 이사를 사퇴시키는 내용에 대해서는 다음 항목에서 다룬다(한마디로 요약하면 '사퇴시키기 어렵다'). 그러나 이사회를 최초로 구성하거나 이사를 새로 투입하는 경우에는 항상 '채용' 지침서를 반드시 검토해야 한다. 회사가 어느 단계에 있건, 이사회에 누군가를 등재하도록 하는 결정은 매우 중요하다. 회사, 설립자, 임원이 성숙하는 데 도움이 되기도 하지만 골칫거리가 될 수도 있다.

> "의미 있는 제품을 개발하려는 젊은 조직에서
>   보다 성숙한 고성장 스타트업으로
>   회사가 규모를 키워나갈 때
>   이사회의 구성도 변화해야 한다."
>
> _ 일라드 길

이사진에서 사퇴시키기

이사진과 일을 하다보면 잘 안 맞는 이사도 더러 있다. 인성은 좋지만 쓰임 새가 없는 이사(예: 영양가 없는 평범한 조언을 반복하는 경우)부터, 활개 치며 일을 그르치는 이사까지 별의별 유형이 다 있다. 언론에 정보를 유출하거나, CEO 밑으로 파벌을 조장하거나, 회사의 파이낸싱 계획을 뒤엎거나, 황당한 전략적 방향을 밀어붙이기도 한다. 이사들의 조언이 형편없거나, 임원들을 감언이설로 설득해서 이사 자신들이 보유하고 있는 포트폴리오 회사로 옮기도록 하여 공동 설립자들이 사퇴하는 경우를 몇 차례 본 적이 있다.

행동이 불량한 직원에 대한 퇴사 조치는 간단명료하다. 그러나 행동이 불량한 이사를 내보내는 일은 비교할 수 없을 정도로 어렵다. 두 경우 모두 '이혼'에 비유하자면 후자가 더 힘든 이혼이 될 것이다. 일반적으로 투자자로 등재된 이사들은 사외이사들에 비해 사퇴시키기가 더 어렵다.

VC 임원 사퇴시키기

VC가 파이낸싱 절차의 일환으로 이사회에 합류하는 경우, 투자자로 등재된 이사들은 사퇴시키기가 어렵기로 악명이 높다. 파이낸싱 문건에 이사직에 대한 계약적 권리 사항이 포함되어 있다(시리즈 A, B, C 등 단계별 문서에 포함될 수 있다).[16] VC 이사의 사임은 보통 회사가 전환기를 맞거나 차입을 하는 시점에만 일어난다(파이낸싱 관련된 사건이 발생하거나, 회사의 방향에 큰 변화가 생기거나, IPO**Initial Public Offering**(기업공개)°를 하는 등). VC는 투자액을 늘리는 조건으로 이사직을 차지할 수도 있고, 이사직을 차지하여 업계에서 입지를 확대하고자 할 수도 있다. 그렇다면 행동이 불량한 이사를 사퇴시키는 방법에는 무엇이 있는가? 회사가 처한 단계, 당신이 기업가로서 가진 영향력, 당신이 VC 및 VC의 회사와 맺고 있는 관계에 따라 달라지는 몇 가지 전략을 소개한다.

1. 회사의 성숙도를 반영할 수 있도록 이사회 구성을 전환하라(변화의 일환으로 VC를 사퇴시킨다)

의미 있는 제품을 개발하려는 젊은 조직에서 더 성숙한 고성장 스타트업으로 규모를 키워나갈 때 이사회의 구성도 변화해야 한다. 초기에는 이사진이 제품과 시장의 정합성을 향해 나아가거나 차기 펀딩에 큰 도움이 될 수 있다. 예를 들어, 이사들은 자신이 보유한 포트폴리오상에서 효과적이었던 새로운 유통 방식 혹은 전략을 공유해줄 수도 있다(예: '페이스북'은 모바일 앱을 유통하기 위한 효과적인 수단으로 급부상했다). 그러나 특히 회사가 급성장 모드에 들어갔을 때 기업 운영 경험이 부족하거나, 회사가 성장 후기에 도달했을 때 임원 채용에 도움이 될 인맥이 부족하거나, 폭넓은 전략적 통찰이 결핍되었을 때는 이사들을 교체하는 것이 옳은 판단으로 보인다.

회사가 제품과 시장의 정합성을 찾고 규모 확장에 집중하게 되면 이사에게 요구되는 능력, 인맥, 조언도 변화한다. 회사를 상장기업으로 만들려고 계획한다면 사외이사와 경영인, 그리고 전문 분야의 이사진이 추가 투입되

° 기업 상장이라고 하며, 기업 설립 후 처음으로 외부 투자자에게 주식을 공개하고, 이를 매도하는 행위.

어야 한다(예: 재무·감사 위원회를 이끌 전직 CFO). 고성장 모드로 전환하면 초창기 여러 이사진에게 사퇴를 요청해야 하는 순간이 온다. 성공적인 후기 단계의 회사 혹은 상장회사로 거듭나기 위한 순서인 셈이다. 회사의 몸집이 커지면서 불가피한 선택이라는 점을 정확하게 설명하면 이사들에 대한 개인적인 비난으로 간주되는 것을 어느 정도 피해갈 수 있을 것이다. 초기에 채용한 이사가 후기에 특별히 도움을 줄 수 있다면 계속 남도록 하거나 사외이사로 직위를 전환할 수 있다.

회사가 성숙해짐에 따라 이사진에게 퇴임을 요청하는 일은 회사의 가치를 높이는 논리적인 수순이긴 하지만 요청을 거부하는 일도 더러 있다. 이사라는 지위에서 얻는 여러 혜택이 있고, 회사가 유동성 이벤트_{liquidity} _{event}° 단계에 들어가기 전까지, 즉 IPO 등 자신의 투자 금액을 회수할 수 있는 상황이 발생하기 전까지는 자신의 투자 지분이 보호받길 바랄 것이기 때문이다. 그러나 이사진에 대한 구조조정하에서 여러 이사가 퇴사를 받아들이면 완고했던 이사들에도 사퇴 압박이 가해질 것이다.

한편, 후기 펀딩 단계에서는 초기 투자자에게 사임해줄 것을 요청하여 후기 투자자를 위한 자리를 마련할 수도 있다. 사임 요청을 수락하지 않는 초기 투자자들이 많을 것이다. 그러나 새로 투입되는 투자자가 새롭게 요구되는 능력, 네트워크, 조언을 줄 수 있다고 언급할 수 있다. 기존 이사들에게 이사회의 규모를 적정 규모로 제한하고 (18개월 이내에 가시화된다는 가정하에) IPO를 준비한다고 일러두라. 따라서 투자이사를 사퇴시키란 거의 불가능하다.

° 　기업 금융에서 기업의 합병, 인수·매각 또는 최초 공모로, 회사의 설립자 및 투자자가 보유한 소유 지분을 현금으로 변환하기 때문에 회사의 일반적인 출구 전략이다.

"회사가 제품과 시장의 정합성을 찾고

규모 확장에 집중하게 되면

이사에게 요구되는 능력, 인맥, 조언도 변화한다."

_ 일라드 길

2. 지분을 인수하라. 대부분의 회사는 유동성 이벤트를 하기까지 5~10년이 걸린다

LP Limited Partner(유한책임투자자)로부터 추가 펀드를 조달하는 투자자들이 많 나. 이들은 LP기 앞으로도 펀드에 계속해서 투자하도록 높은 수익률을 보 여주려고 할 것이다. 그렇다면 VC 이사들에게 이사직에서 물러나는 대가 로 그들이 보유한 회사 지분을 매각할 수 있는 기회를 줄 수 있다. 지분 매 각은 2차 이벤트(8장을 참조하라) 혹은 후기에 1차 펀딩을 실시하여 진행할 수 있다. 투자자가 IPO 등의 유동성 이벤트 이전에 지분을 매각하고자 할 경우, 지분 매각과 이사직 퇴임이 불가분의 관계라는 점을 다음의 이유를 들어 설명할 수 있다.

- VC가 보유 지분 일부를 매각한다면 기업 가치가 상승했다는 사실을 시장에 알리는 셈이므로 퇴임해야 마땅하다.
- 이사회 구성은 지분의 소유 상태를 반영해야 한다. VC가 회사에서 자 신이 차지하는 지위의 일부를 매각한다는 것은 지분 소유를 줄인다는 의미이므로, 더 이상 이사직을 유지해서는 안 된다.
- 회사가 현재 VC의 투자분을 돌려준 상황이다. VC의 투자(지분 매각을 통한 다각화를 진행함)에 대한 대가로 부여되는 거버넌스도 축소되므로 퇴임해야 한다.

3. VC 회사의 다른 이사와 당신의 이사를 교체해줄 것을 요청하라

단 회사의 실적이 매우 좋고, VC 회사가 선구 회사의 설립자인 당신과 오래도록 긍정적인 관계를 유지하고자 할 때나 가능한 일이다. 사임시키고자 하는 VC 파트너가 VC 회사 전체를 통제하지 않는 한, 그 회사는 당신과 좋은 관계를 유지하기 위해 다른 이사와 교체하는 데 합의할 것이다(이 부분에 대한 통찰을 보여준 리드 호프먼에 감사를 전한다).

이 주제를 놓고 대화하기란 매우 어렵고, 자칫 감정에 휩싸일 수 있다. VC 이사들도 사람이기 때문에 잘나가는 회사에 대한 큰 자부심이나 애정이 있을 수 있다. 회사에 자본을 대준 것 외에는 기여한 부분이 없다 해도(자본은 물론 큰 도움이 되었겠지만), VC는 회사가 성공하기까지 자신들이 근본적으로 크게 기여했다고 느낄 수 있다. 그들의 퇴임을 이야기할 때, 확고하되 차분하고 일관된 태도로 임하라.

사외이사 사임시키기

사외이사는 투자이사보다 사임시키기 쉽다. 대개는 CEO나 설립자가 사외이사직을 통제할 수 있으므로 사외이사의 사임을 요청하면 된다(다음 페이지의 '사외이사직의 구조' 참조). 가장 간단한 방법은 사임해야 하는 이유를 설명하는 것이다. 그러나 당사자가 물러나길 원치 않는 이유는 다양할 수 있다(자부심, 의견 차이, VC 투자자의 입김 등).

사외이사는 두 가지 부류로 나눌 수 있다. 당신과 주요 관계를 맺고 있는 경우와 당신의 회사에 투자한 VC와 주요 관계(충성심)를 맺고 VC가 그들을 이사직에 오르는 데 입김을 넣은 경우다. VC와 연고가 있는 이사라면 당신보다는 VC에 대한 충성도가 높을 것이다. 또한 VC가 원하는 방향이나 VC가 그들에게 요청하는 사항에 동의할 가능성이 크다.

VC 연고주의를 통해 이사직에 오른 사외이사들은 사임시키기가 더 어려울 수 있다. 투자이사들이 교체를 지지하면 불이익을 받을 수도 있기 때문이다. 사외이사의 사임 사안에 대해 VC와 직접적으로 합의해야 할 경우도 있다. 이사가 많은 이사회의 경우, 성과가 저조한 사외이사를 사임하는 데 이사들이 힘을 실어줄 수 있다.

사외이사직의 구조

파이낸싱 계약 내용에 따라 사외이사직을 변경할 수 있는 몇 가지 방법이 있다. 가장 보편적인 방법은 다음과 같다.

- **이사회 투표.** 이사회는 특정 이사의 퇴임에 대한 찬반투표를 실시할 수 있고, 각 표에는 동일한 가중치가 부여된다.
- **'전환 기준 as-converted basis °'으로 투표를 상계한다.** 보통주와 우선주를 각 하나의 표로 상계하여, 모든 이에게 동일한 가중치의 투표권이 부여된다. 이사진 전원에게 투표권이 부여되고, 투표 결과에 대해서는 총합을 상계한다.
- **보통주와 우선주(설립자 등)의 주주들이 각기 하나의 그룹으로서 상호 합의**

°   모든 우선주를 보통주로 전환했다고 가정한 상태로 권리를 평가하는 것.

에 이른다. 각 유형의 주식은 이사진의 변화와 일치해야 한다. 다시 말해, 대다수의 보통주(주로 설립자들이 대부분의 보통주를 통제하므로 설립자들의 표가 중요하다)와 대다수의 우선주(예: 투자자들)도 이사진의 변화와 일치해야 한다.

• **'보통주와 우선주의 균형에 입각한 주주평등의 원칙'.** 벤처핵스_{VentureHacks}는 이사회 및 구성에 관한 최고의 콘텐츠를 구비하고 있다.[17]

사외이사직의 구조와 설립자로서 당신이 가진 지분에 따라, 당신이 직접 사외이사를 퇴임시킬 수도, 잔류하게 할 수도 있다. 이사 혹은 우선주주를 추가로 모집하여 이사를 교체·사퇴시키는 데 표를 행사하여 힘을 실어주도록 할 수도 있다. 이런 경우, VC를 충족할 만한 '딜_{deal}'을 하지 않고서는 VC와 인맥이 있는 사외이사를 사퇴시키기가 거의 불가능할 수 있다.

이사를 사퇴하기로 합의했다면 변호사와 상의하여 필요한 법적 문서와 이사회 결의안을 준비하여 공식 절차를 따르도록 한다.

이사회와 CEO 교체 및 기타 주요 거버넌스 사안

리드 호프먼과의 인터뷰

리드 호프먼은 2003년 세계 최대 규모의 전문직 네트워킹 서비스인 링크드인을 공동 설립했다. 링크드인을 설립한 뒤 첫 4년 동안 CEO로서 높은 이윤을 내며 회사를 이끌었다. 그전에는 페이팔에서 초기 이사이자 부사장을 역임했다. 현재 그레이록 파트너스 Greylock Partners의 파트너로 활동하는 그는 에어비앤비, 오로라 Aurora, 코다 Coda, 콘보이 Convoy, 안트러프러너 퍼스트 Entrepreneur First, 긱소 Gixo, 마이크로소프트, 나우토 Nauto, 자포 Xapo, 그리고 아직 세상의 빛을 보지 못한 몇몇 초기 단계의 스타트업에 이사로 등재해 있다. 이 외에도 키바 Kiva, 인데버 Endeavor, CZI 바이오허브 CZI Biohub, 두 섬싱 Do Something 등의 여러 비영리법인의 이사로 활동하고 있다. 그레이록에 합류하기 전에는 페이스북, 플리커 Flickr, 라스트 에프엠 Last.fm, 징가 Zynga 등 여러 영향력 있는 인터넷 회사의 엔젤투자자로 활동했다. 리드 호프먼은 옥스퍼드대학교에서 마셜 장학생으로 석사학위와 스탠퍼드대학교에서 상징적 시스템으로 학사학위를 취득했다.

리드 호프먼은 실리콘밸리에서 가장 존경받고 인맥이 넓은 투자자, 기업가, 자문가 중 한 사람이다. 두 권의 베스트셀러(《연결하는 인간: 그들은 왜 공유와 경쟁을 즐기는가 The Start-up of You》, 《얼라이언스 The Alliance》)와 스타트업에 관련된 에세이 시리즈를 통해 자신이 경험하고 배운 내용의 일부를 소개해준 그에게 감사할 따름이다. 그는 최근 매우 빠른 속도로 회사를 키우는 기술인 '블리츠스케일링 Blitzscaling'에 주력하고 있다. 회사의 규모 확장에 대한 동일 저서의 제목이기도 하다. 이 주제에 대해 그가 스탠퍼드대학교에서 강의한 내용을 시리즈로 유튜브에서 확인할 수 있다. 나는 이사회, CEO 교체 및 기타 고성장 회사가 겪는 질풍노도의 부침 속에서 설립자와 경영진에게 피와 살이 되는 주제에 대해 그의 식견을 들을 기회를 마련했다.

일라드 길   여러 이사회가 운영되는 모습을 오랫동안 지켜보면서, 이사회의 주요 기능이 무엇이라고 생각하는가?

**리드
호프먼**   이사회는 기능적으로 회사의 미래 방향을 심도 있게 통제하는 기구다. 이사회의 유일한 책무가 CEO를 채용·해고·보상하는 것이라고 주장하는 측도 있는데 틀린 말도 아니다. CEO야말로 전진 전략을 몸소 표현하는 주체이기 때문이다. 이사회는 자체적으로 운영될 수 없고, CEO의 선택과 CEO와의 합의에 의해 존립할 수 있다. 단 그 과정에는 여전히 변수가 있다. CEO가 단순히 '회사를 당장 매각해야지' 혹은 '가서 저 회사를 인수해야지' 혹은 'X에 내 모든 자본을 투입해야지'라고 생각해도 결정할 수 없는 노릇이다. 이사회에 각 사안에 대한 의견을 구해야 한다.

그러나 이사회가 판사와 배심원 역할만 하진 않으므로, 앞에서 말한 기능 외에도 다양한 책무가 부여된다. 이사회는 당신과 함께 일하는 사람들이다. 회사 임직원의 연장선상에 있는 구성원들이다. 스타트업에서 이사회는 거의 대부분 설립자이기도 한 CEO와 역동적으로 협업하는 팀원들이다. 만약 두 명의 설립자가 CEO를 고용했다면 CEO는 세 번째 설립자이기도 하다. 내 책에서도 언급했지만, CEO를 채용할 때 회사의 성장 주기에서 후기에 필요한 공동 설립자를 모집한다는 생각을 갖고 있어야 한다.[18] CEO를 채용하는 과정에서 대부분 간과하지만 가장 중요한 사항이다.

이사회와 함께 일하다 보면 "지금 우리는 어떠한 게임(일이나 업무)을 하는 것인가?"라는 질문을 하게 된다. 어느 스타트업이든 '시작부터 죽음인 게임default mortality'을 하는 셈이다. 스타트업은 마치 절벽 아래로 몸을 던져서 떨어지는 동안 비행기를 조립하는 상황에 처해 있다고 간주하기 때문이다. 다시 말해, 설정된 초기 값default이 '사망'을 나타낸다는 것이다. 스타트업을 하려면 이 정도의 절박함과 긴장은 느끼며 임해야 한다. 이 게임에서 살아남고자 지속적으로 가치를 창출하려면 최대한 현명하게 자산을 배팅해야 한다. 회사 설립 초기에는 이 부분에 대해 전 직원이 공감하며, "우리 모두 그렇게 하고 있다. 같은 게임을 함께 열심히 하는 중이다"라고 말할 것이다.

> "이사회는 CEO와 역동적으로
> 협업하는 팀원들이다."

_리드 호프먼

　단 회사가 상장에 들어가기도 전에 상황이 복잡해지는 순간이 다가온다. 배팅을 했고 무사히 자신감을 어느 정도 보유하고 있을 때이다. 그 자산은 팀이 될 수도 있지만, 시장에서의 입지, 현금 흐름의 상황이 될 수도 있다. 이와 같은 자산을 보유하게 되면 게임의 성격은 바뀌게 된다. 자산을 관리하면서 그 가치를 떨어트리지 않는 동시에, 더 나은 수익을 얻기 위해 때로는 높은 위험도 마다하지 않고 자산을 배치할 수 있어야 한다. 한쪽으로 치우치지 않으면서 균형을 유지하는 것이 관건인 단계다. 그러나 그 균형점은 쉽게 흔들린다.

　상장 단계에 이르면 상장회사의 투자자들은 최대한 자산 가치를 유지하는 것이 CEO의 책임이라고 굳게 믿는다. 마리사Marissa와 아후Yahoo!가 고전을 면치 못했듯, 상장회사가 흑자로 전환하기는 매우 어렵다. 어떻게든 흑자를 내기 위해 울며 겨자 먹기로 자산을 배팅해야 하는 순간이 다가오기 때문에 이 단계에서는 회사 대표직을 선뜻 맡기를 꺼리기도 한다. "현재 자산 정도만 유지하고 보호하면 된다"라고들 하지만 실제로 회사를 고성장 단계로 끌어올리면서 자산을 그대로 유지하는 것 자체가 매우 어렵다.

이사진을 염두에 둘 때, 현재 회사의 단계에서 당신이 대표로서 갖는 지향점과 성향을 깊이 성찰해야 한다. 고수익을 위해 실질 자산 전체를 배팅할 의향이 있는가? 최대한 고성장을 위해 노력하되, 최대한 현재 보유한 자산을 어떻게든 유지하려고 하는가? 아니면 두 가지를 복합적으로 추구하며, 어느 정도는 위험을 감당하며 이윤을 높이고자 하는가?

일라드　본인의 경험에 비추었을 때, 이사회가 가장 효과적으로 CEO와의 관계를 관리하는 방법은 무엇인가? 당신이 보기에 가장 보편적인 문제점은 어디에서 발생하는가?

리드　나는 여러 이사들이 실수하는 부분에 대해 '이사회'와 'CEO'의 관계를 빨강, 노랑, 초록의 신호등에 비유해서 들어 설명한다. 초록불은 이사회가 CEO에게 "당신이 CEO이니, 논의해야 할 사안을 알려달라. 우리는 고문 역할을 맡겠다"는 상황이다. 물론 회사의 매각 같은 매우 중요한 사안에 대해서는 CEO가 논의를 제기하기에 앞서 이사회가 먼저 논의해야 할 것이다. 만약 이 상황에서 이사회가 논의의 흐름을 탐탁지 않게 여기면 신호등 색은 바뀔 수도 있다. 나이 어린 어리석은 이사가 주제넘게 "내가 가진 노하우와 조언을 잘 새기며, X, Y, Z의 행동 방안대로 하라"라고 할 수도 있다. 그러나 상식적 수준에서 이사들은 "당신이 CEO이니, 논의해야 할 사안을 알려달라. 우리는 고문 역할을 맡겠다"고 할 것이다.

한편 빨간불이 켜지는 상황에서는 현재의 CEO가 계속해서 CEO로 남아 있기가 어려워진다. 이사회에서는 새로운 CEO가 필요하다는 점을 잘 알고 있는 상황이다. 이 사실을 CEO에게 알리기도 하지만 CEO가 모르는 상태에서 새로운 CEO 투입에 대해 논의하기도 한다. 당연히 양측이 이 사안에 협업한다면 더 나은 결과가 도출될 것이다. 현 CEO에게 새로운 후임이 필요하다고 정중히 알려주며 동의를 구하는 상황부터, 어느 날 뜬금없이 "이 사람이 새로운 CEO이고 오늘부터 우리와 함께할 것이다"라고 일방적으로 통지하는 상황까지 다양하게 펼쳐질 수 있다. 회사와 CEO가 처한 상황, 그리고 CEO와 이사회의 관계가 어떠한지에 따라 다양한 시나리오가 펼쳐질 수 있다.

그렇다면 노란불은 무슨 의미일까? 이사회에서 이렇게 질문을 던지는 상황일 것이다. "현 CEO에 대해 질문이 있다. 우리 이사회가 CEO에 관한 사안을 두고 초록불을 켜야 하지 않겠는가?" 이렇게 문제가 제기되면 경험이 별로 없거나 자질이 부족한 이사들은 기약 없이 현 사안을 질질 끌고 만다. 그들은 "글쎄, 뾰족한 수가 없지 않은가"라고 말할 뿐이다. 노란불에서 반드시 지켜야 하는 사항은 ① 이사회로서 해당 사안에 일관되게 동의하고, ② 엑시트 조건이 무엇인지 동의하는 것이다. 초록불로 돌아갈 것인지, 빨간불로 이동할 것인지를 고려하는 동시에, 노란불에 언제까지 머물지 그 시한을 고민해야 한다. 시한을 정했으면 노란불에 시간을 너무 오래 빼앗기지 않기 위해 빠져나가는 방법을 생각해야 한다. 노란불에 오래 머무는 것은 결국 CEO와 회사 모두를 죽이는 것이기 때문이다. 따라서 노란불에서 빠져나올 수 있도록 궁리하는 것이 이사회의 의무다.

이사회를 옳고 그름을 판단하고 알려주는 집단이 아닌 하나의 팀으로 생각한다면, 이사회의 팀원들은 "사업에 가치를 더하기 위해 우리는 어떤 일을 해야 하는가?"를 고민해야 한다. 바람직한 이사진이라면 모든 이사회에 참석하여, "내가 가치를 부여하기 위해 무엇을 할 수 있는가?"를 고민해야 한다. 왜냐하면 이사회는 '거버넌스', 즉 공동체를 이루는 구성원들이 의사결정에 참여하여 주요 안건을 집단으로 결정하는 체계이지만, 특히 초기 회사에서 이사회란 차마 직원으로 채용할 수 없는 심오한 기술, 역량, 인맥을 보유한 집단을 의미하기 때문이다. 따라서 이사진은 "내가 어떻게 하면 회사에 가치를 가져올 것인가?"라는 대승적인 성찰을 해야 한다.

반면 매우 단순하게 생각하는 이사들도 있다. "나는 이사회에 참석만 하면 되는 거다. 어차피 회사에서 어떠한 노력을 하고 있고, 전략, 업무, 실무적 사항을 제안할 것이니, 내 피드백을 주면 되는 것이다. 그러다가 '내가 잘 아는 분을 연결해주겠다'고 제안하면 된다." 물론 이사의 역할이 인맥을 소개하는 것이지만, 이렇게 소극적인 태도는 마치 회사의 임원이 '나는 그저 회사의 임원으로서 회의 때 얼굴을 비추고, 내용을 전달하며 내 의견을 구하면 적합하게 응대하면 되는 것이다'라고 생각하는 것과 같다. 그러나 임원들로부터 그 이상의 역할을 기대하듯, 이사진에게서도 더 적극적인 책임을 요구한다. 이사진은 스스로 여러 사항을 점검해야 한다. "회의에 참석하기 전에, 나는 논의에 최대한 도움이 되도록 무엇을 준비할 수 있을까?" 이사회 회의에 참석할 때 외에도 수시로 이와 같은 질문을 자신에게 던져야 한다. 주 단위로 생각해볼 수도 있을 것이다. "회사에서 나를 이사로 채용한 주요 이유는 내가 관련 분야에 종사하고 있고, 업계에서 관련 경험이 많으며, 인맥도 풍부한 데다, 내가 제공할 수 있는 통찰이 있기 때문일 것이다. 그렇다면 '내가 이 사안에 대해 생각해봤고, 내가 제안할 수 있는 최상의 생각은 이렇다'라고 어떻게 얘기할 수 있을까?"

> "이사로서 '회의에 참석하기 전에, 나는 논의에 최대한 도움이 되도록 무엇을 준비할 수 있을까?'를 생각한다."
>
> _ 리드 호프먼

물론 이사로서 "제품 X를 구축해야 한다", "Y의 기능을 넣어야 한다", "Z의 전략을 실행해야 한다"라고 제안할 수 있다. 그러나 이사는 자신의 생각을 제안할 때, 의문형으로 발언을 마무리해야 한다. 예를 들어, "설명한 전략에 대해 나름대로 곰곰이 생각해봤는데, 내가 생각하는 리스크는 이것이나. 어떻게 생각하는가? 이것이 리스크라고 여겨지는가? 나는 그 리스크를 어떻게 측정할 것인지 혹은 완화할 것인지를 생각해봤다. 어떻다고 생각하는가?"라고 말하는 것이다. 이쯤 되면 적극적인 대화가 오갈 수 있다.

경영진의 역량이 좋다면 모든 사안에 대해 거의 꿰뚫고 있으며 이렇게 대응할 것이다. "우리는 그 사안과 X, Y, Z에 대해 고민해봤다." 그러면 이사도 "훌륭한 생각이다. 나도 최상의 해결책을 가져왔는데, 방금 제안한 의견이 훨씬 더 좋아 보인다. 이사로서 최대한 지원하도록 하겠다"라고 대응할 것이다. 이렇듯 선순환의 흐름이 이어질 수 있다.

한편, 이사의 연륜, 인맥 등이 풍부한 경우, 경영진은 "제안한 그 방향은 생각하지 못했는데, 간과하면 안 되는 중요한 사안 같다"라고 대응할 수도 있다.

그다음 단계는 업무의 우선순위를 정하는 것이다. 나의 경우에는 이사로 회의에 참석할 때 어떠한 제안을 하면서, "지금 제안하는 내 생각이 우선순위에서 밀려난다고 판단하면 주저 말고 알려달라"고 요청하는 편이다. 하지만 이사라면 반드시 수의해야 할 사항이 있다. 회사의 입장에서 중요한 우선순위가 있기 때문에 자칫 이사의 주장에 따라 중요하지 않은 사안부터 처리하게 되면 일을 그르칠 수 있다. 이사의 주요 덕목 중 하나는 "해를 가하지 않는다"이다.

일라드　그렇다면 이사회가 경영진 혹은 딱 집어서 CEO에 대한 신뢰를 잃으면 양측의 역학 관계는 어떻게 바뀌는가?

리드　CEO가 적임자가 아니라는 의견에 도달할 때 특히 그런 문제가 발생하는 편이다. CEO가 내리는 결정을 통해 적합한 사람인지를 판단할 수 있을 것이다. 그렇다면 어느 순간에 CEO가 잘못된 판단을 내린다고 결론지을 수 있을까? 스타트업에서 CEO의 오판이 돌이킬 수 없을 정도로 치명적인 사태를 야기하곤 한다. CEO가 그릇된 판단을 한다고 이사회에서 결론을 내렸다는 것은 "이사회가 투자 결정을 잘못했다"고 해석할 수 있다.

따라서 확신, 도덕성, 헌신, "어떻게든 하고야 만다"는 정신으로 무장한 인물을 수장에 앉히는 것이야말로 스타트업의 성공 비결이다. 따라서 CEO직에 이와 같은 필수 덕목이 부족한 외부 전문가를 채용하는 전략은 실패 확률이 높다.

일라드　당신은 CEO 승계와 몇몇 설립자의 퇴임 사례에 대한 훌륭한 글을 몇 차례 기고했다.[19] 규모가 작은 회사 혹은 갓 설립한 회사에서 설립자가 부적합한 CEO이거나, 설립자가 스스로 판단하기에 자신이 부적합한 CEO일 경우, 조직 내에서 현명한 판단을 유도할 역량이 부족하다. 그렇다고 CEO직에 외부인을 덜컥 앉히기도 어려울 수 있다. 회사가 빠르게 성장하고 있다고 해도, 외부인이 수장을 맡기엔 시기상조일 수 있다. 그렇다면 이 상황을 어떻게 극복하고, 간극을 어떻게 메울 수 있을까?

　　　내가 링크드인에 몸담으면서 직접 터득한 방법이 하나 있다. 실행하기에 매우 어려울 수 있는데, 공동 설립자를 물색하는 것이다. 가족처럼 가까운 회사의 원년 멤버들과는 다른 종류의 능력을 지닌 공동 설립자를 물색하라는 의미다. 어떻게든 공동 설립자를 찾아 나서라고 권하고 싶다.

공동 설립자를 물색할 때, 다양한 기준으로 적합한 인물인지 가늠할 수 있다. 이렇게 질문해도 좋다. "제안하는 이 일이 진정 열정적으로 임할 수 있는 일이라면 지금 당신이 받는 봉급의 절반만 받더라도 이 일을 할 수 있겠는가?" 그렇다고 말 그대로 절반의 금액만 준다는 의미는 아니다. 당사자가 얼마나 열정적으로 이 일을 하고 싶은지 파악하라는 의미다. 누군가가 와서 "지금 받는 봉급의 두 배를 주겠다"라고 해도, "사양하겠다. 지금 내가 하는 일이 내가 하고 싶었던 일이다"라고 과감히 거절할 수 있어야 하기 때문이다.

이 정도의 확신이 있는 사람들은 그만큼 큰 리스크도 감당하려고 한다. 스타트업은 예외 없이 '망친 것 같아. 상황이 안 좋아. 어리석은 결정을 내렸어'라고 생각하는 '그림자의 계곡valley of the shadow'이라는 순간이 운명처럼 찾아온다. 이때 필요한 덕목이 부족한 외부 전문 경영인은 "내가 제안한 게 아니었잖아"라고 오리발을 내밀지만, 진정한 설립자라면 '상황을 정상화할 수 있을 거야. 내가 어떻게든 해낼 거야. 리스크가 크고, 난관이 많고, 고된 노력이 필요하고, 다른 사람들의 비난을 받아도 다 감당할 거야. 난 그 과정을 버텨낼 거야'라고 생각한다. 바로 이러한 자질이 설립자에게 필요하다.

새로운 CEO를 채용하는 문제에 대해 "우리 회사에 필요한 경영 능력을 가진 사람이면 된다"는 생각을 하는 경향이 있다. 물론 실행력과 추진력이 동반된 경영 능력도 중요한 덕목이다. 그러나 CEO를 새롭게 투입해야 하는 상황은 회사에서 경영 능력 외에도 새로운 자질이 필요하다는 의미이기도 하다. 설립자적인 마인드가 없는 CEO는 기껏해야 자산 관리 업무밖에 하지 못한다. 현재의 재무 상황을 유지하며 주어진 궤도 안에서 회사를 이끌 뿐이다. 그러나 회사의 성장 곡선을 틀어 올릴 수 있는 저력은 리스크를 감당하려는 설립자적인 마인드에서 비롯된다. 도덕성도 중요하지만 주변의 비난("당신이 상황을 그르쳤어. 이렇게 된 건 당신 탓이야")을 감당할 강인한 정신력으로 무장한 상태여야 한다. 그 정도쯤은 충분히 감내할 수 있어야 회사를 성공으로 이끌 수 있다.

> "CEO를 새롭게 투입해야 하는 상황은 회사에서 경영 능력 외에도 새로운 자질이 필요하다는 의미이기도 하다. 설립자적인 마인드가 없는 CEO는 기껏해야 자산 관리 업무밖에 하지 못한다."
>
> _ 리드 호프먼

일라드 이사를 투입하는 것은 팀원을 늘리는 것과 같다고 언급했다. 그렇다면 이사를 모집하는 과정에 대해 어떻게 생각하는가? 어떠한 접근법이 바람직하고, 적합한 이사를 모집하는 데 무엇을 고려해야 하는가?

리드 회사가 어느 단계에 있는지에 따라 다르겠지만, 몇 가지 고려해야 할 사항은 있다. 첫째, 이사회 전체를 하나의 팀으로 간주해야 한다. 그리고 팀워크가 결여되면 이사회가 정상적으로 기능할 수 없다. 경기에서 훌륭한 선수를 두고 있어도, 각자 자기 방식의 플레이를 고집하면 팀은 정상적으로 운영될 수 없다.

어느 순간이 되면 이사회에서 "저 사람은 교체되거나 사퇴해야 한다"는 판단이 든다. 나는 스타트업의 이사회에서 이사 한 명이 문제가 있다는 판단이 들지만, 쉽게 교체할 수 없는 상황이라면, 다음에 모집하는 이사는 무엇보다 '촉매제' 역할을 할 수 있는 인물이어야 한다고 생각한다. 당신이 블로그에서도 VC를 이사회에서 사퇴시키는 방법에 대해 적어두었지만, 실제로 그렇게 실행하기는 매우 어렵다.

일라드   그렇다. 매우 난해하다.

리드   주로 내가 제안하는 방법은 매우 건전한 방식으로 이사회의 구도 안에서 변화의 바람을 불게 할 수 있는 인물을 찾는 것이다. 대개는 영향력 있는 벤처 캐피털리스트가 그러한 역할을 할 수 있다. 이사회의 다른 구성원들이 "똑똑한 능력자네"라고 말할 만한 인물이어야 한다. 또한 리더십과 카리스마를 발휘하여 "이 방향으로 나아가야 한다"라고 제안하면 다른 구성원들도 그 방향으로 기꺼이 따라갈 수 있어야 한다. 나는 주로 이렇게 문제를 해결하는 편이다. 팀 안에서의 역학 관계를 파악하는 것이 가장 중요하다.

팀 내 역학 구도에서 두 번째로 중요한 사항은 이사회가 CEO에게 자극제가 되어야 한다는 점이다. 나는 이사 후보들을 관찰할 때, CEO가 지닌 능력치를 최대한 끌어낼 수 있는 인물인지를 고려한다. 그들은 CEO와 우호적인 관계인가? CEO의 관점에서 적합한 이사를 모집하기 위해 내가 사용하는 방법 중 하나를 소개하겠다. "나는 CEO로서 이 사람과 일주일에 1~2시간 정도 시간을 보내고 싶은가?"를 생각해보는 것이다. 일주일에 1~2시간이 아니더라도, 경영상의 난제들을 이 사람과 상의하고 싶은가? 무엇보다 CEO가 그럴 의향이 생기지 않으면 CEO가 혼자 짊어져야 하는 부담은 커지게 된다. 아무리 임금체계에 대한 전문지식이나 조직 관리에 대한 노하우가 훌륭해도 별 의미가 없어진다. CEO의 역량을 끌어내도록 촉매 역할을 할 수 있는지가 매우 중요하기 때문이다.

CEO는 때로 이렇게 말한다. "나는 은행업에 대해서는 문외한인데, 지금 은행업에 관련된 회사를 경영하고 있지 않은가. 은행업을 잘 이해하고 있는 전문가와 일주일에 1~2시간 정도 시간을 보내면서 역량을 쌓아야겠다." 아니면 이렇게 말한다. "우리 회사가 B2B 기업이니 다른 회사를 대상으로 제품을 판매해야 한다. 그런데 나는 B2B 판매에 대해서는 문외한이니 이 분야에 능통한 누군가의 도움이 필요하다." 회사별로 중요하게 생각하는 자질이 있을 것이다. 그러나 무엇보다 이사와 CEO가 파트너십을 공고히 구축하여 경영진과도 궁합을 잘 맞춰 가는 것이 가장 중요하다.

그다음으로 고민해야 할 부분은 바로 이것이다. 회사에 가장 큰 가치를 부여할 전문 기술, 인맥, 비즈니스 마인드는 무엇인가? 인재상의 자질과 일맥상통할 것이다. 그러한 인재를 모집할 수 있다면 더할 나위 없이 좋다. 회사의 DNA에 녹일 만하다. 피터 처닌Peter Chernin이나 나 같은 사람들을 회사에 정직원으로 고용할 수 없는 노릇이므로, 이사회 제도를 활용하면 된다.

이사회를 만들 때 염두에 두어야 하는 사항은 이사와 회사에 어떠한 가치가 실질적으로 부여되는지이다. 단순한 자산관리가 아닌, 자산 확대에 기여할 수 있어야 한다. 자산 확대에 기여하게 되면 CEO와 경영진에 도움이 된다는 의미이자, 정석대로 사업에 임하고 있다는 신호이다.

인터뷰 내용은 이해를 돕기 위해 편집 및 요약되었다.

• • • • • • • •

CEO의 역할: 이사회 관리

이사회를 효과적으로 관리하면 당신과 회사에 다음의 혜택을 가져온다.

- 주요 영역에 대한 전략적·실무적 피드백을 얻는다.
- 임원을 비롯한 인재를 영입 및 투입하는 데 도움을 얻는다.
- 회사에서 인재 평가 시에 도움을 얻는다.
- 자금을 유치할 때도 도움을 얻고, 추가 자본 계약을 성사하는 것에 이사들이 힘을 실어주도록 한다(항상 성공하는 것은 아니다!).
- CEO로서 코칭을 받는다.
- CEO에 적임자가 임명될 수 있도록 한다.

이사회 회의 구조

이사회 회의 구조[20]는 시간이 지나면서 회사의 변화에 따라 함께 변한다. 제품과 시장의 적합성[21]에 도달하기 위해 고군분투하는 초기 단계에서, 상장을 준비하는 성숙한 조직으로 거듭나면서 이사회도 바뀌어야 하기 때문이다. 초기 회사의 이사회 회의에서는 경영 상태를 진단하는 기본적인 지수들을 검토한다(예: "현재 자금이 부족한가?", "우리의 제품이 제대로 작동하고 있는가?"). 그 외에도 전체적인 전략적 인풋, 조직 차원의 조언, CEO와 경영진에 필요한 외부 자문에 대해 검토한다. 후기 회사의 이사회 회의는 전략과 관련된 발전된 질문 같은 거시적인 사안을 다룬다(예: M&A 및 기타 논의).

이사회의 몸집이 클수록 관리가 어렵고, 집중력과 생산성이 떨어질 수 있다. 직원 수가 10명에서 1만 명으로 확대되면 소통 및 관리 방식이 변해야 하듯, 규모가 커진 이사회를 대하는 대화 및 소통 방식도 변해야 한다. 이사회에서 회사에 생산적이고 유용한 회의를 여는 것이 관건이다.

기억하라. 이사회가 존재하는 이유는 ① 회사에 도움이 되고, ② 모든 자산군에 대해 기업 지배구조가 정상 운영되도록 하기 위함이다.

CEO는 효과적으로 이사회를 운영하기 위해 회의를 열기 전에 다음의 체크리스트를 확인해야 한다.

1. 회의가 시작하기 최소 48~72시간 전에 안건 목록 등 회의 자료를 전송하라

원활한 회의 진행을 위해 참석 전에 검토하고 참석하도록 한다.[22]

2. 이사회가 소수(설립자를 제외하고 3명 정도)로만 구성된 경우, 회의 전에 각 이사와 30~60분에 걸친 1대1 브리핑 시간을 가져라

회의 전에 이사들이 불만 사항을 포함한 의견을 제시할 수 있도록 한다.

3. 이사회가 다수로 구성된 경우, 이사회 회의를 열기 전날 저녁 식사 혹은 회의 직후에 점심이나 저녁 식사를 계획하라

저녁 식사 자리는 선택 사항이지만, 이사진이 서로 유대감을 구축하고 회의 전이나 후에 CEO와 경영진과도 친분을 쌓을 수 있는 절호의 기회다. 특히 이사들이 다른 지역에서 비행기를 타고 오는 경우라면 식사 자리를 제안하는 것은 충분히 공감대를 살 것이다. 단, 시간이나 관심이 없어서 참석하지 않는 경우도 많을 것이다.

이사회 회의 안건

실제 회의에 들어가면 다음 사항을 점검할 수 있다.[23]

1. 이사회의 역할

짧게 확인하고 넘어간다.

2. 현 상황에 대한 요약

회사의 상태에 대해 짧고 대략적인 개요를 전달한다.

3. 주요 성과 지표에 대한 간략한 검토와 논의

회사 전략에 영향을 주는 주요 성과 지표 값에 주목하다 회의 시작 48~72시간 전에 발송한 슬라이드에 해당 내용이 포함되도록 한다.

4. 지난번 회의에서 제기된 항목 검토

전략에 관한 논의 이후에 이 부분을 다룰 수 있다. 회의의 상당 시간은 전략에 집중하도록 하라.

5. 회사에 중요한 주요 전략 주제 2~3건에 대한 논의

해당 주제와 배경 설명은 회의 시작 48~72시간 전에 발송한 슬라이드에 포함되도록 한다.

5번 사항에 특히 많은 시간을 들여야 한다. 관련 자료를 이사들이 사전에 검토하도록 하라. 이사회 규모가 큰 경우에는 본회의에 들어가기 전에 각 이사에 연락하여 전략적 주제들에 대해 짧게 논의하고 점검한다. 주요 성과 지표와 배경 설명에 투입되는 많은 시간을 절약할 수 있다.

2~4번 사항 전체 혹은 일부에 대해 임원진이 배분하여 논의를 주관할 수 있다. 단 꼼꼼하게 배분하라. 매번 모든 임원진이 이사회 회의에 참석 요

청을 받는 것이 아니므로, 누구에게 요청 서신을 보낼 것인지가 민감할 수 있다. 또한 할당되는 사안에 따라 임원으로서 각자의 중요도를 비교하게 되므로 누구를 어떠한 이유로 참석하게 할 것인지 신중하게 판단하라.

이사회 회의에 참관인과 무작위 직급이 참석하는 경우

일부 벤처회사에서는 평사원급 투자팀원들이 이사회 회의에 참석하기도 한다. 회사의 실적이 좋을 때는 중진급의 파트너들이 참여하기도 한다. 이렇게 무작위 직급이 참여하지 않도록 하라. 회의에 참석자를 추가하고자 할 경우(예를 들어, 회사의 진행 상황을 보고하는 데 도움을 주고 실무적으로 큰 도움이 되는 주니어 파트너를 추가할 경우) VC 파트너와 함께 참석자 기준에 대해 논의하라. 이사회 회의에서 평사원급의 참석자가 어떤 역할을 하기를 기대하는가? 이사회 참관인에는 발언권을 줄 것인가? 참관인은 어떠한 항목에서 도움을 줄 것인가?

마크 서스터Mark Suster는 이사회 참관인에 대해서 유익한 글을 포스팅했다.[24]

이사진과의 활발한 교류

이사와의 관계와 이사의 성향에 따라, 회의실 밖에서도 다양한 사안에 대해 도움을 받을 수 있다. 회사의 임직원이 주요 업무에서 곤란을 겪을 때도 구원투수가 되어줄 수도 있다. CFO 출신으로 회사를 상장시킨 경험이나 상장회사를 경영한 경력을 지닌 이사라면 당신 회사의 CFO나 재무팀에 피가 되고 살이 되는 조언을 해줄 수 있을 것이다. 이사진은 CEO나 임원들에게 주요 전략적 문제, 관리, 조직 등 여러 사안에 대해 1대1 대화를 해도 효과적일 것이다. 이 외에도 주요 임원 후보들에 대한 면접이나 채용 과정에서도 도움을 줄 수 있다.[25]

이사진 관리

나발 라비칸트와의 인터뷰(파트 1)

나발 라비칸트는 엔젤리스트 AngelList의 회장이자 공동 설립자다. 이전에는 에피니언스 Epinions(쇼핑닷컴 Shopping.com이 인수한 이후 상장되었다)와 배스트닷컴 Vast.com을 공동 설립했다. 현재는 엔젤투자자로 적극 활동 중이며, 트위터, 우버, 야머 Yammer, 스택 오버플로 Stack Overflow 등 수십 곳의 회사에 투자했다.

나발은 실리콘밸리에서 가장 존경받는 엔젤투자자이자 기업가로 손꼽힌다. 그는 실리콘밸리에서 내로라할 스타트업 성공 신화들에 기여한 전문가이자 투자자로 활동하며 스타트업에 대해 자신만의 폭넓은 관점을 갖고 있다.

이 책에서 나발과의 인터뷰는 두 개의 부분으로 나누어 실었다. 여기서는 먼저 이사회를 관리하는 과정에서 주의해야 할 민감하고 첨예한 문제를 다루었다.

일라드 길　이사직을 맡지 않겠다고 하는 투자자들로부터만 자금을 유치해야 하는 것인가? 후기 파이낸싱 단계에서 초기 이사들을 사퇴하는 결정에 대해 어떻게 생각하는가?

**나발
라비칸트**　회사는 희한한 존재다. 회사의 존립 목적은 최대한 효율적으로 업무를 처리하여 실적을 내는 것이다. 인류 역사를 살펴보면 하나의 독립체가 과도한 권력을 지니지 못하도록 할 때, 위원회나 단체들을 조직하여 그 권력을 분산했던 사례가 많다. 고대 로마에는 원로원Senate°을 두었는데, 모든 회의체 구성원들의 전원 합의라는 전제 조건이 있었다. 그러나 로마가 전쟁에 참여할 때면 효율적으로 일사분란하게 움직여야 했기에 독재자 한 명을 선발했다. 선발된 독재자는 모든 결정을 총괄하며 전쟁에서 싸웠고, 이후에는 결국 로마 전체에 군림하는 후유증을 남겼다. 그러나 로마인들은 이와 같은 방식과 불가피한 희생을 알고 있었다.

　회사에서는 가장 윗자리를 독재자가 꿰차고 있을 수도 있고, CEO 혹은 설립자들이 그 자리를 차지할 수도 있다. 그러다 갑자기 나비효과가 나타나, 더 이상 가장 높은 직급에만 보고하는 것이 아니라, 여러 명으로 구성된 이사회에 보고해야 하는 상황이 될 수도 있다. 본래 설립자나 독재자들의 경영 방식은 위험에 매우 취약하다. 비전도 많고 추진력도 큰 데다, 추구하는 방향에 대해 잘 알고 있다. 위험한 베팅을 마다하지 않고, 사업을 전환하

°　고대 로마 공화정 시대의 입법·자문 기관이자, 실질적인 지배 기관.

는 데 크게 주저하지 않는다.

그러나 이사회는 그렇지 않다. 이사회는 독재자 밑에서 끌려다니고 싶어하지 않는다. 이사회란 다수의 구성원이 모인 '집합적 사고체'이자 '위원회적 사고체'이다. 위원회는 본래 야심 어린 결과물을 도출하는 것과는 거리가 멀다. 이사회도 마찬가지로 결코 위대한 업적을 내놓지 못한다. 다만 조력자 및 조언자 역할을 할 수 있다. 그렇다고 이사회가 회사를 운영할 수는 없다. 이사회가 커질수록, CEO는 이사회가 회사의 현황을 지체 없이 파악하도록 각별히 신경 써야 한다.

벤처 캐피털리스트가 이사회에 많은 가치를 부여할 수 있다고 생각하는 것 같다. 물론 특수한 상황에서는 그렇게 할 수 있을 것이다. 파이낸싱의 전문가이자, 외부 시장 환경을 누구보다 잘 알고 있고, 회사 경영에 필요한 여러 분야 중 하나에 정통하기 때문이다.

그러나 평균적으로 VC 이사는 약 10개의 이사회에 등재되어 있기에 1~2개월에 1회씩 10개의 이사회 회의에 참석해야 한다. 무엇보다도 그들은 새로운 회사를 물색하는 데 주어진 시간의 절반을 할애한다. 일반 투자자와 LP를 관리하는 일도 그들의 몫이다. 벤처 사업에 종사하면 누구나 알고 있듯, VC 이사는 풀타임 직책이 아니다. 최고의 VC라면 풀타임으로 임할 수 있겠지만, 평균적으로 기업가가 투입하는 시간만큼 할애하지 못하는게 일반적이다. 대개 VC는 퇴직한 기업가이지만, 기업가는 퇴직한 VC가아니다. 따라서 기업가에게는 여유 시간이 많지 않다. 기업가는 VC 이사가늘장 부리지 않고 최대한 신속하게 업무를 파악하도록 종용하고, VC 이사의 전문 지식과 수년간의 경험에서 통찰과 지혜를 얻고자 한다.

기업가의 입장에서는 이사회가 비대해지는 것을 원치 않는다. 이사회가 커질수록, 업무 처리가 더디기 때문이다. 경험이 많은 이사라면 누구나

5~6명 미만의 비상장회사 이사회를 선호한다고 할 것이다.

그렇다면 어떻게 하면 이사회를 작게 유지할 수 있을까? 첫째, 회차round 별로 이사직을 단 1개만 내어준다. 기업가들이 흔히 하는 실수가 2명의 투자자를 투입해 VC 라운드를 2번에 걸쳐 시행하고, 한 번의 라운드에서 2명의 이사를 투입하는 것이다. 이렇게 하다보면 투입되는 이사는 빠르게 늘어간다. 시리즈 C, D, E를 거치다 보면 이사가 갑자기 6명, 7명, 8명으로 늘어나게 된다.

둘째, 추후에 이사가 한 명 투입될 때 투자자가 이사직을 사퇴한다는 내용을 투자조건 제안서에 기재할 수 있다. 이렇게 조항을 삽입하는 관행으로 유명한 회사가 퍼스트 라운드 캐피탈First Round Capital이다. 이 회사는 다음 라운드가 다가오면 자신들이 투자한 회사의 이사회에서 빠져나가는 편이다.

> "경험이 많은 이사라면 누구나 5~6명 미만의
> 비상장회사 이사회를 선호한다고 할 것이다."
>
> _ 나발 라비칸트

일라드　　그렇다. 그러나 그 회사는 시드 단계의 자금을 제공하는 특화된 회사이기 때문이다. 그렇다면 전통적인 시리즈 A, B, C 투자자들은 어떻게 행동하면 좋을까?

나발　　프레드 윌슨Fred Wilson의 경우처럼 현명한 판단을 하는 투자자들은 피투자기업이 상장의 단계에 가까워지면 이사직에서 사퇴하는 편이다. 이 문제에 대해서는 초반에 합의해두고, 새로운 라운드가 다가올 때 실천에 옮기는 것을 권한다. 고성장 라운드에서 5천만 달러를 유치하는 상황이라면 시리즈 A 투자자에게 "이사직에서 부담 없이 사퇴해도 좋다. 전에 합의한 보호 조항을 실행에 옮길 것이므로 당신은 어떠한 손해도 보지 않을 것이다. 이메일 수신 명단에 당신을 그대로 둘 것이고, 이사회 회의 자료를 송부할 테니 원격으로 확인할 수 있다. 단 매월 콘퍼런스 콜**conference call**(유선 전화 회의)에는 직접 참여할 필요가 없다. 이사회 회의에도 참여하지 않아도 된다"라고 전할 수 있다.

일라드　이와 같은 상황에서 '바이아웃**buyout**'을 통해 경영권을 인수하는 경우도 많다. 이사를 사퇴시키는 명분인 듯하다. 회사가 성공 가도를 걸을 때 실제로 많은 초기 투자자들이 회사와의 관계를 어떻게든 유지하려고 하는 것 같다. 개인적인 위상을 강화하고, 자신의 투자 포트폴리오에서 실적이 좋지 않은 것들을 매입하기 위한 수단으로 그 맥을 이어가려는 것 같다.

나발　그렇다. 관계를 유지하는 것은 신뢰의 문제이기 때문에 사퇴를 종용하는 일이 더 힘들어지기도 한다. 안타깝지만 어쩌겠는가. 너무나 많은 후기 기업가들이 업무 시간의 절반을 들여 이사회를 관리하느라 애를 먹고 있다.

한편, 이사회 회의 주기를 늘리는 방안도 생각해볼 수 있다. 예를 들어, 3개월에 한 번 회의를 갖는 대신 매월 최근 소식을 전달할 수 있다. 단 매월 여는 콘퍼런스 콜에도 시간을 짧게 할애한다. 내가 기업가로 관여하는 경우, 나는 화려한 PPT 자료에는 전혀 관심이 없다는 점을 처음부터 강조하는 편이다. 문서 작업에 대한 시간 낭비 없이 종이 한 장에 주요 사항과 주요 수치만 나열하고, 함께 모여 논의만 할 수 있으면 그만이다.

설립자 및 CEO로서 이사회를 효과적으로 관리하는 업무는 매우 중요하다. 관리에 실패하면 공격적인 이사 한 명이 개입하여 직접 그 공백을 메우려 들 것이다. 수동적으로 이사회에 질질 끌려다니며 응대하거나 질문에 답하기는 아무도 원치 않을 것이다. 설립자 및 CEO로서 능동적 리더답게 이사회와 회사를 이끌기를 바랄 것이다.

"너무나 많은 후기 기업가들이
업무 시간의 절반을 들여 이사회를 관리하느라
애를 먹고 있다."

_ 나발 라비칸트

일라드　　이사진을 조율하는 업무에 이사회 의장을 활용하는 경우도 보았는가? 상장회사에서 이사회 의장이 조율 업무를 담당하는 경우가 종종 있는가?

나발　　그렇다. 단 상장회사만 그러하다. 일반적으로 실리콘밸리에서 가장 성공적인 모델이자 내가 생각하는 이상적인 설립자-CEO 모델에서는 의장직을 설립자 중 한 명 혹은 회사를 떠났거나 은퇴한 설립자가 맡는 경우가 많다. 어찌 보면 설립자가 아닌 사람이 의장직을 맡는 것도 이례적일 것이다.

일라드　　이사회에서 분란만 일으키는 이사를 어떻게 사퇴시킬 수 있을까? 예를 들어, 당신이 처음 설립한 회사이고, 선택과 집중이 아닌 산발적인 사업 방식으로 접근한다고 가정해보자. 회사가 높은 실적을 내며 탄탄대로를 걷고 있는데, 시리즈 A 단계에서 VC 회사에서 투입된 이사가 일을 그르쳐 투자가 물 건너간 상황이면 어떻게 해야 하는가?

나발　　힘든 상황일 것이다. 방향을 세워 빠져나오기도 어렵다. 결국 웃돈을 주고서라도 '바이아웃'을 해야 할 최악의 상황일 확률이 높다. 반면에 다른 이사들이 실질적 도움을 줄 수 있고, 그들의 진가가 발휘될 기회이기도 하다. 이사회에서 주로 가장 경험이 많고 협업에 적합한 중진급 이사가 사태를 수습해주는 것이 이상적이다.

일라드　　VC 회사와 함께 해결할 수 있는 방안은 없는가? 그 회사에 가서 불만을 제기하는 것은 가능한가? 다른 파트너를 요청할 수 있는가?

나발　　최후의 보루로 남겨둬야 하는 선택지이다. 분란의 소지가 많기 때문이다. 문제의 인물이 경험이 별로 없는 평사원급이고, 내부적으로도 평판이 나쁜 인물일 것이라는 가능성에 베팅해본다면 모를까, 승산이 없는 게임이다. 오히려 역효과가 날 수도 있다. 마치 누군가에게 가서 "당신 남편 혹은 당신 부인은 왜 그러는 겁니까?"라고 따지는 셈이다. VC 파트너들은 매우 복잡하게 수십 년 동안 이어진 계약에 따라 정략 결혼한 사이를 방불케 한다. 따라서 이사회에서 누군가가 "내가 그 회사를 운영하는 아무개를 알고 있고, 나와 친분이 깊은데, 그 사람에게 문제의 인물에 대한 사항을 알려줄 수 있다"라며 당신 대신 총대를 메지 않는 한, 이 방법은 시도하지 않는 것이 현명하다.

일라드　　그런 단계에서는 VC 회사를 운영하는 경영자를 찾아가야 할 것 같다. 또 다른 평사원급의 파트너를 찾아가봤자 소용없고, 가장 높은 직급을 만나야 하지 않는가.

나발　　정답이다.

일라드　　회사의 구조에 따라 다를 수 있다고 생각한다. 중진급 파트너가 여러 명일 경우에는 권력이 분산되어서 예상치 못한 혼란스러운 상황이 야기될 수도 있다.

나발　　그렇다. 나도 큰 타격을 입은 회사를 여럿 보았다. 대부분의 이사회 문제에 대해 내가 생각하는 해결책은 벤처업계가 쉽게 수긍하지 못할 수도 있지만, 영구적 이사직을 내어주지 않는 것이다. 사퇴시키는 것이 불가능한 이사직은 애초에 내어주지 않아야 한다고 생각한다. 엔젤리스트와 내 회사에서도 이 방침을 적용했다. 나는 사퇴가 가능한 이사직만 제공해주었고, 영구적인 이사직이라는 개념 자체를 허용하지 않았다.

일라드　　아주 초기에, 즉 1회차부터 본격적으로 합의해야 할 내용 같다.

나발　　경험이 많은 기업가들은 그렇게 실천하리라고 생각한다. 그렇지 않고서는 이혼의 가능성을 전적으로 배제한 숨 막히는 결혼생활 아닌가.

　　내 회사를 구성할 때, 나를 비롯한 전 직원의 직위가 해고 가능한 것을 원칙으로 했다. "내가 회사 경영에서 옆길로 새년 나를 해고하라"는 메시지를 전달하기 때문에 일관되고 도덕적인 주장을 펼칠 수 있는 것이다. 아무도 안일주의에 빠질 수 없고, 그렇게 모든 이가 충실하게 행동해야 한다는 의미다.

인터뷰 내용은 이해를 돕기 위해 편집 및 요약되었다.

● ● ● ● ● ● ● ●

HIGH GROWTH HANDBOOK

다양한 인재를 찾아내는
섬세한 노하우

회사의 규모가 커질 때 회사가 직면하는 가장 큰 난관 중 하나는 직원 모집과 온보딩 과정**onboarding process**^o을 새롭게 조정하는 작업이다.

트위터가 우리 회사(믹서 랩스)를 인수했을 때, 트위터의 직원은 90명에 불과했다. 그로부터 2년 6개월 뒤 내가 회사를 떠날 무렵, 트위터는 무려 1천 5백 명의 직원을 둔 기업으로 성장했다(이 중 93퍼센트가 신입 사원이었다).

한 해에 500명의 직원을 새롭게 투입하려면 회사에서 채용 조직을 어떻게 구성하고 확장할 것인지에 대한 접근법도 변해야 한다. 또한 직원의 온보딩에 대해 깊이 고민해야 하고, 조직문화 중에서 유지할 부분과 변화시킬 부분에 대해서도 검토해야 한다. 이 장에서는 이와 관련한 주제를 다루며, 인재를 채용하고 관리하는 데 필요한 그 외의 변화에 대해 논의한다.

채용에 관한 '모범 실무 사례'를 구축하라

연간 10명을 채용하던 회사를 일주일에 10명을 채용하는 기업으로 성장

---

o   조직 내 새로 합류한 직원이 조직문화를 익히고 적응하도록 돕는 과정.

시키는 과정에서 채용 절차를 표준화하면 수준이 높은 인재 모집과 주요한 직위에 대한 채용 절차를 신속히 진행할 수 있다.

모든 직무에 업무 분장서를 기록하라

엔지니어나 디자이너 등 전문 직무에 사람을 채용할 때, 주변 지인들의 소개로 채용하는 회사들이 많다. 그러나 회사의 규모가 커지면서 부서가 늘어나면 고용주가 모든 직무에 대한 업무 분장을 정확히 파악하는 것이 중요하다. 예를 들어, 처음으로 사업 개발 담당자를 채용할 경우 (216쪽의 '유능한 사업 개발 담당자를 채용하는 방법' 항목 참조), 채용대상과 직무에 대해 무엇을 중시해야 하는가? 엔지니어를 대상으로 면접시험을 준비할 경우, 후보자가 사업 개발과 세일즈의 차이를 모를 가능성이 크다. 따라서 요구되는 능력과 직무를 명확히 정해야 모든 면접관이 동일한 부류의 후보를 선택할 수 있다.

각 직무에 대해서는 업무 분장서를 작성해야 한다. 어떠한 직무인지, 담당자에게 요구되는 경험과 경력은 무엇인지에 대한 기술서이다. 또한 간과해도 되는 사항 혹은 중요도가 낮은 사항을 정리한 목록도 작성하여, 면접관들이 채용하는 직무에 대해 참고할 수 있도록 하라. 현업 팀장hiring manager이 중시하는 자질과 우선시하는 사항을 적은 메모도 함께 전달한다. 특정 업무에 어떠한 사람을 채용할 것인지에 대한 의문이 들 때, 혹시 모를 오해를 방지하기 위해 초기에 작성한 업무 분장서를 참조할 수 있다.

모든 후보에게 같은 질문을 하라

특정 직무를 맡을 후보 면접을 진행할 때, 동일하거나 유사한 질문을 하라.
모든 후보에게 동일한 질문을 하면 면접 점수를 산정하기가 쉬워진다.

면접을 시행하기 전에
각 면접관이 집중할 분야를 배분하라

구체적인 직무 분야에 대한 채용 면접을 주관하는 경우도 종종 있다. 예를
들어, 제품 매니저 후보를 대상으로 그들이 생각하는 제품에 관한 통찰력,
과거의 업적, 기업문화와의 정합성을 질문하기도 한다. 이런 경우에는 모든
면접관이 모든 부문에 대해 동일한 질문을 하는 대신, 면접 전에 3~4명의
면접관에게 집중할 분야를 정해줄 수 있다. 이렇게 하면 모든 영역을 수박
겉 핥기 식이 아닌, 심층적으로 확인할 수 있다.

또한 2차 면접에서 동일한 후보에게 1차 때 궁금했던 사항을 면접관별
로 집중적으로 파고들 수 있다.

샘플 작업을 통한 면접

특정 직무에 대한 적임자를 뽑을 때, 함께 일하면서 직접적으로 자질을 파
악하는 것 외에 후보를 평가하는 가장 효과적인 방법은 면접에 대한 과제
로 샘플 작업을 요청하는 것이다. 샘플 작업은 현장 혹은 자택에서 진행할

수 있다. 일례로 엔지니어에게는 코딩 작업을, 디자이너에게는 가상의 제품에 대한 뼈대를 만들거나 업무 절차를 간략히 작성하도록 요청할 수 있다. 마케팅 담당자에게는 가상의 제품 마케팅 계획을 도출하도록 요청할 수 있다. 단 후보에게서 무료로 노동력을 착취한다는 인식을 갖지 않도록 회사의 기존 제품에 대한 작업이나 결과물은 요청하지 않도록 한다.

후보에 대한 점수 평가

가 면접관이 매번 면접을 마친 직후, 다른 면접관과 대화하기 전에 방금 본 후보에 대한 피드백을 기재하도록 하는 방법을 권장한다. 서로 편견을 피할 수 있고, 각 면접관이 후보에 대한 사항을 직접 기술할 수 있기 때문이다. 5점 척도 등 숫자 척도나 단순한 '합격, 불합격' 척도를 사용할 수도 있다. 단 면접관은 일관적인 태도를 유지해야 하고, 그들의 서면 평가 결과가 어떠한 의미로 작용할 것인지 명확히 이해시킨다. 일관된 기준으로 점수 평가를 함으로써 후보들에 대한 당락을 빠르게 결정할 수 있다. 점수 평가를 도입하면 면접관들은 '중립적'인 모호한 답변에서 벗어날 수 있다. 따라서 '합격/불합격'의 틀을 사전에 정해놓으면 추후에 '의견 없음'으로 기록할 가능성이 없다.

신속한 일 처리

내가 지금껏 몸담아왔거나 나와 함께 일한 회사들은 채용 후보를 직원으로 영입하는 가장 결정적인 변수 중 하나는 "얼마나 신속하게 면접과 합격 소식을 전할 수 있는가?"라는 데 동의한다. 최종 채용에 이르는 과정도 중요하지만, 면접의 각 단계에 소요되는 기간도 중요하다. 각 단계 중간의 대기 기간을 최대한 짧게 하고, 최종 합격자 발표도 최대한 신속하게 하도록 한다.

> "채용 후보를 직원으로 영입하는 가장 결정적인
> 변수 중 하나는 '얼마나 신속하게 면접과 합격 소식을
> 전할 수 있는가?'이다."
>
> _ 일라드 길

후보의 평판을 조회하라

평판 조회는 대체적으로 후보를 가장 명확하게 파악할 수 있는 방법이다. 모든 후보에 대한 평판 조회를 실시해야 한다. 단 기업가들에 대해서는 철저하게 평판을 조회하라. 자신의 조직에서 일하는 친한 직원을 '참조인'으로 제시하고, 이들로부터 칭찬 일색의 피드백이 나오도록 하는 경향이 있다. 내 경험상, 기술직 및 기타 전문 분야에서 지인으로부터 전달되는 피드백이 더 직접적이고 솔직하다는 느낌을 받았다. 따라서 기업가들에 대해 조회할 때, 평판 조회의 분야를 확대하여 그들이 보유한 능력과 개선할 점에 대해 명확한 정보를 얻도록 하라.

후보의 다양성

직원을 모집하고 면접을 진행할 때 다양성(성별, 인종 혹은 민족적 배경, 성적 지향성, 사회적 지위와 배경 등)을 고려해야 한다는 점을 여러 서적과 블로그에서 주요 주제로 다루고 있다. 대표적으로 조엘 에머슨의 '패러다임 전략Paradigm Strategy'에 관한 사이트에 관련 정보가 풍부하다. 다양한 채용 관행을 조망한다.[26] 이 책의 후반부에서도 조엘과의 인터뷰 내용을 다룬다.

다양한 인재를 물색하는 섬세한 노하우가 존재한다. 몇 가지 주요 사항을 소개한다.

- 각 직무에 다양한 후보를 확보해두라. 다양한 후보로 구성된 인재 풀pool을 확보하지 못하면 채용되는 직원도 다양할 수 없다. 인재풀이 다양하다는 것은 다양한 후보를 모집한다는 의미 외에도 업무 분장서의 내용, 사이트에 공개된 직원 소개, 그리고 그 외에 향후 입사 지원자에게 영향을 줄 수 있는 요소마저 염두에 두고 있다는 뜻이다.
- 면접에서 최대한 편견을 없애도록 하라. 일반 면접 방식에는 상당한 편견이 녹아 있다. 이를 방지하기 위해 이력서 검토 단계에서부터 후보의 이름과 성별을 가리기도 한다.
- 취약계층 출신의 직원들에게 도움이 될 만한 복지 혜택을 제공하라. 유급 육아휴직이 대표적인 복지혜택이다. 잠재 직원의 풀을 고려하고, 입사했을 때 업무에 집중하는 데 도움이 될 만한 복지혜택을 떠올려보라.

관련된 심층 정보는 '패러다임Paradigm'에서 발행하는 백서를 참고할 것을 권장한다.[27]

채용 조직 확대

스타트업에서 채용 전문가를 영입하면 회사의 성장 주기에 따라 그 쓰임새가 크게 변할 것이다.

작은 스타트업(예: 직원 수 3~10명)에서 채용 전문가를 영입하는 경우, 설립자나 직원이 링크드인이나 기타 수단을 이용하여 구인 활동을 직접 하는 것만큼 효과를 보지 못할 수 있다. 내가 트위터에 재직하던 시절, 2년 6개월 동안 직원 수가 90명에서 1,500명으로 늘어났다. 이처럼 회사의 직원 수가 수백, 수천 명으로 늘어난다면 채용 전문가, 인재 모집 전문가, 대학 프로그램 관리자 등을 사내에 상주시키고자 할 것이다. 또한 임원 채용에는 '리테이너 방식 retained search °'을 활용할 것이다.

스타트업 초기: 경영진이 채용 담당자 역할 맡기

창업 초창기에는 경영진이 자신의 인맥을 적극 활용하여 채용하는 것이 가장 바람직하다. 이처럼 많은 설립자와 초기 구성원들이 초반에는(예: 직원 수가 3명에서 15명으로 늘어나는 시기) 업무 시간의 30~50퍼센트를 구인 활동에 할애한다. 이 과정에는 딱히 지름길이 없다. 정석대로 여러 사람들의 인맥 활용, 링크드인, 이미 알고 있는 친구나 지인 투입 등을 통해 후보에 올리고 회사에 합류할 사람들을 걸러내는 수밖에 없다.

사무직, SNS 관리직, 채용 기능을 모두 소화해낼 수 있는 사람을 기적처

°　계약금(또는 착수금)을 지급받고 고위 임원 채용 프로젝트를 수행하는 방식.

럼 채용한 몇몇 스타트업 사례를 알고 있다. 추천받은 후보들에 대한 면접 일정을 관리하고, 이메일과 링크드인을 이용하여 소극적인 후보들을 접촉하는 데 많은 시간을 할애한다. 후보가 입사에 대한 관심을 보이면 설립자나 채용 총괄자에게 연락처를 넘기는 방식이다.

초기 확대 단계: 사내 채용 담당자 영입하기

회사가 어느 정도 규모가 커지고 성장 속도도 궤도에 오르면(연간 15~20명 이상 투입 가능한 단계), 사내 채용 담당자를 영입하는 전략이 효과적이다. 추반에 채용 담당자는 여러 직무를 동시에 수행하게 된다. 단 후기로 진입하면 다음과 같이 직무를 배분할 수 있다.

- 모집
- 채용 과정 관리(일정 관리, 면접관의 피드백 취합, 채용 총괄자와의 의견 조율 등)
- 경우에 따라 일자리 제의(채용 총괄자나 설립자가 직접 제의할 수도 있다고 생각한다)

채용 전문가의 역량에 따라 (무엇보다 회사의 브랜드 파워에 따라) 채용 담당자는 매월 1~4명의 엔지니어를 채용할 수 있을 것이다. 회사의 규모가 커지고 좀 더 차별화된 직무의 직원을 투입함에 따라 채용 인원은 달라질 수 있다.

연간 15명 미만의 엔지니어를 고용하는 상황에서는 채용 전문가를 시간

제 근무나 다른 업무를 겸하는 전제하에 고용하고, 추천받은 사람들을 투입하여 회사를 키우거나, 외부 헤드헌팅 회사와 계약을 맺는 방법도 활용할 수 있다.

기술직이 아닌 경우(예: 판매직), 한 명의 채용 전문가로 한 달에 여러 명을 채용해도 무리가 없을 것이다. 판매직은 주로 추천을 통해 선발하고, 판매·마케팅·사업 개발 담당자가 취업할 만한 고성장 회사가 그리 많지 않기 때문일 것이다. 반면 모든 스타트업은 엔지니어와 디자이너를 채용하려한다.

채용 담당자가 효과적으로 업무를 수행하는 데 영향을 주는 요소는 다음과 같다.

- 구직자들이 인식하는 회사의 브랜드 파워
- 채용 총괄자와 임원진의 채용 역량. 이들이 채용 과정에 적극적으로 관여하면 순조롭게 인재를 영입할 수 있고, 더 많은 후보들을 모집·접촉할 수 있을 것이다.
- 회사 직원의 풍부한 인맥

채용 조직이 아무리 막강하다고 해도, 채용 총괄자와 기타 임원이 관련된 대화를 하고, 후보에게 일자리를 제안하거나, 후보들과 점심 식사를 하는 등 채용 과정에 참여하는 것은 매우 중요하다. 입사 후보들은 항상 회사의 주요 직책에 있는 사람들과 만나길 바랄 것이기 때문이다(페이스북의 마크 저커버그는 중간 계급 후보들과 '산책 면접'을 하는 것으로 유명하다).

"채용 총괄자와 기타 임원이 관련된 대화를 하고,

후보에게 일자리를 제안하거나,

후보들과 점심 식사를 하는 등

채용 과정에 참여하는 것은 매우 중요하다."

_ 일라드 길

고성장을 향한 길: 세분화된 채용 담당자들의 역할

회사가 엄청난 속도로 성장할 때, 채용팀의 역할은 세분화되는 경향이 있다. 이때 본격적으로 채용팀 직원들의 역량을 전문화해야 할 것이다.

1. 인재 소싱 담당자

모집 담당자는 적합한 인재들을 스카우트하기 위해 여러 조사를 하고, 후보자들에게 예고 없이 전화하거나 이메일을 보내기도 한다. 소극적 후보자들에 대해서는 그들에 적합한 접근 방법을 직접 도출해내기도 한다. 입사 후보자들을 찾았으면 채용 전문가에 명단을 넘기는 경우도 있다. 이 경우에 채용 전문가는 후보자를 체계적인 면접 과정에 등록시킨다. 일반 면접 단계까지 후보자들을 관리해주는 소싱 담당자도 있지만, 대부분 그 이상에는 관여하지 않는다.

2. 채용 전문가

채용 전분가는 후보자를 위해 면접(선화 심사, 일반·임원 면접 등) 일정을 관리하고, 채용팀이나 채용 간부와 논의하여 탈락 여부나 다른 후보에 대한 물색 여부를 결정한다. 최종 결정권이 채용 전문가에 있는 경우도 있고, 채용 간부에게 있는 경우도 있다.

회사에서 처음으로 모집하는 사내 채용 전문가들은 인재 모집 경험이 있어야 한다. 여러 면에서 도움이 되는 경력이다.

- 전문화된 실무 역할에 인재를 영입·채용하는 데 채용 전문가가 관여하는 방식이 더 효과적일 수 있다.
- 채용팀(인재 모집 담당자, 채용 담당자, 채용 간부 등) 내에서 임무를 인수인계할 필요가 줄어들기 때문에 후보자와의 소통이 원활하고 전반적인 채용 과정에서 실수나 과오가 줄어든다.

특히 특정 업무에 대한 대규모 채용 시에 인재 모집 담당자와 채용 전문가의 역할을 구분하면 최대한의 효과를 얻을 수 있다. 예를 들어 백엔드back-end 엔지니어 50명, 프런트엔드front-end 엔지니어 30명, PM Product Manager(제품 관리자) 20명을 채용하는 경우 채용 업무를 구분하면 큰 도움이 된다.

3. 후보자 추천 리서처researcher

후보자 추천 리서처들은 예컨대 구글에서 일하는 모든 엔지니어들에 대한 링크드인 정보를 샅샅이 뒤져, 이들을 중요도에 따라 우선순위를 매기고, 스프레드시트에 정리한 후, 해당 자료를 인재 모집 담당자들에게 넘긴다. 인재 모집 담당자들은 후보자들을 접촉하고 설득하여 면접에 응하도록 유도한다. 채용 인원이 100~1,000명 정도이고, 같은 업무에 채용해야 하는 인력이 다수일 때 영입되는 인력이다.

4. 채용 마케팅

채용 마케팅 담당자들은 마케팅 자료를 개발하고, 광고를 내보내며, 채용 행사, 해커톤Hackathon, 웹사이트 콘텐츠를 기획하여 내부적으로 후보자 인력 풀을 형성하는 업무를 담당한다. 스타트업의 경우, 채용하려는 팀의 총괄이 담당한다(예를 들어 기술직 후보자들에 대한 채용 총괄은 기술부 총괄이다). 한편 스타트업의 마케팅팀은 전반적인 마케팅 차원에서 채용 업무에 접근한다. 직원 수가 수백여 명에 이르는 기업에만 독립적인 채용 마케팅 업무가 요구된다.

5. 캠퍼스 채용 제도

신규 졸업생이 쏟아져 나오고 인턴을 모집하는 시기와 규모를 고려하여, 대학을 갓 졸업한 사회 초년생들을 집중 채용하는 데 전문화된 인재 모집 담당자와 채용 담당자를 고용하는 기업들도 있다. 스타트업의 규모가 아직 작을 경우, 캠퍼스 채용 제도에 특화된 채용 전문가를 고용할 필요는 없다. 기존의 채용 팀원들이 적절한 시기에 맞춰 몇 달 동안 캠퍼스 채용 제도로 방향을 선회하면 된다.

임원 채용: 리테이너 방식

임원을 채용할 때는 임원 채용을 전문으로 하는 헤드헌팅 기업을 활용할 수 있다. 회사 차원에서 투자자와 직원들의 인맥을 동원하여 임원 후보자를 물색해볼 수도 있겠지만, 전문 헤드헌팅 기업들을 활용하는 것이 효과적이다. 회사 설립자가 보유한 인맥에서 찾기 힘든 법무팀 총괄, CFO 혹은 기타 필요로 하는 임원직을 알아봐줄 수 있을 것이다.

리테이너 방식은 외부 헤드헌팅 업체에 계약금이나 보증금을 지급하여 후보를 물색하도록 요청하는 것이다. 일반 직원보다는 회사의 임원을 채용할 때 가장 빛을 발하는 방식이다. 후보 임원들이 핵심 인력 네트워크 밖에 있거나, 유명하지 않은 스타트업 직원보다는 유명한 헤드헌팅 기업의 채용 담당자와 소통하는 것을 선호하기 때문이다.

엔젤투자자, 벤처 투자사, 고문이 여러분에게 연결해줄 수 있는 뛰어난 임원 헤드헌팅 회사들이 많을 것이다.[28]

직원 온보딩 과정

많은 회사가 최고의 인재를 영입하는 절차를 구축하는 데 수개월의 시간을 투자하지만 정작 성공적으로 정착하도록 하는 온보딩을 간과하는 잘못을 범한다.

신규 직원에 대한 온보딩 과정에서 팀의 관리자나 인사팀장이 활용할 수 있는 몇 가지 아이디어를 제안한다.

환영 이메일을 보내기

신규 직원에게 환영의 이메일을 보내고, 전송 시 직원이 가깝게 일하게 될 팀원들을 참조인에 넣는다. 이메일에는 해당 직원에 대한 간략한 소개와 직무를 설명하고, 직속 상사는 누구인지, 팀의 분기 목표가 무엇인지, 그리고 함께 공유할 만한 흥미로운 사실도 추가할 수 있다. 무엇보다도 신규 직원에 대한 명확한 업무 분장이 가능하도록 하고, 나머지 조직 인원들도 해당 사항을 숙지하고 있도록 해야 한다. 신규 직원에 대한 흥미로운 사실을 넣게 되면 동료들이 대화를 시도하기가 한층 쉬워지고 어색한 분위기를 누그러뜨릴 수 있을 것이다.

환영의 의미를 담은 '웰컴 패키지'

신규 직원이 첫 출근을 했을 때 받게 되는 품목들, 이른바 '웰컴 패키지Wel-come Package'의 체크리스트를 작성하라. 노트북과 이메일 주소 등의 실무적인 것들 외에도, 회사가 지향하는 경영철학을 담은 책, 티셔츠 혹은 후드티, 그리고 최근에 아기가 태어난 직원에게는 아기 옷을 선물해도 좋다. 입사를 환영하는 손 편지(혹은 자필 서명이 삽입된 편지)를 넣어도 좋다.

'버디 시스템'

고성장 기업에는 사내에서만 쓰는 전문 용어와 툴 그리고 신입 직원들에게는 생소할 수밖에 없는 프로세스가 존재하게 마련이다. 신규 직원에게 '멘토 혹은 버디buddy'를 정해주면 된다. 단 직속 결재 라인에 속하지 않은 사람이 멘토가 되도록 하여, 함께 점심을 먹고, 사람들에게 소개시켜주며, 무엇보다 어떠한 '엉뚱한' 질문이라도 친절하게 답변하도록 한다. 버디 시스템Buddy System°은 1~3개월 정도 유지하는 것이 좋다.

주인의식 부여

온보딩 과정에 찬물을 끼얹는 원인은 첫째, 상사와 신규 직원의 관계가 틀

° 　2인 1조로 신입에게 멘토의 역할을 하도록 하는 제도.

어지거나, 둘째, 새로 입사한 직원이 주어진 분야에 대한 애정이나 주인의 식이 결핍되는 경우다. 프로젝트의 전임자가 자신이 기여한 공로를 인정받기 위해 주도권을 쉽게 내려놓지 못할 수도 있다. 이때, 그들의 노력은 인정하되 최대한 빨리 손을 털고 신규 직원이 할 수 있는 업무를 인계해주도록 하라. 제품 출시가 2주밖에 안 남은 경우 등 프로젝트 시행 시기가 임박한 경우, 원래의 참여자가 제품 출시를 담당하거나 관련 업무를 마무리하도록 할 수 있다. 단 제품 출시가 2개월 이상 남아 있는 경우 등 시기적으로 여유가 있다면, 프로젝트에 대한 인수인계에 주력한다.

목표 설정

신규 사원이 속한 팀의 팀장은 신입을 위해 30일, 60일, 90일 동안의 목표를 설정할 수 있을 것이다. 신입 사원이 명확한 방향성과 맥락, 그리고 업무 구조를 파악하는 데 큰 도움이 될 것이다. 중요한 업무 과제와 신입이 실행해야 하는 업무의 우선순위를 파악하기도 좋다.

'노땅·꼰대' 신드롬: 장기근속 직원 보유의 장단점

고성장 기업에서 장기근속 직원들 중 일부는 회사의 소중한 원년 멤버다. 회사 설립자들과 CEO의 신뢰와 존경을 한 몸에 받으며, 회사의 문화와 장기적 미션을 염두에 두고 일하는 경우가 많다. 이들은 고성장 스타트업에서 높은 성과를 올리는 데 기여할 수 있는 부분이 많다. 구글에 16번째로 영입된 이후 유튜브의 CEO가 된 수전 워치츠키Susan Wojciki, 2005년 엔지니어로 합류하여 현재는 CPOChief Product Officer(최고제품책임자)가 된 페이스북의 크리스 콕스Chris Cox가 대표적인 인물들이다.

한편, 회사의 규모가 커짐에 따라 최적의 임기를 넘어 지나치게 회사에 오래 남는 경우가 더러 있다. 이미 지나치게 많은 부를 얻어서 헝그리 정신이 퇴색되었거나, 회사의 성장에 발맞춰 자기계발과 실력이 그만큼 올라가지 못한 경우다. CEO와 매일 점심 식사를 함께하던 과거에 머물러 있으면서 회사의 모든 결정에 입김을 넣으려 한다.

장기근속 직원의 성장 가능성

반면에 회사 내에서 기능과 역할을 넓혀가는 소중한 장기근속 직원들도 있다. 설립자나 CEO의 경영 마인드를 그대로 전달할 수 있고(결과적으로 자신의 팀을 쉽게 설득할 수 있다), 경영진과 동료의 신뢰를 받으며, 회사 내부의 프로세스와 전문 용어를 이해하며, 회사 운영 절차와 문화를 깊이 숙지하고 있다. '원로'라는 명목으로 회사의 규정이나 오래된 프로세스를 쇄신하거나 제거하는 방식으로 관습에 과감히 도전할 수 있다(혹은 타당한 이유를 설명할 수 있다).

회사의 초기 멤버들은 심오한 기능적 지식이나 업계의 전문 기술에는 취약할 수 있지만, CEO의 신뢰를 받고 있기 때문에 그들보다 경험이 많은 업계의 전문 경영인들을 고용하고, 관리하며, 이들로부터 전문지식을 배울 수 있는 위치에 있다. "신입 직원에게서 배울 점이 많다고 느낄 만큼 겸손한 초기 멤버들은 회사가 성장할 때 함께 성장하며, 신입 직원과의 상호작용을 통해 학습과 동기부여를 강화하고자 한다."

수십 년 동안 한 회사에 장기근속한 이들의 인생사는 회사의 역사와 다름없을 정도다. 이들은 배움의 열정이 가득하고, 회사와 자신의 역할, 그리고 기업문화가 결국 진화하며 과감히 변화를 받아들인다는 점을 이해한다.

팀이 규모를 키워나갈 때, 중단기적으로는 회사에서 그들의 역할과 영향이 줄어들고 있다고 여겨질 수 있지만, 학습에 대한 열정을 놓지 않고 회사도 지속적으로 성장한다면 그들의 역할과 영향이 확대될 수 있을 것이다.

변화가 필요한 '노땅 임직원'

회사가 커가면서 역량을 키워가는 원년 멤버들도 있지만, 회사를 그만두도록 회유 혹은 강요할 수밖에 없는 '노땅 임직원들'도 있기 마련이다. 원년 멤버들에게 계속해서 일하도록 기회를 줄 수도 있지만, 생산성이 높지 않고 '중요도가 떨어지는' 포지션으로 이동시키고 싶다는 생각도 들 것이다. 이러한 경우는 해당 직원과 회사의 궁합이 잘 맞지 않다는 것을 보여준다. 본인도 회사를 나가는 편이 낫겠다고 수긍하는 직원이 대부분이겠지만, 실제로는 설립자나 회사에 대한 충성도 때문에 자리에서 빠져 줘야 한다고 생각한다.

회사가 성장하는데도 발전이 없는 원년 멤버들에 대해서는 다음의 조치를 취할 수 있다.

1. **문제를 파악하고, 해결 가능한 문제인지 확인하라(다음의 징후를 보면 심각한 문제로 발전할 것인지 가늠할 수 있다).**

- **회사가 변화하는 흐름에 따라가지 못하는 경우:** 회사가 문화적·조직적으로 변화를 겪거나 제품 혹은 기타 변화가 일어날 때, 변화를 거부하는 초기 멤버들이 더러 있다. 세일즈팀의 채용, 직원의 전문화, 점차 도태하는 회사 제품이나 전략에 적응하지 못하고 반기만 드는 부류다.

- **자신이 원하는 직무에 배정받지 못하는 경우:** 원년 멤버들은 회사가 설립되고 처음 생긴 부서의 1호 직원 혹은 유일한 직원인 경우가 많다. 그러나 마케팅 직원 1호라고 해서 장기적인 마케팅 VP_{Vice President(부사장, 상무급)}의 적임자라는 법은 없고, 회사의 첫 번째 엔지니어라고 해도 CTO직을 맡기에 적합하지 않을 수도 있다. 특정 직무에 요구되는 능력, 경험 혹은 성숙도가 부족할 수 있기 때문이다. 그런데 회사의 원년 멤버라는 이유로 자신의 능력 밖의 직무를 요청하기도 한다. 그러나 설립자 겸 CEO는 회사의 성장에 따라갈 수 없는 무능한 부서장 혹은 팀장을 의리와 신뢰라는 명목으로 그대로 남게 하는 경우도 더러 있다.

- **소외감을 느끼는 경우:** 회사 직원이 12명이던 시절에는 원년 멤버들이 설립자와 점심 식사를 매일 함께하고, 회사의 모든 주요 결정에 대해 자신의 생각을 밝힐 수 있었다. 그러나 회사가 확장함에 따라, 막강한 목소리나 영향력을 낼 수 있는 원년 멤버들이 극히 드물어진다. 오히려 신규 프로젝트에 태클을 걸거나, 다짜고짜 설립자에게 찾아가 불만을 토로하는 등의 행동을 보이기 시작한다.

- **부적절한 권력 행사:** 초기 직원이나 설립자들은 거창한 타이틀이 부여되지만, 실제적 영향력은 크지 않을 수도 있나. 10명의 직원을 둔 회사에서 CTO로 재직한 사람이 직원 1천 명을 둔 회사에서 직속 부하직

원을 두거나 실질적 역할이 없이도 여전히 CTO직을 유지할 수 있다. 특히 공동 설립자들의 경우에 회사에 대한 관여도와 무관하게 스타트업에서 여전히 큰 영향력을 행사할 수 있다. 화려한 직함을 지닌 공동 설립자나 임직원은 자신이 원하는 방향으로 일을 추진하기 위해 로비를 하거나 무리하게 일을 집행하며 월권행위를 하기도 한다. 임원진의 뜻에 거스르게 행동한다는 점을 다른 직원들이 인식하지 못하는 경우가 많다.

- **막대한 부를 거머쥐는 경우:** 신주 매각이나 공개 매수는 자본을 현금화할 수 있는 수단으로 활용된다. 어느 날 갑자기 수천만 달러의 현금이 자본 유동화에 성공한 일부 직원들의 손에 흘러 들어갈 수도 있다. 갑작스럽게 막대한 현금을 보유하게 된 이들은 여행을 다니고, 집과 차를 사며 회사 업무에 소홀해질 수 있다.

"신입 직원에게서 배울 점이 많다고 느낄 만큼
겸손한 초기 멤버들은 회사가 성장할 때
함께 성장하며, 신입 직원과의 상호작용을 통해
학습과 동기부여를 강화하고자 한다."

_일라드 길

2. 문제가 발생하면 사적인 감정 없이 상황을 확인하라

설립자 CEO인 당신은 회사를 처음 설립할 때 초기 멤버들이 보여준 노력과 헌신에 빚을 졌다고 느낄 것이다. 당신이 그리 중요하지 않다고 치부하거나 간과한 특정 인물에 대해 직원들의 항의가 빗발칠 수도 있다는 점을 명심하라. 그 특정 인물이 초기 멤버가 될 수도 있다. 그러면 어느새 사내 분위기가 악화될 수도 있으니, 상황을 최대한 객관적으로 파악하여 신속히 결단력 있게 행동하라.

3. 문제에 정면으로 부딪쳐라

원년 멤버에 관한 문제라면 우선 해당 인물과 대화를 시도하라. 상대방과 허심탄회한 대화로 상황을 개선할 수 있는 경우도 있다. 그러나 맡은 직무와 보유한 능력 사이에 근본적으로 차이가 크면 적합한 자리로 이동시키는 것이 최상이겠다. 좌천이나 퇴사로 결론이 날 수도 있다. 이 문제에 대해 솔직하게 대화하고, 이렇게 결단을 내리는 이유를 설명하고, 어떻게 생각하는지 그 반응을 들어보라. 많은 경우에 CEO는 원년 멤버들에게 재능을 펼칠 수 있는 일보다는 전반적으로 회사의 흐름을 크게 거스르지 않는 일을 준다. 불필요하게 자리만 차지하고 있다는 생각이 들면 웃는 낯으로 보내주는 편이 낫다. 그들도 새로운 도전을 할 수 있는 자유의 몸이 되어 다행으로 여길 수 있다.

고민이 많은 CEO

샘 올트먼과의 인터뷰

샘 올트먼은 Y 콤비네이터 YC °를 운영했다. 2005년 YC가 펀딩하고,
2012년 그린닷 Green Dot이 인수한 룹트 Loopt의 공동 설립자겸 CEO
이기도 했다. 그린닷에서는 CTO로 재직했고, 현재는 이사로 활동한
다. 또한 하이드라진 캐피털 Hydrazine Capital을 설립했다. 스탠퍼드대
학교에서 컴퓨터 공학을 전공하던 당시 교내 AI 연구소에서 일했다.

지난 10년 동안 벤처 투자업에서 내로라하는 가장 큰 혁신은 YC와
YC가 보여준 초기 단계의 혁명이었다. YC는 2005년 이후, 에어비앤
비, 드롭박스 Dropbox, 거스토, 인스타카트, 레딧 Reddit, 스트라이프, 제
네피츠 Zenefits를 비롯한 1천여 곳의 스타트업에 펀딩을 실시해왔다.
샘 올트먼이 2014년 YC의 사장으로 취임한 이후, YC는 성장 단계의 펀
드를 출시하고, YC가 투자하는 회사들의 종류를 확대했으며, 비영리 연
구소를 설립했다. 이 외에도 샘은 룹트(2005년 YC가 펀딩하고 그 후 그린닷
이 인수)의 설립자이자 CEO로서의 경험을 토대로 여러 실리콘밸리 최
고의 고성장 CEO들에게 코칭과 멘토링을 제공했다. 또한 투자자로서
급성장하는 스타트업들과 함께 일하며 많은 시간을 보내고 있다.
우리는 샘이 심층적으로 분석한 CEO의 역할, 고성장 스타트업의 리더
로서 CEO가 마주하는 난관에 대해 논의했다.

---

o   Y Combinator, 세계 최고의 창업사관학교이자 스타트업 액셀러레이터
     의 효시.

일라드 길　당신은 최근에 표면적으로는 중요해 보이지만 실제로 중요하지 않은 문제, 그리고 중요해 보이지 않지만 중요한 문제를 구분해내는 일에 CEO가 집중하는 것이 얼마나 중요한지에 대해 깊이 생각하고 있다고 말했다. 그렇다면 CEO의 역할이 무엇이라고 생각하고, 당신이 보기에 CEO가 범하는 보편적인 실수는 무엇이라고 생각하는가?

샘 올트먼　CEO의 역할은 회사가 이행해야 하는 업무를 파악하고 결정한 후, 제대로 실행하도록 하는 것이다. 이와 같은 업무를 외부에 아웃소싱하려는 CEO도 많다. 제품 부문 VP를 채용하거나 COO를 채용하여 업무를 일임하고자 하기도 한다. 그러나 CEO는 회사의 전반적인 방향을 주도해야 한다. CEO만이 할 수 있거나, 최소한 CEO가 깊이 관여해야 하는 채용, 기업설명회 주최, 주요 고객과 투자자에게 회사 소개 등의 업무가 정해져 있다. 또한 자금 모금처럼 외부인들이 오로지 CEO와 상의하길 바라는 업무도 있다.

　그러나 회사가 '성공하는 기업'이 되게 하는 것이 시공을 초월하여 보편적으로 적용되는 CEO의 직무이다. 따라서 회사의 방향을 결정하고, 방향에 맞게 일을 이행하도록 하는 것이 CEO에 부여된 가장 중요한 역할이다.

일라드　풀어서 해석하면 여기저기에서 많이 듣는 내용이 다 들어가 있는 것 같다. 회사의 자금이 바닥나지 않도록 하고, 적재적소에 자원을 분배하며, 회사의 수장으로서 올바른 방향으로 전진하는 것 등이 함축되어 있다.

샘　　　대부분의 사람들이 첫 번째 부분, 즉 회사가 '무엇'을 해야 하는지 파악하려고만 하는 점이 안타깝다. CEO가 하는 일을 시간 분배상 따져봤을 때, 무엇을 하는지 파악하는 일은 5퍼센트를 차지하고, 파악한 내용을 추진하는 일이 95퍼센트를 차지한다. 단 그 과정이 상상을 초월할 정도로 반복적이라는 점이 많은 CEO들에게는 고역일 테다. 직원들, 언론 혹은 고객들과 같은 내용의 대화를 수차례 반복해야 한다. 계속해서 "우리가 현재 하는 일이 이렇고, 그 이유는 이러하며, 향후 진행 방향은 이렇다"는 내용을 반복해서 설명한다. 회사의 비전과 목표를 전달하고 홍보하는 일이야 말로 가장 많은 시간을 할애해야 하는 부분이다.

일라드　　　회사의 규모가 커짐에 따라, 간접자본비가 많이 소요되는 현실에 부딪힌 경우를 많이 봤다. 회사의 확대 규모가 클수록, 그 과정에 할애하는 시간이 더 많아지게 된다. 세일즈 보상 플랜을 구상하여, 어떠한 구조로 계획을 정할 것인지, 고객 지원과 오류 처리 등에 어떻게 관여할 것인지를 파악해야 한다. 회사가 어떠한 방향으로 나아가야 할 것인지에 대한 큰 그림을 놓치는 사람들이 많다. CEO가 잡다한 실무에 신경 쓰느라 큰 그림을 보지 못하는 실수를 하지 않기 위한 주요 방법에는 무엇이 있을까?

샘　　　누구나 CEO에게 "실무에 신경 쓰지 말고 큰 그림을 보고 회사를 경영하라"고 하지만 실제로 실무의 많은 부분이 매우 중요하다. 이때, 실무적인 일과 회사 경영에 관한 일을 구분하기가 어렵고, 특히 대부분 처음으로 CEO가 된 사람들에겐 이 두 가지를 구분하는 데 어느 정도 시간이 걸린다. 그렇다면 CEO가 관여하기에 시간 낭비처럼 보이지만 중요한 실무는 무엇이고, 중요해 보이지만 시간 낭비인 업무는 무엇일까?

예를 들어, 보상 체계를 결정하는 것은 CEO가 시간을 할애해야 하는 매우 중요한 사안이다. 그러나 대부분의 CEO가 충분히 시간을 할애하지 않고 있다. 보상을 지급하기 위한 주요 성과 지표와 판매 사원의 인센티브 등의 사안은 매우 중요하지만 CEO들이 크게 관여하지 않는 부분이라고 생각한다.

효과적인 대처 방법은 현명하게 거절할 줄 알고 불필요한 업무에 관여하지 않는 것이다. 시급하지만 중요하지 않은 업무가 상당히 많다. 훌륭한 CEO가 되려면 특정 업무를 의식적으로 내버려둘 만큼 여유를 부릴 줄 알아야 하는데, 분명 쉽지 않다. 모든 일을 다 잘할 만큼 시간이 충분치 않다. 실질적으로 시급하지만 CEO가 관여하지 않아도 되는 업무들이 있다는 의미다. 단 그 여유가 생기려면 시간이 꽤 걸린다. 결코 쉬운 과정이 아니다.

"현명하게 거절할 줄 알아야 한다."

_ 샘 올트먼

일라드　　회사의 규모를 키우느라 여유가 없는 상황에서, 시급하지만 시간을 할애할 필요는 없는 일에는 어떠한 것들이 있는가?

샘　　내가 최근에 보았던 사례를 소개하겠다. YC가 투자하는 회사의 설립자가 실적을 잘 내지 못하고 있었다. 나는 그에게 회사 경영이 제대로 진행되지 않고 있다고 전했고, 그는 자신이 범한 실수 중 하나가 회사의 투자사를 무려 74명이나 두고 있는 것이라고 했다. 그러나 투자자가 74명이기 때문에 연례 감사를 시행하라는 모든 요청사항에 일일이 대응한다는 점을 뿌듯하게 생각했다. 투자자들은 그에게 즉각적으로 응답하는 몇 안 되는 CEO라고 했다. 그는 이 부분도 자랑스럽게 여겼다. 나는 그에게 이렇게 말했다. "지금 상황은 도저히 납득할 수 없다. 회사가 사면초가의 상황인데, 당신은 그다지 중요하지 않은 실무에 관여하면서 뿌듯해하고 있다. 그러나 투자자들은 회사가 뭐라고 전달하든 연례 감사 요청에 응해주는 것보다 높은 수익을 안겨주는 것에 훨씬 더 만족해한다." 그가 익히 알고 있는 사실이었지만, 그는 직원들이 그에게 중요하다고 전달한 사항을 처리하기에 급급했다. 그리고 그렇게 일하고 있는 자신의 모습에 뿌듯해했다. 이용자와 수익을 늘리는 등 CEO가 해야 하는 중요한 업무를 하지 않고 있는데도 말이다.

이용자 수를 늘리고, 수익을 높이는 일이 힘든 이유는 대부분의 시간을 제품을 구축하고 이용자들과 대화를 하는 데 할애해야 가능한 일이기 때문이다. 물론 직원 보상 체계 등 CEO가 개입해야 하는 중요한 실무도 있다. 그러나 겉으로 중요한 업무로 보이는 것들(투자자들의 감사 요청에 응대하는 등)을 도저히 다 해낼 수 없는 노릇이다.

일라드　　방금 대답을 해준 것 같지만, 다시 한 번 질문하겠다. 회사가 커짐에 따라 임직원들이 집중해야 하는 사항은 무엇인가?

샘　　CEO가 회사의 제품을 소홀히 하면 대체로 결과가 좋지 않다. 특히 회사의 몸집이 커질 때, CEO가 그러한 경향을 보이기도 한다. "나는 항상 전략에 대해서만 생각하고 싶다. 직원 관리에 넌더리가 난다"고 말하는 CEO들이 여럿 있다. 그만큼 인력을 관리하는 것은 어렵다. 그러니 많은 CEO들이 COO를 채용한 후(내가 보기에 '좋은 생각'이다), 임원진 회의에 더 이상 참석하지 않는('아주 나쁜' 생각이다) 체계를 구축해놓았다.

일라드 제품을 소홀히 하는 경우를 언급해주었다. 이 부분에 설립자들이 얼마나 개입할 수 있다고 생각하는가? 최대 지분을 보유하며 단독으로 진두지휘하는 CEO에 비해 폭넓은 경영진을 확보하는 것에 대해 어떻게 생각하는가?

샘 몇몇 막강한 설립자들이 포함된 경영진의 사례는 흔히 볼 수 있다. 이때 각 임원의 역할은 적절히 분배되어 있다. 나는 이 방법이 효과가 좋다고 생각한다. 누가 어떠한 역할을 하고 있는지 파악하고 명확하게 역할을 분배하는 것이 중요하다. 그러나 역할을 분배하지 않고 여러 사람이 공동으로 역할을 담당하는 성공 사례도 더러 있다.

일라드 CEO의 역할에 대해 어떻게 생각하는가? 또한 CEO는 무엇에 집중해야 하는가? 특히 회사가 침체기에 놓이거나, 실적이 저조할 때 변화가 필요한 주요 부문은 무엇인가?

샘 CEO가 간과하지 않아야 할 사항이 또 있다. CEO는 사업을 구축해나가는 사람이라는 점이다. 어느 시점에 도달하면 투자 수익을 안겨주고 매출을 올려야 한다. CEO가 하는 일은 자금이 바닥나지 않게 하는 것, 즉 자금 모금이라고 이야기한다. 회사가 지지부진하거나 외부 환경이 악화될 경우, 항상 예의 주시해야 하는 회사의 재무 성과나 현금 흐름을 집중적으로 분석해야 한다.

"CEO가 하는 일은 자금이 바닥나지 않게 하는 것,

즉 자금 모금이라고 이야기한다.

단 자금 모금이 여의치 않으면 돈을 벌면 된다."

_샘 올트먼

일라드　　이사진 관리와 이사와의 소통 부분에서 CEO가 해야 할 가장 중요한 역할은 무엇인가?

샘　　이사진은 예상치 못한 소식으로 뒤통수 맞는 것을 질색하는 부류라는 점을 기억해야 한다. 이사진은 CEO가 안 좋은 소식을 감추려는 낌새가 보이면 노여워한다. 최대한 이사들과 많은 대화를 나누는 것이 바람직하다. 안 좋은 소식이 있다 해도, 이사회 회의 전에 그 사실을 전달하도록 해야 한다.

　　"걱정되는 사안이 있는데 어떻게 하면 좋을까요?"라고 이사회에서 단도직입적으로 문제를 제기하는 방법은 예외적인 경우도 있지만 대부분 효과가 그렇게 크지 않다고 생각한다. 이사회가 선호하는 방식이 아니기 때문이기도 하지만(대부분 이러한 방식을 원치 않고, 자신감 넘치는 확고한 리더십을 바란다) 이사회 회의에서는 온갖 부류의 VC들이 서로에게 환심을 사려고 하는 특이한 이해관계가 펼쳐지기 때문이다. 격식 없는 난상토론을 하고자 한다면 이사회 회의 전에 개별적으로 대화를 하는 편이 낫다. 더 나은 결과를 도출할 수 있을 것이다.

일라드　　CEO의 집중을 흐리게 하는 요소는 없는가? 내가 보기에 많은 설립자들이 언론의 관심을 받으면 성공한 것으로 생각하는 것 같다. 덩달아 CEO들도 언론의 관심에 목말라하는 것 같다. 실제로 가장 중요한 핵심은 그게 아닌데 말이다. 물론 트위터와 같은 예외도 있다. 트위터는 초반에 자리를 잡기 위해 언론을 활용함으로써 고객을 대거 유인할 수 있었다.

샘　　　언론의 주목에 혈안이 되는 것은 큰 실수라고 생각한다. 물론 트위터는 예외다. 트위터를 가장 활발하게 사용하는 이용자들이 기자들이기 때문이다. 고객이 언론사라면 당연히 언론의 관심을 끌기 위해 노력해야 할 것이다. 그러나 언론은 특유의 우월주의가 있어서 회사에 도움이 될 만한 결과물을 만들어내는 데 큰 도움이 되지 않는다. 물론 뉴스거리나 호기심을 자극할 만한 요소가 있으면 기자들이 지체 없이 연락할 것이다. 그런데 내가 보기에 대부분의 설립자들은 언론의 중요성을 과대평가하는 것 같다. 언론을 통해 회사를 노출하는 것도 필요한 일이고 도움이 되며 충분히 그 가치가 있다. 그러나 언론을 크게 신경 쓰지 않아서 발생하는 실수보다는, 언론에 지나치게 신경 써서 발생하는 실수를 범하는 스타트업이 훨씬 많다.

일라드　　　언론에 대해 얘기하다 보니 떠올랐는데 행사장에서 연사로 참여하는 경우를 생각해볼 수 있겠다. 많은 기업가들이 사무실에 앉아 회사 운영이나 고객 면담에 집중하는 대신, 회의장에서 연설하는 모습이 눈에 띈다.

샘　　　그렇다. 마이크 잡는 것을 좋아하는 설립자들이 많다. 그렇게 이야기를 푸는 것이 어렵지도 않고, 회삿돈으로 이곳저곳을 다니며 여행도 하니 금상첨화가 아니겠는가. 으쓱한 기분이 들기도 하니 말이다. 어느 정도 외부활동을 하는 것도 중요하지만 사람은 절제가 필요하다. 최고의 성공을 거머쥔 설립자들은 여기저기 강연을 다니지 않는 부류다.

일라드   회사가 확대될 때 가장 큰 걸림돌은 무엇인가? 그에 걸맞은 CEO의 역할은 어떻게 변화해야 하는가?

샘   회사가 커지면 과거에 혼자 하던 일을 내려놓고, 원하는 결과를 달성하기 위해 사람을 고용하며, 그들과 함께 일하기 위해 변화해야 한다. 그러나 많은 경우에 변화를 실천하지 못한다. CEO가 범하는 가장 흔한 실수이기도 하다. CEO로서 회사의 몸집이 커지고 있다고 자각하며, 혼자서 다 하기보다는 직원을 채용해서 협업함으로써 시간을 훨씬 더 효율적으로 쓸 수 있다는 점을 깨달아야 한다. 그 과정이 쉽지는 않다.

일라드   CEO들이 변화를 적극적으로 실천하고 있다고 보는가? 효과적으로 할 수 있는 몇 가지 조언을 부탁한다.

샘   무엇이든 처음부터 잘하는 사람은 없다. 깊이 마음을 두던 것을 쉽게 내려놓지 못하는 게 인간의 본성이다. 그러니 스스로 한동안은 시행착오의 기간을 허용해야 한다고 생각한다. 업무를 위임하여 직원들이 주체적으로 책임 의식을 갖고 업무에 임하도록 할 수 있다. 초기에는 어느 정도 시행착오를 받아들여야 한다. 계속해서 하다보면 나아질 것이다.

일라드   초기 멤버들, 대학을 갓 졸업한 임원, 경영을 해본 적이 없는 경영진도 같은 문제를 경험하고 있다는 점을 CEO들이 종종 간과하는 것 같다. CEO뿐 아니라 그들도 시행착오를 받아들이며 변화를 집행하는 능력을 배워야 한다. 회사가 어느 정도 확대되면 팀원들의 업무 효율성이 떨어지는 경우를 경험한다. 결국 해당 직원에 적절한 코칭을 실시하거나 더 경험 많은 사람으로 교체해야 조직은 정체 상태를 면할 수 있다.

샘   그렇다. 이 부분을 확실히 파악하는 회사는 별로 없을 정도로 매우 총체적인 실수인 것이다. 회사의 원년 멤버들을 어떻게 변화시킬 것인가의 문제이기도 하다. 반드시 짚고 넘어가야 할 사안이라고 생각한다. 초기에 합류한 직원들은 오랫동안 회사에 몸담은 사람들이다. 매우 유능한 사람을 초기 멤버로 둔 경우도 있다. 훌륭한 재능이 있거나 업무 지식이 탁월한 경우에는 최대한 회사에 머물도록 할 것을 권장한다.

일라드   초기 직원들이 CEO가 바라는 만큼 회사의 스케일에 맞게 따라와 주지 못하면 어떻게 하는가? 그들에게 자문 역할을 부여해야 하는가? CTO와 같은 영향력이 있되, 직접적인 결재 라인을 총괄하지는 않는 역할을 줘야 하는가? 혹은 코치를 붙여줘야 하는가?

샘   상황에 따라 매우 다르다. 사람들에게 조언할 때는 그러한 직원을 그대로 두지 않고 최대한 방법을 찾아야 한다고 말한다.

일라드   CEO로서 회사 확장에 힘쓰고 있지만 시간적 여유가 부족해서 필요한 인력을 충원할 시간조차 없는 이들에게 어떠한 조언을 하겠는가? 과감하게 포기할 업무는 포기하고 거시적으로 일을 처리하는 방법밖에 없는가?

샘　　　그렇다고 생각한다. 물론 말이 쉽지 행동으로 옮기기엔 무리가 있다. 하지만 내 경험상 그 방법밖에는 없다고 생각한다.

CEO로서 한계점에 도달한 순간이 닥칠 때, 대부분의 CEO는 공식 혹은 비공식 코치를 찾아 나선다. 이사가 코칭하기도 한다. 내 경우에도 이사 한 명이 코칭을 해주었다. 우리는 한 달에 한 번 저녁 식사를 함께했다. 내가 그에게 이런저런 이야기를 늘어놓으면 그는 여유 있게 내 이야기를 다 들어주었다. 그는 큰 성공을 거둔 전직 CEO였다. 나는 "상황이 좋지 않게 돌아가는 것 같은데, 어떻게 하면 좋은 CEO가 될 수 있는지 가르쳐줄 수 있나요?"라며 근본적인 질문을 던졌고, 그는 친절히 가르쳐주었다. 나는 대부분의 설립자들이 이러한 방식으로 배움을 얻을 만한 코치를 찾을 수 있다고 생각한다.

일라드　　　많은 이들이 코치를 적극적으로 찾아 나서거나, 비슷한 경험을 해본 이들에게 다가가서 조언을 얻어야 한다고 생각한다. CEO 본인이 적극적으로 코치에게서 배우고 싶은 내용이 무엇인지 파악해야 한다.

샘　　　현재 투자 환경이 변화한 상황이라, 하나의 회사에 여유롭게 시간을 내어줄 투자자들이 점차 줄어들고 있어 안타깝다. 특히 코치를 물색하는 일이 이러한 이유로 쉽지 않을 수 있다.

일라드　　　우리는 컬러 지노믹스에서 여러 엔젤투자자를 물색하기보다는 처음부터 사업을 일으켜본 경험이 있는 투자자를 찾으려고 노력했다. 실제로 무에서 유를 창조하듯 회사를 설립한 이들이 많지만, 그들을 투자자로서 간주하지는 않는 오랜 관행이 있다. 실리콘밸리에서 자리 잡은 같은 투자자

풀의 문만 반복해서 두드릴 뿐이다.

샘   그렇다. 그렇게 회사를 세워본 이들을 접촉하면 좋은 점이 많다. 설립자들은 이 문제가 얼마나 중요한지를 회사 경영이 위태로워질 때가 돼서야 파악한다. 회사가 어려운데도 유명한 투자자 혹은 높은 가격을 지불하는 투자자를 찾아 나선다. 그로부터 1~2년 후에는 사면초가의 상황에 직면하고, 다른 방식으로 펀딩 라운드를 진행했어야 한다며 뒤늦게 후회한다.

인터뷰 내용은 이해를 돕기 위해 편집 및 요약되었다.

• • • • • • • •

CHAPTER

4

HIGH GROWTH HANDBOOK

완벽한 임원을 뽑아야 한다는
강박에서 벗어나라

임원진 채용

처음으로 설립자나 CEO직에 오른 사람들은 임원진을 어떻게 모집해야 할지 난감해한다. 설립자들은 종종 실무 경험이 부족한 편이지만, 무에서 유를 창조하듯 회사를 만들어 사람들이 사용하고 싶거나 구매할 의향이 있는 제품이나 서비스를 만들어낸 장본인이다. 구글이나 페이스북 출신의 화려한 스펙을 지닌 사람들의 도움 없이 맨손으로 일궈낸 사업이고, 임원진이 가져갈 수익도 두둑이 챙겨가며, 회사에서 정한 업무 프로세스에 따라 일을 처리하면 된다.

그러나 어느 순간 여러 업무에서 구멍이 생기기 시작한다. 사내 소통도 삐걱대고, 각종 제품팀 간에 조율도 잘되지 않는다. 기존에 하던 대로 그날 마쳐야 하는 중요한 모든 일을 해낼 시간이 없고, 무엇보다 가만히 앉아 사업에 대해 고민할 시간조차 부족하다. 채용 절차도 순조롭지 않아서, 입사 후보들을 검토하기까지 몇 주가 소요된다. 영업 파이프라인은 설립자와 몇몇 미숙한 영업담당자에 의존할 뿐이라, 사후 관리가 어느 순간 바닥을 친다. 임원들이 없기 때문에 이전 직장 경험이 없는 기존 직원들을 승진시켜 다양한 업무를 맡겨보지만, 이 역시도 잘 안 풀리거나 효과가 전무하다.

'임원진에 경험이 많은 사람이 한 명 정도는 있어야겠다'는 생각이 밀려

온다.

설립자의 입장에서는 처음으로 임원을 채용하는 일이 꽤 어렵게 느껴질 수 있다. 그러나 연륜 있는 임원을 한 명 채용해서 그 효과를 보는 순간, 그의 존재에 감사하게 될 것이다. 마법처럼 모든 일이 술술 풀린다. 직원이 늘어가고, 거래가 성사되며, 업무 처리 방식에도 군더더기가 없다. 놀라운 경험이 될 것이다.

그러나 상황이 순조롭지 않을 수 있다. 회사 문화와 안 맞는 임원, 혹은 나이 많고 고집이 센 임월일 수도 있기 때문이다. 그런 사람이 들어오면 시간이 낭비되고 일의 진척도 더디다. 설상가상으로 굴러온 돌이 박힌 돌을 빼듯, 팀에서 기존 일을 잘하던 직원들이 버티지 못하고 퇴사를 결정하기도 한다.

회사에 맞는 유능한 임원을 채용할 때 난관이 많을 수 있지만, 분명 시도할 가치는 무궁무진하다. 성공 확률을 최대한 끌어 올릴 수 있는 몇 가지 단계를 소개한다.

> "연륜 있는 임원을 한 명 채용해서
> 그 효과를 보는 순간, 그의 존재에 감사하게 될 것이다.
> 마법처럼 모든 일이 술술 풀린다.
> 직원이 늘어가고, 거래가 성사되며,
> 업무 처리 방식에도 군더더기가 없다.
> 놀라운 경험이 될 것이다."
>
> _ 일라드 길

12~18개월 동안 일해줄 임원을 채용하라

회사의 기술팀에 직원이 10명이고, 12개월 이내에 30명으로 늘어날 예정이라면 굳이 1,500명을 관리하던 세일즈포스 출신의 전무급 임원은 필요하지 않다. 작은 규모의 팀을 총괄하는 일을 시시하다고 여기며, 타협점 없이 자신만의 방식을 강요할 수 있다. 직책에 비해 나이가 많을 확률도 높다.

임원진을 채용할 때는 조직문화에 적합한 경험과 배경을 토대로 향후 12~18개월 동안 함께할 사람을 찾아라. 더 기간이 짧아지면 채용에 들인 시간 대비 충분한 효용가치를 뽑아낼 수 없다. 또한, 기간이 더 늘어나면 주어진 업무와 맞지 않아 결국 불필요해지는 시점을 놓치고 지나갈 수 있다.

임원진을 물색할 때 고려해야 하는 자질

임원이 맡는 역할이 무엇이든 임원진에게 공통적으로 요구되는 몇 가지 주요 능력과 자질이 있다.

1. 부서별 전문 지식

- 부서 내의 주요 사안과 보편적인 걸림돌을 이해하고 있는가?
- 임원이 총괄하는 조직의 직원들이 임원의 의견을 존중하고 임원에게서 배울 점이 있다고 생각하는가?
- 회사의 현재 규모와 방향에 적합한가? 회사의 상황에 맞게 특정 직위의 인원을 적게 혹은 많이 뽑을 수 있다. 수익이 나기 전 단계에서 10명의 팀에 대한 재무관리를 위해 알파벳Alphabet의 CFO 루스 포

랫Ruth Porat과 같은 인재를 영입할 필요가 있겠는가?

2. 특정 직무 분야에서 팀을 구축·관리할 수 있는 능력

- 유능한 사람들을 채용할 수 있는가? 팀 내에 인재 채용 문화를 구축할 수 있는가?

- 직무 분야에서 사람들에게 동기를 부여하는 법을 알고 있는가? 세일즈 직원과 제품 매니저가 받는 인센티브는 각기 다르다.

- 부서 직원들을 효과적으로 관리할 수 있는가? 예를 들어, 디자이너들을 관리할 때는 고객지원팀을 관리할 때와 다른 접근이 필요하다.

- 거버넌스 계층 체제가 여럿인 조직을 필요에 따라 구축하는 법을 알고 있는가? 과거에 조직 관리에 얼마나 깊이 관여했고, 당시의 경험이 지금 회사에서 필요로 하는 부분과 얼마나 부합하는가(향후 12~18개월 정도의 회사 성장치를 내다보고 부합성을 판단한다)?

3. 협력 관계

- 동료 임원들과 순조롭게 지내는가?

- 그들이 속한 직무 부서와 회사 전체에 서로 협력하며 지원하는 환경을 마련하는 데 노력할 수 있는가?

- 자신의 이해관계와 맞지 않아도 회사를 위해 타당한 일을 하려고 노력하는가?

- 회사의 조직문화와 잘 어울리는가? 조직 고유의 문화가 있기 때문에 여느 직원들처럼 회사의 조직문화에 맞는 임원도 있지만, 어울리지 않는 임원도 있다.

4. 강력한 커뮤니케이션 능력

- 회사의 직원들과 무리 없이 소통할 수 있는가?

- 다른 임원 그리고 CEO나 설립자가 팀에서 일어나는 변화, 승진 결과,

향후 로드맵 등에 대해 일관되게 최신 정보를 받고 있는가(임원진과 설립자의 원활한 소통은 설립자의 성향에 달려 있다. 설립자가 내성적인지, 자기 주장이 강한지에 따라 다르다)?

- 자신의 팀 내에서 근본적인 문제에 대해 파악하고 소통할 수 있는가? 이사회, 외부 파트너, 고객, 기타 주요 이해관계자들과 소통할 수 있는가?
- '타 부서와의 공감대'가 형성되어 긴밀히 협업하는 다른 부서와 효과적으로 소통하는 것이 가능한가?[29]

5. 주인의식

- 자신의 부서에 대한 주인의식과 책임감을 토대로 순조롭고 효과적으로 일을 처리하도록 하는가?
- 업무적으로 해결되지 않은 사안이 있는 경우 해결해나가고 있는가? 부서의 주요 진행 상황을 파악·관리하고 있어서, CEO가 매일 확인하지 않고 대략적으로 파악해도 무리가 없는가?
- 회사의 임원으로서 스스로가 회사의 주인인 것처럼 생각해야 한다는 점을 이해하고 있는가?[30]

6. 스마트하고 전략적으로 생각하는 능력

- 부서에 대해 전략적·총체적으로 생각하는가? 거의 모든 부서가 전략적으로 업무를 처리할 역량이 있다는 사실을 간과하는 CEO도 많다. CEO로서 '전략적인 조직 X의 모습은 어떠해야 할지'에 대해 계속해서 자문하는 것도 좋은 방법이다(조직 X는 인사팀, 운영팀, 제품팀 등으로 생각할 수 있다).
- 자신의 부서가 회사의 경쟁 우위를 높이는 데 기여할 수 있다고 생각하는가? 대부분의 회사들이 잘하는 분야는 1~2가지에 불과하지만 성공하기에 충분한 조건이기도 하다. 그러나 2개 이상의 분야에 전념하

는 회사들은 그 외의 분야에 소홀할 수 있다(예: 애플은 하드웨어 디자인, 공급망, 마케팅에 총력을 기울이고 상대적으로 다른 부문에 대한 관심은 부족하다).[31]

- 객관적 사실에 입각하여 냉철하게 사고할 수 있는 사람인가? 회사, 팀, 제품에 자신의 전문 지식을 효과적으로 적용할 수 있는가? 아니면 전에 하던 역할을 똑같이 반복하여 실행하려고만 하는가?

역할을 정의하고, 성공적으로 그 역할을 해내는 사람들을 만나보라

설립자가 회사의 특정 부서를 운영할 적임자를 어떻게 물색해야 하는지 엄두를 못 내는 경우가 많다. CFO, 사내 변호사, 그리고 판매총괄자는 일상에서 어떠한 업무를 하는가? 각 역할을 훌륭하게 해내는 인물을 어떻게 찾아 나설 수 있는가? 분야에 따라 부사장은 어떤 자질을 지녀야 하는가? 예를 들어, 엔지니어링 총괄자는 판매총괄자 혹은 CFO에 비해 어떠한 차별점을 지녀야 하는가?

훌륭한 CFO나 엔지니어링 총괄자가 하는 역할을 파악하고자 한다면 최대한 그 역할에 유능한 사람들을 접촉하여 조언을 듣는 방법이 최상이다. 투자자들이나 멘토들은 어느 회사가 각 부서에 가장 적합한지 제안해줄 수도 있다. 예를 들어, 당신의 회사에서 CFO를 고용하려 한다면 그 분야에서 몇 년 정도 앞선 회사들 혹은 구글이나 넷플릭스와 같은 유수의 상장회사에서 활동하는 CFO 3~4명을 만나보도록 한다. CFO직에 그들을 채용한 이유가 무엇인지, 어떠한 자질 덕분에 그 자리에 오르게 되었는지를 묻는다.

이 분야의 후보를 물색하기 위해 면접 때 어떠한 질문을 하고, 과거에 했던 프로젝트 중에 어떠한 것을 집중적으로 물으며, 평판 조회를 위한 질문은 무엇을 하며, 그 외에 어떠한 접근법을 활용할 것인가? 당신의 회사 규모에서 18개월을 내다본 로드맵을 세운다면 고려해야 할 사항은 무엇인가?

재무, 판매, 엔지니어링 등에 유능한 리더들과 접촉하려면 당신 회사의 투자자나 고문에게 소개를 부탁하라. 아니면 당신의 회사에 비해 몇 년 정도 앞서가는 다른 회사들의 설립자들에게 CFO 혹은 제품총괄자를 소개받아 조언을 듣거나, 또 다른 적합한 사람을 소개받도록 한다.

해당 역할에 대해 당신이 원하는 바를 파악한 후에는 관련 내용을 적어 나가고, 임원 후보들을 면접하는 팀과 공유하라. 어떠한 사람을 채용해야 하고, 어떠한 사람을 채용하면 안 되는지에 대해 다 같이 하나의 기준을 갖는다는 취지다. 또한 후보가 갖고 있어야 하는 자질과 배경을 다시 한 번 강조할 수 있는 기회로 활용할 수 있다. 어떠한 사람을 뽑는지에 대한 기준을 명확히 설정하면 팀원들의 피드백을 취합하여 후보자들에 대해 논의할 때 명쾌한 결론을 낼 수 있다. 모집하려는 대상에 대한 공통된 이해가 부족한 탓에 부적합한 사람을 모집하는 과오(혹은 훌륭한 후보를 탈락시키는 과오)를 피해갈 수 있다.

한두 번 정도는 전 직원을 교체할 수 있다는 가능성을 생각하라

회사 설립 이후 어느 정도 시간이 지나면 처음으로(혹은 심지어 두 번째로) 모집한 임원진을 전원 교체한 것으로 알려진 기업들도 있다. 예를 들어, 페이스북은 셰릴 샌드버그와 새로운 이사진을 영입하기 전에 몇 차례에 걸쳐 임원진을 교체하고 나서 투자를 집행했다.

채용 성공률을 높이기 위한 절차를 수립하는 한편, 시행착오를 할 수도 있다는 점을 받아들여야 한다. 설립자들이 사람을 잘못 뽑으면 안 된다는 강박관념 때문에 최종 결정에 이르기까지 너무나 오랜 시간을 투입하는 경우를 꽤 많이 봐왔다. 최대한 빠르게 실수를 수습하려는 의지가 있다면 설립자가 채용에 대한 시행착오에 너그러워질 필요가 있다. 실수를 지나치게 많이 할 일도 없겠지만, 가끔 저지르는 실수는 수정이 가능하고, 충분히 있을 수 있는 일이다.

임원의 관리 및 해고

키스 라보이스와의 인터뷰(파트 1)

키스 라보이스는 코슬라 벤처스Khosla Ventures의 투자 파트너다. 그는 2000년 이후 페이팔, 링크드인, 스퀘어의 임원, 그리고 옐프Yelp와 줌Xoom의 이사로 활동하면서, 다섯 개의 스타트업이 초기 단계에서 성공적으로 기업 공개를 하는 데 큰 도움을 주었다.

라보이스는 코슬라 벤처스에서 도어대시DoorDash, 스트라이프, 소트스팟Thoughtspot, 어펌, 이븐 파이낸셜Even Financial, 피아짜Piazza 등의 스타트업에 투자를 진행했다. VC로 활동하는 동시에 부동산 테크real estate tech°의 스타트업 오픈도어Opendoor를 공동 설립했다.

나는 키스 라보이스와 초성장 기업을 더 높은 수준으로 끌어올린 과정에 대해 얘기를 나누었다. IPO를 해야 하는 시점은 언제이고(그 이유는 무엇이며), 최적의 임원을 모집하는 방법은 무엇이며, 많은 설립자들이 직접 결재해야 하는 업무를 줄여야 하는 이유를 들어본다.

°   고도의 기술을 사용하여 부동산 거래에 의한 이득을 꾀하는 일.

일라드 길　설립자들이 처음으로 CFO, 법무실장, 심지어 기술 부문 부사장을 채용할 때, 그 방법을 알지 못하여 애를 먹는 경우가 많은 것 같다. 특히 설립자들이 문외한인 부서이거나 개인적으로 인맥을 보유하지 않은 부서일 경우에 애를 먹고 있다. 채용의 첫 단계는 필요로 하는 역할이나 부서의 주요 요구 사항을 파악하는 것이다. 그렇다면 해당 업무를 전혀 해본 적이 없는 설립자가 주요 요구 사항이 무엇인지 어떻게 알 수 있는가?

키스 라보이스　자신이 평생 몸담지 않은 분야의 사람을 채용한다는 것은 매우 어려운 일이다. 훌륭한 디자이너라면 디자인 부서의 총괄을 모집하는 노하우를 갖고 있을 것이고, 훌륭한 엔지니어라면 기술총괄자를 모집할 때 고려해야 할 사항을 숙지하고 있을 것이다. 그러나 그들은 평범한 CFO와 훌륭한 CFO의 자질이 무엇인지는커녕, CFO가 하는 일에 대해 전혀 알지 못할 확률이 높다.

　내가 에어비앤비의 브라이언 체스키Brian Chesky에게서 배운 방법을 하나 소개하겠다. 찾는 역할을 가장 잘하는 최고의 인물 다섯 명을 실리콘밸리에서 물색하여, 그들과 커피를 한잔 마시는 것이다. 그들과 대화를 하다보면 A⁺급과 B⁺급이 어떻게 다른지 구분할 수 있는 능력이 생기게 되어, 새로운 후보들을 만날 때도 최적의 인물과 평범한 인물을 구분해낼 수 있다. 따라서 회사의 이사진, 투자자 등 당신이 보유한 어떠한 인맥이라도 실리콘밸리의 최고 전문가 5명에게 소개하여 함께 시간을 보내노록 한다.

　그다음으로, 훌륭한 투자자나 이사를 두고 있다면 채용하려는 역할에 대한 채용 경험이 풍부할 확률이 매우 높다. 따라서 면접 일정을 계획할 때, 이들이 참여할 수 있도록 여유 있게 일정을 잡는다. 성공적인 채용을 향한 도약이 될 수 있다.

그러나 그 과정이 쉽지만은 않다. 오랫동안 알고 지내온 친구, 동료, 혹은 관련 업종의 설립자에게 채용에 관한 도움을 요청하려고 할 때, 막상 당신과 성장하고 일해온 배경이 다르기 때문에 면접에서 당황스러운 상황이 연출될 수 있기 때문이다. 페이팔을 나와서 몇몇 스타트업을 세우던 시절, 내가 당면한 최고의 난제는 기술에 문외한인 내가 기술총괄자를 채용하는 것이었다. 대개는 기술총괄자직의 최종후보들을 면접할 때 맥스 레브친에게 면접관으로 참여해달라고 청한다. 그는 타의 추종을 불허하는 기술전문가로서 최종 후보자가 한두 명 남으면 면접관으로 질문을 하고 내게 피드백을 준다. 맥스의 시간을 많이 뺏을 수 없기 때문에 모든 후보의 면접에 면접관으로 와달라고 요청하기는 어려울 것이다. 그러나 최종 후보자가 한두 명으로 추려지고, 매우 중요한 자리에 대한 채용일 경우에는 매번 그의 피드백을 요청한다.

일라드　　임원을 모집할 때 이사진이나 벤처 투자자의 추천이 여의치 않다면 어떠한 대안이 있는가? 헤드헌팅 회사를 이용해야 하는가?

키스　　나는 이용하는 편이다. 고위급 임원을 채용할 때는 임원 채용 전문가executive recruiters를 활용하면 큰 도움이 된다. 최고위급 임원C-level officer 혹은 부사장 이상의 직급일 경우에는 임원 채용 담당자가 후보들을 추려내는 노하우를 갖고 있을 것이다. 부장급이나 평사원급 관리자를 물색하는 노하우는 없어도, 고위급 채용에는 두 가지 이유로 큰 도움을 줄 수 있다. 첫째, 임원 채용 전문가는 방대한 인맥 네트워크를 보유하고 있다. 구직시장에 나와 있는 사람들, 새로운 기회를 찾기 위해 여기저기 둘러보는 사람들에 대한 리스트를 확보하고 있다. 또한 구직자들의 명성에 대해서도 파악하고 있다. 아마 사전에 평판 조회를 통해 정보를 입수했으니, 구인 업체에서도 그 정보를 활용할 수 있다.

둘째, 체계적인 절차를 확보하고 있다. 구인 업체가 임원 채용 전문가와 대략 주 1회 회의를 진행함으로써, 탐색 시간을 대폭 단축할 수 있다. 따라서 임원 채용 전문가를 활용하는 것이 매우 효과적이라고 생각한다. 특히 고위급 채용에는 크게 권장하는 방식이다. 총체적으로 고려하면 서비스 비용이 크게 비싼 편도 아니다. 채용 성사 한 건당 10만 달러 정도가 거래되는데, 훌륭한 CFO나 기술총괄자를 채용할 수 있다면 그 정도 금액은 충분한 값어치를 하고도 남는다.

함께 일하는 여러 VC 회사에서도 현직 혹은 전직 고위급 임원 채용 전문가를 사내에서 확보하고 있을 수도 있다. 따라서 무료로 그 인력을 활용할 수 있다. 예를 들어, 고위급 임원들이 기존의 회사에서 이직을 고려하기 시작할 때 만남을 요청한다. 그들의 요구사항과 능력을 파악한 후, 포트폴리오 회사portfolio companies°에 적합하도록 이력을 최적화하여 정리한다. 이와 같은 방식을 이용하면 돈을 들이지 않고도 모집 절차를 가속화할 수 있어서, 임원 채용의 첫 단추를 낄 때 효과적이다.

이 외에도 트위터 같은 SNS를 활용하라. 회사가 우수한 실적을 내며 탄탄대로를 걷는다면 CFO를 채용한다는 글을 게재하라. 직접 접근하기 어려워 생각지도 못한 누군가로부터 문의가 올 수도 있다. "임원 채용의 좋은

° 벤처 캐피털 회사, 매입 회사 또는 지주 회사가 투자하는 회사.

기회를 소개합니다"라는 내용의 트윗을 올려 적임자를 채용한 몇몇 사례를 알고 있다. 이처럼 조금만 깊게 생각해보면 임원 채용을 위한 창구는 많이 열려 있다. 그래도 임원 채용 전문가를 활용하는 것이 큰 실수 없이 쉽게 문제를 해결할 수 있는 방법일 것이다.

하지만 임원 채용 전문가를 활용했을 때 나타나는 단점도 파악해야 할 것이다. 그들의 수익은 거래가 성사되었을 때 발생하는 인센티브이기 때문에 누군가를 채용해야 수익이 발생하는 구조다. 따라서 회사가 자신이 소개하는 후보를 채용하길 바랄 것이다. 그 분야에서 채용 능력이 떨어지는 경우라면 거래 성사율이 높은 후보를 강력하게 추천할 것이다. 전형적인 인센티브 지급 구조가 그러하듯, 최고의 적임자보다는 거래 성사율이 높은 사람들을 물색하려 할 것이다. 회사의 CEO로서 당신의 임무는 최고의 적임자를 찾는 것인데, 때로는 최고를 찾기까지 1년이 소요되기도 한다. 반드시 사실 확인이 필요한 부분이 있기 때문이다.

어떠한 방식으로 후보를 모집하건, 대상자가 인재를 끌어들일 만한 능력이 있는 사람인지도 중요한 기준이 된다. 평판 조회를 할 때, 확인해야 할 질문으로는 "이 사람은 우리 회사에 입사할 훌륭한 인재풀을 보유하고 있는가?", "유능한 인재들이 이 사람과 함께 일하고 싶을 정도로 조직 전체의 직원 수준을 즉시 끌어올릴 수 있는가?" 등이 있다.

이는 평판 조회를 통해 파악할 수 정보이기도 하다. 당신도 CEO로서 임원 후보에 대해 철저한 평판 조회를 실시해야 한다. 때로는 느슨한 잣대로 평판 조회를 해도 될 듯한 명분이 떠오르기도 한다. 그러나 임원을 모집할 때는 평판 조회를 하지 않아도 될 만한 이유는 절대로 존재하지 않는다.

따라서 대상 후보의 여러 동료들과 이야기를 할 때, 반드시 해야 하는 질문은 "이 사람이 우리 회사에 합류한다고 하면 당신도 합류해서 같이 일하고 싶은 정도의 사람입니까?"이다. 대부분의 사람들은 "나는 퇴직한 상황이라…" 혹은 "이미 VC로 활동하고 있어서…"라고 반응하겠지만, 기대하는 답변은 "무조건 같이 일하고 싶다"이어야 한다. 매번 이러한 답변을 듣지 못하더라도, 이와 비슷하게 반기는 반응이면 좋다. 사람들의 즉각적인 반응이 밋밋하면 뭔가 심층적으로 탐색해야 할 사안이 있다고 간주해야 한다.

> "반드시 해야 하는 질문은
> '이 사람이 우리 회사에 합류한다고 하면
> 당신도 합류해서 같이 일하고 싶은 정도의
> 사람입니까?'이다."
>
> _ 키스 라보이스

일라드　나는 설립자들에게 임원을 채용할 때 시행착오를 경험해도 자신에게 관대해지라고 조언하는 편이다. 임원 채용 과정에서 지나치게 소심하면 일의 진전이 없기 때문이다. 그렇다면 채용 후에 '잘 뽑은 임원'과 '잘못 뽑은 임원'은 어떻게 구분하고, 얼마나 일찍 그 결과를 알게 되는가?

키스　임원을 채용하고 나서 30일 정도 지나면 파악이 되고, 60일 정도 지나면 파악이 되고도 남는다. 오픈도어처럼 매우 복잡한 조직의 경우에는 아무리 세계 최고의 임원을 채용했다고 해도 조직 전반의 연결 고리를 유기적으로 파악하는 데 시간이 꽤 소요된다. 그러나 일반적으로 임원들은 조직 생활에 평생 갈고닦은 노하우가 있어 적응력이 매우 빠르다. 그렇기에 초반에 다소 헤맨다 싶으면 적신호라고 생각하라.

이때 CEO나 설립자의 역할은 그들이 성공적으로 일을 할 수 있도록 도와주는 것이다. 최선을 다해 책임감을 갖고 신규 임원이 성공적으로 안착하도록 도와야 한다. 안타깝게도 그렇게 하지 못하는 설립자들도 더러 있다. 그들은 '내가 이 사람을 고용했으니, 업무를 빨리 익혀서 역할을 수행하는 것은 그 사람 몫이다'라고 생각한다. 그러나 CEO나 설립자가 자신의 월별 일정에서 10, 15 혹은 20퍼센트의 시간을 할애하여 신규 임원이 성공적으로 안착하도록 돕는 일은 '고수익'이 보장된 훌륭한 투자와도 같다.

이렇게 강조하는 이유는 바로 '돈'과 직결되기 때문이다. 문제가 생기면 임원을 교체할 수밖에 없는 유감스럽고 불미스러운 과정을 다시 겪어야 하기 때문이다. 그렇다고 한들, 회사의 생사를 좌우할 만큼 치명적인 실수는 아니다. 실제로 무수히 많은 설립자들이 임원을 잘못 뽑은 경험이 있고, 그 덕분에 사람을 보는 눈을 키웠다. 예를 들어, 마크 저커버그는 2007년부터 경영진 전원을 교체했다. 2007년 당시 페이스북은 매우 성공한 플랫폼이자 기업으로 자리매김하고 있었다. 그러나 같은 해인 2007년 임원으로 잔류한 사람은 아무도 없었다.

임원을 채용하는 일도 하다 보면 늘게 되어 있다. 단번에 최고의 적임자를 안겨줄 마법을 부릴 필요가 없는 것이다. 그야말로 '허점 없이 완벽한' 채용을 목표로 삼는 것은 어떻게 '허점 없이 완벽한 의사 결정'을 내릴 것인지를 고민한다는 의미인데, 지나치게 보수적이어야 가능한 일이다. 나는 올바른 결정이라는 확신이 70퍼센트 정도 든다면 방아쇠를 당기라고 조언한다. 50퍼센트 미만이라면 무모한 결정이라는 의미다. 그러나 100퍼센트를 지향한다면 채용까지 고민하는 기간이 늘어나서 후보를 잃을 확률이 높다. 오탐률false positive °이 낮을 수는 있겠지만, 미탐률false negative rate ° °도 형편없이 낮아진다. 사람을 뽑을 때 실제로 채용했어야 하는데 놓친 후보들에 대한 '미탐률'을 적절히 추적하는 경우는 드물다.

일라드   임원을 잘못 뽑은 것을 조기에 파악할 수 있는 신호가 있는가?

키스   있다. 의사 결정을 내릴 때 주인의식을 보이지 않으면 잘못 뽑았다는 신호다. 결정권이 CEO나 설립자에게만 주어지는 경우도 있다. 그러나 가끔 신규 임원에게 업무 실행에 대한 결정권을 부여하기 위해 직접 대화를 해야 한다. 지나치게 소심해서 의사 결정을 내리지 못하는 경우도 있다. 소심하다는 것은 임원이 수동적이라는 신호다.

또 다른 신호는 조직 내에서 불미스러운 이야기가 끊이지 않을 때다. 두 가지 원인이 있을 수 있다. 첫째, 임원이 일 처리를 제대로 하지 못할 때이고, 둘째, CEO나 설립자가 경영진을 대거 교체하여 신규 임원 자신의 '연줄'이 다 빠져나간 경우다. 사실상 경영진 교체와 관련된 문제는 다소 복잡하다. 대대적으로 경영진을 교체하면 기존 경영진과 계속해서 일하고 싶어하는 직원들이 있을 것이다. 이미 떠나간 임원을 계속 마음에 두고 있다는 것도 하나의 신호가 된다. 현 임원이 관리해야 하는 문제를 들고 CEO나 설립자에게 찾아온다는 것도 현 임원의 역량이 부족하다는 신호다.

내가 사람을 평가하는 방식이 하나 있다. 특히 칸막이가 없는 사무실에서 직원들이 어떤 임원의 책상으로 몰리는지 쉽게 알 수 있는데, 직급을 막

---

o   오류가 아닌데 오류로 잘못 판단하는 확률.
oo   부정적인 것을 잡아내지 못하는 확률.

론하고 유능한 직원들의 책상에는 늘 사람들이 모여들기 마련이다. 다른 직원들에게 도움을 줄 수 있다고 해석되기 때문이다. 직원들이 해당 임원을 자주 찾아오고, 타 부서 직원들도 찾아와 함께 회의를 갖는 모습을 본다면 긍정적인 신호로 해석할 수 있다.

브라이언 체스키에게서 배운 교훈이 하나 더 있다. 임원의 직급을 높이는 적절한 시점을 찾는 데 도움이 되는 방법이다. 훌륭한 임원은 6~12개월을 내다보며 업무를 진행한다. 앞으로 6~12개월 동안 중요할 사안을 미리 계획하고 실천한다는 의미다. 그보다 한 단계 밑에 해당하는 임원은 1~3개월을 내다보며 업무를 실행한다.

이와 같은 방식으로 임원 평가를 시작할 수 있다. 눈에 띄지 않는 업무 영역까지 매의 눈으로 관찰하고 있는지도 평가한다. 어떤 일이든 하루아침에 바뀔 수 없기 때문이다. 예를 들어 엔지니어 50명을 충원해야 한다고 하자. 당장 내일 50명을 채용할 수는 없는 노릇이다. 그러나 기술 부문의 훌륭한 부사장 혹은 더 높은 직급의 임원이 50명의 엔지니어를 충원하지 않으면 약속대로 납품이 어려울 것이라는 상황을 미리 알고, 1년 전에 인력 충원에 박차를 가할 수는 있지 않은가.

일라드　그렇게 앞을 내다볼 수 있는 혜안이 필요할 것 같다. 단 주의해야 할 부분은 간혹 임원들이 5년 앞을 내다보면서 일하기도 한다는 점이다.

키스　그렇다. 그렇게 멀리 내다볼 필요는 없다. 그래서 6~12개월을 염두에 두라고 강조한 것이다. 1~3개월 정도를 내다보는 임원들을 군이 내보낼 필요는 없지만, 6~12개월을 내다보는 혜안을 가진 임원이면 가장 이상적이겠다.

그런 임원이라면 현재 회사 상황에 문제가 없어 보여도, 면밀하고 심층적으로 상황을 숙지할 수 있다. 항상 문제에 대한 답을 제시할 수 있는 임원이기에 조직 내에서도 직원들의 높은 신뢰를 받는다. 그 비결은 머릿속으로 6~12개월을 구상하고 있기 때문이다. 어느 부분에서 문제가 생길 것 같은지, 해결하는 데 어느 정도의 기간이 필요한지, 소요되는 영역은 무엇인지를 꿰고 있다. 그러니 조직 내에서 문제가 발생하더라도 구체적으로 업무 지시를 내릴 수 있다.

유능한 소프트웨어 아키텍트의 접근 방식과 유사하다. 제품이나 솔루션의 확장성 문제에 직면했을 때 그들은 이미 묘안을 갖고 있다. 진작부터 머릿속에 이 문제에 대해 이런저런 고민을 해왔기 때문이다. "전 세계적으로 인기가 많은 〈오프라 윈프리 쇼〉를 송출할 때 동시에 처리되는 트래픽 양이 10배가 늘어나면 우리는 어떻게 대응할 수 있을까? 우선 CDN**Content Delivery Network**°을 실행해보고, 이러저러한 전략을 시도하면 될 것이다. 여기에 이 하드웨어를 깔면 되고, 서버는 랙**lag**이 오랫동안 걸릴 수 있으니 이러저러한 방법을 시도하면 되겠다." 이렇게 구체적인 시나리오를 염두에 두고 있다.

비즈니스 문제도 이렇게 해결할 수 있다. 향후 3~12개월 동안 마주할 최악 혹은 최상의 상황 속에서 리드 타임**lead time**°°을 어떻게 예상하는가? 이와 같은 예측치에 따라 필요할 때마다 쉽게 활용할 수 있는 툴을 간편하게 활용하면 되는 것이다.

° 　전 세계에 전략적으로 분산되어 있는 콘텐츠 전송 네트워크.
°° 　고객의 주문부터 납품까지의 소요시간.

일라드　　임원을 채용할 때 몇 번 정도 시행착오를 받아들일 수 있는가? 임원의 역할별로 혹은 임원 채용 시 일 년에 몇 번 정도는 채용 실수를 해도 치명적이지 않은가?

키스　　한 번 정도는 시행착오라고 부를 수 있다. 하지만 임원 자리는 무한정 많이 뽑을 수 있는 것이 아니지 않은가? 정해진 시기 동안 1~3명의 임원을 채용하는 회사들이 대부분이다. 부적합한 후보를 뽑는 실수를 여러 차례 하게 된다면 채용 프로세스 자체에 문제가 있다고 생각한다. 한 번의 시행착오는 지극히 정상적이지만, 실수가 반복되면 "채용상에 무슨 문제가 있지?"라고 고민해야 할 것이다.

일라드　　실수를 '여러 차례' 한다고 했을 때, 특정 시기 동안 여러 번 한다는 의미인가? 성장이 빠른 회사들은 임원진을 12~18개월마다 대폭 교체하는 편이다. 회사의 성장에 발맞추어 능력을 발휘해서 잔류하는 임원도 있지만, 성장 속도에 따라갈 수 없어 회사를 떠나는 임원들도 많다.

키스　　18개월 혹은 2년 동안 한 번 정도는 시행착오를 해도 무방하다고 본다. 단 부적합한 사람을 채용한 것과 채용된 임원이 회사의 성장 속도를 따라가지 못하는 것은 다른 문제이다. 그 성질이 다르기 때문이다. 전자의 경우, '막상 뽑고 나니, 우리 회사에 적임자는 아니었던 것 같아. 대책이 필요하겠다'고 생각하는 것이다. 이러한 후회는 한 번이면 족하다.
　한편 후자의 경우, 회사의 사업이 새로운 차원으로 복잡해지고, 직원의 규모와 직면하는 사안이 확대되는 상황에 임원이 따라가지 못하는 문제다. 엄밀한 의미에서 실수는 아니다. 해당 임원에 대한 정보만을 갖고 선택을 내린 것이라, '다시 뽑으래도 같은 사람을 뽑을 것이다.'고 생각한다. 즉, 선택 과정에 대한 후회는 없다. 그렇다면 이 상황에서 실수는 어떠한 것인가? 해당 인물에 대해 동일한 정보를 갖고 있다고 했을 때, "이 사람은 안 뽑았어야 했어. 정보를 좀 더 꼼꼼하게 검토했어야 하는데…"라고 후회하는 것이다. 따라서 이와 같은 '실수'에 대한 후회는 최소화해야 한다.

> "직급을 막론하고 유능한 직원들의 책상에는
> 늘 사람들이 모여들기 마련이다."
>
> _ 키스 라보이스

회사의 성장 속도가 올라가면 규모 확장과 인력 조정도 급물살을 타게 된다. 회사가 빠르게 성장할수록, 변화 속도가 가파를 수 있다. 임원의 학습 곡선이 그 가파른 성장 속도를 따라가지 못하기도 한다. 이럴 때 변화의 조치가 필요한 것이다.

일라드 CEO가 경영진을 구성했다고 가정해보자. 직원 수가 20~50명일 때의 조직과 수백 명으로 늘어난 조직은 다른 경영 방식이 필요하다. 직원이 급속도로 많아졌을 때, CEO는 조직을 어떻게 관리해야 하는가? 누가 CEO에 업무 상황을 직접 보고해야 하는가? 더 이상 CEO에 보고할 필요가 없는 직원은 누구인가?

키스 훌륭한 질문이다. 그러나 모든 회사에 일괄적으로 적용할 만한 한 가지 답변은 없을 것이다. 회사가 어떠한 사업을 하고, 동종 분야에서 어디에 위치하는지에 따라 다르기 때문이다.

회사의 CEO로서 한 부서에 치우치면 다른 부서를 소홀히 할 수도 있는 결정의 순간이 찾아온다. CEO가 절충해서 필요한 결정을 내리기도 하지만 매번(매일 혹은 매주) 업무 당사자들 대신 결정을 내려줄 필요는 없다. 한 달 혹은 분기에 한 번 정도 조직의 여러 부서 간의 이견을 조율해줄 수는 있지만, 빈도가 더 높아지면 누군가 CEO를 대신하여 부서들을 총괄하여 결정을 내려주어야 할 것이다. 임원을 모집할 때 이 부분을 대신할 총괄자를 물색한다는 관점이어야 한다.

그다음으로 어느 정도 능력이 있어야 한다. 임원마다 강점과 약점이 각기 다르다. CEO가 이상적으로 생각하는 조직의 모습이 있지만, 조직도에서 기대하는 특정 능력이 임원에게 없는 경우도 있다. 이때, 그 능력을 제외한 다른 업무는 훌륭히 수행할 수 있다는 점을 기억하라. 조직도에서 이사의 강점을 반영할 수 있도록 어느 정도 변경해도 좋다.

내가 아는 한 지인은 내로라하는 제품 전문가인데, 사업 개발 및 제휴에 대해서도 모르는 게 없다. 두 가지 다른 분야에 능통한 것은 분명 이례적인 조합이다. 만약 그 사람이 고위급 임원이고 내가 CEO라면 나는 그에게 뮤직 스튜디오 같은 거래처와 제품에 관한 사업 제휴와 복잡한 협상을 맡아주도록 요청할 것이다. 그의 강점을 최대한 살린 결정으로, 다른 임원들에게는 내리지 않을 법한 지시사항이다. 그가 이례적으로 유능한 사람이기 때문에 동시에 여러 가지 교집합이 없는 듯한 업무를 지시한 것이다.

임원의 강점에 맞게 지시를 내리려면 CEO로서 조직을 진단할 수 있어야 한다. 회사의 사업에 주요 리스크는 무엇인가? 본인이 생각하기에 사업에서 가장 중요한 두세 가지는 무엇인가? 바로 이 사항들이 CEO에게 보고해야 하는 내용이다. 회사의 성패를 좌우할 만한 사항은 CEO에게 반드시 보고되어야 한다. 결국 CEO가 모든 문제에 대한 책임을 지기 때문이다. 그렇다면 회사를 성공시키기 위해 CEO로서 조직의 직급에 우선순위를 매긴다면 가장 중요한 두세 개의 직급은 무엇인지 생각해보라. 이 직급들이 바로 CEO의 진정한 오른팔 역할을 할 수 있어야 한다.

일라드　CEO에게 직접 보고하는 직속 부하직원은 몇 명을 두어야 하는가? 상황과 능력치에 따라 다르겠지만, 대략적으로 생각하는 적정 수를 알려달라.

키스　1982년 출간된 앤디 그로브Andy Grove의 《어떻게 성과를 높일 것인가High Output Management》에서 최대한 7명 혹은 5명을 제안한다. 매주 1대1 회의를 할 수 있고, 하루에 한 번 만날 수 있는 숫자이기 때문이다. 즉, 5명이나 7명이 적절해 보인다는 조언이다. 그러나 나는 3~5명 정도면 이상적이라고 생각한다. 4명에서 7명으로 늘리는 것도 충분히 가능하다. 결론적으로는 4~7명이면 효과적이라고 생각한다.

일라드　내가 최근에 만나본 여러 임원들은 12명 정도의 직속 부하직원들이 CEO에 직접 보고한다고 전했다.

키스　말도 안 된다. CEO가 감당하기에 너무 지나치게 많은 숫자다. 일정 기간은 그렇게 운영할 수 있겠지만, 몇몇 기능을 통합해서 운영할 수 있는 책임자를 영입해야 할 것이다. 내가 스퀘어에서 대표로 있을 때 내게 보고하는 직속 부하직원들이 11~13명 정도였다. 공동 설립자인 잭은 이 부분에 노여워했고, 이사진도 내게 크게 유감을 드러냈다. 나도 이렇게 계속 유지될 수 없다는 점을 전적으로 알고 있었다. 그러나 무리해서 여러 업무를 통합하기보다는 나 대신 보고를 받을 임원을 필요로 했고 결국 모집에 성공했다. 처음에 나 대신 업무를 보고받을 사람을 적당히 찾지 못해, 내가 한동안 여러 명으로부터 보고를 받아야 했지만, 계속 이렇게 이어갈 수 없었다. 임원을 모집하는 일이 시급했던 것이다.

이처럼 몇 개월 정도는 이례적으로 여러 명에게서 보고를 받을 수 있을 것이다. 단 최대한 이 시기를 짧게 갖는 것을 일의 우선순위에 넣어야 한다.

일라드　설립자들이 조직 내에서 여러 팀을 통합할 때 불만을 제기하고 퇴사하는 직원이 발생할 가능성을 가장 걱정한다. 부서를 총괄할 임원을 투입하거나, 사수가 교체되면 짐을 싸서 회사를 떠나는 직원들이 많기 때문이다. 그렇다면 그 위험을 완화하는 최고의 방법은 무엇이라고 생각하는가? 이 문제가 심각하다고 여기는가? 아니면 퇴사를 해도 어쩔 수 없다고 생각하는가?

키스　당연히 우려스러운 일이다. 이러한 이유로 많은 설립자들이 임원 모집을 최대한 미루기도 한다. 중간 관리자 직급을 채용할 때, 반드시 그 위 상사 직급보다는 경력이 짧은 사람이어야 한다.

당신이 지나치게 많은 직속 부하직원들로부터 보고를 받는 경우, 다른 임원을 지정하여 당신이 받던 보고의 일부를 가져가도록 한다. 단 두 사람이 보고를 받는 업무들이 명확하게 구분되지 않으면 혼선만 야기할 수 있다. 공정하지도 않고 직원 퇴사의 리스크도 존재한다. 그러나 역할 분담이 명확하여 임원의 성과를 충분히 차별화할 수 있다면(즉, 당신이 성과를 측정하는 방식이 있고, 다른 사람들이 두 경영진을 어떻게 생각하는지 본다면) 이렇게 역할을 분담하는 것도 현명한 선택이다. 새로운 임원을 투입함으로써 나타나는 혼란과 번잡스러움을 막을 수 있을 것이다. 단 임원이 충분히 성과를 내어야 한다. 보고는 여러 직원들에게서 받되, 성과에 논란의 여지가 있다면 굳이 보고받는 업무를 배분하기 위해 임원을 뽑을 이유는 없다.

임원을 채용할 때 반드시 염두에 두어야 할 부분이 있다. 유능한 직원, 회사에 계속해서 남아주었으면 하는 직원들의 퇴사를 방지하는 길은 그들의 롤 모델이 될 만한 임원을 채용하는 것이다. 임원이 직원들의 귀감이 되는 인물이라면 그로부터 동기부여를 받는 직원들은 잔류할 것이다. 한편 신규 임원에게서 배울 만한 점이 없다고 생각하는 경우, 다른 사수 밑에서 업무를 하나라도 더 배우는 편이 나을 것이다. 직원의 정신건강과 경력을 위해서 그것이 나은 선택이다.

당신이 보기에 11~12명의 임원 중 한 명이 회사에 반드시 필요한 인물이라고 생각한다면 두 가지 방법을 생각해보라. 첫째, 그들이 좀 더 큰 부서를 총괄하도록 회사의 성장률을 높이는 방법에 대해 자문을 제공할 수 있다. 단 회사가 얼마나 빠르게 성장하는지에 따라 자문의 결과는 달라진다. 둘째, 별도로 자문단을 구성하여, 이 문제를 함께 고민해보도록 한다. 예를 들어 회사에 유능한 재무 부사장이 있는데, 그를 CFO로 끌어주고 싶다면 그렇게 해도 좋다. 다른 CFO 밑에 들어가지 않고 그가 직접 CFO로 승진하도록 한다. 이때 많은 노력이 필요하다. 제품 총괄, 기술 총괄, 재무부 부사장을 동시에 다 승진시킬 수는 없는 노릇이기 때문이다.

> "유능한 직원, 회사에 계속해서 남아주었으면 하는
> 직원들의 퇴사를 방지하는 길은
> 그들의 롤 모델이 될 만한 임원을 채용하는 것이다."
>
> _ 키스 라보이스

일라드　CEO는 경영진 회의를 어떻게 운영해야 하는가?

키스　좋은 질문이다. 회사를 경영하다 보면 어느 순간에는 이 질문을 하면서 고민에 빠지기 때문이다. 내가 얻은 교훈은 경영진 회의가 단지 CEO만을 위한 자리는 아니라는 점이다. CEO보다는 회의에 참여하는 임원들에게 더 중요하고 소중한 자리다. 임원들이 동료들과 한자리에 모여 대화를 할 수 있기 때문이다. 다른 부서의 업무 현황을 이해하여, 자신의 부서에서도 더 스마트하고 효과적인 결정을 내릴 수 있기 때문이다.

　CEO의 입장에서는 임원 및 부서와 1대1 회의를 해왔기 때문에 경영진 회의에서는 특별히 크게 통찰을 얻지 못할 수도 있다. 회의에서 언급되는 모든 안건에 대해 이미 알고 있을 것이고, 당연히 알고 있어야 하는 내용이다. 그러나 경영진 회의를 생산적으로 만드는 것은 참여자들의 토론이나 대화, 혹은 정보의 공유다.

　경영진 회의가 그들 자신에게 큰 가치를 주지 않는다고 불평하는 CEO를 많이 봤다. 회의에 참석한 3~5명의 임원들에게는 충분히 가치 있는 시간이라는 점을 망각하는 듯하다. CEO가 자신의 시간에서 1~2시간 정도 투자하여 더 성공적으로 일하는 임원들로 만들 수 있다면 그 이상의 가치가 어디 있겠는가. 적게 투자하고 크게 수익을 올리는 전형적인 '고高레버리지leverage' 활동이다.

일라드　회의에서 훌륭한 안건이란 무엇인가?

키스　세 가지 주제로 요약할 수 있다. 회의에서는 정보를 공유한 후, 실행할 수 있는 주제에 대해 논의와 토론을 펼친다. 동시에 지나치게 많은 토론 주제를 다루면 참여자들의 집중력이 현격히 떨어진다고 생각한다.

온종일 마라톤 회의를 하며 안건을 깊이 다루는 조직들도 있지만, 개인적으로는 추천하고 싶지 않은 방식이다. 다루는 주제가 조직의 실무와 얼마나 직접적으로 연결되어 있는지에 따라 다르겠지만, 3~4시간 정도면 충분하다고 생각한다. 특히 주요 성과 지표, KPI **Key Performance Indicator**(핵심성과지표), 대시보드 등 여러 툴을 활용하여, 회의 참석 전에 내용을 숙지하도록 한다면 회의가 늘어질 필요가 없다.

나는 회의 전날 저녁에 안건을 회람하는 편이다. '3P', 즉 Plan 계획, Progress 진행, Problems 문제점를 토대로 요점만 정리해서 사전에 공유하면 참석자들도 예습을 할 수 있기 때문에 회의가 진행될 때 내용을 쉽게 파악할 수 있다. 조직에 영향을 주거나 CEO가 폭넓은 의견을 수렴하여 나아가야 할 방향을 파악하고자 하는 안건 1~2개를 논의해도 좋다.

일라드 설립한 지 얼마 안 된 회사의 경영진 회의에서는 많은 주제를 다룬다고 알고 있다. 그 후, 해를 거듭할수록 주제를 선별하여 다루게 된다. 제품 회의와 주요 성과 지표 회의는 별도로 운영되기 때문에 각기 다른 임원들이 참여한다. 경영진 회의에서 다루는 전략적 주제와 차별되는 사업의 진전 사항에 대해 논의하는 팀도 별도로 있다.

키스 그렇다. 논란의 여지가 있는 전략적 주제 혹은 즉각적인 해답이 나오지 않으면서 '트레이드오프 trade-off °'를 야기하는 주제에 대해서는 별도의 회의를 열어야 한다. 그러나 회사의 현재 KPI가 무엇인지, 얼마나 잘하

° 하나를 얻으면 하나를 잃는 상황, 상충관계.

고 있는지, 업무의 진척 상황은 어떻게 되고 있는지, 다른 전략이 필요한 부분은 어떠한 것인지와 같은 주제는 회사 운영의 관점에 대한 것이므로, 경영진 회의에서 다뤄야 할 사안들이다. 회의 진행은 CEO가 첫 번째 시간을 주관하고, 두 번째 시간은 COO나 기타 임원이 주관할 수 있다.

인터뷰 내용은 이해를 돕기 위해 편집 및 요약되었다.

. . . .

COO가 필요한가

10년 전만 해도 고성장 회사에서 투자자들은 설립자를 대신하여 회사 운영을 총괄할 CEO를 위임하여 '감시관' 역할을 하게 했다. 그러나 최근 몇 년 동안 변화가 나타났다. 페이스북이 COO 셰릴 샌드버그가 성공적으로 경영을 진두지휘하는 사례를 보며 여기저기서 COO를 모집하는 열풍이 시작된 것이다. 이제는 선구적인 고성장 회사에서 CEO가 설립자를 대체하는 방식 대신, COO를 채용하여 설립자들에게 경영에 도움을 주는 관행이 자리 잡게 되었다.[32]

빅스, 페이스북, 스트라이프, 스퀘어, 트위터, 옐프는 CEO를 '나이 많은 전문 경영인'으로 대체하는 대신, 설립자들의 지원병 역할을 해줄 COO를 채용했다.[33]

왜 COO가 필요한가

COO를 채용하는 이유는 조직도에 직함을 하나 추가하기 위해서가 아니다. 설립자가 필요로 하는 배경과 경력을 가진 사람이 필요하기 때문이다. 설립자의 비전을 보완·견인·실행하도록 힘을 실어줄 사람이 가장 이상적이다. 기술·제품에 집중하는 설립자들은 대부분 해당 제품과 전반적인 시장 전략에 계속해서 집중하고자(집중해야) 한다. COO는 옆에서 설립자가 관심을 쏟지 못하거나 경험이 부족하거나 감독할 만한 역량이 부족한 영역을 발전시키고 관리해야 한다.

COO가 맡는 주요 역할은 다음과 같다.

- 경영 역량에 힘을 실어준다. COO는 기술·제품에 집중하는 설립자를 위해 비즈니스 파트너가 될 수 있다.
- 회사의 규모를 확장한다. 고성장 회사는 규모를 확장하고, 업무 처리를 간소화하고자 하는 욕구를 갖고 있다(설비 도입, 기업 지배구조 등).
- 경영진과 조직체계의 틀을 발전시킨다. COO는 설립자가 문외한인 분야(재무, 회계, 판매 등)에서 임원과 팀들의 업무를 총괄하기도 한다. 제품, 엔지니어링, 마케팅 부문의 임원을 심사 및 채용할 때도 도움을 줄수 있다.
- 설립자가 시간을 할애하지 못하거나, 역량이 부족하거나, 신경 쓰고 싶지 않은 부문을 총괄한다. 일반적으로 COO는 '사업'을 지속적으로 경영하는 일을 맡는 반면(기업 발전 및 M&A, 사업 개발, 판매, HR, 채용 등), 설립자는 제품, 디자인, 엔지니어링에 꾸준히 집중한다(예를 들어 페이스북에서 마크 저커버그는 제품에 집중한다). 반대로, CEO가 판매와 채용에 집중하고, COO가 제품을 총괄하도록 하는 회사들도 있다.
- 회사 성장의 다음 단계를 위한 기업문화를 조성한다. 셰릴 샌드버그는 페이스북에 인력 개발과 우수한 관리 문화를 도입하여 조직 전체의 경영 문화에 영향을 주었다.

"COO직에 설립자의 비전을
보완·견인·실행하도록 힘을 실어줄
사람이 가장 이상적이다."

_일라드 길

COO를 채용하지 않는 이유는 무엇인가

성장하고 있는 회사라면 규모를 확장하기 위한 능력과 노하우를 키울 뿐 아니라 임원진을 확대할 필요가 있다. 설립자에게 최대한 도움이 되고 회사가 효과적으로 급성장하도록 힘을 실어주는 인재들을 채용 혹은 승진시키는 것도 대안이 된다. 굳이 임원진 중에 한 사람이 COO직을 맡을 필요는 없다. 예를 들어 폴리보어Polyvore가 야후에 인수되기 전, 폴리보어의 CFO는 재무 업무 외에도 여러 부서를 총괄했다.

또한 COO직은 거의 최상위 직급이다.[34] 부사장 등의 직급은 그 위에 더 높은 직급을 채용할 수 있지만 COO는 그렇지 않다. 회사의 지원이 100명에서 5천 명으로 늘어나서 조직체계가 변해야 할 때 유연성이 떨어질 수 있기 때문에 COO 영입은 신중해야 한다. COO의 역량이 부족하다고 해도, 부사장 제의를 받으면 차라리 회사를 떠나겠다고 할 가능성이 높다.[35]

COO를 어떻게 채용하는가

회사의 CEO가 되어도 무방할 만큼의 역량이 있거나, 회사를 성공적으로 경영하거나 주요 부서를 총괄한 경력이 있는 인물을 COO로 채용하는 것이 바람직하다. 셰릴 샌드버그는 페이스북의 COO직을 수락하기 전에 수차례 CEO직을 채용하는 면접에 참여했다.

박스의 COO 댄 레빈Dan Levin도 박스에 합류하기 전에 두 곳의 회사에서 CEO와 대표를 역임했고, 인튜이트의 상무로 활동했다. 상무 혹은 CEO직에 대한 러브콜을 마다하고 당신의 회사에 합류하고 싶을 정도로 회사의 비전과 잠재력을 높게 평가한 사람이면 더할 나위 없이 좋을 것이다.

그 외에 고려해야 할 기준은 다음과 같다.

1. 독불장군과는 거리가 멀고 성숙한 인격을 지녔는가?

설립자와 함께 비전을 실행하는 데 최선을 다할 수 있을 정도로 아집을 억누를 줄 아는 연륜 있는 임원을 물색하라.

2. 설립자 및 CEO와 마음이 잘 통하는가?

COO가 회사 설립자와 일하는 궁합이 안 맞으면 갈등이 생기고 어쩔 수 없이 관계가 틀어지게 된다.

3. 회사나 조직을 발전시킨 경력이 있는가?

1천 명의 조직을 관리하는 일은 20명에서 1천 명 이하의 조직 관리와는 차원이 다르다. 단순한 부서 확대가 아닌 회사가 빠르게 확장해야 한다면 과거에 회사를 초고속 혹은 고속 성장의 궤도에 올려놓은 경험이 있는 임원을 채용하라. 클레어 휴스 존슨은 스트라이프에서 경영과 조직 스케일을 확대한 이후 구글에서도 같은 업적을 이루어냈다.

4. 기업가 정신이 있는가?

회사를 확장시키고 스타트업 환경에서 근무한 경험(혹은 소기업에서 거의 무에서 유로 규모를 키운 경험)이 있는 사람이면 금상첨화일 것이다.

5. 수행 업무의 전문성을 지니는가?

COO는 회사에서 필요로 하는 수행 업무의 전문성을 경력을 통해 쌓아 온 인물이어야 한다.

6. 채용 능력을 지니는가?

회사 조직의 근간을 구축하여 확대할 수 있는 역량을 지녀야 한다. 임원 진을 채용하고 관리하는 일에도 능숙해야 한다.

7. 배울 점이 있는가?

처음으로 회사를 설립했거나 경영하는 상황이라면 경영을 비롯한 여러 분야에 대해 가르침을 줄 수 있는 COO가 필요할 것이다. 빌 게이츠는 고위급 임원을 종종 채용하여 그들로부터 배움을 얻기를 바란다고 했다.

8. 일의 과정을 중시하는가?

최적의 COO 후보는 다른 기업의 프로세스 단순화 사례나 '베스트 프랙티스best practice'를 차용하여, 당신의 회사에 맞도록 새롭게 변형할 수 있을 정도로 스마트한 인물일 것이다.

마지막으로 COO를 채용할 때, 당신이 설립자로서 계속해서 담당하고 싶은 업무(디자인, 제품, 마케팅, 엔지니어링 등)와 진정 위임하고자 하는 업무(사업 개발, 판매, 품질관리, 재무, HR, IT 운영 등)를 명확하게 구분해야 한다. 명확한 구분이 없으면 첫 단추부터 잘못 끼운 셈이 된다. COO는 당신이 하지 않는 모든 업무를 담당할 의무가 없다는 사실을 기억해야 한다. 예를 들어 마이크로소프트에서 빌 게이츠는 제품을, 스티브 발머Steve Ballmer는 판매를, 밥 허볼드Bob Herbold는 COO로서 재무, HR, 마케팅, PR 등을 총괄했다.[36]

그렇다고 모든 회사에 COO가 필요한 것은 아니라고 생각한다. 임원진이나 경영진이 만능으로 멀티태스킹을 할 수 있으면 없어도 된다. 단 회사경영 업무를 분할하고 유능한 COO를 경험해보기로 결정했다면 신중하고천천히 채용 절차를 진행하라.[37]

COO 채용하기

에런 레비와의 인터뷰

박스의 CEO 에런 레비는 박스의 공동 설립자인 동시에 회장으로 재직
중이다. 2005년 CFO 겸 공동 설립자 딜런 스미스 Dylan Smith와 박스
를 설립했다. 박스의 제품과 플랫폼 전략을 탄생시킨 장본인이기도 하
다. 회사의 규모 확장에 관심이 있는 여러 설립자들이 그에게 자문을 얻
고자 한다. 2003~2005년 서던 캘리포니아대학교에 재학했고, 중퇴 후
박스를 설립했다.

나는 에런 레비를 만나 COO에 관한 주제, 즉 임원진에 최고운영책임
자를 포함시켜야 하는지(해야 한다면 적정 시기는 언제인지)에 대해 논의
했다. 에런과 딜런이 박스를 공동 설립하고 5년이 지난 후, 두 사람은
2010년 댄 레빈을 COO로 채용했다는 점에서, 임원진의 조정에 관해
그의 생각을 자세히 알고 싶었다.
COO를 경영진에 투입해야 한다고 믿고 있는 그에게 COO를 채용했을
때, 어떠한 장점이 있는지, 박스에서 COO 채용 결정이 어떠한 결과를
가져왔는지 질문했다.

일라드 길 2010년 당시 박스에서 COO를 채용하자는 의견을 적극적으로 개진했다고 들었다. 왜 그러한 결정을 내리게 되었는가? 그렇다면 설립자들이 COO 문제에 대해 새로운 방식으로 접근해야 한다고 생각하는가?

에런 레비 주로 이사회에서 "우리 회사의 CEO는 회사에 적합한 인물인가?"라는 의문이 시작된다. 설립한 지 얼마 안 된 회사의 설립자들은 "내가 CEO 역할을 잘해낼 것인가? 내가 회사의 규모를 키워나갈 능력이 되는가?"라고 자문한다. 이러한 질문이 꼬리에 꼬리를 물다보면 어느새 CEO의 역할을 엄격한 잣대로 규정하게 된다. 결국 CEO는 회사가 높은 수익을 내도록 진두지휘하면 되는 것이다. 따라서 본인이 CEO로서 감당할 수 없는 업무가 많은데도, 단지 훌륭한 CEO가 되어야 한다는 생각에 그 많은 업무를 잘해낼 필요가 없다. 훌륭한 CEO는 회사가 그 업무를 잘해내도록 판을 깔아줄 뿐이다.

박스가 규모를 키워가던 초기에 직원 수가 20~30명이었는데, 우리도 당시 이런 고민에 빠졌다. 나는 자신에게 "나는 과연 회사의 규모를 확장한 대기업 CEO처럼 하고 있는가?"라고 질문을 던졌다. 내가 그들과 거리가 멀다고 느낀 적이 많았기 때문이다. 내가 중시하는 분야도 그들과 달랐고, 그들의 관심 분야에 흥미를 느끼지도 못했다. 그들이 추진하려는 일들에 대해 나는 도통 관심이 가지 않았다. 내 역할은 회사의 온갖 문제에 대한 해결방법을 찾는 것일 뿐, 내가 직접 해결할 필요는 없다는 사실을 결국 깨닫게 되었다.

"내 역할은 회사의 온갖 문제에 대한

해결 방법을 찾는 것일 뿐,

내가 직접 해결할 필요는 없다는 사실을

결국 깨닫게 되었다."

_에런 레비

많은 회사가 설립자를 차버리는 대신 경험 많은 CEO를 앉히는 실수를 범하는 모습이 눈에 들어왔다. 물론 1990년대와 2000년대 초반에 비해 최근에는 그러한 경우가 대폭 줄었다. 그 회사들이 설립자가 탁월하게 잘하는 분야에 집중하도록 하고, 사업을 구축하는 분야에 다른 임원들을 투입했다면 지금보다 훨씬 더 좋은 성과가 나오지 않았을까?

일라드 COO가 CEO의 상호 보완적 역할을 하는 조력자로 해석된다. 그렇다면 회사의 대표가 구체적으로 COO의 역할을 어떻게 정의할 수 있겠는가?

에런 COO의 업무 범위는 조직 내에서 가장 포괄적인 편이지만, 개인과 회사에 따라 그 성격이 다르기도 하다. 업무 영역이 구체적인 CMO**Chief Marketing Officer**(최고마케팅책임자)나 제품 총괄 등의 직책과는 달리, COO의 업무는 매우 다양하다. COO를 보유한 다섯 개의 회사를 비교했을 때, COO의 직무나 업무 분장은 회사별로 다를 것이다. 페이스북에서 셰릴 샌드버그가 일하는 방식은 옐프나 박스의 COO가 일하는 방식과 다르다. 따라서 우선 COO가 특정 업무나 부서를 담당한다는 그릇된 생각은 바로잡고 싶다.

　내가 COO를 채용한 이유는 회사와 조직의 규모를 확장시키고 큰 조직에서 일해본 적이 있는 연륜이 많은 누군가가 나의 조력자가 되어 함께 사업을 키워가길 바랐기 때문이다. 나는 대학 동기와 회사를 공동 설립했지만, 우리 둘 다 회사를 실질적으로 성장시킨 경험이 전혀 없었다. 그래서 수천여 명의 직원들로 구성된 조직을 관리해본 경험과 매우 큰 규모의 사업에서 수억 달러의 수익을 운용해본 COO를 영입하여, 우리가 필요로 하는 모든 부문에서 그의 경험을 적용할 수 있었다.

　우리가 투입한 COO는 인튜이트의 큰 부서를 총괄한 상무였고, 그전에는 한 회사의 CEO였기 때문에 조직의 모든 주요 부서에서 풍부한 경험을 쌓아왔다. 인재 개발, 조직 설계, 조직의 규모 확장 분야에 특별히 관심이 많았던 그는 진정으로 '사람을 먼저 생각하는' COO였다.

　우리는 COO가 회사와 개별 조직을 키워가는 데 진정으로 주인의식을 지니는 조직 구조를 구축했다. 나의 역할은 회사의 전략과 장기적 방향에 집중하는 것이었다. COO 덕분에 나는 제품과 제품 전략 등의 부문에 더욱 집중할 수 있었다.

일라드　매우 공감이 가는 대목이다. COO는 판매를, CEO는 제품과 엔지니어링을 총괄한다는 인식이 팽배하기 때문이다. 단 회사마다 상황이 다르다고도 언급해주었듯, 당신의 회사와는 정반대로 COO와 CEO의 역할이 분배되는 경우도 많다.

에런　COO를 채용하는 이유와 시점에 대한 나의 생각을 요약해보겠다. CEO가 몇몇 분야에서 독보적인 실력을 갖추고 있더라도 혹시라도 부족할 수 있는 부분을 보충·보완하고자 한다면 COO 채용을 고려해볼 수 있다.

무엇보다도 회사의 모든 조직이 원활히 운영되어야 하는데, CEO가 조직 관리에 대한 관심이나 역량이 부족하면 조력자의 도움을 필요로 할 것이다.

만약 설립자가 세일즈에 탁월한 능력의 소유자라면 제품 부문을 키워줄 누군가가 필요할 것이다. 마찬가지로 설립자가 제품에 능하면 세일즈를 강화할 조력자가 필요하다. 단 설립자가 세일즈와 제품 모두에 능하면 온전히 운영 설비 부분을 강화해줄 전문가를 COO로 채용하면 된다. 따라서 상황별로 COO의 쓰임새는 다양하다. 그러나 COO의 역할이 무엇인지를 정의하는 것만큼이나 COO의 역할을 이해하고 명확하게 정의하는 것이 중요하다는 점은 불변의 진리이다.

일라드　　COO의 채용 시점은 언제가 적합할까? 스트라이프에서는 직원 수가 8~10명일 때 빌리 알바라도Billy Alvarado를 COO로 채용한 것으로 알고 있다. 그러나 실제로 많은 기업이 직원 수가 100명, 200명, 혹은 300명일 때 COO를 투입하는데, 언제가 적기라고 생각하는가?

에런　　성장곡선에서 변곡점이 나타나기 전까지는 COO의 역할이 모호하다. COO는 회사에서 일손이 부족해 이런저런 업무를 시켜도 되는 직책이 아니다. COO 채용 여부를 고민할 때 다음과 같은 몇 가지 질문을 고려하라. 회사의 규모를 확장하는 시점에 CEO가 순전히 회사 운영 업무(직원 채용, 목표 설정과 성과 평가의 체계 마련, 조직이 당면한 여러 문제와 업무 절차에 대한 해결책 마련 등)에만 시간을 쏟고 있는가? 그래서 제품 전략과 디자인을 구상하거나 거래처와 협업하는 시간이 턱없이 부족한가? 어떻게든 이와 같은 진퇴양난은 막아야 한다. 회사의 성장이 변곡점에 도달했을 때, 운영 실무에 대해서는 조력자에게 위임하는 것이 바람직하다.

그 시점이 12번째 직원을 채용할 때 도래할 수도 있지만, 급성장과는 거리가 멀어 대략 200명이 되어야 회사가 꾸준한 성장률을 보이기도 한다. 단 설립하고 얼마 지나지 않은 시점에는 COO가 필요 없다. 이처럼 사업의 '변화율'에 따라 COO가 필요한 시점이 다르다. 사업의 변화율이 실질적인 성장세로의 '탈출 속도escape velocity °'에 도달하는 시점에 COO를 투입하라.

일리드　COO에게는 어떠한 경력이 요구되는가? 제품 부서 부사장 같은 직책에는 매우 구체적인 경력이 필요하지만 COO직은 다르다고 앞서 언급해주었다. 그렇다면 COO를 채용할 때 어떠한 사항을 고려하라고 권고하는가?

에런　앞서 언급했지만, 우선 CEO가 자신에게 "나는 어떠한 분야에 취약한가?" 혹은 "지금 하는 업무 중에서 되도록 안 하고 싶은 업무는 무엇인가?"를 질문해야 한다. 또한 COO가 투입될 만큼 조직적으로 니즈가 충분히 넓게 퍼져 있어야 한다. CEO가 본의 아니게 법무나 재무에 관한 대화를 많이 해야 하는 상황이라면 CEO에게 필요한 조력자는 법무실장이나 사내 변호사 혹은 CFO나 재무 총괄이다. 따라서 무엇보다도 회사의 규모를 키우는 데 조력자의 도움이 필요한 분야를 파악해야 한다. 그 이후에는 진정한 내적 성찰을 통해(산에 올라 촛불을 켜고 내면의 세계를 들여다보는 명

°　다음 성장 단계로 도약하기 위해 더 큰 추진력이 필요해지는 시기.

상과도 같다) 다음의 주요 질문에 대해 고민해봐야 한다. 내가 진정 잘하는 분야는 무엇인가? 내가 더 잘하고 싶은 분야는 무엇인가? 내가 개인적으로 잘한다고 해도 경쟁 우위가 될 리 없는 분야는 무엇인가? 모든 분야를 다 잘할 수 없기 때문이다.

일라드 　그렇다면 본인이 생각하는 취약점은 무엇인가? 본격적으로 COO 물색 작업은 어떻게 진행했는가?

에런 　대체로 회사 경영에 관한 거시적인 사안들이었다. 경영진과 조직 개발, 회사에 프로세스를 도입하는 등의 부분에 취약하다고 판단했다. 회사의 직원 수가 40~50명에 이르러 사업을 본격적으로 확장하기로 결심한 순간, 나와 또 다른 공동 설립자가 지닌 역량과는 다른 차원의 마음가짐과 생각이 필요하겠다 싶었다.

우리가 COO 물색에 나섰을 때, 초반에는 다소 갈팡질팡했다. CRO Chief Revenue Officer(최고매출책임자)가 필요하다고 생각했다가 차라리 회사 운영에 관한 여러 업무를 총괄할 사람이 필요하다는 결론에 도달했다. 결국 우리가 원하는 경력과 스펙을 정리해보았다. 무엇보다 오랜 경력을 통해 2천 명 정도의 사람을 만나보았고, 수백만 달러의 수익을 접해본 인물을 기대했다. 스펙 차원에서는 조직이나 회사의 확장을 경험하고 관리했으며, 매우 큰 규모의 수익 목표치를 달성하는 과정을 진두지휘했으며, 회사 운영상 복잡하거나 최소한 복합적인 환경 속에서 판매, 마케팅, 고객 관리, 제품, 엔지니어링 등을 멀티태스킹한 경험이 있으면 금상첨화라고 여겼다. 요약하자면 비즈니스의 다양한 부문을 면면히 꿰고 있는 팔방미인을 기대했다.

이 모든 조건을 충족하면서 회사 문화와도 잘 맞는 사람을 찾았다면 그

다음 단계에서 CEO는 "나와 합이 잘 맞는 사람인가? 우리가 진정으로 도 와가며 업무를 배분하면서 회사를 이끌고 갈 수 있는가?"를 고민해야 한다. COO직은 어느 정도 '자아'를 내려놓고 열정을 쏟되 생색은 안 나는 직책 이다. 따라서 CEO와 COO는 순조롭게 협업하는 구조를 구축하고 상대방 을 진심으로 존중하도록 해야 한다. 사면초가의 상황에서도 서로 전우애를 발휘해야 하므로 COO는 많은 시간을 함께 보내고픈 사람이어야 한다.

이 모든 조건을 종합해보면 수많은 후보 중에 가장 적합하다고 생각되는 COO는 한두 명으로 추려지면서, "이보다 더 적합한 인물은 없겠다"는 결 론에 도달한다. 그 사람이 과연 그러한지는 어느 정도 지켜보면 더욱 확실 해진다.

> "사면초가의 상황에서도 서로 전우애를
> 발휘해야 하므로 COO는 많은 시간을
> 함께 보내고픈 사람이어야 한다."
>
> _에런 레비

일라드 어떻게 당신이 선택한 COO가 가장 적합하다고 판단했는가? 회 사의 채용과 면접 프로세스는 어떠했는가?

에런 특정 틀에 얽매이지 않는 방법으로 진행했기 때문에 다른 회사 에서 그대로 차용하기는 어려울 듯싶다. 그 과정에서 이사 한 명이 경영 고 문advisor을 소개해주었다. 그 고문과 함께 일을 하다보니, 오로지 제품밖에 모르던 내가 전혀 상상하지 못한 경영과 창업의 세계를 조금씩 배워나게 되었다. 내가 제품을 제대로 만들기만 하면 나머지는 자연스럽게 자리를 잡을 것이라고 생각했다. 그가 사용하는 전문 용어와 내게 전수하려는 개념은 듣도 보도 못한 것들이었다. 나를 비롯한 경영진이 이 부분에 신경을 많이 써야겠다고 느꼈다.

그래서 우리는 댄 레빈 고문을 회사의 이사회에 영입했고, 함께 CRO 혹은 COO를 물색하기 시작했으며, 3~4개월 정도 구인활동을 통해 수많은 사람을 만났다. 그러나 댄 레빈과 통했던 그 느낌을 어느 누구에게서도 받을 수가 없었다.

나는 2~3개월 동안 COO직을 맡아주도록 그를 설득하고 또 설득했다. 결국 그를 처음 만난 시점부터 6개월 넘는 기간 동안(아마도 9개월 동안) 함께 시간을 보낸 후에 그를 COO로 영입하게 되었다. 결론에 이르기까지 나와 임원들, 이사진과 댄 레빈 사이에 수백 시간의 논의를 진행했다.

일라드   CEO가 결코 위임해서는 안 되는 업무가 있는가? '올핸즈 미팅'에서 CEO만 다뤄야 하는 주제가 있는가? CEO가 항상 이사회 회의를 진행해야 하는가?

에런   CEO와 COO가 각자 잘하는 분야가 무엇인지에 대한 논의로 돌아간다. 질문에 대한 천편일률적인 정답은 없다고 생각한다. 우리 회사의 COO는 임원진 회의를 주관하는데, 회의를 CEO, COO 혹은 CFO가 주관해도 큰 지장이 없다고 생각한다.

단 업무 분장은 명확하게 하는 것이 가장 중요하다. 업무 영역에 대한 명확한 구분이 필요하다는 의미이다. CEO와 COO의 업무와 최종 결정권은 어떻게 구분할 것인가? 조직 내 직원들에게 어떻게 명확히 전달하여 혼선을 막을 것인가?

그래서 직원들에게 "인사, 조직, 프로세스의 문제에 관해서는 댄 레빈에게 찾아가라"고 전했다. 나 외의 또 다른 공동 설립자를 제외하고, 업무 보고 차원에서는 임원진 대부분이 댄 레빈에게 보고한다. 반면 주요한 전략적 사안, 제품이나 브랜드 관련 사안에 대해서는 내가 총괄하여 관리했다.

최종 결재권자가 COO와 CEO로 분산되었기 때문에 사안별로 찾아가는 임원이 다르다는 의미다. 업무 처리에서는 모호한 부분을 최대한 없앨 수 있다. 댄 레빈이 나보다 잘하는 분야가 실무를 비롯하여 훨씬 많지만, 나는 전략 부분에 꽤 장기적인 관점을 갖고 있기에 상호 보완이 가능했다.

일라드　댄 레빈을 COO로 채용했을 때 특별히 중요하게 여긴 사항이 있는가? 그때로 돌아간다면 결정을 달리했을 것 같은 상황이 있는지 궁금하다.

에런　사실 매우 오래전의 일이다. 그러나 보편적으로 어느 임원에게라도 적용될 만한 사항을 언급하고 싶다. 일단 COO로 채용된 후, 최대한 빠르게 회사에 깊이 관여하도록 해야 한다. 채용되고 처음 30일 동안 COO는 직원 하나하나를 다 만나면서, 업무 가운데 순조롭게 진행되는 부분과 그렇지 않은 부분, 개선을 바라는 부분, 그리고 향후 맡은 사업이 나아가야 할 방향에 대해 의견을 물어야 한다. 회사 문화에 최대한 깊이 동화되어, 입사 후 30~60일 이내에 개별 직원들을 전부 파악하도록 하는 것이 관건이다.

특히 입사 초반에 안착하여 기반을 닦는 것이 매우 효과적이다. 입사 후 60~90일 동안, 신규 COO는 몇 가지 주요 조치를 추진하여, 전 직원이 "우와, 이 부분은 정말 좋아졌는데요. 이 부분은 도움이 많이 되네요. 프로세스가 새롭게 바뀌니 성과를 내기가 더 수월해지고, 쓸데없이 들어갔던 노력이 많이 줄었네요"라고 할 수 있어야 한다. 업무에서 즉각적으로 성과를 낼 만큼 초반에 가닥을 잡아야 하는데, 입사 초반에 회사와 조직문화를 섭렵하려고 노력하는 자세가 매우 중요하다.

그러나 무엇보다 임원들 간에 활동 영역이 모호해지면 COO가 성공적으로 안착하기 어려워진다. 따라서 각 임원의 업무 분장을 최대한 명확하게 하여, 갈등이나 업무 중첩 혹은 경영의 사각지대가 생길 때 문제를 해결하는 절차를 마련해야 한다. 임원들 모두가 간과하는 경영의 사각지대는 항상 생기기 마련이다. 단 최대한 명확한 업무 분장을 통해 사각지대를 없애려는 노력이 매우 중요하다.

일라드 마지막 질문이다. 인터뷰 초반에 설립자가 대개 CEO로 남길 바란다는 사실을 전제로 대화를 나누었다. 그러나 설립자가 더 이상 관여하고 싶지 않거나, 관여해서는 안 될 것 같다는 사실을 언제 인정해야 하는가?

에런 나는 설립자들은 두 가지 이유(아마 100개가 넘는 이유)로 '번아웃'될 수 있다고 생각하지만 두 가지만 소개하겠다. 첫째, 많이 피곤해진다. 문제의 사안에 대한 과거의 열정은 온데간데없고, 그 일에서 벗어나 전혀 다른 일을 하거나 쉬고 싶다는 생각뿐이다. 이것이 첫 번째 경우인데 두 번째 경우만큼 빈번하게 나타난다.

그러나 두 번째 경우와 구분이 안 되는 경우도 가끔 있다. 두 번째 경우에서는 이전의 흥미를 잃은 업무를 하고 있긴 하지만 그 일을 떨쳐낼 방법을 막상 찾지 못한다. 그 어떤 일보다도 열정이 있는 일에 최선을 다하고 싶지만, 이전처럼 열정을 쏟아부을 방법을 찾지 못한 상황이다. 만약 내가 성과 평가 회의와 조직 회의, 그리고 보상 결정에 관한 회의에 참여하는 데 내 시간의 90퍼센트를 써야 한다면 나는 번아웃되어 '내가 바라는 건 이런 게 아니야'라고 생각할 것이다. 무미건조한 일상의 업무가 회사의 거시적인 미션을 달성하고자 하는 열정을 퇴색하게 해서는 안 된다. 그러나 본인의 능력이 효용가치가 떨어진다고 느끼면 열정이 사라지는 건 시간문제일 뿐이다.

이와 같은 딜레마를 겪는 사람들에게 우선 COO직을 맡아보기를 권한다. 열정이 사라져 일을 그만두고 싶은 이유가 일상 업무를 견딜 수 없어서인지, 혹은 개인적으로 삶의 매너리즘에 빠진 것인지 파악하라.

인터뷰 내용은 이해를 돕기 위해 편집 및 요약되었다.

· · · · · · · ·

임원의 직급과 실용주의

회사들은 직급에 관한 한두 가지 철학을 갖고 있다. 우선 경력직으로 입사할 때 기존에 비해 낮은 직함을 부여하는 '구글의 방식'이다. 페이스북도 이 방식을 도입했다. 야후나 이베이에서 부사장을 역임한 사람들이 구글에 합류하여 부장director이나 차장manager의 직급을 받은 한편, 작은 스타트업에서 부사장이었던 사람들은 직책이 없는 팀원 또는 일반 팀원인 '인디비주얼 컨트리뷰터individual contributor 혹은 대리junior manager로 합류한다. 반대로 초기 단계의 회사에 합류하는 위험을 보상하는 취지에서 경력직 전원에게 직급을 상향 조정하는 방식이 있다. 이때 옳거나 그른 방식은 없고, 두 가지 모두 장단점이 있기 때문에 한 가지 방식을 택해서 일관되게 적용하도록 하라. 나는 개인적으로 '하향 직급'을 부여하는 방식을 선호한다. 위계질서를 완화하고, 직원들이 상대적으로 낮은 직급의 직원들보다 부사장의 의견을 더 중시하는 문화를 없앨 수 있다고 생각한다.

한편, 최종 선발된 임원이 회사에서 부여하는 직함을 기꺼이 수용하기도 하지만 그렇지 않은 경우도 있다. 수백만 달러의 연봉을 제시하는 러브콜을 마다하고 스타트업에 합류할 수도 있는 것이다. 그러한 경우에는 리스크에 대한 보상 차원에서 직함을 상향 조정해달라고 요청할 수 있다(구글에서 부장을 역임한 사람이라면 구글을 나와 스타트업에 합류할 때 부사장이나 COO 혹은 CMO직을 요구할 수 있다).

해결 방법으로는 '판매 부사장'보다는 '판매총괄'직을, 'COO'보다는 '총괄관리자'직을 제안하거나, 구체적인 직함을 추후에 정할 것을 제안한다. 당사자가 원하는 직함에 걸맞은 업무 성과를 보이면 향후 조직을 확대할 때 부사장이나 COO직을 위임한다고 합의할 수도 있다.

마지막으로 CXO 최고책임자 ° 직함보다 높은 직위로 누군가를 채용하기란 어렵다는 사실을 기억하라. 다시 말해, 상무, 전무이사, 혹은 COO를 판매 부사장직보다 높은 직위로 채용할 수 있다. 그러나 판매 부사장에 맞는 인물을 COO로 채용한 후, 그보다 높은 직위를 채용하려면 COO를 퇴사시켜야(혹은 직위를 강등시켜 결국 퇴사하게 해야) 한다. 마찬가지로 부사장이나 부장은 충분히 쉽게 채용할 수 있지만, 부사장 직급에 비해 부장직을 채용하기가 더 용이하다.

임원 해고하기

임직원을 퇴사시키는 일은 항상 고통이 뒤따른다. CEO가 임원을 해고하는 일은 양측 모두와 조직 전체에 큰 부담이 된다.[38] 그러나 이렇게 힘든 결정을 내릴 때 수반되는 불확실성과 혼란을 최소화할 수 있는 몇 가지 단계가 있다.

임원을 떠나보내기 전에 CEO로서 다음의 단계를 거치도록 한다.

1. 이사회와의 충분한 논의

CEO가 최종 결정을 발표하기 전에 이사회는 임원들에 관한 어떠한 변경사항이라도 미리 파악하고자 한다. 한 명 이상의 이사회 구성원이 이전에 그 임원과 함께 일했거나 CEO에게 그들을 소개한 적이 있을 수 있다. 각 이사진에게 1대1로 전화를 걸어 변경을 원하는 이유와 계획(잠재적인 인

°   CEO, CFO 등 최고경영자들을 모두 일컫는 용어.

수인계 계획을 포함하여)을 설명하고, 필요한 경우 퇴직금의 세부사항을 설명하는 것이 가장 좋다. 일단 1대1로 사람들과 이야기를 나눈 후, 적극적인 논의가 필요한 경우에 후속으로 이사회 회의를 소집할 수 있다.

2. 퇴사 임원의 사퇴 계약에 대한 서류 작업 준비

이 작업은 변호사를 선임하여 실행한다. 퇴사 전에 퇴직금과 기타 세부사항에 대해 결정해야 한다.

조심스러운 사안이므로 참조할 만한 스크립트를 작성하는 것도 도움이 된다. 어떠한 내용을 전달하건, 다음의 사항을 기억하라.

- 확고한 어조로 말한다. 이미 합의된 계약을 논하는 자리임을 잊지 말라.
- 프로답게 임한다.
- CEO로서 본인의 주장과 이유를 명확하게 전달한다.

평소에 직원으로 관리가 잘 되던 사람이라면 바람직한 직원의 덕목(회사와의 적합성, 업무에 대한 책임, 조직의 방향성에 대한 이해 등)을 이미 파악하고 있다는 의미이므로 퇴사의 이유를 잘 알고 있을 것이다.

3. 인수인계 계획

이 담당자의 직속 직원 전체를 누가 관리할 것인가? 새로운 관리자에게 업무를 위임할 때, 단기·임시·영구적으로 인계하는 것인지 그 여부를 명확히 하라.

4. 커뮤니케이션 계획

어떠한 내용을 언제 누구에게 전달할 것인지 명확한 그림이 나와야 한다. 퇴사 대상 직원(혹은 당신의 회사)이 어느 정도 알려진 사람이라면 언론의 취재를 사전에 요청해도 좋다. 혹은 언론에 알리거나 트위터에 올릴 내용에 대해 당신과 퇴사 당사자 간에 협의·합의하여 입을 맞출 수도 있다. 위엄과 명예에 흠집이 나지 않는 아름다운 퇴장이 되도록 하라. 가상의 인물인 마케팅 부문 부사장 밥Bob을 해고하는 커뮤니케이션 계획은 다음과 같다. 이상적인 시나리오 정도로 파악하고, 현실적으로 이렇게 일사천리로 해결될 것이라고 기대하지 않길 바란다.

- 화요일, 오전 9시: 부사장 밥을 만나 그의 사직 소식을 전한다. 그가 담당하던 업무를 어떻게 처리하면 좋을지에 대한 의견을 나누고 방법에 합의한다.

- 화요일, 오전 10시: 당신의 직속 부하직원들에게 밥의 사퇴 소식을 전한다. 결단을 내리게 된 배경을 간결하게 설명하고, 그들이 자신의 직속 부하직원들에게 이 소식과 더불어 예상치 못한 상황에 대한 대처 방안을 안내하도록 명확한 지침을 제시한다. 예를 들어 판매를 총괄하는 사라Sarah에게 앞으로 영구적으로 마케팅도 총괄하게 되었다는 확정 소식을 전하며, 업무 이행 계획을 설명한다. 사전에 그 가능성에 대해 사라와 논의를 마쳤어야 한다.

- 화요일, 오전 11시: 사라와 함께 마케팅팀을 찾아가 팀원들에게 변화에 대한 소식을 전한다.

- 화요일, 오전 11시 30분: 회사 전체 메일로 변화에 대한 소식을 알린다. 그리고 이행 계획과 마케팅팀의 목표를 설명한다(명확하게 정의되고 일관된 목표이어야 한다). 마케팅팀의 특정 직원이 받을 충격이 우려스럽다면 상황과 관계 정도에 따라 CEO나 사라가 그들을 직접 만나서 얘기를 나눌 수 있다.

- 금요일, 주간 '올핸즈 미팅': 철저히 준비된 사전 질의서를 통해 예상 질문에 무리 없이 답하도록 한다.

유능한 사업 개발 담당자를 채용하는 방법

유능한 BD**Business Development**(사업 개발) 담당자를 찾기란 매우 어렵다. 스마트하고 카리스마 있으며 언변이 좋지만 실행 능력이 없는 경우가 있는 한편, 최고의 인맥으로 거래를 성사시키는 능력은 뛰어나지만 세부적인 계약사항을 누락하고 비합리적인 조건을 포함하는 등 실수가 잦은 경우도 있다. 담당자가 어떠한 거래를 성사시키는지, 제품이 성공하는 데 어떠한 기여를 했는지를 구분하는 것이 쉽지 않다. 그렇다면 사업 개발 담당자를 채용할 때 어떠한 자질을 눈여겨봐야 하는가?

유능한 사업 개발 담당자

최고의 사업 개발 담당자는 다음의 공통점을 지닌다.

- **추진력이 강하면서 스마트한 인재:** 스마트하고 창의적이면서 업무 처리에 대한 즉각적 대응이 가능하다.
- **언변이 좋은 유능한 커뮤니케이터:** 고객이나 파트너(법률 자문, 기술 자문, 계약 관리 담당자 등)뿐 아니라, 내부 팀들(엔지니어링, PM, 사내 변호사, 임원)과 커뮤니케이션하는 데 문제가 없다.
- **창의적으로 혹은 과감하게 거래 조건을 제시하는 배포가 큰 사람:** 가능성의 최대치에 도전하고, 파트너 혹은 고객에게 파격적인 요청을 할 만큼 배짱이 두둑하다. 상대에게 요청하기 전까지는 얼마나 퍼줄지 알 수 없다.

- **전투적인 멀티태스킹:** 창의적 혹은 공격적인 조건을 포함한 복잡한 거래를 여러 차례 성사시킨 이력을 지닌다. 트위터에서 나와 함께 일했던 한 직원은 대학교를 다니면서 파트타임 인턴으로 근무했는데, 학교를 다니며 3~4건의 제휴 계약을 성사시키는 마력을 보였다.
- **거래를 구조화할 수 있고, 거래 프로세스를 진두지휘하는 역량:** 거래 담당자들은 조직적인 업무 처리의 중요성을 간과하는 경향을 보이기도 한다. 하지만 거래의 다양한 단계(아이디어 구상, 피칭, 협상, 계약 구조화, 체결)에서 내·외부 이해관계자 전체를 인도할 만한 그릇을 지닌 사람이다.[39] 잠재 고객 명단을 확보하고, 공격적으로 협상의 틀을 짜며, 거래처 사람을 만나기 전 내부적으로 사전 미팅을 준비할 수 있다. 거래의 구조가 엉성하면 내부적으로 계약조건에 대한 합의가 어렵거나 협상 계획이 부실하여 직원들이 다른 부서나 회사로 이탈할 가능성도 있다.
- **세부 사항을 놓치지 않는 매의 눈:** 리드 호프먼은 거래 담당자들이 모든 계약서에 포함된 법률 용어를 비롯한 모든 단어를 해석하길 바란다고 내게 언급한 적이 있다. 꼼꼼하게 내용을 숙지하고 있으면 예상치 못한 문구로 뒤통수를 맞게 되는 상황을 없애고 계약의 취지를 곱씹을 수 있게 된다.
- **풍부한 법무 지식:** 법학 배경이 없더라도 주요 법률적 뉘앙스를 파악하여 완전히 이해할 수 있다.
- **기업문화와의 정합성과 회사 중심적 사고:** CEO라면 누구나 직원뿐 아니라 임원진이 회사를 가장 우선에 두길 바랄 것이다. 경영 일선에 있는 임원들이 회사보다는 자신의 이익을 추구할 수 있는 길이 다양하다(아래에서 자세히 다룬다).

- 전사적으로 다른 직원들과 조화롭게 협력하는 능력
- **실용주의적 사고에 기반을 둔 거시적 안목:** 중요한 요소가 무엇인지 파악하여 최적화하고(80:20 법칙) 거래를 성사시킨다. 협상 전략인 경우를 제외하고, 중요하지 않은 사소한 사안에 대해서는 굳이 최적화하는 노력을 쏟지 않는다. 같은 맥락에서 성사되지 않아야 하는 거래도 있다. 거래를 성사시키는 유능한 사람들은 한 걸음 물러나 거래에서 손을 뗄 것인지를 결정한다. 성공의 기미가 안 보이는 거래는 무리해서 타결하지 않는다. 결렬되는 거래가 '최고의' 거래인 경우도 있다.
- **파트너와 시장의 니즈를 이해할 수 있는 능력:** 파트너가 진정으로 바라는 결과를 이해하고, 회사와 파트너의 역량과 니즈에 영향을 줄 수 있는 시장 추이를 파악한다.
- **끈질긴 근성:** 거래가 성사되기까지는 오랜 시간이 걸리며, 수많은 회신이 오가는 기다림의 연속이다. 역량이 부족한 거래 담당자는 거의 끝까지 도달했는데도 조금 더 버티지 못하고 '거래 체결을 성급히 해치우고 만다.' 결국 포기할 필요 없는 막대한 손해를 감당해야 한다.
- **끈질기고 집요한 자세:** 백번 찍어 안 넘어가는 나무 없다. 계속 찍다보면 희망이 보인다.
- **도덕적 인품:** 전 직원에게 요구되는 자질이기도 하다. 곤란한 상황이나 자신의 이해관계에 어긋난 상황에서도 옳은 행동을 할 수 있는 사람이다.

자격 미달인 사업 개발 담당자

자격 미달인 사업 개발 담당자는 다음의 특징을 보인다.

- **빛 좋은 개살구:** 매력적인 성격을 지니고, 재미있게 대화를 이끌 수 있으며, 비상한 두뇌를 가진 사업 개발 담당자들이 더러 있다. 그러나 안타깝게도 일을 끝까지 추진할 수 있는 역량이 부족하고, 결코 거래를 체결하는 단계까지 이르지 못한다. 회사에 중요한 조건을 포기할 수밖에 없었다는 공허한 변명만 늘어놓는다. 이러한 부류의 사람들은 평판 조회를 통하지 않고서는 걸러내기 어렵다. 그야말로 '빛 좋은 개살구'이기 때문이다. 기술설립자들은 이러한 사람들의 카리스마를 과대평가하는 경향이 있다. 훌륭한 친화력과 매력에 쉽게 넘어가지 않아야 한다.
- **체계적이거나 조지저인 업무 처리에 미숙:** 체계적이지 않고 오직 직감에 의존하여 일하고, 벌여놓은 일에 대한 사후 보고는 하지 않으며, 내부적으로 소통을 제대로 하지 못한다. 그 결과 불필요하게 회의가 소집되거나 내부적으로 혼란이 발생한다.
- **회사에 막대한 손해를 입힘:** 거래 상대방의 입장에 서서 '공정한' 거래인지에 대해 과도하게 초점을 맞춘다. 상대방에게 중요한 상황을 과도하게 고민하고, 본인 회사에 손해를 입히는 상황을 마다하지 않는다. 회사에 실질적으로 도움이 되는지 판단하기보다는 어떻게든 거래를 성사하겠다는 마음뿐이다.
- **주인의식 결핍:** 자격 미달인 사람들은 대체로 주인의식이 없다. 회사의 자금이나 자원을 별생각 없이 쓰며, 협상을 논의할 때도 회사에 부가가치가 될 만한 요소를 쉽게 포기한다. '별로 중요하지 않아서' 혹은 '부가가치가 20퍼센트도 안 되기 때문에'라고 이유를 대기에 급급하다.
- **세부 사항의 중요성 간과:** 217쪽의 내용을 참조하라.
- **업무의 과도한 아웃소싱:** 자격 미달인 사람들은 타 부서에 대한 의존도

가 지나치게 높다. 예를 들어 '법률 문제'라는 이유로 반복해서 등장하는 법률 용어를 이해하려는 노력조차 하지 않는다. 비즈니스에 중요한 계약 조항들이 법률 용어 또는 '기술 사양'이라는 이유로 간과 혹은 누락된다. 유능한 계약 담당자라면 이와 같은 주요 조항은 충분히 걸러낼 것이다.

- **회사보다는 자신의 이익과 인맥을 넓히는 데 집중:** 회사의 기밀 유출 방지에 각별히 주의해야 하는 직책임에도, 오히려 자신의 이익을 위해 권한을 악용하는 경우도 있다. 상대방의 환심을 사기 위해, 회사에 불리하고 상대측에 유리한 계약을 체결하여 인맥을 쌓는다. 일보다는 쓸데없는 '외근'과 만남에 심혈을 기울여 명성을 구축하기 바쁘다.[40]

- **투쟁적이고 자유분방한 '카우보이식 사고':** 내부 논의나 승인을 거치지 않고 상대측에게 찾아가서는 철회할 수 없는 조건을 제시해버리고 만다. 그러나 회사에서 왜 그랬냐고 다그치면 바로 꼬리를 내리지만, 한 차례 비난받고 나면 '이제 다 해결된 것'이라고 생각한다.

- **감정적 태도:** 거래의 과정에는 부침이 있으므로 중심을 잃지 않아야 한다.

- **사내 조직에 대한 과도한 의존:** 거래 담당자들은 거래를 성사시키는 과정에서 사내의 상사, 동료, 임원진에 대한 의존도를 낮출 필요가 있다. 사내에서 답을 찾으려는 사람은 거래를 담당하기에 적합하지 않다.

유능한 사업 개발 담당자를 발굴하는 방법

- **거래 성사 내역:** 지금껏 어떠한 거래들의 협상에 참여해왔는가? 거래

조건이 얼마나 복잡했는가? 회사에서 아무도 얻어내지 못한 파격적 혜택에는 무엇이 있는가? 어떠한 독창적인 거래 방식을 활용했는가? 그 거래가 실제 회사에 미친 영향은 무엇인가?

- **평판:** 거래 담당자들은 주로 회사 외부에 집중하고 사업 수완이 좋아서 인맥이 상당히 두텁다(현재 회사의 친한 동료들은 그들이 어떠한 일을 하는지는 잘 몰라도 '훌륭한 사람'이라고 생각한다). 거래 프로젝트에 직접 참여하면서 함께 일했던 사람들의 의견을 듣고, 더 많은 정보를 얻기 위해 여러 채널을 활용하라. 그들이 어떠한 거래에 참여했는지, 집요함과 창의성이 얼마나 뛰어났는지, 그들이 성사시킨 거래가 회사에 얼마나 구체적인 영향을 가져왔는지 묻는다. 혹시 예상치 못한 뒤통수를 때린 거래 건은 없었는지, 거래에 대한 인센티브로 파격적인 직위를 받아들인 적은 있는지 묻는다.

- **일이나 대화의 마무리:** 면접을 보는 동안 그들은 어떻게 답변을 마무리하는가? 얼마나 체계적인가? 보상 협상 과정에서 어떠한 접근법으로 대하는가?

- **문화:** 그들이 가장 중시하는 것은 무엇인가? 직위, 지분, 혹은 앞으로의 성장인가? 아니면 다른 속뜻이 있는가? 회사의 조직에 적합한가? 거래 담당자, 즉 사업가들은 기술이나 제품 담당자들과는 여러 면에서 다르지만, 회사 문화의 핵심 가치를 준수할 수 있는 사람이어야 한다.

유능한 거래 담당자는 대체적으로
파트너 관리 능력은 부족하다

거래에 대해 고민하고 실행하는 데 유능한 사람들이 파트너 관리(거래 체결 이후 관리)도 훌륭히 해낼 것이라고 기대하지 말라. 팀에는 거래 담당과 파트너 관리 담당을 별도로 채용해야 할 것이다.[41]

회사의 규모 확장:
숫자가 전부는 아니다

마리암 나피시와의 인터뷰

마리암 나피시는 최고의 디자인 제품을 최대한 신속하게 시장에 선보이기 위해 크라우드소싱과 애널리틱스를 이용하여 늘 신선한 감을 잃지 않는 유통업체를 만든다는 취지로 '민티드 Minted'를 설립했다. 1998년 최초의 온라인 화장품 유통업체 이브닷컴 Eve.com을 공동 설립하여 1억 달러에 매각한 경험을 지닌 그녀는 소비자 인터넷 포털 모델을 선도했다. 마리암은 '옐프 Yelp'와 '에브리 마더 카운츠 Every Mother Counts'의 이사로 재직 중 이다. 윌리엄스대학과 스탠퍼드 경영대학원을 졸업했다.

마리암 나피시는 회사의 규모 확장에 관한 노하우를 많이 알고 있다. 2008년 민티드 사이트를 개설한 이후, 맞춤형 문구류를 비롯하여 '한정 판매' 예술 작품, 가정용품, 결혼용품 등을 판매한다. 나날이 확대되고 있는 전 세계 디자인 커뮤니티가 직접 제작 및 기획한 것이다.
나피시가 최근 소수의 인원으로 벤처 사업을 확대했다는 소식을 듣고, 어떠한 방식으로 사업 확대를 진행했고, 창업 후 처음으로 고성장을 맞이하는 기업가들에게 어떠한 조언을 해줄 수 있는지 물어보고 싶었다. 그녀는 대화에서 급성장에 수반되는 '기술적 부채' 문제를 해결하기 위해, 새로운 사업부에 GM General Manager(부장)을 채용해야 하는 당위성이나 시점에 대한 통찰력을 제공해주었다.

· · · · · · · ·

일라드 길　민티드는 몇몇 업종에서 사업을 키워왔고, 설립 이후 9년 동안 200명의 직원을 두고 있다. 회사를 확대하기 위해 애쓰고 있는 기업가들에게 반드시 전하고 싶은 조언이 있는가?

마리암 나피시　사업 확대에 관한 한 회사의 규모, 즉 직원 수를 기준으로 생각하는 경향이 있다. 그러나 직원 수 외에도 사업의 차별화 혹은 복잡성이 사업 확대에 중요한 영향을 줄 수 있다고 생각한다.

　예를 들어, 리드 호프먼은 "이 회사가 '마을'에서 '도시'처럼 커질 때 어떠한 상황이 펼쳐지는지"의 관점으로 회사의 규모를 유추한다. 사업 모델의 변동성이 적고 매우 기본적인 경우에 처음에는 사업을 확대하는 데 큰 어려움이 없어 보인다. 한편 새로운 업종에 뛰어들기 시작하면 확대의 복잡성이 증폭되기 마련이다. 이 주제에 관해 마이클 포터Michael Porter가 쓴 주요한 논문 〈전략이란 무엇인가?What Is Strategy?〉를 읽어보기 바란다.[42] 논문에서는 사업별로 '활동 지도activity map'가 매우 다르다는 점을 강조한다.

　민티드에서는 올해 전략을 위해 활동 지도를 전면 검토하며, "현재 우리가 실제로 몇 개의 사업을 하고 있는가?"라고 냉철히 질문했다. 일부 사업의 전략적 우위에 대한 토대가 되는 활동지도가 각기 매우 다르기 때문이다. 사업이 빠르게 성장하며 다양한 업종에서 발전하는 경우, 사업 확대 능력은 복잡하여 한마디로 정의하기 어렵다. 내가 종사하고 있는 이커머스e-commerce(전자상거래) 분야에서는 한 가지 분야에 모든 것을 거는 회사도 있지만, 매우 빠른 속도로 사업을 여러 분야로 확장하는 경우도 있다. 아마존과 같은 온라인 기업들은 도서 부문 한 가지로 사업을 시작한 후, 꽤 빠른 속도로 음악 등 다른 분야로 성공리에 뻗어나갔다.

사업 확대에 대해 내가 생각하는 가장 중요한 접근은 핵심 활동이 무엇인지 고민하는 것이다. 예를 들어 고객군을 새로 유입할 때, 확대 가능한 '신규 고객 유입팀'이 확보되어 해당 업무를 전문적으로 반복 실행하면 좋을 것이다. 또한 전문팀으로 경험을 쌓다보면 회사의 규모 확장에도 도움이 된다. 하나의 분야에서 전문성을 키운 후, 다른 사업에서도 일관되게 적용할 수 있다면 그 자체로 효과적인 규모 확장 모델이라고 생각한다.

> "직원 수 외에도 사업의 차별화 혹은 복잡성이
> 사업 확대에 중요한 영향을 줄 수 있다고 생각한다."
>
> _ 마리암 나피시

일라드　특정 업무를 위해 개발하는 특정 역량의 관점에서, 반복해서 적용할 수 있는 확장 모델인지도 중요하다고 언급했다. 특히 소프트웨어 제품을 만드는 회사를 예로 들 수 있겠다. 구글의 경우, 검색 엔진에 중점을 두고 검색시장의 점유율을 계속해서 확대해나갔다. 그러던 중 언제부터인지 지메일 Gmail을 선보였는데, 회사 차원에서 "사업을 확장하기 위해 동일한 능력을 보유하고 있는가? 적합한 직원들을 확보하고 있는가? 검색 대신 지메일로 신규 고객을 유입하는 방법을 알고 있는가?"를 고민했을 것이다.

마리암　그뿐 아니다. "우리 회사에 적합한 혁신 인프라가 있는가?"도 고민했을 것이다.

일라드　당시에 가장 어려운 점은 어떠한 것이었나? 적합한 인재 채용인가? 아니면 회사 차원에서 새로운 능력을 개발하거나 적합한 고객군을 찾는 것인가? 회사 차원에서 어떠한 접근법을 활용했는가?

마리암　규모를 확대하거나 확장한다는 것은 회사 내에 기업가 정신이 완전히 새롭게 바뀐다는 의미다. 회사의 핵심 역량을 강화하거나 적극적으로 수익화할 수 있는 요소를 찾아 다른 사업 부문에도 적용하는 노력이다. 민티드의 경우에는 디자인 커뮤니티가 워낙 강력한 자산이라, 새로운 사업 부문에도 적극적으로 활용하고자 한다. 언젠가는 우리의 고객군도 이렇게 활용하고자 한다. 우리의 기존 고객들이 우리에게서 다른 물품도 계속해서 구매하도록 하는 것이다.

이 방법을 이용하다 보면 효과가 좋다고 느낄 때도 많지만, 새로운 사업을 성공시키는 데 전적으로 새로운 실무적 요소가 필요하다는 결론에 도달할 때도 있다. 고객 유입 혹은 체험 전략에 완전히 다른 전략과 사고체계가 필요한 경우도 있다.

기업가나 CEO로서 어떠한 전략을 실행할 것인지 이해하는 것이 가장 중요하다. 동일한 고객을 대상으로 하고, 동일한 디자이너나 물건을 디자인한다고 해도, 예술 작품을 구매할 고객을 유입하는 노력은 문구류 구매 고객을 유치하는 노력과 판이하게 다를 수 있다. 기존 고객을 신규 업종으로 유인하려면 더 근본적으로 기업가 정신을 검토해야 한다.

단순히 "이 분야의 전문 경영인을 채용하면 되겠다"고 생각하는 것이 아니다. CEO로서 각 사업 부문에 적절히 시간을 할애하면서 경영해야 한다. 신규 사업을 경영하거나 관련 업무를 처리할 전문 경영인을 채용하는 문제도 쉽지 않다. 능력이 출중한 기업가를 채용해야 하지만 그만큼 하늘의 별

따기다. 게다가 사업의 초기 단계에서 영입하는 것이므로 창의적인 경영인이어야 한다.

단 장기적으로 회사가 큰 성공을 거두게 되면, 성장 잠재력이 전혀 없고 시대에 뒤처진 품목이 아닌 이상 투자에 대한 포트폴리오적 접근이 필요하다. 예를 들어, "총 투자비의 15퍼센트는 완전히 새롭고 혁신적인 분야에 할애한다. 20퍼센트는 혁신적인 단계를 넘어 안정적인 단계에 투자하여 제품화한다. 나머지 60퍼센트 혹은 65퍼센트는 핵심 사업을 점진적으로 개선하는 데 할애한다"는 것과 같이 접근할 수 있다.

일라드 회사의 첫 작품이나 첫 사업을 초월하여 확장할 만한 적합한 시기는 언제라고 생각하는가? 구글의 경우, 지메일 사업을 시작하기까지 3~5년 정도 준비 기간을 거쳤다. 당시에는 그 기간에 대해서도 내부적으로 논란이 많았다. 그렇다면 적합한 때가 되었다는 것을 어떻게 아는가? 신규 사업을 추가하거나 신규 업종에 진입하거나 해외에 소개할 만큼 역량이 있다는 사실을 어떻게 아는가?

마리암 회사의 성장곡선과 핵심 사업의 전년 대비 성장률을 검토하여, 어느 시점에 성장률이 불가피하게 떨어질지 전망할 수 있어야 한다. 성장률을 견인할 사업 아이템을 찾아서 투입하기까지 몇 년이 소요될지도 전망한다. 이것이 결국 사업 모델이 되어 전망이 쉬워진다.

지나친 단순화라고 들릴 수 있겠지만, 우리는 적합한 사업 모델로 구축하는 데 최선을 다한다. 사업 모델 구축이 상대적으로 시급한 기업들도 있다. 핵심 사업이 얼마나 강력하고 안정적인지, 첫 사업이 무엇이고, 사업의 초기에 고객 유입 모델이 얼마나 강력한지에 따라 상황이 다르다. 다시 말해, 사업 모델의 자생력과 자력이 얼마나 강한지가 관건이다. 핵심 사업을 예측하고, 핵심 사업이 어떻게 전개될지를 예측할 수 있어야 한다.

물론 이 접근법의 문제는 두 번째 사업이 꽤 일찍 진행되어야 한다는 것이다. 매년 500퍼센트씩 성장하는 사업일 수도 있지만, 전체 사업 구조business mix에서 차지하는 비중이 미미하다면 문제는 사업 구조에 있다. 핵심 사업의 성장 속도가 지나치게 낮다면 사업 구조상 불균형이 나타나게 된다. 따라서 일반적으로 기업들이 새로운 아이디어와 새로운 사업을 통해 실제로 영향력을 발휘하려면 몇 년이 걸리는 경우가 많다. 예상보다 빠르게 두 번째 사업을 진행한 대표적 사례가 구글이다. 지금까지 내가 봤던 여러 사례를 통해 내린 결론이기도 하다.

나는 예술 사업에 발을 들여 다행이라고 생각한다. 성장률이 매우 높은 고성장 사업일 뿐 아니라, 사업 구조도 매우 안정적이고 조화를 잘 이루어 회사의 전체 성장률에 큰 영향을 주고 있다. 현재 예술 사업을 진행한 지 4년차가 됐다. 2012년 작은 규모로 사업을 론칭했다. 민티드는 2008년에 시작했으니, 사업을 다각화하는 데 몇 년이 걸렸는지 쉽게 짐작할 수 있을 것이다. 그렇게 준비 기간이 길었던 이유는 규모를 확장하는 것에 대해 내부적으로 우려가 컸기 때문이다. 회사의 사업이 더욱 복잡해지고 난해해질수록 규모 확장에 큰 영향을 끼친다. 직원 수는 여기에 비하면 아무것도 아니다. 그나마 가장 덜 복잡한 문제가 직원 수에 관한 것이다.

일라드　　적극적 해외 진출, 그리고 기존 판매 국가에서 새로운 시장을 공략하는 것의 장단점은 어떻다고 생각했는가?

마리암　　우리 회사의 사례를 소개하겠다. 몇 마디로 설명하면 간단하게 들리지만 실제로는 매우 복잡한 사안이었다. 포토 카드의 해외 진출을 고려하던 때였는데, 나는 포토 카드 시장이 문화적 차이 때문에 다른 국가에서 미국만큼 관심을 받지 못한다고 생각했다. 분명 하나의 걸림돌이었다.

또한 나는 민티드의 핵심 사업이 디자인에 관한 것인지, 문구류 그 자체로 인식되지 않아야 한다고 생각했다. 그러려면 우리의 주요 시장인 미국에서부터 문구류에 정체되지 않고 더 광범위한 디자인 쇼핑몰이 되도록 입지에 변화를 기해야 할 필요가 있다고 생각했다.

문구류에만 너무 오랫동안 깊게 머무르면 자포스Zappos 쇼핑몰과 같은 운명을 피해갈 수 없을 것이라고 판단했다. 자포스는 내가 애용하는 쇼핑몰 사이트지만, '자포스' 하면 항상 신발 매장 사이트라는 인식이 강해서, 아무리 오랜 시기 동안 액세서리나 다른 품목을 판매해도 여전히 머릿속에서는 신발 사이트라고 기억하고 있었다. 민티드도 이렇게 자각될까 봐 걱정된 것이다. 그래서 다소 이른 감이 있지만 브랜드의 대표 품목에서부터 한 발짝 벗어나야 했다.

그 외에도 난 해외 사업이 실제로 상상할 수 없을 정도로 복잡하다고 여겼다. 회사의 임원들이 빠듯한 시간을 힘들게 쪼개가며 해외 사업에 투자하고, 많은 시간을 들여 출장을 다녀야 하는 상황이 우리를 무너트릴 것 같다는 느낌마저 들었다. 해외로 눈을 돌리느니 차라리 국내에서 다른 사업을 시작하는 것이 다소 쉽겠다는 결론에 도달했다.

일라드　　새로운 사업을 시작하기로 하고 나서, 초기에는 어떠한 방법으로 팀을 구성했는가? 내부 직원의 인사이동을 통해 팀을 꾸렸는가? 아니면 외부에서 채용했는가?

테스트 단계에는 최소한의 자금을 투입한다는 원칙이었다. 시제품을 만든다는 마음가짐이었다. 그래서 나는 직원들의 기존 업무에 신사업에 관한 일을 녹여내었다. 당시 미술공모전을 운영하던 미술작품 판매상들이 직접 미술대회를 열기 시작하자, 작품이 거래되는 공급망에서 사람들은 작품을 인쇄하고 표구하는 방법을 직접 찾아 나서기 시작했다. 그래서 시범적으로 직원들에게 관련 업무에 조금씩 관여하도록 하며 사업성을 검토했다.

결국 사업성이 있다고 여겨졌고, 관련 팀을 구성하기 시작했다. 스탠퍼드 대학교를 갓 졸업한 사회 초년생 여성을 처음으로 채용했다. 그녀는 "맡겨만 주십시오. 제가 다 알아서 하겠습니다"라며 진취적인 리더의 기질을 보였다. 당시 회사의 규모가 그렇게 크진 않아서, 큰 손실을 감당하면서까지 이 사업으로 도박을 하고 싶진 않았다. 그런데 막상 결과는 그야말로 대박이었다.

한 명의 훌륭한 인재와 다른 여러 직원을 활용했기에 2백만 달러의 수익을 올릴 수 있었다고 생각한다. 그 이후, 확대된 사업을 추진하기 위해서는 자체적인 마케팅 계획과 전략을 구축해야 한다는 결론에 도달했고, 예술작품 마케팅 부서장을 영입하기에 이르렀다. 또한 GM이 한 사업 부문을 총괄하는 사업부 조직이 아닌 '매트릭스 조직'을 택했다.

현재 우리 회사에서는 사업부 조직 방식을 시범 적용하는 사안에 대해 검토 중이다. 단 사업부 조직은 회사 내에 정치적 라인을 불러일으키는 위험이 있기에 신중해야 한다는 얘기를 많이 들었다. 그렇게 되면 또 하나의 서브 브랜드가 생겨나서 중심이 되는 '민티드' 브랜드에서 분리된 채 남게 될 것이다.

단 부서를 부장에게 위임하는 경우, 독불장군이 아닌 문제 해결에 집중하고, 기꺼이 협업하려는 사람이어야 한다는 점을 알게 되었다. 고객 앞에서 발표할 때, 브랜드와 회사에 대해 종합적이고 총체적인 방식으로 내용을 전달해야 하는데, 주관적 생각을 개입하는 등 사업에 큰 차질을 가져오기 때문이다. 한편 협업적 마인드가 강한 사람들이 부서를 총괄할 때 일을 수월하게 진행할 수 있다.

어떤 면에서는 부장 적임자를 뽑는 성격 테스트와도 유사하다. 나는 일반 경영 조직 모델을 도입했을 때 적합한 부장을 가려내는 면접 질문지를 개발해야 했다. 성격 테스트처럼 "진심을 다해 CEO 및 다른 부장들과 사업에 관한 협업적 결정을 내리고자 하는가?"라는 질문을 넣었다. 이것은 매우 중요한 자질 중 하나라고 생각한다.

내가 물어보는 질문에는 "당신의 상사인 나에게 바라는 바가 무엇인가? 어떠한 소통 방식을 원하는가?"도 포함되어 있다. 답변을 통해 CEO와 어떠한 관계를 원하는지 혹은 CEO의 중요도에 대해 어떻게 생각하는지 알 수 있다.

면접에서 후보가 "추후에 사장님이 뒤통수 맞는 일 없도록 명확하게 소통하도록 하겠습니다"라는 식으로 말한 적이 있다. 나는 직원이 내가 뒤통수 맞는 것만 걱정하며 소통하는 관계는 원치 않는다. 무엇보다 회사가 예상치 못한 비난을 받는다고 직원들을 처벌하는 것은 우리의 문화가 아니다. 대기업에서는 통할지 모르겠으나, 그러한 답변이 다소 거슬렸다. 또 다른 질문으로는 "상사와 어떠한 방식으로 소통하는가?", "공과 사에서 어떠한 소통 방식을 원하는가? 본인이 보고해야 하는 직속 상사와 얼마나 자주 소통하고 싶은가? 대화 방식이 어떠하고, 어떠한 수단을 활용하는가?" 등이 있다.

일라드   임원 채용 면접에서 "CEO에게서 바라는 바가 무엇인가?"는 바람직한 질문이라고 생각한다.

마리암　그 사람의 소통 방식을 이해하는 것만으로도 큰 의미가 있다. 마찬가지로 "직장 동료에게서 바라는 바가 무엇인가?"라는 질문도 중요하다. 두 가지 질문을 통해 동료나 상사가 회사에 가치를 더해준다고 생각하는지, 옆에서 월급만 타가는 존재라고 생각하는지를 가늠해볼 수 있다. 이처럼 상사나 동료에게서 바라는 점을 질문하여 많은 정보를 얻어낼 수 있다.

　한편, GM직을 채용하는 일은 쉽지 않다. 유능한 부장이라면 여러 분야를 두루두루 섭렵하는 제너럴리스트_{generalist}여야 하기 때문에 찾기가 매우 어렵다. 직접 회사를 운영하길 바라거나, 이미 회사를 운영하고 있는 경우도 많다. 부서가 두어 개 될 때는 모든 GM이 같은 역량을 보유하길 바랄 것이다. 한편 회사의 조직 구조에 따라 각 부장의 핵심 역량이 달라진다.

　예를 들어, 머천다이징_{merchandising}, 마케팅, PM 세 개의 부서에 오랜 경력을 지닌 GM이 각각 배치되었다고 가정해보자. 세 명이 지닌 강점과 약점을 고려하여 하나의 일관된 프로세스를 구축하는 일은 실제로 매우 어렵다.

　회사의 규모를 키울 때 여러 사업 부서를 동시에 운영하는 것이 가장 복잡한 일에 해당된다고 할 수 있다. 부서별로 현재의 상황과 외부의 경쟁 환경이 매우 다르기 때문이다.

일라드　여러 회사가 규모를 확장할 때 '기술적 부채'라는 걸림돌을 마주하게 된다. 오랜 시간에 걸쳐 회사들이 재구축하고 개발해야 하는 기술적 장비의 문제도 있다. 기술적 부채를 어떻게 해결했는가? 특정 기간을 정해 이 문제를 해결하는가? 이에 집중된 구체적인 프로젝트를 실행하는가?

"유능한 부장이라면 여러 분야를 두루두루 섭렵하는
제너럴리스트여야 하기 때문에 찾기가 매우 어렵다.
직접 회사를 운영하길 바라거나,
이미 회사를 운영하고 있는 경우도 많다."

_마리암 나피시

마리암　　우선 그해 성장 로드맵을 작성한다. 그다음으로는 기술적 부채를 탕감할 만한 프로젝트를 계획하여 로드맵에 따라 힘을 실어준다. 결국 성장 로드맵에 따라 업무를 이행해나가면 되는 것이다.

　제품 상세 정보 페이지를 예로 들어 보겠다. 구체적인 제품을 보려고 할 때 살펴보는 페이지다. 회사에서는 여러 팀이 작업에 참여한 관계로 이 페이지를 여섯 가지 버전으로 출시했다. 그러다 보니 갑자기 코드가 반복되고 겹치게 되었다. 현재는 단일 코드 기반으로 다시 구축했고, 다양한 모듈로 교체할 수 있다. 하나로 통일시키고 나니 업무 처리가 매우 효율적으로 변했다. 중복 코드 문제를 가장 먼저 다루었던 이유는 성장 로드맵을 가로막는 주된 걸림돌이었기 때문이다. 우리 회사가 업무에 우선순위를 어떻게 세웠는지에 대한 대표적인 사례라고 할 수 있다.

　또한 직원들의 생산성을 예의 주시해야 한다. 엔지니어들의 업무 처리 속도가 더디어지기 시작하고, 코드의 특정 부분은 아예 다룰 엄두를 못 낸다고 여겨지면 성과를 나타내는 지수scoreboard를 균형 있게 개발해야 한다. 수익 창출에 직결되지 않는다고 해도, 내실 있는 전략의 영향을 측정 가능한 지표로 평가할 수 있다. 주요 성과 지표를 토대로 하면 로드맵을 작성하여 기술적 채무를 탕감하는 방법을 쉽게 파악할 수 있을 것이다.

업무의 우선순위를 정할 때 우리 회사는 대개 성장 로드맵에 기반을 두지만 때로는 직원 업무의 생산성을 토대로 한다. 직원들이 업무를 통해 진정 행복을 얻을 수 있는지가 관건이 될 때도 있다. 업무에 대한 직원들의 불만이 쌓여가는 변곡점에 도달하면 변화를 강구하기 위해 진지하게 고민한다.

자본 환경은 특정 시점에 자본비용이 낮건 높건 상관없이 성과지수에 큰 영향을 준다. 자본비용이 낮은 경우, 많은 자본을 획득하여 오랫동안 유지할 수 있어 장기적 사고가 가능해지고, 장기적으로 수익을 내는 사업을 우선순위에 올릴 수 있다. 반대로 자본비용이 높은 경우, 시야를 좁혀 단기 수익을 모색해야 한다. 베타 버전의 시범 프로젝트를 줄이고, 1년 안에 수익을 올릴 만한 사업을 추진한다. 단 사업의 방향성을 고려했을 때 1년 이내에 성과를 내기가 빠듯할 수 있다. 이 조건을 충족하는 프로젝트는 많지 않을 것이다.

나는 균형 잡힌 성과지수를 사용하는 것을 선호하고, 일반적으로 수익 성장을 높은 우선순위에 올리는 편이다. 수익을 올리는 것이 내게 가장 중요한 목표이지만, 그 외에도 브랜드, 고객 만족, 지역사회 만족 등의 주요 항목도 중요하므로 성과지수에 포함시킨다. 그러나 단순히 기술적 부채를 대거 탕감할 수 있다는 이유로 사업 계획과 무관한 프로젝트를 추진하진 않는다.

> "자본비용이 매우 낮은 경우, 많은 자본을 획득하여
> 오랫동안 유지할 수 있어 장기적 사고가 가능해지고,
> 장기적으로 수익을 내는 사업을 우선순위에
> 올릴 수 있다. 반대로 자본비용이 매우 높은 경우,
> 시야를 좁혀 단기 수익을 모색해야 한다."
>
> _마리암 나피시

일라드　　그러한 문화는 어떻게 조성하는가? 회사 내에서 기술부와 사업부는 자연스럽게 긴장 관계에 놓인 경우가 많다고 생각한다. 예를 들어 기술부가 흥미로운 사업이나 설비와 관련된 사업에 욕심을 보이는 경우가 많은데, CEO의 관점에서는 추가 설비가 필요 없어 보이기도 한다.

마리암　　우리 회사에서는 기술부와 제품부 직원들이 만나 함께 직위 체계와 회사의 목표에 대해 깊이 논의할 수 있는 분위기를 조성하고자 최선을 다한다. 최고위 임원들은 자신이 회사 사업에서 의미 있는 역할을 하지 못하고 회사의 목표를 수긍하지 못하면 회사를 떠나는 편이다. 자발적으로 사퇴하는 것이다. 따라서 임원 채용 면접에서 이커머스 사업에 대한 회사의 계획과 포부를 알려주고, 디자인 커뮤니티와 오픈마켓을 구축하고 있다고 알려주었다. 또한 우리 회사에서 성공 여부를 측정하는 주요 지수 중 하나는 바로 수익의 규모다. 인바운드inbound 채용 시에는 지원자들에게 CEO의 가치관을 설명하면 지원자가 본인이 추구하는 바와 맞아떨어지는지 판단할 수 있다. 채용 절차로 양측의 생각을 파악할 수 있기에 추후에 나타날 수 있는 이견을 어느 정도 막을 수 있다.

　　일반적으로는 회사의 전반적인 전략과 목표를 여러 차례 전달한다. 재무팀이 엔지니어들을 위해 투자 수익률Return on Investment(ROI) 계산에 관한 수업을 진행하기도 했다. 엔지니어들이 성과를 수치화하는 방법을 이해할 수 있도록 재무 수업을 여러 차례 마련했다.

일라드　　훌륭한 생각이다. 더 많은 회사가 그렇게 해야 한다고 생각한다. 어떻게 그러한 생각을 하게 되었는가?

마리암 　내가 ROI와 관련된 분야에 대해 워낙 얘기를 많이 하다보니 그런 것 같다. 내가 하도 강조하니 결국 PM부와 기술부의 부장들이 "우리 부서의 직원들에게도 그쪽 분야를 좀 배워두라고 일러둬야 할 것 같다"고 말했다. PM부 부장은 재무부의 VP가 수업을 진행해주면 좋겠다는 의견을 제시했다.

신기하게도 직원들이 지대한 관심을 보인다. 여러 엔지니어가 올핸즈 미팅 이후 나에게 찾아와 주식시장과 자신들이 예의 주시하는 주식에 대해 질문한다. 내가 전문가여서 그렇다고 생각하진 않는다. 다만 "과연 민티드가 상장될 것인가?" 혹은 "내가 IT 전문매체인 〈테크크런치 **TechCrunch** °〉의 기사에서 이러이러한 현상이 업계에 일고 있다고 했는데 그 이유가 무엇이라고 생각하는가?" 등의 질문을 쏟아낸다. 직원들의 관심이 증폭되고 있음은 분명해 보인다.

사내에서도 전문 금융 용어를 일상적으로 사용하는 분위기다. 프로젝트 평가를 위해 직원들이 사용하는 구글 독스에 접속해보면 'ROI' 혹은 '매출의 순현재가치 **net present value of the revenue**' 같은 금융 용어가 수두룩하다. 사내에서 워낙 많이 사용하기 때문이다. 일상에서 이처럼 자주 사용하는 것도 중요하다고 생각한다. 우리 회사의 문화에 깊이 녹아 있는 요소라 애써 인식하고 있지도 않다. 나는 전직 투자 은행가이고, 공동 설립자 멜리사도 직전에 이베이의 재무부에서 일했다. 그래서 우리 둘 다 숫자에 능한 편이다.

일라드 　조직을 키우거나 축소할 때 팀의 직급은 어떻게 조정하는가?

ㅇ 　기술 산업 뉴스를 취급하는 온라인 출판사.

마리암   매우 중요한 사안이다. 회사의 규모를 확대할 때 팀의 확대는 조직 내에서 가장 우선적으로 고려해야 하는 대상이다. 이때, 고위 경영직이 총괄을 맡을 만한 부서가 바로 기술부이다. 가성비를 생각해서 새내기 엔지니어들로만 구성된 팀을 꾸렸다가는 낭패를 본다. 그러나 직급에 대한 사안이 그리 중요하지 않은 부서들도 있다.

일라드   대표적으로 어떠한 부서에서 직급이 상대적으로 덜 중요한가?

마리암   부서의 성과물이 우수한지 부실한지 단번에 파악할 수 있는 경우가 그렇다. 디자인 부서를 예로 들 수 있다. 직업의 성과를 직접적으로 파악할 수 있기에 젊은 신진 디자인 인재들로 시작해도 무방하다. 단 결과물이 노골적이지 않고, CEO가 명확하게 파악하기 어려운 업무를 관장하는 부서('아키텍처_{architecture} °'를 다루는 기술부 등)에는 고위급 임원을 배치하여 회사의 시스템 내부 상황을 파악하도록 해야 한다.

일라드   어떠한 부서에 경력직을 투입해야 할지 혹은 신입을 투입해야 할지 파악하도록 도와줄 만한 체계를 언급해주었다. 요약하면 CEO가 명확하게 결과물을 파악할 수 있는 부문에는 무리가 안 된다면 신입을 모집해도 무방하다. 단 빠르고 쉽게 업무나 안건을 파악하기가 어려운 부문에서는 고위 경력직을 채용하는 것이 진리이다. '나피시 프레임워크_{Nafici framework}'라고 명명해도 되지 않을까 싶다.

○   컴퓨터 시스템의 하드웨어 구조.

마리암   그것이 나의 업무 방식이다. 내가 직접 결과물을 볼 수 있는 디자인과 머천다이징 부문에는 나이가 어린 직원들과 경력이 없거나 짧은 신입을 모집했다.

어려움을 겪을 수 있는 유일한 부문이 마케팅이나 재무 분야다. 비즈니스 모델을 명확히 하는 중요한 사안이기도 하다. 사업가들이 훌륭한 엔지니어를 발굴하는 데 애를 먹는 것처럼, 엔지니어들도 비즈니스 수완이 좋은 사람을 제대로 파악하지 못한다. 안타깝지만 이렇게 분야별로 격차가 존재한다. 금융과 기술 모두에 능한 사람은 그리 많지 않기 때문이다.

엔지니어링 마인드가 강한 설립자 중에는 "회사의 재무 구조 혹은 마케팅 구조, 고객 유입 전략 등을 구상할 때 이 사람을 믿어도 되는가?"라는 질문을 자신에게 던지며 고민하는 경우가 많다. 어떠한 주요 성과 지표를 활용해야 할지 모르면 비용을 지출하거나 고객을 유입할 때 잘못된 선택을 할 수도 있다. 따라서 이와 같은 부문에는 신중하게 사람을 채용해야 한다. 그렇다고 고위직 채용이 꼭 필요하다는 것은 아니지만, 진정으로 역량이 뛰어난 좋은 사람을 뽑아야 한다. 그만큼 채용하는 데 상당한 비용이 소요되는 것도 감안해야 할 것이다.

일라드   나피시 프레임워크에 내가 덧붙이고 싶은 내용이 있다. 회사에 지대한 영향을 주는 몇몇 스페셜리스트에는 고위급 경력직을 채용하는 것이 옳다고 생각한다. 예를 들어 데이터 센터가 존재하던 시절에는 데이터 센터 구축에 대한 총괄자는 그 분야의 경험자여야 했다. 컬러 지노믹스에서는 임상실험실을 운영하기 위해 임상실험실을 운영해본 경력자가 필요했다.

마리암   정확히 그렇다. 때로는 심각한 대정부 사안과 규제 문제에 맞서야 하기 때문에 경력직이 절실하다. 봉급이 낮고 경력이 별로 없는 신입을 채용하면 안 되는 또 다른 분야가 바로 법무부다. 경력직을 채용하지 않으면 법무 관련 문제는 최악의 상황을 맞이할 수 있다. 누구나 알만하지만 누구든 알았으면 하는 사실이기도 하다.

인터뷰 내용은 이해를 돕기 위해 편집 및 요약되었다.

· · · · · ·

CHAPTER

HIGH GROWTH HANDBOOK

조직을 구성하는 방법에는
정답이 없다

실용주의는 조직 구조의 근간이다

처음으로 CEO와 기업가가 된 사람들이 내게 종종 연락하여 조직을 구성하는 방법에 대한 조언을 구한다. 공통적으로 묻는 질문은 "COO를 채용해야 하는가?", "마케팅 부문 부사장이 보고해야 하는 상사는 누구인가?", "제품부와 기술부를 어떻게 분리해야 하는가?", "해외부문이 자체 부서를 확대해야 하는가? 아니면 미국 본사와 연동되어야 하는가?" 등이다.

기업가들은 대체로 조직을 구성하는 방법에 대한 '정답'이 있고, '오답'을 실행하면 회사를 망칠 것이라고 생각한다. 잘못된 관점이다. '정답'이란 존재하지 않고, 조직 구조는 무엇보다도 실용주의에 기반을 두어야 한다. 회사 직원들의 역량을 고려할 때 적합한 구조는 무엇인지, 회사가 실행해야 하는 계획은 무엇인지, 향후 12~18개월 동안 나아가야 할 방향은 무엇인지를 반영하기 때문이다.

조직 구조에 대한 주요 사항은 다음과 같이 요약할 수 있다.

회사가 빠르게 성장하고 있다면 6~12개월에
한 번씩 새로운 회사를 경영하는 것과 다름없다

내가 구글에 합류했을 때, 3년 6개월 만에 구글의 직원은 1,500명에서 15,000명으로 늘어났다. 내가 설립한 스타트업이 트위터에 인수되었을 때, 트위터의 직원은 2년도 안 되어 약 90명에서 1,500명으로 늘었다. 이렇게 빠른 속도로 성장하는 회사는 6개월마다 새로운 회사로 간주하라. 6~12개월마다 회사의 조직 구조가 바뀔 수 있기 때문이다.

고성장 스타트업을 위한 조직 구조를 설계할 때, 향후 6~12개월에 초점을 두어야 한다. 장기적으로 회사의 성격이 완전히 바뀌어 니즈가 급변할 수 있기에 굳이 '장기적' 해결책을 모색하려고 애쓸 필요 없다. 결국 경영진은 자리를 잡게 되지만, 각 조직의 규모가 커짐에 따라 경영진이 총괄하는 팀의 조직 개편은 더욱 빈번해질 것이다.

> "결국 경영진은 자리를 잡게 되지만,
> 각 조직의 규모가 커짐에 따라 경영진이 총괄하는
> 팀의 조직 개편은 더욱 빈번해질 것이다."
>
> _ 일라드 길

'정답'은 없다

조직 구조화의 방법은 다양하다. 단 완벽한 방법은 없고, 얻는 것이 있으면 잃는 것이 있다. 각기 다른 두 개의 구조도 똑같은 장점과 단점을 지닐 수 있다. 따라서 지나치게 고민하지 않도록 한다. 실수를 하더라도 고생은 하겠지만 다른 방법으로 돌아갈 수 있을 것이다.

회사가 빠르게 성장하면서 내부 구조에 많은 변화가 이뤄질 것이라는 점을 직원들에게 각인시켜라. 충분히 일어날 수 있는 상황이고, 오히려 성공의 신호이며, 빠르게 성장하는 다른 회사들도 같은 길을 가고 있다는 점을 확실히 알린다.

완벽한 궁합보다 더 중요한 역량

임원의 역량이 일반적인 결재선보다 더 중요할 수 있다. 예를 들어 트위터의 유능한 전직 수석 법률책임자 알렉스 맥길리브레이 Alex Macgillivray 는 법무팀의 보고 외에도 이용자 지원, 신뢰와 안전, 기업 가치 개발과 M&A 등의 부문에 대해 상시적으로 보고를 받는다. 대개 이들 부서는 수석 법률책임자의 결재를 받지 않지만, 특히 다른 임원의 부재 시에 이들 영역에 대한 총괄을 맡을 만큼 그는 출중한 능력을 지녔던 것이다. 신규 임원이 채용되거나 승진될 때면 업무에 대한 인수인계는 그의 손을 거쳤다.

각 부문을 총괄할 임원을 배치할 때, 임원이 그 부문을 성공적으로 끌어올릴 수 있는 시간과 능력을 확보하고 있는지를 파악하라. 단 담당 업무는 언제든 바뀔 수 있다. 세상 일에 영원히 변하지 않는 것은 없다. 기술부 부사장이 기술과 판매 사업을 모두 총괄해서는 안 되는 것처럼, 총괄하는 부문 간의 관계 문제나 임원의 능력을 고려해야 하는 경우도 있다. 단 필요에 따라 기술부 부사장이 단기적으로 혹은 합당한 이유가 있다면 장기적으로 디자인이나 제품 팀을 관리하는 경우는 합당해 보인다.

제3자의 최종 판가름이 필요할 때가 많은 조직 구조

결재선은 결국 의사 결정으로 귀결된다. 기술부와 제품 관리부가 처음부터 긴장 관계에 놓여 있는 상황에서 두 부서의 의견이 충돌할 경우, CEO는 어느 부서의 결정을 따를 것인가? 두 부서의 보고를 받는 임원이 동률을 깨고 순위를 부여해 최종 판가름하는 심판의 역할을 맡게 된다. 조직 구조를 구상할 때 이처럼 제3자가 경험이나 지관에 의해 의사를 결정해야 할 때도 있다는 점을 염두에 두라.

향후 12~18개월을 내다보고 임원을 채용하라

업무에 지친 설립자나 CEO라면 평생 회사와 운명을 같이해줄 임원을 채용하고 싶다는 생각을 하게 될 것이다. 그러나 기한을 정하지 않은 '과잉 채용over-hiring' 방식은 회사의 규모가 커졌을 때 쓰임새가 없어지는 시점에 도달한다. 엔지니어가 20명밖에 되지 않은 조직에서 1만 명의 조직을 운영한 경험이 있는 기술총괄자를 채용할 필요는 없다. 50~100명의 팀을 이끌어본 경험으로 향후 12~18개월 동안 조직의 규모를 적합한 수준으로 끌어올릴 수 있는 사람이면 충분하다. 물론 그 이후에는 조직에 잔류할 수도, 교체될 수도 있다. 벤 호로비츠Ben Horowitz는 《하드씽 The Hard Thing About Hard Things》에서 이 주제에 대한 혜안을 제시한다.

회사에 채용된 임원이 회사와 함께 성장한다면 더할 나위 없이 좋을 것이다. 안정적인 경영진은 회사에 큰 힘을 실어주기 때문이다. 그러나 시간이 지나도 임원진의 변화가 미미하다면 조직 구조를 더욱 빠르게 변화시켜야 한다는 신호다.

회사에 완벽한 조직 구조란 존재하지 않는다. 회사는 살아 숨 쉬는 유기체와 같아서 조직의 근간이 변하듯 시간에 따라 변하기 마련이다. 따라서 CEO는 완벽한 장기 해결책을 내놓기보다는 회사의 향후 6~12개월 생명주기에 대한 실용적인 해결책을 모색해야 한다.[43]

조직 개편

회사가 초고속 성장을 할 때, 평균적으로 6~12개월에 한 번씩 조직의 규모를 두 배 정도 늘릴 필요가 있다. 이 속도로 간다면 직원 수가 2년 내로 20~300명, 4년 내로 500~1,000명에 달하게 된다. 급속도로 새로운 부서(재무, HR, 법무)를 투입하는 한편, 성장 로드맵이 확대되고 새로운 사업 부문을 도입 혹은 인수하게 된다.

6~12개월에 한 번씩 다른 회사에서 일하거나, 다른 회사를 경영한다고 생각할 정도이고, 회사 직원 대부분은 지난 12개월 동안 채용한 사람들이다. 내가 구글에 처음 합류했을 때는 직원 수가 1,500~2,000명에 불과했지만, 3년 6개월이 지나고 회사를 떠날 때쯤에는 1만 5천명으로 늘어나 있었다. 내가 창업한 회사는 트위터의 직원이 약 90명이던 시절 트위터에 인수되었고, 내가 트위터에서 떠날 무렵 직원은 1천 명이 넘었다. 이 중 90퍼센트의 직원이 2년 6개월 전만 해도 트위터에서 일하지 않고 있었다.

회사가 커지고 업무의 복잡성이 심화되면 새로운 임직원과 부서를 투입하고 시장과 제품의 입지에 걸맞게 회사의 조직 구조를 변경할 필요가 있다. 다시 말해, 조직 개편은 회사에서 빈번히 실행된다.

초기 조직 개편은 주로 임원진을 대상으로 한 후, 그다음으로 낮은 직급에 실행된다. 부서가 많을수록 임원의 역할도 세분화된다. CMO 혹은 부문별 책임자를 투입하여, 다른 임원진의 일부 역할을 총괄하게 하는 경우도 있다.

전사적 · 부서별 조직 개편

초반에는 전사적인 조직 개편을 빈번하게 할 수 있다. 그러나 직원 수가 500명에서 1,000명으로 늘어나면 전사적 조직 개편은 감소하고 부서 간 조직 개편이 빈번해진다. 예를 들어, 모든 팀에 동시다발적으로 변화를 가하지 않고, 판매팀에 대한 조직 개편을 하는 정도다. 회사의 규모가 커지면 판매팀을 비롯한 일부 팀들도 더욱 빈번하게 개편할 확률이 높지만, 제품팀과 기술팀 같은 경우 상대적으로 변화가 적다. 제품 중심의 전략에서 시장 진출go-to-market 전략으로 전향함에 따라 회사 내에서 가장 빠른 속도로 직원이 늘고 니즈가 바뀌는 부서가 우선 대상이 되기 때문이다. 회사가 제품, 기술, 시장 진출 전략을 동시에 변경하면서 규모를 확장할 때, 신제품 부서를 추가하거나 인수하는 등 최대 규모의 전사적 조직 개편이 시행된다. '매트릭스 조직'에서 '사업 부서 단위의 조직'으로 바뀌거나, 해외 사업이 중앙 관리 방식이 아닌 분산형으로 변형될 때도 대대적인 조직 개편을 시행한다.

CEO는 특히 조직 개편의 초반에 민첩하게 대응할 필요가 있다. 시간이 흘러 부서 중심의 개편이 빈번해지면 경영진이 대처 방안을 숙지하도록 해야 한다. 대부분의 회사와 신규 경영인들은 첫 번째 혹은 두 번째 조직 개편 사업을 제대로 하지 못해 조직에 불필요한 난관을 야기한다. 조직 개편 방법을 다음과 같이 요약할 수 있다.

조직 개편 방법

1. 조직 개편이 필요한 이유를 결정한다

어떠한 조직 구조가 적합할지, 이전 구조보다 더 나은 이유가 무엇인지 판단한다. 특정 사업 부문에 초점을 다시 맞출 필요가 있는가? 협업에 관한 쟁점이 있는가? 직원 수가 급증하여 추가 관리가 필요한가? 부서 내에서 업무의 우선순위 혹은 직무팀의 조합을 재조정해야 할 만큼 시장에서 변화가 일었는가? 우선적으로 조직 개편을 실행해야 하는 논리적 이유를 명시하고, 가장 효과적인 경영 방식과 조직 구조를 고안해내라.

2. 가장 실용적인 조직 구조를 결정한다

경영진 중에서 업무가 과중한 임원과 업무적으로 여유가 있는 임원은 누구인가? 누가 조직의 관리 계층을 설계할 것인가? 어떤 부문을 통합할 것인가? 때로는 하나의 정답만 존재하지 않고, 상황에 따라 관리적 역량을 균형화해야 한다.

CEO로서 누가 어떠한 업무를 맡아야 하는지, 적합한 보고 체계는 무엇인지 고민하고 결정해야 한다. 하지만 100퍼센트 완벽할 수 없고 부족한 부분이 있어도 상관없다. 제품과 기술에 대한 다기능 조직cross-functional organization°을 둘 것인가? 아니면 수직적 제품 조직을 둘 것인가? 해외 담당 부문은 독립 사업체 방식과 본사의 중앙관리 방식 중에 어느 것을 택할 것인가? 회사의 몸집이 커지면 질문이 꼬리에 꼬리를 문다. 시간이 지나면서 조직 구조를 변경하는 회사들도 더러 있다(오라클은 몇 년에 한 번씩 국제 조직을 개편한다).

같은 맥락에서 보고 체계를 어떻게 구성하는지가 업무에 대한 최종 결정을 좌우하기도 한다. 단일의 최종 결재자(CEO 혹은 더 낮은 직급의 직원)가 보고를 받을 때, 생각이 서로 다른 직원들로부터 의견을 골고루 경청할 필요가 있다.

3. 조직 개편을 시행하기 전 여러 인원에게 조언을 구한다

가능하다면 조직 변화로 가장 큰 영향을 받는 부서를 총괄하는 임원들과 협의해본다. 본인의 부서 조직이 개편되면 부서의 업무에 어떠한 변화가 나타날 것인지에 대해 조언을 듣는다(예: 제품에 대한 조직 구조 변경은 기술과 디자인 부서의 구조에도 영향을 줄 수 있다).

새로운 조직이 어떠한 형태여야 하는지 등 조직 개편 사안에 대해서는 전사적으로(혹은 부서 내에서) 담론화하지 않도록 하라. 정보가 새어 나가면 로비, 내부 라인 형성, 권력 다툼의 부작용이 공공연하게 발생한다. 또한 조직 개편으로 말미암은 불안감만 확산된다. 조직 개편은 신속하게, 일자리 회전을 최소화하여 진행되어야 한다.

4. 조직 개편의 총 절차는 24시간 이내에 발표와 이행이 마무리되어야 한다

CEO로서 새로운 조직 형태를 결정했다면 직속 부하직원들, 즉 임원진과 1대1 회의에서 논의하도록 한다. 임원진은 자신의 팀원들에게 변화에

° 조직 자체를 통합하거나 특정 프로젝트별로 구성하여 지휘 체계를 통일하는 방식.

대해 어떻게, 언제 전달할 것인지 명확한 계획을 세워야 한다. 조직 개편에 큰 타격을 받거나 불만이 많은 임원이 있다면 조직 개편에 대한 결과를 발표하기 직전이나 직후에 CEO나 다른 임원이 당사자를 만나, 그들의 생각을 듣고 개편에 대한 타당한 이유를 거듭 설명한다.

CEO는 조직 개편을 지연시키거나 관련 정보를 미리 흘려서는 안 된다. "이번 주에는 제품 부서, 다음 주에는 기술 부서의 조직 개편을 실시할 것입니다"라고 발표하지 않도록 주의한다. 가능하다면 조직 개편에 관한 모든 요소가 동시에 전달 및 이행되어야 한다. 조직 개편의 일부 내용을 미리 발표한다면 대상 팀은 조직 개편이 이행될 때까지 어떠한 업무도 완료할 수 없을 것이다. 직원들은 회의실에 모여 온갖 소문과 추측, 근거 없는 억측을 만들어내고, 임원을 향한 로비활동 등이 만연해진다.

5. 경영진 전원은 조직 개편에 대한 내용을 전달받고, 자신이 총괄하는 부서의 직원들이 던지는 질문에 즉각 답할 수 있어야 한다

조직 개편이 회사의 많은 부분에 해당되고 영향을 준다면 임원들은 사전에 관련 내용을 전달받아야 한다. 필요한 경우 내부적으로 '자주 묻는 질문FAQ'을 작성해서 회람해도 된다.

6. 모호한 부분의 싹을 자른다. 조직 개편 이후 전 직원이 나아가야 할 방향을 파악한다

부분적인 조직 개편은 하지 않는다. 조직 개편을 발표할 때, 가능하면 전 직원이 어떠한 부서에 어떠한 직급으로 배치되는지 파악하라. 최악의 경우는 그들에게 닥친 변화를 전혀 모르는 상황이다.

조직 개편에 대한 불만이 가장 클 법한 직원들의 명단을 작성한 후, 필요에 따라 발표 직후에 그들에게 찾아가거나 개편 전에 대화를 나눈다. 직접 찾아가 개편에 대한 이유를 설명하도록 한다.

7. 상대방의 마음을 헤아리며 직접적이고 명확하게 소통한다

조직 개편을 실행할 때 대화 방식은 절대 모호해서는 안 된다. 명확하게 조직 개편이 왜 일어나는지 설명한다.

조직 구조의 변화에 불만이 가득한 사람은 늘 존재한다. 사실이 아닌데도 승진의 기회를 놓치거나 강등되었다고 생각하는 직원들도 있다. 그들의 생각을 경청하고, 향후에라도 그들의 기대를 충족할 수 있는지 고민해보라. 단 과거에 대한 단상이 너무 길어지지 않아야 한다. 분명한 이유를 갖고 조직 개편을 실행하는 것이기 때문에 하나둘씩 예외를 허용하면 대대적인 개편을 하는 이유가 전반적으로 번복될 뿐 아니라, 직원들이 보기에 '사내 정치'에 취약한 CEO로 비친다.

직원이 퇴사하는 상황만큼이나 조직 개편도 불편한 감정을 불러일으킬 수 있다. 분명히 새로 맡는 역할이 마음에 들지 않거나 책임이 축소되어 실망한 직원들이 있을 것이다. 그러나 제대로 실시하면 회사는 더욱 효과적으로 기능하며 승승장구할 수 있다. 조직 개편은 회사의 장기적 성공을 위해 반드시 필요하다.

해결사 울프 모시기:
'인간 반창고'와
공백 보강 역할의 임원

루치 상비와의 인터뷰

루치 상비는 드롭박스 운영부문 부사장으로 재직했다. 드롭박스에 합류하기 전에는 조직과 지역사회를 위한 협업 · 조율 · 소통 플랫폼 제공 업체인 코브 Cove의 공동 설립자이자 CEO였다. 페이스북 최초의 여성 엔지니어라는 타이틀을 거머쥔 그녀는 '뉴스 피드 News Feed' 등의 주요 기능에 대한 첫 번째 버전을 실행하는 데 공헌했다. 그 이후에는 '페이스북 플랫폼'과 '페이스북 코넥트'에 대한 제품 관리와 전략 사업을 이끌었다. 개인정보보호와 이용자 연계 등의 핵심 상품 영역을 총괄했다. 카네기 멜론대학교에서 전기컴퓨터공학으로 학사 및 석사학위를 취득했다.

초고속 성장을 거듭하는 회사의 경우, 급속도로 성장하는 업무를 뒷받침할 만한 임원진이 부재할 때 난관에 부딪히곤 한다. 이럴 때 많은 회사는 특정 부서를 확대하기 위해 영구적으로 누군가를 채용하기 전까지, 임시방편으로 신뢰할 만한 직원들에게 '인간 반창고' 역할을 맡긴다.
나는 이러한 상황에서 그녀만의 노하우를 알기 위해 루치 상비와 대화의 시간을 가졌다. 페이스북의 초기 직원으로 시작하여, 드롭박스 운영 총괄자로 승진하기까지, 루치는 임시로 '인간 반창고' 역할을 맡았던 직원들을 위해 일하기도 했고, 그녀 스스로가 '인간 반창고' 역할을 맡기도 했다(드롭박스 직원들은 그녀를 영화 《펄프픽션 Pulp Fiction》에서 해결사로 유명한 '윈스턴 울프'라고 부르기도 했다). '인간 반창고'를 언제 붙이고, 떼어야 하는지, 그리고 그 사이의 기간 동안 최대한 결실을 거두는 방법에 대해 그녀의 조언을 들어본다.

일라드 길　당신은 드롭박스에서 '공백 보강' 역할, 당신의 표현에 따르면 '인간 반창고' 역할을 수행했다. 초고속 성장 회사는 실제적으로 규모를 키우도록 도와주고, 조직적·기능적으로 관리가 안 되는 부문을 검토하는 직원들이 반드시 필요하다. 우선 '공백 보강' 역할, 즉 '인간 반창고' 경험 이야기부터 해보도록 하자.

투지 싱비　내가 처음으로 '인간 반창고'라는 개념을 접한 것은 페이스북에 있을 때였다. 매트 콜러Matt Cohler가 그 역할을 했다. 당시 우리 부서에는 확실한 총괄 담당이 없어서 그가 도움을 주었다. 규모를 확대해야 하는 팀들에도 그가 수장 역할을 하며 도움을 주었다. 나는 그가 맡은 역할이 매우 흥미롭다고 여겼다. 회사가 규모를 키우는 데 중단기적으로 지대한 영향을 준다고 여겼기 때문이다. 그러나 개인적으로나 회사 차원에서 지속되는 역할은 아니었다.

　내가 드롭박스에 합류했을 때 그와 유사한 역할을 맡게 되었다. 드롭박스가 코브(나의 직전 회사)를 인수했을 때, 내가 어떠한 역할을 맡게 될지 명확하지 않은 상황이었다. 내가 했던 첫 번째 임무는 드롭박스 직원 중 절반 정도를 만나 인터뷰를 하는 것이었다. 내가 했던 질문들은 다음과 같았다. "회사에서 잘되고 있는 업무는 무엇인가? 회사가 더 노력할 수 있는 방법이 무엇이라고 생각하는가? 회사에서 빠르게 대처해야 하는 가장 중요한 사안 1~2가지는 무엇인가?"

　그들이 드롭박스의 어느 부서에 속하든, 엔지니어, 제품 담당, 판매 담당이든 상관없이 그들의 답변에서 회사의 문제점이 간명하게 드러났다. 회사에는 제품 구축, 규모 확대, 제품 판매 및 판촉을 위한 충분한 인력을 비롯한 전반적인 자원이 부재하다는 점이었다.

내가 맡은 직위는 운영총괄자였지만, 나는 만사를 제쳐두고 채용팀을 관리했다. 내가 직접 관리하면서 목표를 설정하고 달성 방법을 고민했다. 회사가 달성해야 하는 목표치가 있었지만, 회사에 신입 직원을 투입하기 위한 시스템을 구축하는 일이 중요하다고 여겼다. 결국 시스템을 구축하여, 업무의 생산성을 높이고 기존의 조직문화를 강화할 수 있었다.

채용 업무를 완료하고 나서 마케팅에 손을 댔다. 마케팅을 확대하여 결국 총괄을 채용해야 하는 상황이었다. 이번에도 나는 커뮤니케이션, 제품, 회사 성장과 국제화 업무를 관리하게 되었다.

회사가 초고속 성장 단계에 진입하면 '물 들어올 때 노 저어라'는 말처럼 최대한 그 성장세와 추진력을 이어가려고 할 것이다. 이 단계라면 '인간 반창고' 임원들을 전천후로 활용해도 좋다. 단 최대한 빨리 정식 임원진을 모집해서, 한시적으로 투입된 '인간 반창고'를 대체하고 확대, 적용될만한 솔루션을 키워나갈 수 있도록 하라.

> "회사가 초고속 성장 단계에 진입하면
> '물 들어올 때 노 저어라'는 말처럼
> 최대한 그 성장세와 추진력을 이어가려고 할 것이다.
> 이 단계라면 '인간 반창고' 임원들을 전천후로
> 활용해도 좋다."
>
> _루치 상비

일라드   방금 언급한 답변은 내가 트위터에서 겪은 상황과 비슷한 면이 있다. '인간 반창고' 역할은 나와 알리 로우가니_{Ali Rowghani}가 담당했다. 트위터의 CEO가 우리 두 명에게 차례대로 업무를 위임하면 우리가 개입하여 부서를 확대하거나 임원을 채용하는 데 도움을 주는 식이었다. 그렇게 하나의 부서 업무가 정리되면 다음 부서로 옮겨갔다. 당신은 임시 총괄 임원 역할을 성공적으로 해내려면 업무의 우선순위를 정해야 하고, 팀을 이끌 임원을 채용하는 일이 무엇보다 중요하다고 언급했다. 그 외에도 성공적으로 '공백을 메우려면' 어떠한 부문을 중시해야 하는가? 그리고 임시 총괄 임원은 CEO 및 다른 임원진과 어떠한 관계를 구축해야 하는가? 조직에서 어떠한 업무를 수행하고, 어떻게 그들의 역량을 강화해야 하는가?

루치   큰 틀을 짜둔 후에 거기에 맞춰 세부적인 실무를 이행하는 편이 더 쉬울 것이다. 부서를 총괄할 임시 수장은 부서를 키우고, 부서가 정진하는 데 도움이 될 만한 의사 결정을 내리는 특별한 직위다. 그렇다고 하나의 방향으로 지나치게 몰아가서는 안 된다. 새로 채용된 적합한 후임자가 자신이 원하는 직원들을 투입하여 업무의 방향을 다르게 정할 수도 있기 때문이다. 따라서 임시 수장은 섬세한 균형점을 찾아야 한다. 전체적 목표를 세워 정진하도록 직원들을 이끌고 가는 것이 아니라, 적임자가 나타날 때까지 한시적으로 업무를 지휘해야 하기 때문이다.

이 역할을 제대로 수행하려면 무엇보다도 CEO와 임원진의 신뢰와 존중을 받아야 한다. 자기 멋대로 부서를 관리하고 채용 과정을 운영해서는 안 된다. 부서의 규모를 키우려면 다른 임원들이 개입하여 도울 부분도 있고, 그들이 지휘하는 팀에서 직원들을 빌려올 수도 있다. 회사의 전반적인 목표와 우선순위에 부합하도록 부서를 이끌기 위한 기준을 마련하는 것도 중요하다. 마지막으로 다른 임원들이 임시 총괄 임원이 힘들게 헌신하고 있다는 사실을 직시하는 것도 중요하다.

그다음으로는 내가 드롭박스에서 했던 실수이자 비일비재하게 일어나는 일이다. 영구직을 맡을 후임자나 임원을 채용할 때, 무엇보다 현재의 상황을 고려하고 향후 2년 동안 필요한 부분을 생각해야 한다. 직접 흙탕물에 손을 담그면서 팀을 구축하지만 지금부터 105년 동안 팀을 관리할 '불사조'와 같은 인물을 찾지 않길 바란다. 안타깝게도 현실에는 존재하지 않는다.

임시 총괄 임원은 CEO와 다른 임원진에게 다양한 경험치를 지닌 다양한 부류의 사람들을 다양한 시점에 채용해도 괜찮다는 점을 설득할 필요가 있다. 이렇게 탄력적으로 접근하지 않으면 임시 총괄 임원이 감당해야 할 일(후보자 모집, 면접 일정 관리, 면접 후 후보자 평가 주관, 본인이 추천한 후보들에 대한 설명 등)이 너무 많다.

일라드　임시 총괄 임원들이 맡은 부서를 인계받을 임원을 모집할 때, 가장 치명적인 실수에는 어떠한 것들이 있는가?

루치　회사를 갓 창업하여 스타트업 단계에 있을 때는 커뮤니케이션, HR, 마케팅 등의 조직을 중요시하지 않는다. 그러다 보니 창업 초기에는 중요도가 낮은 부서들을 총괄할 '인간 반창고', 즉 임시 총괄 임원들을 활용하게 된다. 임시 총괄 임원이 주어진 역할을 무리없이 소화하고 있다면 회사는 정식 임원을 채용하거나 부서별 업무 토대를 구축하는 일을 우선순위로 생각하지 않는다. 부서를 총괄할 정식 임원을 채용하는 일은 우선순위에서 밀려나게 되고, 적임자를 찾는 데 지나치게 시간이 많이 걸려도 상관없다고 생각한다.

이때 가장 치명적인 실수는 임시 총괄 임원의 역할을 정확히 정의하지 않는 것이다. 임시 총괄 임원에게 CEO가 기대하는 바, 그리고 그 임원이 관리하게 되는 직원들이 기대하는 바가 명확하지 않다는 의미다. 임시 총괄 임원이야 조직 안에서 신뢰를 구축했기 때문에 직원들과 일하는 데 무리가 없겠지만, 정식으로 부서를 총괄할 임원이 투입되었을 때 결재 체계가 같지 않고 명확하지 않을 확률이 높다. 따라서 신규 임원에게 CEO와 직원들이 기대하는 바에 혼선을 없애려면 "신규 임원의 역할을 어떻게 정의하고, 어느 부분까지 책임을 맡을 것인가?", "어떠한 경력이 필요한가?", "신규 임원이 CEO에게 직접 보고하게 되는가?"를 질문해야 한다.

> "회사를 갓 창업하여 스타트업 단계에 있을 때는
> 커뮤니케이션, HR, 마케팅 등의 조직을
> 중요시하지 않는다. 그러다 보니 창업 초기에는
> 중요도가 낮은 부서들을 총괄할 '인간 반창고',
> 즉 임시 총괄 임원들을 활용하게 된다."
>
> _루치 상비

일라드　'인간 반창고', '공백을 메우는' 역할로 정의했듯, 이 역할에 정식 총괄 임원을 채용하지 않았다는 사실은 회사의 로드맵상에서 그렇게 중요하지 않다는 점을 시사한다. 그러다 회사가 성장함에 따라, 제품과 시장의 정합성을 추구하는 단계에 진입하고 유통망 확보에 노력을 기한다. 또 그러다 갑자기 회사가 정식 조직으로서 여러 기능을 해야 하는 상황에 처하여 기능별 전문화가 필요해진다. 그런데 현실은 새로운 업무들에 대한 총괄 직위를 어떻게 대우해야 할지, 제대로 대우하기로 마음먹는다고 해도 어떻게 적임자를 뽑아야 할지 막막하다. 따라서 과도기에서 교량 역할을 잘해줄 사람이 필요하다.

그렇다면 CEO가 어떻게 하면 실질적으로 도움을 줄 수 있는가? 임시 총괄에게서 어떠한 자질을 기대해야 하는가? 임시 총괄의 업무에서 회사의 임직원이 어떠한 부분을 주요하게 지원할 수 있겠는가?

루치　　임시 총괄은 사내에서 존중받는 인물이자, 회사의 초기 멤버들과 현 임원진의 신뢰를 받는 인물이어야 한다. 그들의 믿음과 신뢰가 없다면 역량이 다양한 여러 팀과 협업하는 것이 어렵고, 조직문화 차원에서도 임직원과 쉽게 어우러질 수 없다.

임직원의 지지를 받으려면 임시 총괄이 임원으로서 CEO나 COO에 직접 보고할 수 있어야 한다. 임원으로서 자원상의 제약 사항을 제기하고, 지원을 요청하며, 직원들의 훌륭한 성과를 강조할 수 있다. 또한 채용 결정에도 영향을 주어, 채용 절차를 가속할 수 있다.

일라드　　CEO에게 보고하고, 직원들과 정기적으로 1대1 미팅을 하는 등의 역할을 한다고 이해하면 될까?

루치　　정확히 맞다. CEO나 설립자에게 직접 보고하는 직위여야 한다. CEO는 회사에 해결사 '울프'의 역할을 담당할 임원이 있다는 사실을 부담스러워해서는 안 된다. 불가피한 현실이기 때문이다. CEO가 직접 문제 해결에 나서지 않고 위임하는 편이 훨씬 낫다. 그만큼 CEO로서 집중해야 할 업무에 시간을 할애할 수 있기 때문이다.

일라드　이 역할이 더 이상 필요 없을 때를 어떻게 아는가? 다시 말해, 이 역할이 필요 없다는 사실을 언제쯤 파악해야 하는가? 임원진에도 쿼터제가 있는가? 회사가 특정 규모에 도달하면 몇 명의 임원이 있어야 한다는 기준이 있는가? 임시 총괄 임원을 배치하기에 너무 늦은 시점은 언제인가?

루치　2년에서 2년 반은 역할을 수행하기에 지나치게 길다. '공백을 메우는' 역할을 지나치게 잘하는 경우에도, 대체 인력을 채용하기가 어려워진다. 턴 임시 총괄의 현재 업무가 로컬 최저화이기 때문에 글로벌 차원에서 부족한 부분이 발생하는 등의 한계점이 나타날 때 본격적으로 정규 총괄 임원을 물색해야 한다.

일라드　2년에서 2년 반 정도 지나면 각 부서별로 총괄 임원진이 자리 잡아야 하기 때문에 지나치게 길다는 의미인가? 그 시점을 염두에 둔 이유가 무엇인가?

루치　2년에서 2년 반이 지나면 전 부서에 담당 임원이 배치되어 있어야 한다. 그리고 이들 부서를 확대하여 제품 개발, 회사의 비즈니스, 채용, 규모 확장에 지원 기능을 제공하고 있어야 한다.

일라드　당신이 지켜본 여러 회사에서 '인간 반창고' 역할은 주로 어떠한 업무를 담당했는가?

루치　　주로 채용, HR, 커뮤니케이션, 마케팅이고, 그다음으로는 고객 지원, 그리고 드물긴 하지만 제품 부문을 담당했다. 제품 부문 부사장은 주로 CEO가 겸임하는 경우가 많아서 채용하기가 매우 어렵다. 따라서 적임자를 찾기까지 더 오랜 시간이 걸린다.

일라드　　회사가 해외 업무를 개시할 때, 해당 부서의 임원진이 해외 업무 경험이 많은 전문 인력을 채용해야 하는가, 아니면 관련 경력이 있는 임원을 경영진으로만 투입하면 되는가?

루치　　경영진에만 투입하면 된다. 해외사무소를 개시하는 유일한 이유는 매출을 확대하기 위함이다. 시간이 지남에 따라 비용효과성을 높이려면 고객지원 부서를 비롯한 다른 부서를 확대하고자 할 것이다. 업무 운영상 확장이 필요하면 또 다른 차원의 자원이 필요하게 된다.

일라드　　모든 회사에 이 역할이 필요하다고 생각하는가? 아니면 임원진의 경력에 따라 다른가?

루치　　'기하급수적 성장'이라는 표현을 개인적으로 좋아하진 않지만, 이 단계에 도달한 회사라면 반드시 필요하다. 급속도로 확대하는 회사는 겉으로 보기에는 순조롭지만 막상 조직 내에서는 성장 속도를 따라가지 못해 '혼란' 그 자체다. 엉망진창인 상태를 미리 계획하는 것 자체가 어려우므로 모든 회사에 이 역할이 필요하다고 생각한다.

일라드　　많은 사람이 쉽게 이해하지 못하는 중요한 사실을 언급해주었다. 회사가 급속도로 확대되면 외부에서는 성장 속도만 고려하여 상황이 순조롭게 진행된다고 여기지만 내부적으로는 혼돈 그 자체이거나, 미미하게라도 혼란스러울 것이다.

그렇다면 그 순간에 회사의 평사원, 중간 관리자, 일반 팀원, 국장급 직원들이 자신의 역할을 어떻게 간주해야 하는가? 업무상 변화와 일자리 회전이 과도하게 많은 상황에서 자신의 역할을 어떻게 탐색해야 하는가?

루치   회사가 빠른 속도로 규모를 확장하기 시작하면 대략적으로 나타나는 현상은 다음과 같다.

첫째, 전 직원의 업무량이 2~5배 증가한다. 해야 할 일이 많다보니 결점을 은폐하기에 급급하지만 결국 많은 업무를 소화해낸다.

둘째, CEO가 채용에 박차를 가하기 시작한다. 채용이 해결책이라고 생각하지만 인력 투입이 되어도 업무가 가중될 뿐이다. 늘어난 인력으로 더 많은 일을 하기 때문이다. 엄두를 낼 수 없는 사업들을 떠안게 되기도 한다.

셋째, 신입 직원들을 부서에 배치하고 온보딩하고, 조직의 업무도 균형적으로 배분되면 CEO의 역할과 업무 범위도 어느 순간 축소되기 마련이다. 이 단계가 되면 회사의 기하급수적 성장 단계를 함께한 직원들, 특히 회사의 초기 멤버들도 당황스러울 수 있다.

업무 분장이 대대적으로 축소 및 집중되는 상황을 슬기롭게 받아들이고 적응하면서 새로 정립된 역할을 묵묵히 수행하는 사람들이야말로 회사와 같은 방향을 바라보며 성장하고 있는 이들이다.

일라드   그들이 탄탄대로를 걷는 반면 새로운 업무 분장을 수긍하지 못하는 초기 멤버들은 회사를 떠날 확률이 높다는 의미라고 해석하면 될까?

루치　　정확히 맞다. 회사의 확대에 맞춰 자신들의 역량과 자세도 변해야 하는데, 그렇게 못한다는 의미다.

일라드　　나는 초고속 성장을 거듭하는 회사의 직원들에게 변화에 일일이 의미를 두고 애태우지 말라고 조언한다. 어차피 6개월에 한 번씩 회사의 매출이 두 배로 늘어나면 새로운 회사로 탈바꿈할 수밖에 없다. 자신의 동료가 갑자기 상사가 되기도 하고, 자신이 그 동료 상사의 상사가 되기도 한다. 따라서 묵묵하고 꾸준히 업무를 훌륭히 수행하다 보면 상황은 제자리를 찾아간다. 오히려 회사의 초기 멤버이기 때문에 더 여유롭게 변화를 받아들일 수 있을 것이다.

루치　　전적으로 동의한다. 6개월에 한 번씩 회사는 성장을 거듭하여 완전히 다른 모습이 된다. 어떠한 시스템이나 업무 프로세스를 구축했건, 변경할 수 있다는 여지를 늘 염두에 두어야 한다. 완벽한 프로세스를 구축하느라 그렇게 오랜 시간을 투자했다고 한들, 회사는 변하므로 다시 구축해야 한다.

일라드　　프로젝트 요소의 관점이나 HR이나 채용의 관점에서 많이들 간과하지만 반드시 투입해야 하는 구체적이고 단순한 프로세스나 업무가 있는가? 아니면 거대하게 엉킨 실타래를 회사 자체적으로 풀어나가야 하는가?

루치　　회사 자체에서 대대적으로 논의해야 할 사항이라고 생각한다. 초기에는 프로세스를 과도하게 투입하지 않도록 검토하며 신중하길 바란다. 그러나 필요할 때는 프로세스 실행에 몸을 사리지 않아야 한다.

페이스북의 초창기 때, '어르신' 전문가들이 대거 투입되었는데, 나는 당시 "우리가 저 사람들의 잔소리를 들을 필요가 있나?"라고 구시렁대던 '풋덩이' 사원이었다. 나는 그들이 제안한 모든 형태의 프로세스에 저항했다. 세월이 흘러 내가 드롭박스에 합류했을 때 프로세스를 새롭게 도입하는 역할이 부여되었다. 이번엔 내가 '어르신' 전문가가 되었던 것이다. 그래서인지 양측의 생각에 공감할 수 있다.

내가 내린 결론은 이렇다. 굳이 필요 없다면 프로세스를 과하게 투입하지 않아야 한다. 필요하다면 프로세스를 단호하게 투입해야 한다. 단 변화가 불가피하다는 점을 인지하고 마음의 준비를 해놓아야 하고, 변화가 닥쳤을 때도 당황하지 않아야 한다.

일라드　당신이 페이스북에서 초창기 멤버로 큰 영향력을 미치며 일했던 시절을 떠올려보라. 그때로 돌아간다면 본인에게 어떠한 조언을 해주고 싶은가?

루치　회사가 성장하고 조직이 확대되면 조직 내에서 맡은 역할도 변한다. 업무 범위가 좁아지고 세분화되기 때문에 대부분의 초기 직원들은 당황스럽게 받아들이며, 불만을 표출할 수도 있다. 그들의 영향력이 줄어들었다는 의미가 아니라, 집중된 영역에서 확장된 영향력을 미칠 수 있다는 의미이기 때문이다. 따라서 묵묵히 훌륭하게 주어진 업무를 수행하면서 회사의 규모에 맞게 자신의 영향력을 확대시킬 수 있다면 회사와 함께 성장할 수 있다.

하지만 다음 10년을 책임질 '완벽한' 사람을 찾지 마라. 그런 직원은 유니콘 같은 존재다. 회사의 변화 속도가 너무나 빠른 나머지, 당장 필요한 부분을 알기에도 버겁다. 따라서 향후 3년 동안 완벽하게 일해줄 사람을 물색한다는 자세가 바람직하다.

일라드　임시 총괄 임원에 대해 마지막으로 첨언하고 싶은 내용이 있는가?

루치　임시 총괄 임원직은 말 그대로 임시직이다. 직원들이 임시 총괄 임원과 일하는 게 편해지고, 본인도 업무 수행을 훌륭히 해내면 정식 후임자를 채용해야 할 당위성이 떨어진다. 임시 총괄 임원이 1년 넘게 제품부 총괄이나 커뮤니케이션 부문 부사장을 맡는 상황이라면 정식 후임을 채용해야 하는 이유를 CEO와 담당 직원들이 과감히 받아들여 임시 총괄직을 없애는 수밖에 없다. 조직 운영을 제대로 하려면 어떻게든 임시 직위를 해제해야 한다는 의미다.

당신도 트위터에서 같은 경험을 했을 것 같다.

일라드　그렇다. 트위터에서의 상황도 비슷했다. 당신의 생각을 요약하면 임원진을 확대하여 공백을 메우기 위한 임시 총괄을 투입하되, 궁극적으로는 부서를 총괄할 정식 리더가 없으면 조직의 규모를 확대할 수 없다는 것이다. 나는 임시 총괄 임원을 투입하는 과정이 건물을 올리기 전의 기초공사를 하는 작업과 비슷하다고 생각했다. 팀을 키우기 위해 초반 작업에 충실해야 하는데, 안타깝게도 설립자들이 그 중요성을 간과하는 편이다. 기초를 무시한 채 회사를 키우다 보면 부실 공사의 허점이 드러나기 시작한다.

6개월, 12개월, 혹은 심지어 18개월을 내다보고 경영한 경험이 있다면 훌륭한 정식 총괄 임원을 찾기까지 3~6개월 정도 소요된다는 가정하에 채용 과정에 들어간다. 그 후, 채용된 총괄 임원이 조직을 확대하기까지 2개월 정도 소요되고, 확대된 팀이 높은 성과를 내기까지 2개월 정도 소요된다. 더 멀리 내다보고 조직의 규모를 키우는 데만 1년이 필요할 때도 있다. 이처럼 조직 확대는 시간이 오래 걸리는 작업이다.

정식 총괄 임원들이 투입되어 이 더딘 작업을 훌륭하게 해내는 모습을 보면 흥미진진하다. 페이스북에서는 매트 콜러가, 드롭박스에서는 당신이, 트위터에서는 내가 그 일을 해냈다. 우리 세 명 모두 어느 정도는 비슷한 경험을 했을 것이라고 생각한다.

루치 그래서 '해결사 울프'의 역할이라고 이야기한다. 영화 《펄프픽션》 봤는가?

일라드 재미있는 별명이다. 그 영화를 봤다.

루치 드롭박스에서 내 별명이 '해결사 울프'였다.

일라드 보통 '해결사'나 '공백을 메워주는 사람'으로 칭했는데, 영화의 인물처럼 '해결사 울프'라고 하니, 영화 캐릭터가 지닌 악랄함의 뉘앙스, 정식 후임자를 찾도록 하는 긴박감이 풍겨나와서 좋은 표현인 것 같다. 이 인터뷰 제목을 '해결사 울프 모시기'로 해야겠다.

루치 앞서도 언급했지만, 조직에 이미 몸담고 있는 사람이 이 역할을 하는 것이지, 누군가를 외부에서 임시직으로 채용하기도 어렵다. 다음에 CEO가 충분히 신뢰할 만한 사람을 발굴하게 되면 COO로 승격시키는 방안도 고려해볼 수 있다.

일라드   COO는 조직의 신뢰와 신임을 받으며, CEO나 설립자와 끈끈한 관계를 유지하는 사람이어야 하겠다. 회사가 설립되자마자 투입된 초기 멤버이거나, CEO나 설립자의 오랜 인맥을 토대로 신뢰를 얻은 사람이 필요하다. 그렇지 않으면 잘해내기 힘든 일이기 때문이다.

루치   두말하면 잔소리다.

　　　　인터뷰 내용은 이해를 돕기 위해 편집 및 요약되었다.

· · · · · · · ·

기업문화와 진화

회사의 규모가 커지면 조직문화도 자연스럽게 따라 변한다. 새로운 부서들이 폭넓게 개설되고, 확대된 업무 스케일에 맞게 일할 수 있는 성실한 임원진, 그리고 위험 허용도는 낮되 새로운 프로세스에 대한 허용도는 관대한 직원들이 필요하다. 회사의 규모가 10배에서 100배로 늘어나면 커뮤니케이션과 프로세스도 늘어나고, IPO나 기타 이유로 다양한 내부 통제 기준에 부합해야 하는 필요성도 커진다. 따라서 조직문화도 이에 걸맞게 변할 수밖에 없다.

넷립지니 CEO는 어떠한 조지문화를 유지·변경·포기할 것인지 결정해야 하는 책임자다. 특히 근속 연수가 긴 직원들에게는 조직문화 변화가 제품과 직원 관리만큼 중요하다는 점을 전달해야 한다. 누구를 채용할 것인지, 직원들의 어떠한 행동을 중시하고 보상할 것인지, 어떠한 직원들이 회사를 떠나야 할 것인지에 따라 조직문화의 틀이 형성된다.

조직문화를 위협하는 것은 금물: 조직문화는 타협의 대상이 아니다

회사는 출신·인종·성별·사회적 계급을 비롯한 직원들의 여러 특징에서 다양성을 중시하는 동시에, 회사의 목적·의도·기저 문화에 대한 응집력을 추구해야 한다. 조직문화란 회사의 전체적인 행동과 응집력을 주도하는 불문법이자 가치관이다. 회사 문화는 CEO의 언행에 대한 토대이기도 하다.

응집력 있는 문화는 탄력성이 뛰어나 충격(치열한 외부 경쟁, 언론의 비난

공세, 제품 하자 등의 쟁점)을 견디는 저력을 발휘한다. 직원들에게 강한 동기부여를 할 수 있고, 직원들이 지닌 최고의 역량을 끌어낸다(예: 팰런티어Palantir의 엔지니어들은 국가 안보에 도움이 된다는 믿음하에 책상 밑에서 잠을 자기도 했고, 구글은 '나쁜 일로 돈을 벌지 말자Don't be evil'라는 모토를 갖고 있다).

나쁜 문화의 결말은 고통 그 자체

조직문화를 제대로 추구하지 못하거나, 회사가 '업무상 필요한 인재'나 '공백을 메워줄 사람'을 채용할 때 조직문화를 쉽게 포기하는 사례가 많다. 사소한 실수일 수 있지만, 중단기적으로 뒤통수를 맞을 일이 생기는 경우가 있다. 창업자들은 조직문화에 맞지 않는 것을 알면서도 일부 인력을 채용했던 것이 가장 후회된다고 털어놓았다. 조직문화에 부적합한 사람을 채용하여 회사에 분열을 일으킨 것이다. 채용하고 나서야 파악된 비윤리적인 직원들을 해고해야 하고, 형편없는 업무 환경이 조성되며, 훌륭한 인재가 회사를 떠나고, 동료간 신뢰가 깨지며, 제품의 유통 루트가 꼬이고, 조직 내 인센티브 체계도 마비되기 때문이다.

> "창업자들은 조직문화에 맞지 않는 것을 알면서도
> 일부 인력을 채용했던 것이 가장 후회된다고
> 털어놓았다."

_일라드 길

견실한 문화를 구축하는 방법[44]

1. 채용 여과 기능을 강화한다

무엇보다 공통된 가치관을 지닌 사람이어야 한다. 그렇다고 특정 인구집단에 비합리적인 기준이 되어서는 안 된다. 공통된 목적의식과 다양한 직원군을 보유해야 한다. 이와 관련하여 이 책 후반에 등장하는 조엘 에머슨의 인터뷰 내용을 참조하라.

2. 회사 내에서 CEO로서 끊임없이 회사의 가치관을 강조한다

목이 쉴 때까지 가치관을 제창하면 나중에 CEO가 언급하지 않아도 직원들 스스로가 CEO에게 반복 투로 언급할 것이다.

3. 문화뿐 아니라 성과를 기반으로 직원을 보상한다

직원들의 생산성 향상과 가치관 실천 여부에 대해 보상(승진과 재정적 인센티브 등)해야 한다.

4. 회사 문화와 불협화음을 보이는 직원들은 빠르게 제거한다

성과가 저조한 직원보다 더 먼저 이러한 직원들을 해고하라.[45]

이 장에서는 1번 사항에 집중한다. 핵심 가치관과 문화를 최적화하기 위해 활용할 수 있는 채용 여과 기능을 다룬다.

회사의 문화와 가치관에 기반을 둔 채용

고성장 회사의 기반은 취약하다. 검증되지 않은 여러 루트에서 사람들을 끌어오거나, 추상적이고 철학적 논쟁에 시간을 허비하기라도 하면 회사의 존립에 치명적일 수 있다. 그렇다고 직원들이 공통된 목표를 향해 협력하여 일하는 것이 중요하지, 천편일률적인 사람들만 모여야 한다거나 '집단사고'를 추구하라는 의미는 아니다.

1. 최적화하려는 가치관과 문화를 결정하라

다음의 질문을 자신에게 해보고, 폭넓게 직원들로부터도 통찰을 얻는다.

- 회사 문화의 기본이 되는 가치는 무엇인가? 채용 시에 어떠한 가치관을 기대하는가?
- 어떠한 부분은 타협의 여지가 있는가? 반면 절대로 타협할 수 없는 부분은 무엇인가(타협 가능한 부분은 중요도가 떨어진다는 의미이다)?
- 면접에서 이와 같은 가치관을 어떻게 가늠할 계획인가? 후보자의 가치관을 파악하기 위해 각 면접 단계에서 어떠한 질문을 할 계획인가? 예를 들어, 자신의 책임이 아닌 업무에도 적극적으로 뛰어들어 해결하려는 사람인지를 파악하려면 이전의 직장에서 그러했던 경험을 물어볼 수 있다.
- CEO의 가치관, 면접 질문, 여과 기능을 어떻게 활용하여 다양한 후보를 유치 및 채용할 수 있는가?

2. 적신호를 예의 주시하라

회사마다 고유의 가치관이 있기에 자체적으로 금기시하는 사항도 있기 마련이다. 공통된 적신호는 다음과 같다.

- **오로지 돈 버는 것에만 의미를 두는 사람:** 직원들은 회사가 업무에 대해 충분히 보상해주길 바라지만, 동시에 회사의 미션과 회사가 사회에 미치는 영향에 대해서도 존중하고 배려하는 마음이 있어야 한다. 지나치게 돈을 밝히는 사람들은 항상 돈을 더 주는 회사로 떠날 채비를 하

고 있거나, 금전적 이득을 위해 단기적으로 형편없는 결정을 내리기도
한다.

- **거만함:** 자신감과 거만함은 한 끗 차이일 수 있다. 내가 기술직 후보를
  면접할 때, 가장 스마트한 이들은 질문을 종이에 적고 신중하게 답을
  찾아내려 하지만 자신이 세상에서 가장 똑똑하다고 생각하는 이들은
  머릿속으로만 생각해서 오답을 내는 경우가 많다.
- **다른 직원들이 보기에 안 좋은 분위기를 조성할 것 같은 사람:** 죽을상을 하
  거나, 부정적인 기운을 풍기는 사람들, 불필요하게 싸울 기세로 논쟁하
  려고 하거나, 실용주의보다는 '개똥철학'을 내세우는 사람들을 조심하
  라. 전문 기술을 많이 보유하고 있더라도 회사 문화와 맞지 않겠다고
  여겨지면 면접 단계에서 배제하라.

3. 장기적 관점으로 최적임자를 찾아라

설립자라면 예외 없이 '어떻게든 큰 공백을 메우고 싶다'는 유혹의 순간
이 찾아온다. 적임자를 찾아 헤맨 기간이 지나치게 길어졌는데도 찾을 수
없을 때, 혹은 설상가상으로 역할을 잘 수행할 것으로 보이지만, 실력에 대
한 확신이 서지 않거나 회사 문화와 절대로 안 맞을 것 같을 때다.

정답은 그 사람을 뽑지 않는 것이다. "의심의 여지가 있으면 분명 문제가
있는 것이다"라는 명언은 안타깝게도 매번 맞아떨어진다.

기업문화는
위임할 수 없는 영역
패트릭 콜리슨과의 인터뷰

패트릭 콜리슨은 온라인 결제회사이자 인터넷 기반시설의 핵심 요소인 스트라이프의 공동 설립자 겸 CEO다. 두 형제, 존과 패트릭 콜리슨은 콘텐츠와 제품을 온라인에서 구매할 때 결제 승인 방식에서 개발자들이 직면하는 어려움을 개인적으로 겪은 후, 2010년 스트라이프를 공동 설립했다. 패트릭은 2007년 열여덟 살일 때 경매 및 오픈마켓 관리 시스템인 '오토매틱 Automatic'이라는 회사를 공동 설립하여 매각한 설립 유경험자다. 그로부터 1년 후, 그 회사는 5백만 달러에 캐나다의 '라이브 커런트 미디어 Live Current Media'에 인수되었다.

2010년 설립한 스트라이프는 API° 기반 인터페이스를 통해 쉬운 온라인 사업을 구현하게 해주는 시스템으로, 출시 직후부터 개발자들 사이에서 큰 인기를 끌었다. 공동 설립자인 존과 패트릭 콜리슨은 인터넷의 온라인 결제 기반시설이 고장 나서 고친 경험이 있었다. 8년 후, 두 사람은 관련 기술을 토대로 기업 가치 90억 달러에 달하는 회사를 창업하며, 크고 작은 고객사들의 러브콜을 받는 입지를 구축했다.
스트라이프의 CEO인 패트릭은 회사의 인적자원(직원 1천여 명과 전 세계에 지사를 두고 있다)에 관한 한 명확한 접근법을 취하고 있다. 나는 그와 함께 문화 구축, 명확한 커뮤니케이션의 중요성, 그리고 스트라이프가 8년간 빠르게 성장하는 과정에서 그가 얻은 교훈에 대해 이야기를 나누었다.

○   application program interface, 응용 프로그램이 컴퓨터 운영 체계 또
     는 데이터베이스 관리 시스템 등의 다른 프로그램이나 장치의 기능을
     이용하기 위한 작용 수단.

일라드 길　스트라이프는 회사 규모를 성공적으로 확대했을 뿐 아니라, 인터넷 경제를 위한 기반시설을 구축하는 일에 대한 공통된 가치관과 관심을 지닌 사람들을 투입하는 데 성공했다. 조직문화를 구축하여 어떻게 진화시키는지에 대한 당신의 생각을 듣고 싶다.

우선, 회사가 성장하는 과정에서 조직의 문화가 어떻게 진화한다고 생각하는가? 또한 그 진화의 과정에서 초반에 중요한 요소는 무엇인가?

패트릭 콜리슨　문화에 관해 회사들이 범하는 주된 실수는 한 번 정해 놓은 조직문화를 신성시하고, 절대로 정해진 범주에서 벗어나면 안 된다고 생각하는 것이다. 문화의 역동성과 변화 가능성을 배제하는 자세이다.

일반적으로 회사가 어느 정도 잘 운영되고, 기대에 맞게 제품과 서비스를 구축하는 데 진전을 보이며, 조직이 성장하고 고객의 수요가 많다는 것은 회사의 조직문화가 순항하고 있다는 의미다. 하지만 회사가 추구하는 조직문화에 대한 세부적인 기준을 정했다는 사실을 숨기는 실수를 범한다.

회사마다 구체적으로 중시하는 부분은 다르다. 성실 근무를 1순위로 생각하는 회사도 있지만, 같은 업무를 다섯 번 넘게 반복할 정도로 세밀하고 꼼꼼한 업무 처리를 중시하는 회사도 있다. 그러나 단도직입적으로 원하는 기준을 표현하지 않는 경우가 대부분이다. 그들은 "회사에 대한 헌신을 중시한다"라고 추상적으로 말할 뿐이다. "수년 동안 회사를 위해 혼신을 다해 일할 직원이 필요하다. 다른 것에 한눈팔지 않고 업무에 집중하길 바란다."라고 구체적으로 말할 용기가 없는 것이다.

꼼꼼함을 중시하는 회사의 경우, 바라는 것을 직접적이고 구체적으로 설명하지 않고 에둘러 표현한다. 정작 전달해야 하는 말은 "우리와 함께 일하면 여러 차례 재작업이 필요하다는 지적을 받고 몇 번이라도 다시 해야 하는 상황을 받아들일 수 있어야 한다"일 것이다. 그러나 이와 같은 솔직한 발언을 받아들이지 못하는 사람들이 많을 것이다. 따라서 정식으로 누군가를 채용하기 전에 앞으로 닥칠 상황을 설명해줘서 본인이 적응할 수 있을 것인지를 판단하도록 해야 한다.

이처럼 회사 문화에 대해 명쾌하게 설명해주지 않았을 때의 부작용은 세 가지로 나타난다. 첫째, 회사에 부적합한 사람들이 합류하게 된다. 둘째, 입사한 직원들은 업무 방식에서 예상치 못한 마찰과 긴장감에 당황하게 되므로, 그들에게 억울한 상황이 발생한다. 셋째, 확실히 드러나는 부분은 아니지만, 직원들이 회사 생활을 하는 성향은 입사할 때 어떠한 회사를 기대했는지에 좌우된다. 총체적 성격의 프로젝트에 투입될 것이라고 예상하며 입사한 직원들은 회사 생활 내내 초반에 품었던 기대를 저버리지 않을 확률이 높다. 따라서 처음부터 오해의 소지가 없도록 하면 실망을 줄일 수 있다.

일라드 '처음부터'라는 의미는 면접 때부터인가? 아니면 채용 후 온보딩 단계를 의미하는가?

패트릭 합격 통보 이전에 통지해야 한다. 온보딩 단계에서 할 수도 있지만, 합격 통보 이전에 하는 것이 이상적이다.

단 회사 문화를 명백하게 전달하는 것은 중요하지만 조직문화를 지나치게 신성시하여 변화에 몸을 사리게 만드는 태도는 옳지 않다. 회사 문화에 대해 오해의 소지가 없도록 명백히 설명하되, 직원들의 편의를 염두에 두고 발전할 수 있도록 유연한 자세를 취해야 한다. 즉, 양극단에서 균형점을 찾아야 한다. 스타트업의 리더들이 가장 힘들어하는 부분이 바로 이 부분이다. 직원들이 회사 문화를 적극적으로 실천하지 않을 경우, 어느 부분에서 취약하거나 불충분한 결과가 나타나는가? 회사 문화로 말미암아 어느 부분에서 취약점이 나타나는가? 문화가 실행되었을 때의 문제인가, 문화의 기본 틀 자체가 문제인가?

회사 문화를 어떻게 정의할 것인지를 고민할 때, CEO의 고민과 재량이 크게 반영되지만, 실제로 보유하고 있는 관련 데이터는 제한적이고, 혼동과 간섭의 영향이 크게 느껴질 것이다. 따라서 이 모든 고민거리를 분리하기란 매우 어렵다. 민호히게 걷어낼 것은 걷어내고 최종 결정을 내려야 한다.

많은 회사가 공통적으로 그릇된 판단을 하는 부분이 있다. 특히 체계적이지 않거나 실제로 부재한 경영구조의 덕을 본 회사나 조직들이 두 가지 양상을 보인다. 초반에 성공한 원인이 그러한 경영구조 덕분이라고 잘못 진단하는 경우, 그리고 초반의 성공이 그러한 경영구조 덕분이라는 점은 옳게 진단하지만 인원이 단지 7명이 아니라, 40명 혹은 70명으로 확대되었을 때는 대안을 찾아야 한다고 생각하는 경우다.

일라드　실패한 조직문화의 원인을 정확하게 짚어주었다. 초기에 정착한 문화를 바꾸기가 매우 어렵거나, 초기 문화에서 빠져나오지 못하는 '꼰대' 동료가 있는 경우다. 그렇다면 문화의 교체를 위해 사용한 전략을 일부 소개해달라.

패트릭　첫째, CEO로서 현재의 회사 문화를 유지하기보다는 다 같이 힘을 합쳐 문화가 올바른 방향으로 진화하길 바란다는 점을 명시한다. 문화를 시기적으로 무 자르듯 구분하는 것처럼 들릴 수도 있지만, 회사의 초기 문화는 두고두고 안줏거리가 된다. 평온했던 과거를 이야기하며 눈시울을 적시기도 한다. 그러나 옛날에 대한 감성에 젖기보다는 다음과 같이 냉철히 현실을 자각해야 한다. "많은 면에서 우리는 바보 같았다. 뭘 하고 있는지도 모른 채 하루하루를 보냈다. 잘 넘어간다 싶었어도 시간을 지나치게 끌었던 업무와 예상 밖의 큰 타격을 가져온 업무가 분명 많았다."

초반의 성공을 통해 그릇된 교훈을 배우기 십상이다. 회사 문화는 그대로 보존하는 것이 아니라, 올바른 방식으로 진화하도록 하는 것이 관건이라는 점을 직원들에게 명확히 일러두어야 한다. 초반에 어쩔 수 없이 범한 어리석은 실수에 대해서도 직원들이 파악하도록 해야 한다.

둘째, 고위급 외부 경영인을 채용하거나, 회사의 신규 부서를 설립하는 등 회사 문화를 변화시켜야 하는 상황이 발생하는 경우, 문화가 바뀔 것이라는 점을 받아들이고 명백히 알린다. 판매 부서의 새로운 수장을 채용할 때 직원들이 조직문화가 바뀔 것을 우려하면 "가급적 이 사태는 막으려고 했는데, 바뀔 만한 부분에 대해서는 최대한 예의 주시하겠다"라고 말하지 말고 솔직하게 상황을 설명하라. 새로운 총괄을 채용하는 이유 중 하나는 회사 문화를 바꾸기 위해서다. 새롭게 투입된 사람이 문화에 아무런 영향도 주지 못하면 미션은 실패다. 고위급 판매부 리더를 채용하는 이유는 회사의 매출을 높이고, 제품 판매에 더 뛰어난 조직문화를 구축하기 위한 것이다.

사람들이 머리로는 그 사실을 깊이 받아들이고 있지만 잘못된 방식으로 내용이 전달되는 경우가 많다고 생각한다. 스트라이프에서 채용한 COO는 구글에서 판매 부서의 전임 고위급 총괄이었고, 직원들은 새로 투입된 COO의 영향으로 회사 문화가 바뀔까 봐 우려했다.[46] 그래서 우리는 회사의 대표들로서 신규 COO가 문화를 바꿀 것이라는 점을 직원들에게 명확히 전달해야 했다. 애초에 그를 채용한 이유가 문화를 바꾸기 위해서였다. 다행히 COO의 투입이 불러온 변화는 회사에 매우 건전하고 유익했다.

"현재의 회사 문화를 유지하기보다는

　　다 같이 힘을 합쳐 문화가 올바른 방향으로

　　진화하길 바란다."

_패트릭 콜리슨

일라드　　회사에서 반대론자들에 대해서는 어떻게 대처하는가? 회사 초반에 적합한 직원을 제대로 선발한다 해도 조직문화와 진척 상황에 대한 논의가 활발한 회사라면 회사 내에서 매우 강렬하게 특정 관점을 지지하거나 주장하는 직원들이 있다.

패트릭　　이견을 나타내는 사람들, 혹은 여러 이유로 문제를 제기하는 사람들이 있다는 점에서 CEO는 섬세한 균형추가 되어야 한다. 직원들이 CEO에게 제기하는 문제들은 대부분 합당하고 실질적인 문제들이고, 이상적으로 CEO가 해결해야 한다. 선한 의도로 문제를 제기하는 것이므로 CEO는 그들의 의견을 경청하여 어떻게든 문제를 해결해야 할 의무가 있다. 다만 빠르게 해결되지 않을 것이라는 점을 직원들에게 일러둔다. 스타트업의 직원들도 그 정도의 융통성은 있어야 한다. CEO는 직원들의 의견을 최대한 공감하며 들어야 한다.

그래도 가끔은 CEO가 결코 동의할 수 없는 이유로 직원들이 반대 혹은 이의 제기를 하거나 반대론자가 되기도 한다. 그들은 회사가 X 방식으로 업무를 끌고 가야 하는데, 그리고 과거에도 X 방식으로 진행되었는데, 현재는 CEO가 Y 방식으로 진행한다는 결정을 내렸다고 생각한다. 그러한 경우에 건전하고 효과적인 관계를 위해 CEO는 반대론자를 만나 Y 방식을 흔쾌히 받아들이지 않으면 장기적으로는 행복하고 보람된 직무 환경을 구축할 수 없다는 점을 명백히 알려야 한다.

회사의 창업 때부터 깊게 관여한 사람들이 주로 변화에 반대하거나 저항하는 경우가 많기 때문에, 이러한 대화가 그들의 마음에 상처를 줄 수도 있을 것이다. 그러나 힘겹더라도 마음을 터놓는 대화의 자리를 갖는 것이 회사에 대한 투자이기도 하다. 대부분의 직원은 어떤 면에서는 힘들고 인위적인 노력이 요구되는 문화의 진화를 받아들이며 큰 불만이 없다. 그러나 모든 직원이 받아들이지 못하는 부분이 있는데, 그렇다고 해서 악한 마음을 지니고 있거나, 전체 조직에 기여하는 부분이 미미한 사람이라는 뜻은 아니다. 단지 앞으로 더 이상 특정 조직에 적합한 인물은 아니라는 의미일 뿐이다.

회사 차원에서 기업문화에 대해 솔직하고 자세하게 이야기하지 않는 잘못을 범하는 경우가 많다. 양측 모두에게 정작 필요한 대화를 1~2년 정도 질질 끌다보면, 직원들은 불만이 쌓이고 업무 성과도 낮아지며 결국 얼굴을 붉히면서 회사를 나오게 된다.

나는 회사 문화에 대한 대화를 최대한 초반으로 끌어온다. 폭언도 신경전도 없이 "우리는 성장을 위해 이전과는 다른 방식으로 조직을 혁신할 것이다. 초기에 익숙했던 방식에 대한 미련을 버리고 조직과 같이 성장할 것인가? 아니면 익숙한 이전 방식에 머무를 것인가? 이전 방식을 고수한다고 해도 당신에게 불이익을 주거나 부정적인 편견을 갖지는 않을 것이다."는 식으로 대화를 시도하라.

일라드　내가 지켜본 공격적 확장을 한 회사들에는 초반에 합류한 직원들의 대대적인 물갈이가 있었다. 자연스러운 현상이자 직원 관리에도 효과적이다. 큰 조직에서 일하길 꺼리거나, 매우 구체적인 목표를 달성하려는 사람들에게 회사가 만족을 주지 못한다면 다른 곳에서 더 행복해지는 것이 낫다.

패트릭　그렇다. 마치 해고율 0퍼센트의 조직의 이면과 같을 듯하다. 물론 매번 최고의 적임자들을 채용하면 이상적이지만, 그렇게 될 확률은 매우 낮다. 전 세계 어떤 회사도 범접할 수 없을 정도로 옥석을 가리는 면접 노하우가 있을 듯하다.

　마찬가지로 전 직원이 입사 후 5년이 지나도 회사를 떠나지 않는다는 것은 그만큼 회사 생활에 잘 적응했다는 방증이고, 조직에도 바람직한 현상이다. 그러나 통계적으로 그럴 확률은 그렇게 높지 않다. 회사 생활에 진정으로 적응력이 뛰어나 오래 머물수록 회사에는 더 유리하겠지만, 과연 회사가 어느 정도 수준까지 바라는지도 고민해야 한다.

일라드　조직의 문화적 가치관을 직원들에게 거듭 강조하거나 인식시키는 것에 대해 어떻게 생각하는가? 매주 열리는 올핸즈 미팅에서 성과 검토의 차원에서 다루어야 할 사안인가?

패트릭　문화에 관해 거시적으로 파악해야 할 부분이 있다. 급속도로 팽창하는 인간 조직은 부자연스러운 현상이라는 것이다. 우리가 경험한 인간 조직의 대부분(학교, 가족, 대학, 지역사회, 교회나 성당 등)은 실제로 빠르게 확대되는 조직은 아니다. 따라서 이런 조직에서 배우는 대인관계에서의 신호,

교훈, 습관은 매년 두 배 이상 조직 확대를 추구하는 회사 유형에는 충분하지 않다.

그 결과, 성과 평가나 매주 열리는 올핸즈 미팅에서 직원들은 문화적 가치관을 명확히 하자는 제안을 하기도 한다. 그러면 CEO는 '내가 아는 대부분의 인간 조직에서는 그렇지 않다'고 생각하며, 무리수를 던진 제안이라고 받아들인다. 회사 조직에서는 참여자 무리가 급속도로 진화하는 상황에서 높은 수준의 응집력을 유지해야 하므로 다른 조직과는 엄연히 다르다.

당신이 방금 언급한 내용 전부에 적극적으로 공감한다. 나는 대부분의 회사가 자체적 원칙이나 가치관을 명확히 정립·소통하는 일을 뒤늦게 한다고 생각한다. 직원 수가 많지 않을 때는 원칙과 가치관을 임시로 수정해도 무방하다. 회사가 진화하면서 깨닫는 교훈과 직시하는 내용이 달라지기 때문에 지속적으로 업데이트할 뿐이다.

그러나 처음부터 원칙과 가치관을 위한 터를 마련해야 한다. 그리고 나서 제품을 개발하고, 직원 간 집합적 소통을 할 때와 의사 결정을 할 때도 깃들여 있어야 한다. 적합한 시리즈 A 투자자들을 물색할 때도 마찬가지다. 조직 운영과 문화의 원칙을 토대로 회사에 적합한 투자자를 찾을 수 있다면 이상적이겠다.

일라드　　회사 문화를 총괄할 전문가나 담당자를 두는 것에 대해서는 어떻게 생각하는가?

패트릭　　몇 가지 이유로 좋은 생각이 아니라고 생각한다. 문화 총괄직이면 CEO는 아닐 것이다. 첫째, CEO는 회사에 대한 개인적·심적 관여도가 높은 사람에게 문화 총괄직을 맡기고 싶을 것이다. 바람직하지 않은 태도다. 운 좋게도 회사 문화를 슬기롭게 진두지휘할 수 있는 적임자를 찾으면 좋겠지만 현실적으로는 거의 불가능하다. 문화 총괄직을 맡은 사람이 회사 문화에 필요하다고 생각하는 바를 회사의 현재 상황에 열정적으로 주입하다 보면 문화가 거쳐야 할 진화 과정을 가로막게 된다.

둘째, 문화에 관한 업무는 CEO가 맡는 많지 않은 업무 중 하나다. 제3자에 위임해서는 안 되는 업무이기도 하다. 간단하게 말하면 CEO가 맡는 역할은 ① 경영진에 대한 감독자이자 최종 중재자, ② 최고 전략가, ③ 특히 회사의 창업 초기에는 회사의 간판, ④ 회사의 규모가 커지면 상황이 달라지겠지만, 회사 초반에는 CPO의 역할, ⑤ 회사 문화에 대한 총괄, 이렇게 다섯 가지로 요약된다. 회사의 현 상황에서 문화가 근본적으로 중요하기 때문에 제3자에게 위임하면 문제가 발생할 수 있다.

일라드   회사의 문화에 직원들을 적응시키는 과정 때문에 성장에 어느 정도 한계를 둔다고 생각하는가? 다시 말해, 성장 속도가 너무 빠르다는 사실을 언제 알게 되는가? 성장세가 두 배가 아닌 세 배씩 오를 때인가? 신규로 투입되는 인원이 기준이 되는가? 이처럼 자연스럽게 형성된 기준이나 규칙이 있는가? 아니면 회사마다 상황과 기준이 다른가?

패트릭   회사의 경영진이 얼마나 경험이 많고, 응집력이 강한지에 따라 다르다. 회사의 전력을 명확하게 파악하고 있는 30명의 경험 있는 경영진과 리더들로 회사를 시작한 경우라면 놀라울 정도로 빠르게 규모를 확대할 수 있다고 생각한다. 이렇게 응집력을 개발하고 사람을 모집·채용하는 등 다양한 업무를 해야 하는데, 처음부터 30명의 직원으로 시작한 회사는 없다고 해도 과언이 아니다.

그러나 이 모든 것이 리더의 역량에 따라 달라진다고 생각한다. 회사의 특정 업무 영역도 누가 업무를 이끄는지에 따라 달라진다. 판매 혹은 HR 부문의 리더가 뛰어난 사람이고, 현재 부서의 직원 수가 2~3명뿐인 조직이지만, 업무가 정상 운영되고 전원이 한마음으로 정진하는 경우라면 2~3명에서 30명으로 늘리는 일이 속전속결로 진행될 것이다. 반면 HR 조직이 5명이고 운영하는 데는 무리가 없지만 적합한 리더가 없다면 인원을 10명으로도 늘리기가 매우 어렵다.

실질적으로 조직이 매년 2배 이상 규모를 키우게 되면 매번 실패하지는 않겠지만 가시밭길 그 자체일 것이다. 회사의 차별성뿐만 아니라, 최악의 상황에서도 그 충격을 최소화할 수 있는 전략에 대해 확실한 주장을 펼칠 수 있어야 한다. 지난 20년 동안 조직문화 차원에서 규모 확대를 가장 성공적으로 이루어 '메가캡 mega-cap °' 반열에 오른 대표적 사례가 페이스북이다. 매년 성장률이 약 60퍼센트가 넘지 않도록 신중하게 회사를 경영했다. 지나치게 치솟는 성장률을 조절한다는 취지였다. 회사가 어쩌다 보니 대박을 냈다고 볼 수도 있겠지만, 나는 철저하게 성장의 강약을 조절한 결과라고 생각한다.

일라드   해외 사무소 혹은 '분산형 팀 distributed team °°'의 맥락에서 조직문화에 대해 어떻게 생각하는가?

패트릭   스트라이프는 현재 다양한 규모의 해외 사무소 10곳을 두고 있

°   시가총액 50위 안에 드는 거대기업으로 통상 시가총액 2000억 달러가 넘는 회사.
°°   조직 구성원들이 다른 지역에 흩어져 있는 조직.

다. 각 사무소에 적합한 수장이 배치되고, 역량이 풍부한 초기 멤버들이 투입되는 것이 관건이다. 리더 한 명이 유능하다고 되는 것이 아니다. 진정 바람직한 조직문화를 키워나가려면 리더를 둘러싼 직속 부하직원 2~4명의 역할도 매우 중요하다.

일라드　스트라이프 본사에서 근무하던 직원들을 해외로 파견하려고 하는지, 아니면 현지에서 적임자를 찾으려고 하는지 궁금하다.

패트릭　우선 본사에서 업무를 시작하는 것을 원칙으로 한다. 해외에서 인력이 필요한 경우에는 본사의 경력직 중에 해외에 거주하며 일하고 싶은 사람들을 파견한다. 지사를 새롭게 설립하더라도, 투입 인력은 최소 몇 주 혹은 몇 달 동안 본사에서 업무를 시작하는 관행을 갖고 있다.

　현재 70명의 인력을 보유한 더블린 지사의 경우, 대부분의 직원이 최소 첫 2주를 샌프란시스코 본사에서 근무했다.

일라드　현지에서 직접 면접을 실시했는가? 아니면 본사를 통해 면접을 실시했는가?

패트릭　지원자 거의 대부분이 본사에 와서 면접을 봤다. 어느 시점에 가서는 이 방식이 변경될 가능성이 높다. 그러나 본사의 직원들과 함께 일하며 관계를 구축하는 것이 장기적으로 개별 직원들에게 큰 가치가 된다는 점은 부인할 수 없다.

　우선, 사소하게 보일 수 있지만 매우 중요한 소통 방식에 대해서도 철저히 준비해야 한다. 화상 회의 환경과 전용 회의실도 반드시 구비되어야 한다. 회의를 녹화·방영하고, 원격으로 원활하게 참여할 수 있도록 해야 한다.

둘째, 주요 회의가 열리는 시점에 대해서도 깊이 고민해야 한다. 올핸즈 미팅을 맥주마시며 휴식해야 할 금요일 오후 5시로 옮기거나, 유럽이나 아시아의 현지 시간에 맞게 금요일 오전이나 목요일 오전으로 옮겨버리면 미국의 현지 직원들에게는 다소 불편할 수 있다. 그럼에도 유럽이나 아시아 지사에 대한 배려가 매우 중요하다면 그렇게 해도 무방할 듯싶다.

셋째, 회사 규모가 100~200명의 직원을 둘 정도로 충분히 커졌을 때(더 큰 회사를 의미하는 것은 아님) 사내 커뮤니케이션을 하나의 부서 차원에서 고려할 필요가 있다. 커뮤니케이션을 부서화한다는 것 자체가 회사의 통제력이 강해진다는 의미로 해석되어 많은 반발을 낳을 것으로 생각한다. 그러나 직원들이 회사 내에 진행되는 상황과 업무의 우선순위가 무엇인지 파악해야 하는 경우라면 오히려 부서 간·전사적 커뮤니케이션을 체계화하지 않는 것 자체가 어불성설이다. 전사적 커뮤니케이션이 명확하게 진행되도록 누군가가 책임 의식을 갖고 진두지휘하는 순간, 직원들은 '왜 진작 이렇게 하지 않았을까?'를 생각할 정도로 만족도가 높다.

일라드　　당신의 회사에서 문화를 구축할 때 참고할 만한 모델을 검토해보았는가? 효과적으로 운영한 다른 조직을 연구하기도 하는가?

패트릭　　롤 모델로 삼고 싶은 회사를 신중하게 선택해야 한다고 생각한다. 본인의 회사와 비슷한 시기에 설립한 새내기 회사나 업계의 선두 기업을 선택하려는 경향이 있지만, 일반적으로 역사가 짧거나 회사의 규모가 비슷한 경우, 아직 성과가 입증될 만큼 충분한 시간이 지나지 않았다는 의미다. 우리 회사는 본사가 샌프란시스코에 있는데, 얼핏 생각하기에는 롤 모델로 삼을 만한 뛰어난 회사가 많지만, 막상 적합한 사례가 아닌 경우가 많다.

그래서 나는 다양한 사람들과 대화하고, 인텔 등 실리콘밸리의 초창기 성공 기업과 마이크로소프트, 구글의 초기 시절, 스티브 잡스가 애플로 복귀한 시기 등에 관한 이야기를 읽는 데 많은 시간을 보낸다. 어떠한 상황이 펼쳐져서 어떠한 결과가 나왔는지 전체적으로 파악할 수 있기 때문이다.

새내기 회사들의 경우에는 아직 성패를 가늠하기 어렵다. 일부는 잠재력을 크게 해칠 정도로 회사 전반의 문화와 조직문화가 엉망이기도 하다. 따라서 롤 모델 기업을 선택할 때 주의하며 신중하길 바란다.

일라느   세품과 시징의 징힙'성ㄴ 회ㅅ 문화가 튼신한 거과는 별개의 무제인 것 같다. 조직이 엉망이어도 실적이 매우 훌륭하다면 회사 문화의 중요성이 혼란스러울 수 있다.

패트릭   중요한 점을 지적해주었다. 초반에 히트한 대부분의 훌륭한 제품들이 회사의 성장 주기와 함께 발전하지 못하는 경우가 많다. 롤 모델을 지향하며 회사의 조직문화를 바꾸어간다는 것이 얼마나 힘든 작업인지를 알려주는 대목이다. 아무리 노력해도 실패를 거듭한다면 추구하는 롤 모델이 어떠한 잣대를 토대로 한 성공 사례인지 검토하라.

> "롤 모델로 삼고 싶은 회사를 신중하게
>   선택해야 한다."
>
> _ 패트릭 콜리슨

일라드　실리콘밸리를 둘러보면 사람들이 두둑한 보상을 주는 다른 회사로 옮겨 다니는데, 막대한 보상 체계의 문화가 어느새 자리 잡은 듯하다. 매우 높은 급여를 받는 사람들도 시간이 지남에 따라 사소한 불만을 털어놓는다. 마치 대학교 캠퍼스 내에 있는 미용실에서 몇 번까지 무료 커트를 받을 수 있는지 따지는 것과 유사하다. 사소한 불만을 제기할 때 어떻게 상대해야 할까? 급여가 오를수록 스스로 '갑'이 된다는 생각을 못하게 하는 방법이 있는가?

패트릭　미국에서, 구체적으로는 샌프란시스코의 베이 에어리어Bay Area에서 현 시점에 보편적으로 나타나는 문제점이라고 생각한다. 우리가 현재 누리는 부富를 만들어준 것은 우리보다 앞서 기초를 닦은 윗세대라고 생각한다. 그러나 높은 연봉의 러브콜을 꿈꾸며 여기저기 옮겨 다니는 상황이 초래되면서, 기업문화에도 파급효과를 주며, 업무에 집중하지 못하거나 일에 대한 의지가 약해진다.

　언급한 것처럼 여러 성공 기업의 초기 역사를 연구하고 탐독하며, 당시의 상황을 지켜보거나 경험한 사람들과 대화를 해보라. 최초의 반도체 회사, 초기 소프트웨어 회사에서부터 시애틀에서 쓰인 아마존과 마이크로소프트의 초기 역사 등을 찾아보면 보상 체계에 눈이 먼 경우는 결코 없었다. 사람들은 소프트웨어 회사가 결국 하드웨어 회사의 부속품 정도라고 생각했다. 소프트웨어는 찬밥 신세였고, 출시 주기도 회사의 존립에 치명적이었으며, 사방에서 도산하는 소프트웨어 기업이 많았고, 아시아 회사들과 치열한 경쟁에 대한 우려가 많았다. 회사가 성장하기에 시장 상황은 어려웠다. 물론 생존 기업들은 훌륭하게 해냈다. 사람들은 실리콘밸리가 기술 발전을 위한 성공적인 요람이라는 사실에만 관심을 두지만, 수많은 회사들이 죽어

나간 빽빽한 무덤이라는 점에는 관심도, 지식도 없는 것 같다.

생존한 기업들에는 압박감이 긍정적인 자극제가 되었지만, 그렇게 입지를 군히기까지 피로는 쌓여만 갔다. 초반부터 성공하거나, 시리즈 A 투자를 유치하거나, 시장에서 초반 관심 끌기에 성공하면 무의식중에 '페이스북은 2005년 시리즈 A 투자를 유치했고, 2008년 아니면 2009년에 150억 달러의 시가총액을 달성했다' 등의 생각이 꼬리에 꼬리를 물게 된다. 단도직입적으로 표현하면 회사의 존립에 치명적일 만한 접근이다. 여러 면에서 20~30년 전보다 오늘날 절실해진 사업에 대한 집중, 결의, 절제, 그리고 안일주의를 멀리하는 자세를 토대로 회사를 창업하기가 어려워졌다. 우리 모두가 현실에서 직면하는 구조적 여풍일 뿐이다.

실리콘밸리라는 환경 속에서 얻을 수 있는 여러 장점과 순풍이 있지만, 현재 상황은 지나치게 돈을 좇는 구조가 되어버렸다. 실리콘밸리가 다른 지역에 의해 대체되거나, 더욱 광범위하게 여러 지역으로 퍼지게 되면 아마도 실리콘밸리에서 퇴색해버린 초심이 그 원인이 될 것이다. 과도한 부, 과도한 초기 성공의 늪에 빠져 어느새 헝그리 정신과 경쟁적 우위를 잃고 말았다.

중국의 훌륭한 소프트웨어 기업들(JD, 텐센트Tencent, 알리바바Alibaba, 그리고 차세대 스타트업들)의 담당자와 대화를 해본 사람들은 공통적으로 실리콘밸리의 스타트업처럼 급여가 매우 높거나 복지가 훌륭하지는 않지만 아직도 치열하게 고민하고 자신들의 방식으로 성공을 이루어내겠다는 강한 의지가 느껴진다고 말할 것이다. 깊이 새겨들어야 할 교훈이라고 생각한다.

인터뷰 내용은 이해를 돕기 위해 편집 및 요약되었다.

• • • • • • • •

다양성을 고려한 채용

공동의 문화라는 것은 '사람들이 나와 똑같이 보이고 행동하는 상황'을 의미하진 않는다. 응집력 있는 조직을 구축한다는 것은 공동의 목적의식과 미션, 그리고 회사 울타리와 상황 안에서 중요한 사안에 대한 시각이 같은 사람들을 채용한다는 의미다.

실리콘밸리에서는 회사의 인종·성별 다양성을 높여야 한다는 주장이 이어졌다. 다양성을 고려한 채용을 진행하기 위해 몇 가지 툴 혹은 접근 방식을 소개한다.

1. 채용

- 하나의 직책에 대해 다양한 후보자를 물색하고 모집하라.
- 임원진 및 채용 팀과 함께 채용 과정의 어느 부분에서 편향적인 태도가 나타날 수 있는지 검토하라.[47]
- 헤드헌팅 업체로는 잡웰Jopwell과 트리플바이트Triplebyte를 추천한다.
- 헤드헌팅 업체를 활용할 경우, 성별과 인종의 다양성이 중요하다는 점을 명시하라.
- 대학교에서 채용설명회를 개최할 경우, 모집대상군의 다양성을 보장하도록 한다.
- 여성 후보를 면접할 때, 면접관과 채용팀에 여성을 투입하라. 유색인종을 채용할 때도 같은 방법으로 진행한다.

2. 롤 모델

- 다양성에 대해 광범위한 관점에서 생각하라. 투자자 중에 여성과 소수민족이 포함되어 있는가? 이사진과 경영진이 얼마나 다양한가?

- 여성과 소수민족을 위한 멘토링 프로그램을 제공할 수 있는가?
- 여성과 소수민족에게 언론 노출 및 발언의 기회를 제공하는가? 다른 후보자들을 유인하는 데도 도움이 될 수 있다.

3. 복지 혜택

- 회사의 복지 혜택에 대해 생각해보라. 일과 육아를 병행하는 워킹맘을 지원하는 여성 친화적 정책이 있는가? 가족 수유실을 비롯하여 새내기 부모를 위한 시설을 갖추고 있는가? 워킹맘들이 편히 쉴 수 있는 시설은 실제로 편하게 예약하여 이용할 수 있는가?

스타트업들이 다양성을 고려한 채용을 실시할 때 가장 힘든 점은 주로 대기업(구글, 페이스북 등)에서 핵심 인물을 스카우트할 때이다. 특히, 경력직 혹은 대규모로 조직을 운영한 경험이 있는 임원을 채용할 때 대기업으로 눈길을 돌린다. 그러나 이들 대기업에는 직원들의 다양성이 크지 않기 때문에(특히 엔지니어링, 상품, 디자인 부문), '다운스트림 스타트업**downstream startup**°'은 다양성을 고려하여 채용하기가 어려운 상황이다. 따라서 스타트업이 인재를 물색할 때, 희소성 있는 인력풀을 탐색할 필요가 있다. 여러 기업에서 점차 강조하는 다양성이 중요한 경영 환경에서 다양한 배경을 지닌 후보자들을 채용하는 경쟁이 치열해져 채용하기까지 오랜 시간이 걸릴 수 있다.[48]

° 하류 또는 후속이라는 의미로 신흥 시장의 수혜를 받는 기업.

다양성은 선택이 아닌 의무

조엘 에머슨과의 인터뷰

조엘 에머슨은 패러다임 Paradigm의 설립자이자 CEO로서 혁신적 기업들의 리더들과 파트너십을 맺으며 다양성 및 포용성 전략에 대해 컨설팅과 조언을 해주고 있다. 그녀는 다양성, 포용성, 무의식적 편견에 관한 다양한 집필 활동을 했고, 〈월스트리트 저널 The Wall Street Journal〉, 〈뉴요커 The New Yorker〉, 〈포춘 Fortune〉, 〈패스트 컴퍼니 Fast Company〉, 〈비즈니스 인사이더 Business Insider〉를 비롯한 여러 시사 잡지에 기고했다. 패러다임을 창업하기 전에는 여성 인권 · 고용 전문 변호사로 활동했다. 그녀는 남녀평등권 옹호 단체인 '이퀄 라이츠 애드보케이트 Equal Rights Advocates' 스캐든 펠로우 Skadden Fellow로서 성차별 및 성희롱 소송에서 여성들을 대변했고, 여성들을 위한 직장 보호 활동에서 참여했다. 그녀는 스탠퍼드 로스쿨을 졸업했다.

조엘 에머슨은 슬랙 Slack과 에어비앤비와 같은 급성장하는 거물 기업들이 다양한 직원군을 채용 및 유지하는 데 필요한 전략과 마음가짐을 발전시키는 방법에 관해 자문을 제공하며 다양성에 관한 담화에서 빼놓을 수 없는 전문가이다. 그녀의 회사는 연구에 기반을 둔 데이터 중심적인 접근법을 활용하며, 다양한 관점을 토대로 회사가 강력해지는 이유를 설명하고, 스타트업이 효과적으로 다양한 인재를 모집할 수 있는 방법에 관한 연수를 실시한다.

포용적 문화가 더 나은 상품을 낳는 이유, 성장하는 기술 스타트업들이 선배 기업들이 남긴 교훈을 활용할 수 있는 방법에 대해 그녀와 대화를 나누었다.

일라드 길　기본적인 주제부터 다루어보자. 다양성이 왜 중요하고, 기업들은 초기에 다양성에 대한 사고를 어떻게 시작할 수 있는가?

조엘
에머슨　다양성이 중요한 이유는 여러 가지다. 다양성에 시간, 자원, 에너지를 투자하려는 모든 기업이 구체적인 이유를 갖고 있는 것이 중요하다.

첫째, 여러 연구에 따르면 근본적으로 혁신을 주도하는 분석적 사고와 복잡한 문제 해결에 관한 한, 직원군이 다양한 조직이 더욱 막강한 저력을 지닌다. 다양성을 중시하는 기업과 재무 실적이 강한 기업은 상관성이 높다는 연구 결과도 있다. 재무 실적만큼 다양성이 큰 동기부여가 되지는 않지만(다양성에서 인과관계 및 제3의 요소를 밝히기가 어렵다), 조직에 다양성을 강화했을 때, 난해한 문제의 해결력이 배가된다는 인과관계 관련 연구에 대한 관심은 높다.

소기업들은 난해한 문제에 접근할 때, 문제를 가장 효과적으로 해결하는 데 도움이 될 만한 조직을 어떻게 구축할 것인지 고민하기 시작한다. 우리는 성별, 인종, 정치적 성향 등 다양한 배경을 지닌 직원들을 한데 모았을 때 다양한 관점을 들을 수 있어서 혁신할 수 있는 역량이 배가된다는 사실을 알고 있다.

둘째, 다양한 고객·사용자군을 구축하려는 기업의 경우, 팀원들이 다양한 관점을 개진하게 되면 대상층을 위한 제품이나 서비스를 디자인하고 구축하는 데 도움이 된다.

이와 관련하여 내가 인용하는 사례는 유튜브다. 2012년 유튜브는 핸드폰에서 바로 동영상을 업로드할 수 있는 모바일 상품을 출시했다. 회사는 영상물 중 10퍼센트가 거꾸로 업로드된다는 사실을 발견했고, 왼손잡이 이용자들이 오른손잡이와는 다른 방식으로 핸드폰을 든다는 결론에 도달했다. 당시 제품·디자인 팀에는 왼손잡이가 없었다. 제품 디자인에 대한 다양한 관점을 지닌 사람들이 있을 때, 좀 더 광범위한 대상을 위한 디자인을 하기가 유리해진다고 생각한다.

셋째, 인재풀이 매우 협소한 경우가 많다. 회사를 키워나가는 과정에서 훌륭한 인재 찾기는 하늘의 별 따기다. 대개 경영인들은 '사람 찾기가 참으로 어렵다. 그런데 내 인맥에만 의존하면 회사가 다양한 배경의 인력을 유치하지 못할 것이고, 그렇게 되면 실질적으로 인력을 충원하는 데 제약이 따를 것 같다'고 생각한다. 내가 자문을 제공하는 기업은 다양한 대상 고객에 소구할 수 있는 기업이야말로 최고의 인재를 유치할 수 있다고 믿고 있다.

넷째, 실제로 많은 기업이 향후 10년, 20년에 걸쳐 전 세계적으로 판매할 제품을 제작하고, 기술을 디자인하고 개발할 수 있는 온갖 부류의 다양한 직원을 투입하는 것이 올바른 길이라고 생각한다는 점을 간과해서는 안 된다. 기술 개발에서 누락되는 대상군이 있으면 문제가 될 수 있다고 생각한다.

나는 이런 네 가지 이유가 우리와 함께 일하는 회사들에 근본적으로 동기부여를 한다고 생각한다. 네 가지 모두 타당한 이유다. 어떠한 이유가 가장 와 닿는지 파악하여 전략을 설계함으로써, 회사가 가장 중요하게 생각하는 부분에 효과적으로 대응해야 할 것이다.

일라드　　조직에 다양한 인재를 모집·채용하는 데 가장 큰 걸림돌이 무엇이라고 생각하는가?

조엘 방금 언급한 두 가지 요소인 모집과 채용으로 구분해서 언급할 수 있겠다.

우선, 모집 차원에서는 사람들의 인맥이 인종·민족·학력 차원에서 협소하다는 점이 가장 큰 걸림돌이다. 비슷한 사람들이 하나의 인맥을 형성하는 상황에서 회사를 갓 창업했을 때는 회사를 키우기 위해 경영인의 인맥에 크게 의존하는 경향이 있다. 다양성의 가치관으로 덕을 보고자 하는 회사라면 시간을 들여 인맥 밖으로 눈을 돌리고자 해야 한다.

그만큼 시간 투자가 관건이라고 생각한다. 다양성으로 덕을 보려면 우선순위에서 얼마나 중요한 위치를 차지할 것인지를 결정해야 한다. 창업 이후 얼마나 이른 시점에 할 것인지도 결정해야 한다. 다양한 배경을 지닌 사람들을 유치하는 때를 놓치면 회사에서 다양한 인재 1호, 2호를 유치하기가 훨씬 더 어려워진다. 직원 50명이 한 가지 방향만 바라보고 있는데, 다른 시각을 지닌 외부인 중 누가 합류하고자 하겠는가? 최소 5명, 혹은 10명이나 15명일 때면 훨씬 용이하다.

모집에서 두 번째 걸림돌은 무의식적 편견, 때로는 특정 역할에 적합한 인물의 자질에 대한 믿음을 일컫는 '의식적 편견'이다. 뇌에 무의식적 편견이 파고들면 '인지적 지름길cognitive shortcut °'을 받아들여 '패턴 매칭pattern matching °°'을 실행한다. 과거에 비슷한 역할을 했던 인물을 떠올려, 인재를 물색할 때 기준으로 활용하려는 경향이다.

° 가정에 의존하여 판단하는 성향.
°° 성공한 사람들의 통념적 특성에 따라 미래의 유망 기업가를 찾는 관행.

이 외에도 내가 '타고난 재능의 문화culture of brilliance'라고 칭하는 기술계의 문제점이 있다. 타고난 인재와 재능, 선천적인 'DNA'를 지닌 인재, '끼를 갖고 태어난' 록스타처럼 자질과 재능이 천부적인 사람에게 몰리는 현상이다. 사람들의 능력, 재능, 지성이 고정되어 있는 타고난 자질로 받아들이는 순간, 고정관념이 의사 결정을 지배하게 된다. 성장 지향의 자세는 온데간데없고, 사람들의 재능과 능력이 노력에 따라 발전시킬 수 있을 만큼 유연하다는 사실을 망각한다. 이처럼 두 가지 걸림돌이 모집 과정을 어렵게 한다고 생각한다.

그렇다면 채용 차원의 장애 요소를 살펴보자. 초기 단계의 회사들은 원하는 후보자를 모집한 이후, 채용에 관한 결정을 내리기까지 매우 부실한 과정을 거친다. 그 과정은 주관적이고, 즉흥적이며, 심지어 후보나 면접관별로 절차가 다르다. 채용 결정의 지침이 될 만한 구조가 탄탄할수록, 의사 결정의 정확도는 올라가고, 무의식적 편견과 같은 걸림돌이 결과에 작용하여 영향을 주는 확률이 낮아진다.

예를 들어, '문화적 정합성culture fit'을 중시하는 채용을 실시할 때 대기업, 특히 직원 수가 20~30명인 기업에서 '정합성'이라는 단어를 다르게 정의하고, 정합성 여부를 평가하는 데 각기 다른 접근을 적용하는 경우를 많이 본다. "12시간 동안 공항에서 밖으로 나가지도 못하고 꼼짝없이 대기해야 하는 상황에서 함께해도 좋을 사람은 누구인가?"를 기준으로 하는 경우도 있다. 후보자의 능력이나 업무에 대한 적합성을 평가하는 지극히 부실한 방법이다. 나는 채용 과정을 구조화하는 것이 중요한 해결책이라고 생각한다. 찾고자 하는 인재상을 명확하게 정의하고, 업무와 관련된 과제를 해결해보라고 하며, 업무 진행 방식을 관찰한 후, 객관적이고 구조화된 면접 방식을 설계하여 적절한 정보를 도출할 수 있도록 한다.

일라드　　컬러 지노믹스에서 구체적으로 편견을 내려놓기 위해 직원들과 '문화적 정합성'의 의미를 정의하는 시간을 가졌다. 다양성의 관점뿐만 아니라, 전 직원이 문화적 정합성의 개념을 공감하고 실천하기 위해서였다. 때로는 정의하기 까다롭지만 우리가 추구하는 자질(우수성과 실용주의 등)에 대해 강조한다는 취지였다.

조엘　　훌륭하다. 그런데 나는 실리콘밸리가 '문화적 정합성'을 지양하길 바란다. '정합성'이라는 개념 자체가 우리가 논의한 구체적 자질을 벗어나, '이미 조직에 투입된 사람들과 비슷한 사람'을 찾아야 할 것 같은 뉘앙스를 풍기기 때문이다.

나는 개인의 가치관이나 업무 방식이 회사가 원하는 방향에 부합하는지, 이 조직의 업무 실행 방식을 이행할 수 있는 사람인지를 고민하길 권한다. 이와 같은 접근을 '문화적 가치 추가culture add'라고 칭하는 기업들과도 일한 적이 있는데, 이들은 "우리가 이미 형성해놓은 환경에 누가 적합할 것인가?"를 따지기보다는 "우리가 가장 필요로 하는 부분을 누가 가져올 것인가?"를 고민한다. 이 전략을 어떻게 칭할 것인지보다는 평가 방법이 중요하겠지만, 어떻게 표현하고 언급하는지도 분명 큰 영향을 미친다.

일라드　　모집 부문에 걸림돌이 하나 더 있다. 우리 회사와 내가 관여한 여러 회사가 경험한 문제이기도 한데, 스타트업들이 상대적으로 크고 성공적인 기술기업에서 인재를 모집하는 경향이 있다. 그런데 규모가 큰 기술기업들은 다양성이 결여된 채 균일화된 조직을 가질 확률이 높고, 결국 채용에도 편협한 관점이 적용된다. 그렇다면 애초에 다양성이 배제된 인재를 스카우트한다는 의미가 아니겠는가? 이러한 걸림돌을 어떻게 극복해야 한다고 생각하는가? 스타트업들이 어떠한 대안을 통해 인재를 스카우트할 수 있을까? 앞서 언급한 대로 인맥을 확대하고자 할 때, 어떻게 첫 단추를 끼울 수 있을까?

조엘　　인맥 내에 있는 상대적으로 규모가 큰 기업들에서 인재를 찾을 때, 반드시 다양성을 염두에 두어야 한다. 다양성을 부여할 수 있는 인재를 의도적으로 물색하라. 회사별로 나이, 학력, 인종, 성별 등을 기준으로 '다양성'을 달리 정의한다. 일례로 아웃바운드 채용에서 90~100퍼센트의 비용을 소수 집단의 후보자들만 대상으로 하는 데 사용하는 회사들도 있다. 인바운드 채용 방식은 다양성을 반영하기 어렵다는 점을 알기 때문에 적극적으로 아웃바운드 방식을 활용한다.

일라드　　대표적으로 어떤 회사들을 꼽을 수 있는가?

조엘　　공식적으로 그러한 방식을 활용한다고 언급한 유일한 기업은 '거스토'이다. 아웃바운드 모집 방식에서 100퍼센트 소수 집단의 후보자들로만 대상으로 한다고 약속했다.

일라드　　당신이 언급한 내용 중에 회사가 인적 자원에 투자할 수 있는 상태에 도달했는지를 확인하라는 점이 인상적이다. 많은 회사가 인적 자원에 투자하고 싶어 하지만 회사의 규모가 50~100명 정도일 때 평사원급 직원의 채용을 늘리려면, 조직의 역량도 그만큼 충분해야 한다. 따라서 회사가 어떠한 임계수치에 도달하기 전까지는 인력에 대한 투자가 부담일 수 있겠다.

조엘   초기 단계에서는 매우 힘든 작업이라는 점에는 동의한다. 회사의 전 직원이 5명일 때라면 엄두도 못 내는 일일 것이다. 그러나 거창하게 인력에 대한 투자라고 생각하며 겁을 내기 전에, 아웃바운드 모집을 할 때 소수 그룹의 후보자들을 대상으로 할 수 있다. 예를 들어, 인구학적으로 다양한 배경의 집단이 접근하는 구인 광고란이나 단체의 게시판에 공고문을 올릴 때 소수 그룹에 가산점이 있다는 점을 피력할 수 있다.

물론 회사가 갓 창업한 단계에서는 쉽지 않은 일이다. 그러나 진정한 변화를 꾀하는 데 보통 1~2명의 핵심 인재만 채용해도 충분하다. 다양성을 지향하는 여정에서 굳이 많은 수의 인원이 필요한 것은 아니다. 단 1~2명이라도 다양성을 고려하여 채용한다면 그 자체로 인력에 대한 투자가 된다.

회사가 적극적으로 찾아 나서면 초기 단계의 회사가 원하는 자격 조건에 부합하는 소수 그룹의 후보자들이 분명 존재한다고 믿는다. 또한 회사가 커지면서 채용된 소수 그룹 출신 직원들의 인맥을 활용할 수 있기에 충분히 '남는 장사'다. 이렇게 첫 단추를 끼운 다음부터는 앞서 언급한 인력 충원과 앞으로 회사가 나아가야 할 방향에서 다양성은 덤으로 깔린다.

"진정한 변화를 꾀하는 데 보통 1~2명의
핵심 인재만 채용해도 충분하다."

_ 조엘 에머슨

일라드   중요한 부분을 지적해주었다. 회사의 초기부터 인맥을 키워간다고 마음먹었다면 인맥의 시작에서부터 다양성을 토대로 할 것인지를 고려할 수 있고, 그 방향으로 인맥을 키워나갈 수 있다. 이처럼 초반부터 인맥을 키워나간다는 생각이 중요하다. 그렇다면 임원 단계에서의 다양성에 대해서는 어떻게 생각하는가? 어떤 면에서는 다른 차원의 주제일 수 있다고 생각한다.

조엘　　다른 차원의 주제이고, 이 부분에 대해서는 그렇게 많이 고민하지 않는다. 왜냐하면 우리가 관여한 초기 회사들은 '임원 충원은 결코 고려하지 않는다. 이사회의 규모를 키우고 싶지 않다. 그저 우리들(설립자들)과 몇몇 주요 투자자면 충분하다. 충원은 결코 내키지 않는다'라고 생각하기 때문이다. 물론 이렇게 의식적으로 결정을 내려도 무방하다. 그러나 소수 그룹의 투자자가 없고, 이사진이 CEO 본인과 투자자뿐이라면 눈치가 보일 수 있다.

그러나 회사가 커져서 구체적으로 전문 기술과 지식이 필요한 분야에 인력을 충원해야 할 때, 다양성을 고려하는 것이 너무나 중요해진다. 임원진에 다양성을 고려한 인력을 배치하는 수밖에 없는 것이다. "회사에 자문을 해주는 임원이 다양한 관점을 대변하는 것이 중요하다고 생각한다"고 주장해야 한다는 의미다.

특히 이사회에 여성 임원이 있을 때, 재정 성과가 더 높아지고 재정적인 타격을 가할 만한 치명적 결정을 내릴 확률이 낮아진다고 주장하는 상관관계의 연구가 많다. 따라서 "이사직에 다양성을 고려한 충원을 실행할 것이다. 지금 현재 이사회의 모습이 이러하기 때문에 이러이러한 재능과 기술을 지닌 사람이 필요하고, 그렇게 되면 우리가 중시하는 다양성이 배가될 것이다"라고 주장할 수밖에 없다.

단, 시간을 두고 한 번에 한 명을 투입하도록 하라. 빠른 성장을 거듭하는 회사들에게 오히려 더 많은 시간이 필요하다. 하지만 그만큼 좋은 결실을 맺으리라. 처음부터 이사회의 남성 비율이 높은 상황에서 임원 한 명을 충원하고자 할 때, 여성보다는 남성을 구하기가 훨씬 더 쉽게 느껴질 것이다. 그러나 최상의 임원을 바라고, 최상의 이사회를 만들고자 한다면 최대한 신중하게 여러 요소를 고려하여 숨은 진주를 놓치지 않길 바란다.

일라드　　다양성을 고려한 채용 전략을 위해 잭 도시는 스퀘어와 트위터에 많은 시간을 들였다. 이처럼 우선순위에 둘수록 실행 확률이 올라간다는 점을 알고 있다. 앞서 투자자 단계에서부터 다양성을 고려할 수 있는 가능성에 대해 언급해주었다. 애초에 소수 그룹의 투자자가 없기에 초반부터 CEO로서 다양성을 고려한 채용을 강하게 주장하기가 어려울 수 있다. 그렇기에 첫 사외이사직에 투자자나 자문, 혹은 회사에 이미 공식·비공식적으로 관여하고 있는 CEO의 지인이 투입되곤 한다.

조엘　　그 말에 동의한다. 그 부분에서는 벤처 캐피털 업계에서 역할을 개선해야 하는 책임을 크게 떠안고 있고, 책임 의식을 키워야 한다. 기술 회사들은 VC들에 비해 다양성과 포용성을 깊이 존중하며 진지하게 받아들이기 시작했다고 생각한다. 그러나 정작 인맥을 넓히는 데 도움을 주는 측은 VC이기에 VC의 주장을 거스르기가 어려운 것이 현실이다. VC가 후보들을 보내고, 이사를 추천한다. VC의 인맥이 다양하지 않으면 오히려 회사를 경영하는 입장에서 어려움이 배가된다. 따라서 기술기업 차원에서 다양성과 포용성을 강조한 채용에 대해 목소리를 높이면 VC도 긍정적으로 받아들이기를 희망해본다. 현재 가시화되는 현상이기도 하다. 기술기업들이 투자자들에게 이 부분에 대한 협조를 요청하고 있기 때문이다. 투자자들도 "어떻게 도움이 될 수 있는지 알려달라"라고 말한다. 긍정적인 신호라고 생각하고, 앞으로도 이와 같은 선순환이 이어지길 바란다.

일라드　구직활동이나 면접 과정에서 무의식적 편견을 버릴 수 있는 최상의 접근법이 무엇이라고 생각하는가?

조엘　무의식적 편견을 효과적으로 떨쳐내고, 최상의 인력을 채용하며 다양성을 배가하는 데 전적으로 중요한 것이 바로 구조화된 면접이다. 네 가지 단계로 면접을 구성할 수 있다.

첫 번째 단계에서는 모든 직책에 대해 기술 및 비기술적 설명(비기술적 자격 조건이 있는 경우)을 비롯하여 적절한 자격 조건을 명시한다.

두 번째 단계에서는 각 자격 조건을 평가할 구체적 질문을 설계한다. 중요한 사항에 대해 명확하게 기술할 뿐 아니라, 자격 조건 부합 여부에 대한 구체적인 선발 기준을 명시하고, 각 역량을 평가할 모든 질문을 모든 면접관이 정확히 파악해야 한다.

세 번째 단계에서는 각 면접관이 평가하는 영역을 구분한다. 개별 면접관이 "우리가 이 후보를 채용해야 하는가?"를 결정할 필요는 없다. 단지 "이 후보가 이 두 가지 부분에 대해 우리가 필요한 부분을 충족하는가?"를 평가하면 된다. 인간의 심리에 따르면 인지 부하가 과도해지면 대충해서 빨리 끝내려는 경향이 있다. 따라서 영역을 구분하지 않고 후보를 평가하려면 30분 혹은 1시간 면접에서 적절히 평가해내기 어렵다.

네 번째 단계는 매우 중요한 단계인데, 면접관들이 자신이 질문하는 내용에 대한 답변을 평가하거나 과제 업무의 점수를 매길 수 있는 평가 기준을 개발하는 것이다. 평가 기준은 단순해도 상관없다. 예를 들어 세 가지 사항을 다 언급하면 우수한 답이고, 두 가지를 언급하면 중간 수준이며, 하나를 언급하거나 하나도 언급하지 못하면 오답으로 평가한다. 이렇게 기준을 세워두면 면접에서 평가 항목의 척도가 되고, 확증 편향confirmation bias[o]처럼 채용 결정에 영향을 주는 편견을 줄일 수 있다. 다시 말해, 후보자가 한두 개의 질문에 훌륭하게 답하면 나머지 답변도 잘할 것이라고 미리 가늠해버리는 태도가 줄어든다. 이력서를 보고 매우 흡족하여, 일도 잘할 것이라 예상하면서 후보자의 강점을 눈여겨볼 수도 있지만, 객관적인 기준을 세우면 후보자의 답변에 좀 더 효과적으로 집중하여, 각 후보자의 답변이 얼마나 훌륭한지 가늠할 수 있다. 이렇게 객관적인 평가 기준을 마련하는 것이 중요하다고 생각한다.

회사의 규모를 키우고 있는 상황이라면 업무 내용을 어떻게 설명할 것인지 고려하며 다음의 질문에 대해 생각해보라. 어떠한 방식으로 직원을 유치하는가? 어떠한 방식으로 회사를 소개하고, 어디에 일자리 공고를 게재하는가? 성별 언어(남성적 언어 혹은 여성적 언어)를 사용함으로써 소수의 집단에만 해당하도록 업무 내용을 기술했는가? 타고난 재능이나 능력을 강조하는 뉘앙스는 없는가?

특히, 구인광고가 학습과 성장 등의 '성장 지향의 자세'보다는 타고난 재능 등의 고착된 마인드의 관점에서 직업을 설명했을 경우, 여성의 지원 확률이 낮다는 연구 결과가 있다. 그렇다면 어디에 구인광고를 게재하는가? 다양한 집단의 사람들이 접할 가능성이 높은 사이트와 장소에 구인광고를 올리고 있는가?

일라드　　모집·채용 이후에도 오리엔테이션, 멘토링이 이어져야 하고, 다

---

[o]　　자신의 가치관, 신념, 판단에 부합하는 정보에만 주목하고 그 외의 정보는 무시하는 사고방식.

양한 배경의 사람들이 번창할 수 있는 환경을 만들어야 한다. 회사들이 채용 이후의 단계에서 실패하는 경우를 보았는가? 그렇다면 어떻게 실패를 피할 수 있을까?

조엘   훌륭한 채용 과정의 노하우를 보유하고 있는 회사를 비롯하여, 대부분의 회사가 겪는 고충이기도 하다. 그러나 어떻게 하면 누구나 소속감을 느낄 수 있는 문화를 만들 수 있을지를 고민하는 노력은 선택이 아닌 필수다.

사람들은 소속감이 느껴지지 않을 때, 업무 성과가 저조하고 업무 관여도가 낮아지며 퇴사율이 높아지는 등 악순환의 연속이라는 내용의 연구가 많다. 실제로 많은 회사가 구축하려는 조직문화는 '실세 집단'의 임직원에 적합하지만 결이 다른 신입들이 받아들이기 어려운 편이다.

'공간적 소속감ambient belonging'이라는 주제에 대해 연구가 많이 진행되고 있다. 우리 주변의 어떠한 신호를 통해 우리가 무언가에 소속되어 있는지 여부를 알 수 있는가? 자신의 공간에서 벽에 붙어 있는 포스터 혹은 자신이 주최하는 모임의 종류 등 사소한 정보를 통해 알 수 있다. 회사의 친목 도모 모임이나 회식이 퇴근 시간 이후에 잡혀 있는가? 근무 시간 외에 해야 할 일이 많은 사람이나 술을 마시지 않는 사람들에게는 치명적일 수 있다. 다양한 배경 출신의 사람들이나 핸디캡을 지닌 사람들이 참여하는 행사나 활동도 마련되어 있는가? 사무실 인테리어는 누구나 편안해질 수 있는 분위기를 연출하는가?

내 경험담을 소개하겠다. 나는 매주 여러 기술 회사 사무실을 방문하는데, 직원들과 대화하기 전에 열 번 중 세 번은 '나는 이곳에 적응 못 할 것 같다'라는 생각을 한다. 사무실 인테리어, 벽면에 걸려 있는 것들, 여기저기에 널려 있는 술, 그리고 탁구대를 보면 말문이 막힐 때가 많기 때문이다. 가끔 기술 회사들의 웹사이트에 들어가 보면 복리후생을 소개하는 내용에서 남성 사진뿐이다. 헬스장 무료 이용을 강조하는 부분에도 '헬스장'의 상징으로 남성이 아령으로 팔 올리기를 하는 사진을 보여준다. 은연중에 메시지를 전달하고 있다. 다수의 그룹에 속한 사람이 보기에 어색한 부분 하나 없겠지만, 실제 그 영향은 꽤 강력하다. 따라서 사람들이 가장 선호하는 분위기에서 일할 수 있으려면 어떠한 문화를 구축할 것인지를 고민하기 시작해야 한다.

회사들의 또 다른 골칫거리는 관리자가 새로 투입되거나 미숙한 경우다. 초기 단계의 회사에서는 전에 다른 사람들을 관리한 경험이 없거나 부족한 직원들이 대다수다. 그러다 보니 부하직원들에게 제대로 피드백을 주는 법 등 기본적인 관리 업무 역량이 부족하다. 양질의 피드백, 즉, 잘못한 부분과 잘한 부분이 무엇이고, 어떻게 더 잘할 수 있는지 등 전반적인 프로세스에 대한 피드백을 주는 역량을 키워야 한다.

초기 단계의 회사들은 "관리자 연수를 개발할 역량이 부족해서 할 수가 없는데, 어떻게 하면 되는가?"라고 묻는다. 매우 간단한 방법 중 하나는 전문 업체에 코칭을 의뢰하는 것이다. 관리자들이 매달 1대1 코칭 수업이나 연수를 듣게 하는 것이다. 궁극적으로 모든 팀의 관리자가 부하직원들에게 피드백을 주는 방법에 대해 지침과 노하우를 얻을 수 있도록 해야 한다.

양질의 피드백에 대한 '좋은 예'를 보여주는 샘플이나 양식을 만들어도 좋다. 사소해서 지나칠 수 있는 것이 큰 도움이 될 때가 많다.

'나쁜 예'를 보여줄 수도 있다. "당신은 소통에 능하다. 그 프로젝트에서 정말 잘해주었다." 반대로 '좋은 예'는 "프로젝트의 현 상황에 대한 업데이트 정보를 직원들이 파악할 수 있도록 소통을 잘해주었고, 어려움을 극복하면서 동료 직원들에게 큰 도움이 되었다"이다.

부하직원들이 성장하고 발전할 수 있는 프로세스 중심의 피드백을 주는 방법을 보여주어야 한다. 코칭, 외부 전문 업체 및 코치를 활용하면 큰 도움이 되고, 회사가 어느 단계에 있건 시도해볼 수 있다.

일라드 갑작스럽게 사표를 내는 경우를 제외하고, 현재 회사가 직원들이 회사를 나가고 싶게 만드는 환경이거나, 회사에서 자신의 능력을 충분히 발휘하는 데 도움이 안 되는 환경일 때 이것을 알아챌 수 있는 경고 신호나 조짐이 있는가?

조엘 회사의 규모가 직원 수 50명 이상 정도 되는 큰 편에 속하면 사내 설문조사를 활용할 수 있다. 설문조사는 실제로 많은 도움이 되고, 앞으로의 상황을 예측하는 수단이 될 수도 있다. 굳이 설문조사가 필요하지 않은 주제도 있다는 연구도 있지만, 다른 연구에서는 직원 '몰입 조사engage-ment survey'를 통해 1년 안에 퇴사할 계획이 있는지를 질문하는 방식이야말로 퇴사율을 미리 파악하는 가장 효과적인 방법이라고 밝혔다. 따라서 사전에 질문함으로써 조직에 어떠한 생각을 갖고 있는지 파악할 수 있다.

조직의 규모가 커지면 인구 통계적 특징에 따라 조사한 후, 집단별로 결과를 범주화할 수 있다. 기본적으로 특정 수의 조사 대상이 필요하고 익명성을 보장해야 하지만 조사 결과를 취합하고 나면 "관리자의 질적 수준에 대해 여성 직원들이 특정 사안에 일관되게 남성과는 다른 의견을 나타내는구나", "우리 조직에서 흑인 엔지니어들이 백인 엔지니어에 비해 승진 기회에서 밀린다고 느끼는가?" 등 큰 그림이 보이기 시작한다.

단 설문조사를 하려면 조직이 어느 정도 규모를 갖고 있어야 한다. 그러나 규모가 크지 않은 단계에서는 직원들이 회사에 대해 어떻게 생각하는지 고위 경영진과 정기적으로 대화할 수 있는 자리가 마련되어야 한다. 회사 문화와 직원들의 생각에 대해 이야기하기 위해 정기적으로 '도시락 회의brown-bag lunch°'를 열어도 좋다. 매월 혹은 분기별 간담회를 열어 조직의 리더들이 직원들의 생각과 기분을 이야기하는 자리를 가질 수도 있다. 한 달에 한 번, 근무시간에서 두 시간 정도를 정해두어도 좋다. "포용 문화를 구축하기 위해 마련된 자리이기 때문에 함께 모여 개선 방안을 논의할 수 있다"는 메시지를 전달한다. 이처럼 회사의 초기에도 매우 쉽게 접근할 수 있다.

회사 초반에 하진 않더라도 어떻게 직원들이 성과를 측정하고 보상할 것인지를 반드시 고민해야 한다. 회사들이 관련 절차를 마련하기까지 시간을 지나치게 끄는 경향이 있다고 생각한다. 과거에 성과 평가 과정에서 불미스러운 경험을 했거나, 과정 자체가 대부분 체계적이지 않기 때문일 것이다. 그러나 명확한 절차가 없으면 편견에 치우칠 수 있기 때문에 공정한 결과를 도출하기가 매우 어렵다는 사실만큼은 확실하다. 인간의 뇌는 데이터에 기반을 두고 의사 결정을 내리는 데 취약하기 때문이다.

> "어떻게 직원들의 성과를 측정하고
> 보상할 것인지를 반드시 고민해야 한다."
>
> _조엘 에머슨

°   점심 시간을 이용하여 점심 식사와 미팅을 함께하는 것.

이렇게 접근해보라. "직원 수가 50명이 되었을 때 절차를 도입한다. 그 전에는 수준 평가, 승진, 보상에 대한 결정을 내릴 때 엄격한 기준을 토대로 할 것이다. 세 가지 질문을 체크리스트로 만들어 점검할 것이다." 가볍게나마 절차를 구조화하여, 절차를 마련할 시점을 계획하는 것은 매우 효과적이다. 조직이 공정한 절차를 통해 결과를 도출하는 것도 중요하지만 직원들도 그 결과를 공정하다고 여기는 것이 중요하다. 결과를 이끌 프로세스가 존재하지 않으면 직원들에게 여러 의문점이 생기기 마련이다. 따라서 현재 의사 결정을 어떻게 내리고 있고, 회사가 성장함에 따라 의사 결정 방식이 어떻게 바뀔 것인지 명확히 하는 것이 참으로 중요하다.

인터뷰 내용은 이해를 돕기 위해 편집 및 요약되었다.

· · · · · · · ·

경기 침체기의 회사 경영

기술 분야도 다른 업종과 마찬가지로 경기에 영향을 받는다.[49] 호황기에는 자금 조달 가능성이 높아서 회사가 급성장하기에 유리하다(과도한 성장지향주의는 '단위 경제unit economics°'를 간과하기도 한다). 반면 불황기에 회사들은 현금이 부족한 환경에서 근본적으로 경영 방식을 바꾸어야 한다(항상 그러한 것은 아니지만 이윤을 내려면 성장을 희생해야 할 때가 더러 있다).

나는 2001~2002년 거품 붕괴 시기와 2008년 금융위기, 두 번의 경기 침체기를 경험했다(2008년 금융위기는 2001년 침체기의 타격과는 달리 기술 산업에 미치는 영향은 미미했다). 이와 같은 주기는 5~15년에 한 번씩 찾아오는데, 기술 주기마다 새로운 기업가들이 급부상하고, 침체기에 사람들은 같은 실수를 반복하는 경향을 보인다. 초기 단계의 회사라면(예: 직원 다섯 명에, 은행 계좌에 2백만 달러 정도 예치되어 있는 경우), 무엇보다도 제품과 시장의 정합성을 가장 우선시해야 한다. 침체기에 합리적으로 지출하는 것 외에는 회사 운영 방식을 변경할 대안이 딱히 없다. 최대 기술기업 중 일부는 침체기에 설립되거나 펀딩이 진행되었다(대표적으로 HP와 시스코가 있다).[50] 구글과 아마존은 2001년 이후 전체 기술 산업이 무너지는 상황에서 이례적으로 도약했다.

중간에서 후기 단계의 회사라면(예: 직원 수가 40명에서 수백 명에 달하는 경우), 회사의 재정과 장기적 계획을 미리 세워두어야 한다.

또한 기술 주기의 침체기에 해야 할 행동은 다음과 같다.

○   특정 고객 집단을 유치 및 유지하는 데 드는 비용에 비해 그들의 구매 행위를 통한 이익이 더 크다면 현재의 적자를 발생시키는 투자를 정당화할 수 있다는 논리를 의미한다.

1. 현금 중심 전략

잔고가 바닥이 나기 시작하면 주로 후기 회사들은 파산에 이른다. 현금 상황을 세밀히 점검하여, 경기 전망을 토대로 얼마나 오랫동안 버틸 수 있는 정도인지 파악한다.

침체기에는 1~2년 자본 동결이 진행될 경우를 대비하여 3년 정도의 자금은 비축해두어야 한다. 생존 기간을 늘리는 방법은 다음과 같다.

- 자금을 유치하라. 은행에 3년 이상의 현금 보유량을 확보하는 목표를 세운다. 필요하다면 저평가low valuation의 상태에서 펀딩 라운드를 실시하고, 지나친 낙관주의는 버린다.

- 지출액을 예의 주시하라. 진정 필요하지 않는 경우에는 돈을 쓰지 말라. 단 매출을 늘려야 한다면 당연히 지출액은 높여야 한다. 회사의 성공을 위한 전방위적 노력을 아끼지 않되, 접근법은 최대한 비용 효과적으로 하라. 써야 할 곳과 줄여야 할 곳을 현명하게 구분하라. 예를 들어 간식비는 줄이면서, 판매팀이 출장을 갈 때 일등석을 마련해주는 일은 없도록 하라.

- 수익성을 높이라. 기존의 마진율이나 수익률을 어떻게 높일 것인가? 단위 마진율이 현재 매출에서 마이너스라면 어떻게 해결할 것인가? 매출이 올라갈 때마다 손실이 발생한다면 성장 위주의 전략을 버려야 한다. 상처만 깊어질 뿐이다.[51]

- 악질의 고객이나 시장을 버리라. 고객 중 다수는 수익성을 갉아먹기만 할 수 있으므로, 상처가 곪기 전에 제거한다.

- 채용 계획을 세우라. 향후 6~12개월 동안 채용해야 하는 인원을 파악하라. 진정 회사에 필요한 인원이 어떻게 되는가? 수익을 올리지 못하거나 수익성이 높은 매출을 늘리지 못한다면 인원을 줄일 수밖에 없

다. 만약 인원을 계속해서 늘리다 보면 훌륭한 인재들이 새 회사를 찾아 떠날 수도 있다. 시간이 지날수록 채용 조건을 더 엄격하게 상향 조정해야 할 것이다.

- 부동산은 침묵의 살인자가 될 수 있다. 침체기에 직원이나 기타 지출을 줄일 수 있지만, 부동산 계약에 대해서는 손을 쓰기가 어렵다. 호황기에는 사무실을 임대해서 월세를 받기가 쉽지만, 침체기에는 갑작스럽게 공실률이 높아진다. '임대 문의' 간판이 여기저기에서 눈에 띄며 시장 전체가 얼어붙기 때문에 사무실 임대가 불가능해진다. 임차인으로 등록된 회사가 도산이라도 하면 임대인은 한순간에 중요한 현금 흐름을 잃고 만다. 그러니 자본에 대한 지속적 접근성이 보장되지 않거나 이윤을 계속 내지 않는 한, 수백만 달러에 달하는 부동산 거래에 서명하거나 넓은 신규 공간을 애써 마련하지 말라.

2. 직원들에 대한 오픈 마인드

CEO는 생각하기에 회사 상황이 안정적이라고 해도, 직원들은 회사가 잘못될 수도 있다고 생각하며 걱정할 수 있다.

- CEO가 헛소문이 난무한 어수선한 분위기를 무시해야 하고, 직원들에게도 그렇게 하라고 당부해야 한다. 언론과 블로그에서는 전 세계가 몰락한다는 괴소문으로 도배가 되기도 하지만 정상적인 언론플레이의 주기이므로 일희일비할 필요 없다. 예를 들어, 호황기였던 6개월 전만 해도 실패 자체가 불가능했고, 1백억 달러의 가치 평가valuation°를 받는 것이 식은 죽 먹기였지만, 침체기에는 아무리 성공을 자처해도 6~12개월 동안만큼은 실패한 것이 아니냐는 의심을 받을 뿐이다.

° 　특정 자산 혹은 기업의 현재 가치를 평가하는 프로세스다.

- 재정 상황을 설명하라. 재정 상황, 현금의 흐름, 판매 계획에 대해 직원
  들에게 상세히 설명함으로써 외부에서는 잡음이 난무하지만 회사가
  정상적으로 운영되고 있고, 안정적인 오아시스에 있다는 점을 알려줄
  수 있다.

3. 전화위복의 방법 연구

침체기는 스타트업들에는 기회가 될 수 있다. 경쟁사들이 바닥난 현금을
다시 채울 수 없어 경영난에 허덕일 때, 이들과 가격 할인 전쟁을 해야 할지
고민하라. 여기저기에서 정리해고를 할 때, 훌륭한 인재를 채용할 수 있는
절호의 기회로 활용할 수 있다. 채용하고자 하는 인재상에 대해 고민하라.
또한 재정적 기초를 튼실하게 하고, 초창기의 검소하던 때와 비교하며 (지
출액이 과도한 경우) 반성해볼 수 있다.

요약하자면 현금 흐름을 살피고, 직원들에게 오픈 마인드로 다가가며, 당
황하지 말라.

CHAPTER

6

HIGH GROWTH HANDBOOK

마케팅과 PR은 씨앗 뿌리기다

마케팅, PR, 커뮤니케이션, 성장, 그리고 자사 브랜드

지난 20년에 걸쳐 마케팅과 PR을 대하는 고성장 기업의 자세가 변했다. 1980~1990년대만 해도 '성장 중심 마케팅growth marketing'이라는 개념도 존재하지 않았고, 제품 관리는 여러 마케팅 업무 중 하나에 불과했다.

그러나 시대가 바뀌어도 변하지 않은 것이 있다. 마케팅과 PR 노력은 결국 회사의 브랜드, 대중의 인식, 고객 확보를 위한 씨뿌리기라는 점이다.

마케팅 및 PR 활동의 다양한 기능을 다음과 같이 세분화했다. 이 분야에 사활을 걸고 싶다면 각 기능에 별도의 직원을 채용해야 할 것이다.

'성장 중심 마케팅'

성장 중심 마케팅Growth Marketing은 분석 기반의 마케팅 방식으로 마케팅의 모든 정량적 분야를 포괄한다. 온라인 광고, (구매 전환율을 면밀히 측정할 수 있는) 이메일 마케팅, 검색 엔진 최적화Search Engine Optimization(SEO) 혹은 콘텐츠 마케팅, 바이럴 마케팅viral marketing°, 퍼널 최적funnel optimization°° 등이 해당된다. 성장 중심 마케팅에는 수요 혹은 잠재 고객을 창출하는 활동뿐 아니라, 잠재 고객이 웹사이트에 접속한 후 고객이 되도록 전환하는 활동도 포괄한다.

성장 중심 마케팅은 주요 성과 지표들(등록, 로그인, 전환율 등)이 ROI를 높이는 방식으로 전환하는 데 집중한다. 주요 성과 지표를 활용한 성장 전략은 페이스북에서 처음 개발한 것이지만, 실제로는 ROI 기반의 광고(구글이 처음 시작함), 이메일 마케팅 캠페인, 그리고 마케팅 채널로서의 인터넷 발전과 같은 대대적인 변화의 물결 속에 등장한 결과물이었다.

소셜 미디어SNS 마케팅(트위터, 페이스북, 인스타그램, 스냅챗Snapchat)은 대부분의 기술 조직에서 성장 중심 마케팅 혹은 커뮤니케이션 및 PR 부서가 관할하게 되었다.

제품 마케팅

제품 마케팅('제품'을 생략하여 '마케팅'으로 칭하기도 함)은 오랫동안 사용된 기술을 활용한 마케팅 방식을 총칭한다. 고객의 사용 후기, 기능 요청, 사용자 테스팅user testing과 인터뷰, 경쟁사 분석, 자료 제작과 사례 연구 등을 총망라한다. 과거(1970~1980년대)에는 제품 마케팅과 제품 관리가 동전의 양

°   '입소문 마케팅'으로도 번역됨. 온라인상에서 소비자들에게 자연스럽게 정보를 제공하여 소비자들이 자발적으로 기업이나 기업의 제품을 홍보하기 위해 널리 퍼뜨리는 마케팅 기법.

°°   각 전환 단계의 구매 전환율을 조정해서, 최종 전환 결괏값을 높이는 것이다.

면과도 같았지만, 시간이 지나면서 자체 분야로 자리매김했다.

브랜드 마케팅

브랜드 마케팅은 브랜드 인식과 인지도, 로고 및 기타 디자인 요소 등 마케팅의 추상적이고 소프트한 측면에 집중한다. 나이키의 '스우시swoosh' 로고는 로고 그 이상의 의미를 지닌다. 사전적 의미 외에도 대중문화의 활동성과 투지를 상징한다.

모든 마케팅 전략은 결국 회사의 브랜드로 관심을 집중시킨다.

PR과 커뮤니케이션

홍보를 뜻하는 PR은 스토리 개발(회사에 대한 내러티브), 언론(적극적, 대응성, 특집 콘텐츠), 행사(강연회 및 사교 모임 등), 그리고 제품 후기와 보상 제도 등 제품 위주의 활동이 포함된다.

언론과의 관계도 회사의 모든 영역에 도움이 될 수 있다. 제품 스토리텔링을 넘어선 PR은 경영진에 대한 소개와 회사 문화에 대한 스토리텔링을 전달할 수 있기 때문이다. 최근 PR 캠페인은 마케팅팀이 총괄하는 업무이긴 하지만 인플루언서influencer 관리 업무도 포괄한다. 만일의 사태에서 PR팀은 첫 번째 연락망 역할을 한다. PR을 한마디로 요약하면 회사에 관한 이야기를 언론과 외부 세계에 지속적으로 알리는 활동이다.

마케팅팀과 PR팀 채용

성장 중심 마케팅 업무(정량 및 수치화 위주)와 PR 업무(언론 관계, 회사에 대한 소개 및 발표, 외부 관계 구축, 스토리텔링)에는 각기 다른 성향과 자질의 직원을 채용해야 한다. 성장 중심 마케팅 업무에는 수치화·정량화를 담당할 마케터가 필요하지만 커뮤니케이션 업무에는 스토리텔링, 회사의 포지셔닝, 프로세스 관리를 할 수 있는 전문 인력이 필요하다.

마케팅 조직 구조

모든 조직에 대한 결정이 그러하듯, 마케팅팀이 어떤 임원에게 보고해야 하는지에 대해서는 정답이 없다. 의사 결정은 실용성에 기반을 둔 실천이기 때문이다. B2B 기업이나 판매 중심의 회사에서 마케팅 직원들은 판매부, 제품부, COO 혹은 CEO에 직접 보고할 수 있다. 마케팅은 다양한 업무 라인에 녹아들어 있기도 하지만 각 부서에 직접적으로 관여하기도 한다. 제품 마케팅 직원이 제품 관리부에 보고하는 한편, PR과 브랜딩 직원은 또 다른 부서에 보고하기도 한다.

최근에는 규제 혹은 로비 업무를 PR과 커뮤니케이션에 결합하는 경우도 많다. 규제 업무는 법무팀이 관할하는 경우가 많은 것을 보면 역시나 조직 구조는 실용성을 기반으로 한다.

성장 중심 마케팅의 많은 부분이 기술 코드에 기반을 두기 때문에 성장 중심 마케팅팀의 일부 직원들은 마케팅 부서가 아닌 엔지니어링 부서에 보고하기도 한다.

결국 회사의 규모가 커지면 PR과 브랜딩 조직의 직원들이 제품 마케팅과 성장 중심 마케팅에 대한 한 명의 총괄자에게 보고하는 방식이 효과적이다(단, 반드시 그럴 필요는 없다).

PR을 할 것인가, 말 것인가

일부 회사는 성장 중심 마케팅을 제외하고는 별다른 마케팅 활동을 하지 않는 것으로 유명하다. 위시는 브랜드 마케팅이나 PR을 거의 하지 않고 평가액이 80억 달러에 도달했다. 주요 언론사를 공략하는 투자는 거의 하지 않고, 오히려 성장과 배분 전략을 통해 추진력을 구축하는 데 집중했다.

여기에서 교훈은 PR팀을 없애라는 것이 아니다(오히려 트위터는 PR 덕분에 성장한 사례다). 각 회사는 대상 고객군, 제품, 최상의 성장 벡터growth vector°에 맞게 마케팅 방향을 설정해야 한다. 일반적으로 크게 회자될 만큼 적극적으로 PR 활동을 하면 채용, 거래 성사, 파트너십, 투자 유치의 과정이 급물살을 탄다.

○   현재의 제품과 시장 영역에서 어느 방향으로 나갈 것인가를 의미하는 요소.

폭풍우를 견뎌낼 수 있는 마케팅 및 커뮤니케이션 조직 구축하기

섀넌 스투보 브레이턴과의 인터뷰

섀넌 스투보 브레이턴은 현재 링크드인의 CMO로 재직 중이다. 오픈테이블 OpenTable 사에서 기업 커뮤니케이션 이사였던 그녀는 링크드인이 비상장기업이었을 때 합류하여, 커뮤니케이션을 총괄하며 2009년 5월 IPO를 성사시키는 데 일조했다.

2008년 9월 오픈테이블에 합류하기 전에는 거의 7년 동안 이베이에서 근무했고, 그곳에서 마지막으로 맡은 직책이 기업 커뮤니케이션 부문 부사장이었다.

그전에는 야후에서 몇 년 동안 PR과 기업 커뮤니케이션을 담당했고, 1998년 야후에 입사하기 전에는 인튜이트에서 4년 동안 활동했다.

20년 동안 섀넌 스투보 브레이턴은 위기 관리에서부터 제품 마케팅 부문을 담당하며, 기술 분야에서 가장 빠르게 성장하는 몇몇 대기업들을 위한 내러티브를 개발해왔다. 기술밖에 모르는 설립자들에게도 마케팅과 커뮤니케이션 조직을 구축하는 노하우를 알려줄 수 있는 최고의 전문가를 추천해달라고 여기저기에 요청했을 때, 예상대로 이구동성으로 섀넌을 추천했다.

민첩하고 효율적인 팀을 구축하여 조직 내의 여러 변화와 초고속 성장에 발맞춘 조직 개편에서도 성공적으로 업무를 총괄할 수 있는 리더들을 투입한 그녀만의 노하우를 듣기 위해 인터뷰 자리를 마련했다.

일라드 길　기술 분야에서 마케팅·커뮤니케이션 리더로 활동하면서 실제 상황에서도 진정한 진화를 목격했으리라 생각한다. 당신은 제품 마케팅, 브랜딩, PR·커뮤니케이션을 비롯한 여러 영역을 포괄하는 조직을 총괄하고 있다. 그렇다면 최근 몇 년 동안 기술기업에서 CMO와 마케팅 부서의 역할이 가장 크게 바뀐 부분은 무엇이었는가?

새넌 스투보　지난 10년 동안 가장 눈에 띄는 변화는 내부 커뮤니케이션의 중
브레이턴　요성이 배가되었다는 사실이다. 나는 2001년부터 이베이에서 7년간 근무했는데, 그때 내부 커뮤니케이션은 조직 변화와 임원 퇴직 등의 주요 사안에 대해 이메일을 어떻게 쓰는가에 관한 것이었다. 지금과는 매우 다른 분위기였다. 내부 커뮤니케이션이나 브랜드를 홍보하는 데 직원들이 최고의 홍보대사 역할을 하도록 하는 전략은 생각지도 못할 때였다. 당시 내부 커뮤니케이션의 중요성은 우선순위에서 밀려나 있었다.

직원 수가 100명으로 늘어나면 내부 커뮤니케이션을 총괄할 담당자를 그 어떠한 직책보다 먼저 채용해야 한다. 대략적으로는 100명의 직원에 한 명의 내부 커뮤니케이션 담당자가 필요하다.

브랜드가 전달하려는 메시지가 회사 안팎에서 같은 내용이 되도록 하는 것이 중요하다. "이번에 퇴사하는 임원이 가족과 더 많은 시간을 보내기 위해 퇴사 결정을 내렸다는 사실을 알리는 이메일을 작성하도록 한다"는 접근과는 결이 다른 문제다.

일라드   내부 커뮤니케이션을 구성하는 주요 요소가 무엇이라고 생각하는가? HR과 문화 관련 요소와도 연결되어 있지 않은가?

섀넌   전적으로 그렇다. 채용과 직원 온보딩 등도 그렇듯, 요즘은 본격적인 내부 커뮤니케이션을 일찍 시작한다. 채용 단계에서 내부 커뮤니케이션팀은 전반적인 상황과 분위기를 파악하고 있어야 한다. 채용팀장이나 채용 전문가에게서 받은 이메일부터 처리해야 할 서류 업무 등 전반적으로 깊이 관여하게 된다. 입사 후보자들이 채용 여부를 떠나 처음부터 회사의 브랜드에 대해 일관된 경험을 하도록 하는 역할도 부여된다.

직원들이 채용되고 나서 첫 주부터 회사에서 좋은 경험을 하도록 도와주는 것도 매우 중요한 업무다. 채용된 직원들의 노트북이 정상 작동하는지 점검하고, 참석해야 하는 회의에 들어가도록 안내하는 업무도 포함된다. 이 단계에서는 챙겨야 할 사소한 업무가 많다. 내부 커뮤니케이션은 그 어느 때보다 직원 참여와 만족도에서 중요성을 더해가고 있다.

젊은 남성 기업가들을 깎아내리는 것은 아니지만, 내부 커뮤니케이션처럼 섬세하게 관리하고 챙겨야 하는 분야는 남성들이 강한 분야는 아니다. 경험 많은 내부 커뮤니케이션 전문가의 도움이 절실할 것이다.

> "지난 10년 동안 가장 눈에 띄는 변화는 내부
> 커뮤니케이션의 중요성이 배가되었다는 사실이다."
>
> _섀넌 스투보 브레이턴

일라드   HR 업무와 커뮤니케이션 업무가 어떻게 구분된다고 생각하는가? 두 가지 업무에 대한 총괄자가 어느 부서의 수장인지가 중요하다고 생각하는가? 두 가지 업무는 협업을 통해 진행해야 하는가? 이렇게 질문하는 이유는 회사를 처음으로 창업한 사람들이 내게 가장 많이 물어보는 질문이 조직을 구축하는 방법에 관한 것이기 때문이다. 누가 어떠한 업무를 맡아야 하고, CEO가 어떻게 명확한 기준을 세울 것인지 등에 대한 궁금증이다. 전 직원에 대한 업무 분장이 초반에 결정되기 때문이다. 조직을 구축하는 방법에 대한 당신의 생각이 궁금하다.

섀넌   SNS가 등장하기 전에는 내부 커뮤니케이션이 HR 업무의 연장이라고 여겨 여러 내부 커뮤니케이션 관련 조직이 HR 조직 산하에 편제되었다. 직원들의 복리후생이나 연금에 대해서 이메일을 통해 커뮤니케이션을 해야 하니 일견 그렇게 볼 수도 있겠다. 이제는 조직이 진화하여 내부 커뮤니케이션 조직이 독립, 전문화되었다. 온라인상에서 어떠한 내용으로 회사를 소개할 것인지, CEO의 입장에서 자신의 경험을 어떻게 설명할 것인지, CEO나 설립자에 대한 부정적인 기사를 읽고 어떻게 반응할 것인지에 대해 자문을 제공하기도 한다. SNS의 영향으로 소통 수단의 종류는 무궁무진해졌다. 이러한 이유에서 커뮤니케이션 전문가의 안내가 필요하고, 커뮤니케이션팀이 담당하는 여러 업무 중에서 내부 커뮤니케이션의 비중을 높여야 한다고 생각한다. 링크드인에서 내부 커뮤니케이션은 개별 팀이 아닌 포괄적인 마케팅 및 커뮤니케이션 부서가 총괄했다.

그러나 어느 부서가 관할하도록 할지는 회사에서 필요한 결과물에 따라 달라진다. IBM과 같은 회사는 워낙 규모가 크기 때문에 직원을 채용하고 나서 그 직원이 첫날부터 어떠한 경험과 업무를 하는지에 대해 깊이 생각하지 않는다. 그러나 링크드인은 회사가 사람들을 채용하도록 도와주는 것이 주요 업무이고, 여기저기에서 유능한 고위 임원을 스카우트하기 위해 치열하게 경쟁하기 때문에 링크드인 직원들에게 처음부터 최상의 경험을 제공하여 우리의 소통 방식에 긍정적 마인드가 묻어나도록 한다. 자신이 다니는 회사도 하나의 브랜드이기 때문에 자신이 경험하는 브랜드에 대한 감정과 생각도 중요한 것이다.

일라드　　내부 마케팅과 커뮤니케이션, 전통적 PR과 커뮤니케이션, 제품 마케팅, 브랜딩을 포괄하여 마케팅을 총괄할 적합한 리더를 찾느라 고생하는 회사들이 많다. CMO를 채용할 때 어떠한 자질을 눈여겨봐야 하고, 어떠한 방식으로 채용할 수 있을까?

섀넌　　나는 거의 23년 동안 적임자들을 찾는 데 열정을 쏟아왔는데, PR과 마케팅은 명확히 구분되는 분야라고 생각한다. PR 담당들은 주로 기자들을 상대하며 "내 일에 신경 쓰지 마세요. 〈피플〉 잡지 기자들하고 얘기하면 돼요"라고 했지만, 마케팅 담당들은 "내 일에 신경 쓰지 마세요. 지면 광고를 사버리면 돼요"라며, 광고를 사들였다.

　현재도 큰 차이를 보인다. 최근 내가 몇몇 팟캐스트 방송에 출연하여 CMO는 민첩한 멀티플레이어가 되어야 한다고 언급했다. 여러 가지 업무에 능해야 하지만, 특정 경력이나 배경에 대한 제약은 없다. CEO는 여러 업무를 꿰뚫고 있어야 하는 반면, CMO는 과거 이력이나 배경에 큰 제약이 없다. 나는 커뮤니케이션 전문가 출신 CMO이지만, 다른 CMO처럼 수요 창출 전문가나 브랜드 전문가도 아니고 제품 마케팅 전문가도 아니다.

　CMO는 무엇보다 훌륭한 리더로서의 자질을 갖추고 있어야 한다. 백여 가지가 넘는 분야를 깊이 아는 전문가가 될 수는 없다. 단 성공적인 마케팅 리더는 백여 가지의 능력과 카피라이팅에서 크리에이티브 작업과 리서치, 그리고 순추천고객지수Net Promoter Score(NPS)에 대해 얇지만 폭넓은 지식은 보유해야 한다.

리더십도 중요하지만 훨씬 더 중요한 능력이 의사 결정력이다. 그다음으로 회사의 이야기를 어떻게 풀어나갈지 파악하는 능력이 중요하다. 물론 광고 제작과 수요 창출, 그리고 고객의 관점이나 행사에 관해 어떤 전략을 세울지도 중요하다. 하지만 내러티브가 특히 중요한 이유는 기자들이나 트위터 같은 소통 채널에서 회사나 회사 이미지를 '어떻게' 전달할 것인지 명확히 파악하고 있어야 하기 때문이다.

일라드 B2B 기업에서 직원을 모집할 때, 제품 마케팅 경력을 지닌 사람과 커뮤니케이션이나 성장 중심 마케팅 경력을 지닌 사람 중 누구를 선호하겠는가? 멀티플레이를 할 수만 있으면 특정 경력이나 배경은 중요하지 않다고 여기는가?

새넌 후자가 맞다고 생각한다. 그리고 전문 지식이나 기술을 보유하는 것도 훌륭하지만 회사에서 필요로 하는 부문이 무엇인지에 따라 중요도가 달라질 수 있다. 링크드인에서는 내가 커뮤니케이션 기술을 보유해서 회사의 니즈가 충족되었지만, 세일즈포스와 같은 회사에서는 수요 창출 기술이 훨씬 더 중요할 것이다. 도어대시의 경우 제품 마케팅 역량이 우선시되는 것처럼, 각 회사에서 우선시하는 능력이 다르다.

결국 풍부한 지식을 지닌 민첩한 플레이어가 될 필요가 있다. 한 분야를 깊이 아는 것이 아니라, 넓은 분야를 조금씩이나마 알고 있어야 한다. 자신의 핵심 전문 분야가 있다면 다른 분야들도 학습하도록 한다. 나도 지난

3년간 이러한 방식으로 배움을 넓혀갔다.

일라드　마케팅 경험이 전무한 설립자가 마케팅에 적합한 인재를 어떻게 알아볼 수 있는가? 눈여겨봐야 할 구체적인 사항이 있는가? 당신이 특별히 따르는 절차나 실천 전략이 있는가? 어떠한 절차가 바람직하고 효과적이라고 생각하는가? 채용 절차에서 긍정적 혹은 부정적인 신호에는 어떠한 것들이 있는가?

섀넌　우선 CEO가 채용 대상자와 호흡이 좋아야 한다. 특히 CMO나 커뮤니케이션 리더라면 누구보다 합이 잘 맞아야 한다. CEO와 투명하고 정직한 대화를 할 수 있어야 하는 직책이기 때문이다. 현재 마케팅을 비롯한 사업 전반에 걸쳐 잘되는 부문과 그렇지 않은 부분, CEO가 잘하고 있는 부분과 그렇지 않은 부분에 대해 허심탄회하게 이야기할 수 있어야 한다. 이러한 직업적 특수성 때문에 처음부터 호흡이 중요하다. 서로가 처음부터 너무나 마음에 들어 할 필요는 없지만, 서로 연결 고리가 있거나 가치관이 비슷해야 할 것이다. 내 경험상 상대방과 한 시간만 대화해봐도 나와 맞는 사람인지 간파할 수 있다.

　업무를 대하는 방식이 어떠한지도 고려해야 한다. 예를 들어 법무실장을 채용한다면 "이 법률 분야에서 당신이 얼마나 법적인 지식을 갖고 있는지 알아야겠어요. 이 사건에서 당신이라면 어떻게 하겠습니까?"라고 묻기보다는 "이러이러한 문제가 생겼을 때, 당신이라면 어떻게 접근하겠습니까?"라고 물을 것이다. 이때 CEO의 접근 방식도 크게 다르지 않도록 해야 한다. 접근법이 지나치게 상이하면 일상 업무 환경에서 해결책이 안 보일 때 혹은 한창 실무에 관여하고 있을 때나 문제에 봉착했을 때 간극을 좁히기가 매우 힘들다.

일라드　마케팅, 커뮤니케이션, 브랜딩 차원에서 고성장 기업이 가장 흔하게 범하는 실수에는 어떠한 것들이 있는가?

섀넌　내가 본 가장 큰 실수는 천재적 창의성을 지니고 있지만 조직 관리에 대한 기술이나 경영에 대한 관심이 전무한 사람을 CMO직에 채용한 경우다. 뉴욕 출신의 화려한 인재를 실리콘밸리로 데려와서는 "이제부터 X의 예산 내에서 규모가 큰 마케팅팀을 운영해야 합니다"라고 지시하는 경우가 많다.

　대부분의 설립자들이 "이 사람이 이 팀을 관리할 수 있을까? 궁극적으로 규모를 확장할 수 있을까? 수요 창출에 필요한 지식을 습득할 수 있을까? 제품 마케팅을 연구하고 효과적인 커뮤니케이션 노하우를 이해할 수 있을까? NPS 조사를 실시하는 법을 알고 있을까?"와 같은 깊은 고민을 생략하는 듯하다. 아니면 "X 회사에서 마케팅 캠페인을 훌륭하게 한 장본인을 꼭 뵙고 싶었습니다"라고 말한다. 사람들이 열광하는 펩시, 애플, 나이키 등의 유명 브랜드에 관여했다면 두말할 것도 없을 것이다. 그러나 실제로 마케팅 대가들이 경영진이 되기는 매우 어렵다.

> "내가 본 가장 큰 실수는 천재적 창의성을
> 지니고 있지만 조직 관리에 대한 기술이나 경영에
> 대한 관심이 전무한 사람을 CMO직에 채용한 경우다."
>
> _섀넌 스투보 브레이턴

일라드　마케팅 조직이 다른 부서와 어떻게 하면 이상적으로 협업할 수 있다고 생각하는가? 제품 마케팅과 제품 관리의 업무 영역이 겹치기도 하고, 판매와 마케팅이 겹치기도 한다. 당신이 알고 있는 구체적인 모범 실무 사례가 있는가? 혹은 회사의 CEO가 다른 부서의 임원들과 순조롭게 협업하는 구체적인 방법이 있는가? 전사적으로 부서 간에 업무를 조율하는 것에 대해 어떻게 생각하는가?

섀넌　대형 B2C**Business to Consumer**(기업과 소비자 간 거래) 기업이나 유통업체에서는 마케팅이 왕 중의 왕이다. 마케팅 총괄이 전체 부서를 포함해서 서열이 높다. 제너럴 밀스**General Mills**에서는 마케터가 전체적으로 사업의 틀을 짠다. 그러다 실리콘밸리로 오면 "내가 이렇게 작은 팀을 맡는다고요? 제품과 기술부의 의견도 수렴해야 한다고요?"라고 반문한다.

실리콘밸리에서 마케팅 담당자들은 경영진들에게 전략적 가치를 인정받기 위해 엄청난 노력을 했다. 다른 회사에서 마케팅 업무를 하다 온 경력직을 주로 채용하게 되는데, 경력직이라 팀장 정도를 기대하고 입사하지만 막상 세일즈팀을 지원하기 위한 역할인 것이 현실이다. 이는 마케팅이 얼마나 중요한지 마케터들이 확실하게 주장할 필요가 있다는 점을 시사한다. 거액을 투자해 마케터를 스카우트한다고 생각하지 말고, 세일즈팀에 전략적 가치를 지속적으로 투입한다고 생각해야 한다. 매우 중요한 사항이기도 하지만 실행하기는 녹록지 않다.

일라드　마케팅 조직의 틀은 어떻게 잡아야 할까? 성장 중심 마케팅, 다양한 채널을 활용한 마케팅, 커뮤니케이션 등에 걸쳐 활용할 수 있는 마케팅 종류가 굉장히 많다. 관련 부서를 구상할 때, 포괄적인 부서를 세우는 편이 나은가, 아니면 세부적으로 나누는 것이 나은가?

이렇게 질문을 하는 이유는 고성장 기업에서는 대개 PR 및 커뮤니케이션 담당자가 결국 마케팅 지원 업무도 총괄하기 때문이다. 조직은 유기적으로 성장하긴 하지만 부서를 총괄할 리더가 투입되기 전까지는 엉성한 모습이다. 이 부문에서 모범 실무 사례가 있으면 소개해달라.

섀넌 　우리 회사의 직원들에게 "백지상태에서 사업을 시작한다고 가정했을 때, 조직은 어떠한 모습일까를 상상해보라"고 항상 말한다. "총책임자 한 명이 알아서 하겠거니"라는 생각은 버리라. 때로는 "최근 합류한 스테파니가 그 역할을 맡도록 하자. 그녀가 적임자는 아니지만 그래도 어떠한 업무를 할 수 있는지 생각해보자"라고 쉽게 이야기한다. 그러나 구조적 차원에서 회사에 가장 합리적인 판단을 내리고, 주어진 역할에 가장 적합한 인물이 누구인지를 판단해야 한다. 그렇지 않으면 기존 직원이 나가고 새로 직원을 채용해야 하는 번거로움이 있다.

여러 업무 계통으로 구성된 마케팅 조직을 만들 때, 지나치게 크지 않고 자원을 수평적으로 공유할 수 있는 부서여야 한다. 링크드인이 겪은 시행착오를 하나 소개하겠다. 회사에는 개별 업무 계통을 지원하는 부서의 크기가 큰 편이었는데, 부서 내에서 팀의 업무가 중첩되는 경우가 빈번했다. 마케팅 캠페인에 지원이 필요할 때 지원을 요청할 수평적 조직이 부재했다. 모든 업무가 수직적으로 진행되었기 때문이다. 결국 모범 실무 사례를 공유하는 일이 드문, 크기만 키운 부서로 남았다. 직원들은 각기 여러 업무 계통에 관여하지만 같은 업무를 담당했고, 서로에 대해 알지 못했다.

마케팅에서는 조직 내에서 서비스를 공유하는 것이 가장 바람직하다. 모든 업무 계통이 하나의 부서와 협업하며 운영 업무나 크리에이티브 업무 등 마케팅 캠페인에 대해 지원을 받도록 하는 구조여야 한다. 100퍼센트 수직적이지 않지만, 모든 업무 계통의 총괄자들은 서로의 업무 현황을 공유할 수 있다. 처음부터 조직을 구성할 때 염두에 둘 만한 사항이라고 생각한다.

이익을 포기해야 하거나 최종 크리에이티브 결과물에 대한 통제권을 공유해야 한다는 점에서 일부 직원의 반발이 있을 수 있다. 그러나 설득을 통해 신뢰를 구축해야 한다. 중앙 관리 방식을 통해 개별 업무가 더 효과적으로 진행되고 원하는 목표를 얻을 수 있다는 믿음이 CEO에게 있어야 한다.

> "백지상태에서 사업을 시작한다고 가정했을 때,
> 조직은 어떠한 모습일까를 상상해보라."
>
> _섀넌 스투보 브레

일라드　관련 업무를 담당하는 모든 직원을 지원할 수 있는 하나의 부서로 여러 팀을 결합하면 의사소통 내용과 접근법을 공유하고, 자원과 툴 등도 공유해야 하는데, 그렇게 되면 복수의 조직이 아닌 하나의 조직으로 존재하게 된다.

섀넌　정확히 그렇다. 단 욕심을 부려서 부서 내에 너무나 많은 인원을 투입하게 되면 업무 중첩이 심해진다. 무엇보다도 관련 업무를 담당하는 직원들이 동일한 지원을 받지 않게 되면 신뢰를 쌓기가 힘들어진다. 중앙 관리식은 장기적으로 좋은 점이 많은데, 처음부터 피부로 느끼진 못할 것이다.

일라드　중요한 점을 지적해주었다. 고성장 기업들이 규모를 키우면서 조직 구조를 바꾸려고 안간힘을 쓰고 있다. 6~12개월마다 회사가 달라지기 때문에 변경된 업무와 절차에 적응해야 한다. 적응하는 듯하면 1년 후에 새로운 환경에 적응해야 한다. 직원들이 헷갈릴 수밖에 없다.

그러나 변화에 적응하는 것이 처음에만 당황스러울 뿐, 두 번째부터는 '마음의 준비가 되어 있다'고 생각할 것이다.

그러한 이유에서 고성장의 과정을 한 번이라도 겪어본 사람을 채용하는 것을 선호한다. 지극히 급박한 변화가 지극히 정상적이라는 점을 알기 때문이다.

새넌　　특히 회사를 키우기 전까지는 일을 참 잘한다고 생각했지만 막상 회사의 규모를 키우는 시점이 되면 적응하지 못하는 직원들도 더러 있다. 인내의 한계를 느끼며 화를 내는 모습을 자주 보이기도 한다. 방황하는 직원을 신뢰하고, 나아질 것이라 믿으며 코칭을 해도 불만이 가시지 않는 경우도 많다. 그럴 때는 회사의 규모가 커지는 현실을 받아들이기 힘들다는 점을 스스로 인정하게 하라. 대화를 풀어가기가 수월해질 것이다.

일라드　　직원들이 회사의 규모 확대에 적응하지 못하고 버거워한다는 것을 어떻게 알 수 있는가?

새넌　　과도한 피로를 느끼고, 업무 처리가 이전에 비해 느려질 때 알 수 있다. 매번 회의에 지각하고 정신 줄을 놓고 다닌다. 나는 직원들에게 "회사의 규모 확대 과정에서 적응을 못 하겠으면 무엇보다도 출근할 때나 회의에 참석할 때 늦지 않고 제때 참여하라. 본인이 적응하지 못하고 있는 티가 덜 날 것이다"라고 전한다. 그러나 대놓고 잔소리하는 일은 없어야 한다. 직원들이 회사의 규모 확대에 적응하지 못하면 CEO가 직원들을 통제할 수 있는 유일한 방식이 '마이크로 매니지먼트'라고 생각하는 경향이 있다. 또한 직원들은 광범위하고 전략적인 사안을 해결하려 노력하기보다는 당장 급하지 않으니 해야 할 업무 목록에서 지워버려야겠다고 마음먹게 된다.

직원들이 마이크로 매니지먼트를 당하고 있다는 생각을 하고, 피곤해 보이며, 매번 지각하고, 연락이 잘 안 된다는 것은 한계에 도달했다는 신호로 받아들이면 된다.

일라드   그러한 상황에 있는 직원들이 생각을 바로잡고 코칭을 받을 확률이 얼마나 될까?

섀넌   그러한 신호를 보이는 직원들이라면 개선 속도가 매우 더딜 것이다.

일라드   그렇다면 대부분의 경우, 직원 배치가 적재적소에 되지 않았다고 간주해도 되는가?

섀넌   그렇다. 당사자의 입장에서도 맞지 않는 옷을 입은 격이다. 똑똑하지 않아서 그렇다기보다는 작은 회사에서 능력을 훨씬 잘 발휘하는 사람일 뿐이다. 당사자의 문제가 아니기 때문에 "당신이 일을 그르친 것이 아니다. 단지 당신에게 맞지 않은 일이거나 회사인 것이다"라고 설명해야 한다.

일라드   많은 설립자가 어려워하는 문제이다. 회사의 규모 확대에 적응하지 못하고 힘들어하는 이들이 초기 멤버이거나 설립자들이 오랫동안 의

지했던 사람들이기 때문이다. 회사의 규모를 키우려면 그들의 도움이 절실한데, 업무 방식이 새로운 상황과 맞지 않다는 의견이 주를 이룬다. CEO가 그들이 일을 그르친 것이 아니라 조직이 진화하므로 역할도 진화할 수밖에 없다는 사실을 당사자에게 명확하게 전달하는 것이 매우 중요하다. 설립자들은 당사자와의 오랜 정 때문에라도 자리를 계속 유지하게끔 하지만 막상 당사자의 성과나 만족도는 낮을 뿐이다.

섀넌   맞다. 워낙 민감한 사안이라 특히 설립자들이 얘기를 꺼내길 어려워한다. 어색한 대화를 하기 싫으니 그냥 덮어버리는 것이 낫다고 생각한다. 그러나 앞에서 언급한 부적응의 신호를 감지하여 당사자가 자신의 심정을 털어놓을 수 있도록 대화를 해보라. 맞지 않은 옷을 입고 있다는 것을 본인이 잘 알고 있기에 마음이 불편할 것이다. 이쯤에서 관계를 마무리하는 게 모든 이를 위한 최선의 선택일 것이다.

일라드   업무적 관점에서 다양한 마케팅 부문에 어떻게 투자할 것인지 고민하는 설립자들이 많은 듯하다. 본격적으로 브랜드 중심의 마케팅을 추진해야 하는 때는 언제인가? 고객 획득customer acquisition에 대해 어떻게 생각하는가? 고객 획득에 PR이 효과가 있는가? 어떠한 상황에서 효과가 있는가?
　회사의 성장이 급물살을 탈 때, 제품을 어떻게 마케팅할지에 대해 매우 기본적인 틀을 잡는 것도 어려워하는 경영인들이 많다. 이러한 상황에서 당신의 거시적 안목이 궁금하다. 마케팅에 어느 정도를 투자해야 하는지 결정할 만한 틀이 있는가?

섀넌   매우 어려운 문제라고 생각한다. 판매하는 제품과 추구하는 목표가 무엇인지에 따라 다르기 때문이다.

일라드   B2B 기업과 B2C 기업을 대조해서 설명할 수 있을 것 같다.

섀넌   소비재를 판매하는 B2C 기업이라면 가장 많이 투자할 수 있는 분야가 제품 마케팅이라고 확신한다. 로드맵을 구축한다고 생각하면 된다. 사람들이 어떠한 방식으로 제품을 이용하는지, 제품을 좋아하는지 싫어하는지를 파악하기 위한 투자이기도 하다. 제품과 시장의 정합성을 구축해야 하고, 소비자들의 사용 방식에 맞게 제품을 만들어야 하기 때문에 처음부터 브랜드에 투자하라고 권하지는 않나.

B2B 기업에는 100퍼센트 수요 창출에 투자하라고 권한다. 어떻게든 거래처를 뚫어야 하기 때문이다. "이것이 우리 브랜드입니다"라고 소개하기 전에 제품을 좋아하고 이용하는 고객군을 확보해야 하는 전제와 맥을 같이한다.

투자의 시작점을 이와 같이 정하라고 권한다. 첫 단추를 정확하게 끼운 이후부터는 PR이나 브랜드 등에 투자해야 한다는 안목이 생긴다. 브랜드 자체는 간과하고, PR에만 집중하면서 "PR도 큰 틀에서는 브랜딩이다"라고 착각한다. 현재 업계 환경은 어마어마하게 바뀌었다. 〈테크크런치〉가 5년 전에 '대박' 스토리로 소개한 사례가 이제는 더 이상 어떤 회사에도 유효하지 않게 되었다. 〈테크크런치〉의 집필 방향에 따라 회사가 망하기도, 흥하기도 하던 시절이었다.

인터뷰 내용은 이해를 돕기 위해 편집 및 요약되었다.

* * * * * * * *

PR의 기본 사항

회사가 걸음마 단계에 있을 때는 정직원으로 PR 전문가를 채용하기엔 규모가 너무 작고 예산도 부족하다. 회사가 성장함에 따라 사내 PR 담당자를 한 명 이상 채용하고, 외부 전문 업체와 협업하여 사내 업무를 확대하는 경우도 많다. PR을 본격적으로 시작하기 위한 기본 사항을 소개한다.

'미디어 트레이닝'

회사를 대외적으로 공식 대변하고 언론을 상대하는 팀원들과 CEO가 미디어 트레이닝media training°을 받는 것부터 PR팀이나 PR 협력사가 PR 업무를 시작해볼 수 있다. 미디어 트레이닝은 주요 용어에 대한 정의('오프 더 레코드off the records°°'와 '온 백그라운드on background°°°'의 차이 등), 인터뷰 유형(방송, 1대1, 전화, 영상 등)별로 고려해야 하는 사항, 난해한 질문에 답변하는 연습 세션을 포괄한다. 회사 소개에 대한 스토리라인, 그리고 제품과 경쟁사, CEO 본인에 대한 다양한 질문에 답하는 방법을 연습할 수 있다. CEO와 설립자(들)는 회사에 대한 창업 스토리와 회사를 성장시키면서 개인적으로 추구하는 바에 대해 답변을 준비해둘 수 있다. 미디어 트레이닝은 필요에 따라 이미 전달받은 질문에 답변하는 방법보다는 임의의 질문에 답변하는

°   미디어에 대한 이해, 미디어 응대 요령, 브리핑, 인터뷰 등에 대한 연수.

°°   보도에서 제외하여야 할 사항.

°°°   출처를 그대로 인용할 수 없지만 제공된 정보를 이용할 수 있는 경우.

능력에 초점을 둔다.

회사 소개 멘트 반복 연습

연습만이 왕도다. 본인이 연극배우라고 상상하라. 무대에서 대사를 하듯 회사 소개 글을 읽고 스토리라인을 연습하라. 회사의 PR팀이나 경영진이 반대 의견에 대처하고, 난해한 질문을 잘 받아 넘기며, 핵심적인 회사의 스토리를 전달하는 방법을 CEO가 적절히 연습하도록 도와줄 수 있다. 완벽하게 암기힐 수 있을 때까지 연습하라. 단, 진정성이 가장 중요하다는 점을 잊지 말라. 기자들은 CEO가 답변을 할 때 대본을 읽고 있는지 단번에 파악하기 때문이다. 대본대로 읽어나가면 진정성과 신뢰에 타격이 가해질 수 있다. 언론과 전화 인터뷰를 할 경우에는 중요한 사항을 적은 메모지를 곁에 두고 참조해도 무방하다.

'온 백그라운드', '오프 더 레코드', '온 더 레코드'의 차이

언론을 상대할 때는 대화의 성격을 구체적으로 파악하고 공개 여부 등 여러 조건에 대해 기자와 사전에 합의해야 한다. 대체적으로 PR 담당자가 기자와 사전에 조율하고 대화를 시작하기 전에 재확인해야 하는 사항이다. 사전 합의가 없는 경우, CEO가 전달하는 모든 사항이 공개해도 무방한 '온 더 레코드_{on the record}°라는 점을 염두에 두어야 한다. 공개 여부에 관해 다음과 같이 구분할 수 있다.

- **'오프 더 레코드'** – 대화 내용과 CEO가 직접 한 말을 인용하지 않는다는 의미이다. 대화 중간에 특정 부분에 대해 비공개를 요청할 수 있고, 기자가 비공개에 동의하면 하고자 하는 말을 해도 된다.
- **'온 백그라운드'** – 기자가 정확하게 출처를 인용하지 않고, "소식통에 따르면 구글이 하늘을 나는 자동차를 계획하고 있다" 등의 형태로 전달한다.
- **'온 더 레코드'** – '오프 더 레코드'나 '온 백그라운드'가 아닌 나머지는 전부 '온 더 레코드'다. 구체적으로 화자의 말을 인용할 수 있고, 특정 언급이나 인용구에 대한 화자로 소개될 수 있다.

틀린 사실 정정하기

기자들은 인터뷰 내용에 대한 독립성과 진실성을 유지하기 위해, 기사를 온라인에 게재하거나 인쇄하기 전에 인터뷰 응답자에게 확인을 받고 집필 방향을 수정하는 것을 선호하지 않는다. 그러나 혹시라도 언론사가 틀린 의견이 아닌 사실을 실었다면 기자에게 연락하여 수정을 요청해도 무방하다. 대개 '기자가 과학적 사실을 잘못 이해'했거나 '제품명을 잘못 기입'했을 경우이지, '우리 제품을 탐탁지 않게 생각'하거나 '우리 제품의 가치를 이해하

° 신문 기자에게 담화를 발표할 때, 기록 · 보도하여도 무방한 사항.

지 못한' 경우는 아닐 것이다.

CEO들은 회사에 온갖 애정을 갖고 열심히 일하는 사람들이라 언론 보도 내용에 대해 감정적으로 동요되거나 불쾌할 수도 있다. 언론 보도 내용은 대부분은 곧 잊히기 마련이고, 대부분의 회사가 성장하는 과정에서 부정적인 기사 한두 개(혹은 10개) 정도는 거쳐왔다는 점을 기억하라.

취재 방향 파악하기

언론인들은 대부분 정의롭게 행동하려고 노력하는 근면 성실한 윤리적 사고의 소유자들이다. 그러나 가끔씩 불순한 동기나 속셈을 지닌 기자들을 만나게 된다. 그들에게 무슨 내용을 전하건, 자신이 미리 정해놓은 틀에 맞춰 원하는 방향으로 사실을 왜곡하여 글을 쓰는 경향이 있다.

인터뷰에 응하기 전에 담당기자가 기존에 쓴 기사를 읽어볼 것을 권장한다. 무턱대고 공격성이 짙은 기사를 써온 이력이 있다면 이야기를 얼마나 풀어낼 것인지 결정하고 인터뷰에 응해야 한다.

사내 PR 전문가나 외부 PR 업체의 도움을 받으면 얻게 되는 장점이 많다. 특히 기자들이 일하는 방식, 업계에서 기자들에 대한 인식, 인터뷰 분위기 등에 대해 도움이 될 만한 통찰을 얻을 수 있다.

PR 전문가 채용하기

PR 업계의 규모는 작은 편이다. 특히 기술 분야에서는 어느 때라도 훌륭한

PR 전문가는 손으로 꼽을 정도다. PR 업계 사람들은 몇 안 되는 회사에 집중되어 있고 서로 잘 아는 사이다. 훌륭한 PR 전문가를 찾을 수 있는 최상의 방법은 다른 PR 전문가, 업체, 기자들에게 소개를 부탁하는 것이다. 가장 존경할 만하고, 일처리가 탁월한 사람을 소개받아 연락을 취할 수 있다. PR 업체에서 퇴사한 훌륭한 파트너급 경력직을 채용할 수도 있다.

언론사와 관계 구축하기

창업 초기에 언론사의 주요 인물과 관계를 구축하려면 막대한 시간 투자가 필요하다. 회사와 무관하지만 기자가 관심을 가질 만한 기사거리로 접근하거나, 특별한 목적 없이 커피를 마시며 업계에 대한 담소를 나누는 정성이 필요하다. 이처럼 정성을 들이되, 비즈니스 목적의 행동은 최대한 피하는 것도 중요하다. 회사가 언론에 소개될 기회를 높일 수 있을 것이다.

회사의 규모를 확대하는 과정에서 언론사와의 관계 구축은 더욱 중요해질 것이다. 그러나 CEO로서 얼마만큼의 시간을 할애할 것인지 신중하게 접근하라. 임원진 중에서 대변인을 선정하여 언론사와의 관계를 부분적으로라도 총괄하도록 하라.

최대한 일찍 PR 활동 착수하기

대규모 PR 캠페인을 추진하는 데 대략 4~10주가 소요된다. 새로운 PR 업체를 투입한 지 얼마 되지 않았거나 기존 PR 업체가 신제품에 신속하게 대응하지 못하면 시간이 더 걸릴 수 있다. PR팀이나 업체가 PR 캠페인을 하기에 앞서 곧 출시될 제품을 미리 파악하도록 하라. 제품에 관한 커뮤니케이션은 제품 디자인처럼 제품 구상 단계에서부터 고려해야 한다.

아마존과 같은 기업들은 제품 구상 단계에서부터 제품에 대한 '머리기사'를 어떻게 작성할지 고민한다. 디자인에 관한 문서를 작성할 때도 제품이 출시되었을 때 언론에 어떻게 소개할 것인지 구상할 수 있다.

회사가 '무엇을', '왜' 만들고 있는지에 대해 명확한 그림이 보일 것이다.

언론 노출이 성공을 담보하지는 않는다

회사가 언론에서 긍정적으로 소개되면 친구나 가족 및 일부 유명인사로부터 많은 관심을 받게 되지만, 그렇다고 회사의 성공을 반영하지는 않는다.

수익성과 확장성이 높은 수익이 성공 여부를 판가름하는 데 훨씬 더 중요한 주요 성과 지표다. 대부분의 회사에서는 PR이 배당금을 높이는 데 직접적인 영향을 주지 않는다. 언론에 실리는 것이 대박의 조짐이라고 생각하며 김칫국부터 마시지 말고, 회사의 핵심 측정 변수에 집중하도록 하라. 정기적으로 언론에 노출된다고 해서 회사 경영 차원의 그릇된 결정이 은폐된다고 생각하지 말라.

PR과 위기관리

언론 보도가 어떻게 나는지에 따라 회사는 마음을 졸이기도 하고 들뜬 기분에 젖기도 한다. 회사의 이름을 대중에 알리는 것도 언론이지만, 명성을 짓밟는 것노 언론이다. 그러나 회사에 문제가 생기거나 회사가 실수를 저질렀을 때, 다시 일어설 수 있도록 응원하는 취지의 기사로 힘을 실어주기도 한다. 이처럼 회사가 위기관리를 해야 하는 상황에서는 신속하고 현명하게 행동하여 브랜드와 고객군을 보호할 수 있어야 한다. 위기관리는 다음의 단계로 추진된다.

1. 문제 분석하기

무엇이 잘못되었는가? 회사, 고객을 비롯한 이해관계자에게 어떠한 타격이 가해질 것인가? 언론과 경쟁사들은 어떻게 인식하는가? 상황을 해결하기 위해 어떠한 전략을 취할 수 있거나 취해야 하는가?

2. 문제 인정하기

언론에서 부정적인 기사를 내보내기 시작하면 본격적으로 악순환이 시작될 것이다. 이때 비난을 가한 언론에 맞서 싸우기보다는 최대한 신속하게 자연스러운 해결책을 찾는 데 집중하라. 부정적인 언론 보도는 강물로 흘러들어가 거센 물살에 휩밀린다. 이때 당신은 CEO로서 물속으로 뛰어들어 물살에 몸을 맡기며 헤엄치다 재빨리 강둑에 도달할 수도 있지만, 물살을 가로질러 헤엄치다 금세 지쳐서 물살에 휩밀릴 수 있다. 실수를 했다면 인정하고, 실천 계획을 세운 다음 행동에 옮긴다. 거짓말은 결코 하지 말라.

3. 행동으로 옮기기

공식적으로 약속한 사항을 실천에 옮겨라. 신속하게 실천할 수 있으면 그렇게 하여 빨리 위기에서 벗어나도록 하라.

회사에 절실하게 필요한
PR팀 구축하는 방법

에린 포스와의 인터뷰

에린 포스는 커트라인 커뮤니케이션스 Cutline Communications의 공동 설립자이자 사장이다. 업계에 파장을 일으킬 만한 제품 출시와 미디어 전략을 강조하는 그녀는 20여 년간 PR 분야에 몸담아왔다. 구글, 왓츠앱, 야후 등의 거물 기업들, 그리고 인스타카트, 익약 Yik Yak, 폴리보어 Polyvore 등의 스타트업과 함께 일해왔다. 구글이 안드로이드와 크롬을 출시하는 데 PR을 총괄했고, 출시 전에는 수백 개에 달하는 언론의 문의사항에 응대하며, '노코멘트 no comment'로 일관하면서도 기자들의 환심을 살 수 있는 능력으로 명성을 높였다. 그녀는 평생 PR 분야에서 활동하면서 놀라운 헌신과 추진력으로 수많은 고객사와 기술 산업에 공을 세웠다.

커트라인을 공동 설립하기 전에는 메릿 그룹 Merritt Group, A&R 파트너스 A&R Partners(현재는 A&R 에델만 A&R Edelman), NCG 포터 노벨리 NCG Porter Novelli, 업스타트 커뮤니케이션스 UpStart Communications, 플래시먼 힐러드 Fleishman-Hillard 등의 크고 작은 PR 업체에서 일했다. 〈비지니스 인사이더 Business Insider〉와 〈PR 위크 PR Week〉가 PR 산업의 혁신가 겸 리더로 선정되기도 했다.

나는 에린 포스와 함께 설립자들이 최고의 PR 전략을 구축하고 실행하는 방법과 추진하는 시작점, 그리고 탄탄한 스토리텔링이 기반이 되어야 성공적인 커뮤니케이션 전략이 가능한 이유에 대해 이야기했다.

• • • • • • • •

일라드 길 PR과 커뮤니케이션, 정부 규제, 위기관리 등에 대해 설립자들이 많이 궁금해한다. 서로 맞물려 있는 주제라고 생각한다. 그렇다면 PR에 대해 설립자와 CEO가 어떻게 접근하고 외부 PR 업체들과 어떻게 파트너십을 구축해야 하는가?

에린 포스 우선 설립자들은 회사에 적합한 커뮤니케이션과 PR이 무엇인지, 그리고 커뮤니케이션과 PR로 달성할 수 없는 부문이 무엇인지에 대해 파악해야 한다. 설립자들에게 설명할 때 제일 난해한 두 가지 분야이기도 하다. 그런데 그들이 받는 조언의 내용이 상충되는 경우가 많아 더 혼란스러워하는 것 같다.

　이사회나 고문들은 "PR 전문 업체나 전문가를 구해야 한다"고 주장하는 편이지만, 〈테크크런치〉의 기사를 읽거나 트위터의 기자들을 팔로우하다 보면 "PR 업무를 맡기는 것은 어리석다. PR 업체와 협업하지 말라"고 제안한다. PR 전문가들과 기자들이 오랫동안 팽팽한 긴장 관계에 놓여 있었기 때문일 것이다. 기자들은 우리 같은 PR 전문가가 필요 없다고 생각하지만 PR 업체의 고객사들은 언론보도를 적극 요청하는 편이다. 그러니 악순환일 수밖에 없다.

　PR과 커뮤니케이션의 중요성을 거시적 차원에서 생각해보라. 회사에 발언권을 부여하고, 회사에 대한 신뢰도를 쌓거나 강화할 수 있다는 큰 장점이 있다. PR은 자사의 목표를 전달할 수 있는 수단인 동시에 회사에 인간미를 부여하기도 한다. 현대 사회의 특징과 글로벌 트렌드를 보더라도 그 중요성은 매우 크다. PR 프로젝트를 훌륭하게 진행하면 인재를 채용하고 기업의 사기를 북돋는 데도 크게 도움이 된다.

"PR은 자사의 목표를 전달할 수 있는
수단인 동시에 회사에 인간미를 부여하기도 한다."

_에린 포스

일라드   당신은 PR의 중요성에 대해 세 가지를 언급했다. 첫째, 회사 밖에서 남돈화되는 회사에 관한 이야기를 통제하고, 회사에 대한 대중의 인식과 회사의 설립자나 임원이 갖고 있는 회사에 대한 인식을 통제한다. 둘째는 인재 채용에 도움이 되고, 셋째는 사기를 북돋는 데 일조한다. 그렇다면 세 가지 중에서 상대적으로 중요한 요소는 무엇이라고 생각하는가? 고성장기업이 커뮤니케이션과 PR에 얼마나 많은 시간을 투자해야 하는가? 회사마다 투자해야 하는 시간이 다른가? 설립자는 얼마나 많은 시간을 투입해야 하는가?

에린   회사별로 다르다. 핀터레스트와 같은 회사를 예로 들어보겠다. 핀터레스트는 앱이나 웹사이트에서 사람들이 기분 전환을 위해 들르는 곳이다. 현재 전 세계적으로 훌륭한 플랫폼으로 자리매김했다. 따라서 핀터레스트를 위한 PR은 에어비앤비나 스트라이프 같은 기업과는 다른 방식으로 접근해야 할 것이다.

    핀터레스트의 PR에서는 이용자들을 어떻게 모집할 것인지가 관건이다. 이용자의 관여도를 높여야 한다는 의미다. 현재의 이용자들이 더 관여하도록 유도하는 방법, 이용자를 늘리는 방법, 플랫폼에 게재되는 수많은 콘텐츠를 확장하는 방법을 고민해야 한다. 규제, 개인정보보호, 보안에 대한 우려가 상대적으로 낮은 B2C 기술기업의 경우, 대형 PR 업체나 여러 전문 홍보 협력사와 사내에 큰 PR팀이 필요할 것인가? 오히려 규모가 작고 집중된 사내 PR팀(회사의 규모에 따라 소수의 PR 담당자)이 있고, 미디어 캠페인이나 제품 출시에 도움을 줄 수 있는 전문 업체와 협업을 할 수 있으면 충분하겠다. 여러 고객사들도 이러한 방식을 택하는 편이다.

한편, 가정집을 임대하는 사람들을 위한 플랫폼인 에어비앤비에는 규제, 개인정보보호, 보안에 대한 문제가 많다. 따라서 에어비앤비와 같은 회사가 중시하는 커뮤니케이션 방향은 회사가 발전함에 따라 규제에 치우쳐 있다.

결제와 보안이 주요 사업인 스트라이프와 같은 회사의 경우, 사내 팀으로는 부족하기 때문에 외부 전문기관의 도움이 필수적이다. 위기 대응 계획이 강화되고 안정화되어야 하며, 회사의 집중 분야에 따라 규제 및 미국 의회 대응 계획도 필요하다.

분명 회사마다 PR의 우선순위가 다르지만, 일반적으로 고성장 기업에는 사내 PR팀과 외부 PR 협력업체의 지원이 마련되어 있다.

설립자가 지원할 수 있는 부분도 많다. 설립자뿐 아니라 임원진이 전반적인 PR 전략을 굳게 신뢰하되, 사내 PR팀이 일상 PR 업무를 순조롭게 이행하도록 무한한 신뢰를 보내야 한다.

일라드　　회사의 규모가 커질 때 예상치 못한 PR 관련 실수가 어느 부분에서 발생할 수 있는가?

에린　　아이러니하지만 소통의 부재가 문제의 원인이 된다. 회사는 항상 고객, 거래처, 플랫폼 이용자들을 위해 올바르게 처신하고자 한다. 그러나 잘못을 저질렀을 경우, 혹은 회사의 방향을 변경하거나 내용을 수정할 때 예상치 못한 실수가 발생했을 경우, 잘못을 인정하는 것을 두려워한다.

무엇을 변경 혹은 수정하는지에 따라 두려움의 정도는 다를 것이다. B2B 회사에서 가격 책정 모델을 변경하고 나서 고객사에 명확하게 전달하지 않았을 때, '아무도 눈치채지 못하겠지'라고 생각하며 제품 사항을 변경할 때, 서비스나 개인정보보호 정책 차원에서 불미스러운 사건을 숨기려고 할 때 등 상황은 다양하다. 불미스러운 사건이 일어날 때 언론과 여론의 비난을 두려워하는 경우가 많다. 그러나 단도직입적으로 잘못을 시인하고 신속하게 해결책을 찾는 것이 최선책이다.

시간이 지나면 회복할 수 있지만, PR의 관점에서는 넘어야 할 산이 많다. 언론에서 호평을 받는 기업으로 인식되다가 하루아침에 불미스러운 사건이 발생하고 적절한 해명이나 이유가 전달되지 않으면 회사에 대한 대중의 인식은 최악으로 치닫게 된다. 신뢰를 다시 얻기도 쉽지 않다. 그렇기 때문에 솔직하게 공개할 수 있는 정도까지는 거짓 없이 진정성 있는 커뮤니케이션을 하는 것이 중요하다.

불미스러운 사건이 발생하거나 변경이 불가피할 때 회사가 현실을 직시하고 받아들이면 상황은 최악을 면할 수 있다고 생각한다. 모든 업종에 적용되는 진리이기도 하다. 예를 들어 항공사에서 고객 응대 방식에 문제가 발생했을 때, 제대로 수습하지 못하는 경우가 다반사다. "잘못된 행동이었고, 우리 회사에서는 결코 이 문제를 허용하지 않을 것이다"라고 발표하지 않고, 침묵으로 일관하거나 가식적이고 영혼 없는 답변을 내놓을 뿐이다. 그렇기에 회사의 태도에 대한 비난이 거세진다.

PR팀의 주장대로 사건이 수습되지 않는 경우도 많다. 설립자가 "나의 실수라고 생각하고 이 문제를 시정해야 한다"고 인정하지 않고, 자신의 신뢰도가 실추되는 것을 바라지 않기 때문에 빠져나갈 구멍을 찾는다. 한편 PR팀의 주장은 한결같다. "우리는 정직하게 인정해야 한다. 실제 일어난 사건에 대해 투명하게 밝혀야 한다."

> "불미스러운 사건이 발생하거나 변경이 불가피할 때
> 회사가 현실을 직시하고 받아들이면
> 상황은 최악을 면할 수 있다고 생각한다."
>
> _ 에린 포스

일라드　CEO가 PR팀의 제안을 저버리지 않아야 하는 경고 시그널이나 기준이 있는가? 어떤 면에서 설립자나 CEO가 성공하게 된 일부 원인은 다수의 의견을 수긍하지 않고 자신의 신념대로 추진했기 때문이다. 성공 반열에 오른 선두 기업들을 보면 설립자가 끝까지 소신을 굽히지 않거나 전문가의 의견을 무시한 채 정진하지 않으면 지금의 위치에 오르지 못했을 것이라고 생각하는 편이다. 그렇다면 진정으로 경청할 때라는 점을 이처럼 고집이 센 대표들에게 어떻게 설득할 수 있을까?

에린　우리는 PR 협력업체로서 우리의 의견과 반대되는 방향을 원하는 고객사들을 보게 된다. 그러면 우리는 그렇게 해서는 안 되는 이유와 다른 대안을 택해야 하는 이유를 주장한다. 그러나 결국 원래 하려던 대로 결정이 내려지는데, 예상대로 비난 세례를 받거나 문제가 발생하거나 그들이 원하는 방향으로 진행되지 않는다. 그렇게 되면 "의견을 경청했어야 했는

데, 그때 주신 의견이 옳았습니다"라고 말한다. 설립자들이 보이는 태도도 고객사와 비슷하다. 사람들은 인생이나 비즈니스에서 실패를 통해 배움을 얻는 것 같다.

회사가 사내 PR 전문가를 처음으로 채용할 경우, 설립자와 두터운 신뢰 관계를 유지하는 것이 중요하다고 생각한다. PR의 토대는 신뢰이기 때문이다. 설립자와 PR 담당자들이 서로 신뢰하지 않은 회사에서는 PR 프로그램이나 커뮤니케이션 캠페인이 부실할 수밖에 없다.

일라드 그렇다면 PR 적임자를 어떻게 선발하는가? 사내 PR 담당자에 적합한 후보인지 단번에 알 수 있는 면접 방식이나 절차가 있다고 생각하는가?

에린 PR은 과학보다는 예술에 가깝다고 생각한다. PR 담당자가 조직과 잘 어울리는지, 조직문화와 경험에 적합한지가 중요하기 때문이다. PR 후보자에게 특정 상황에 대한 시나리오를 주고 어떻게 대처할지 의견을 물어본다면 CEO의 생각과 얼마나 맞아 떨어지는지 파악할 수 있을 것이다.

때로는 창업자들이 PR 담당자 채용에 직접 관여하지 않고, 마케팅이나 기타 부서에 최종 결정을 맡기는 편이다. 그러나 나는 설립자나 경영진과의 궁합이 PR의 성공을 가늠한다고 생각한다. PR을 통해 할 수 있는 것과 없는 것에 대한 이해도와 PR의 중요성에 대한 공감대가 어느 정도 비슷해야 PR이 성공할 수 있기 때문이다.

솔직하게 말하자면 모든 회사에 PR이 필요하진 않다. 특히 회사의 목표가 이용자 유입인 경우에는 마케팅이 직접적으로 관여해야 효과가 있고, PR은 보조적인 역할을 해도 무방하다. PR보다는 마케팅 업무가 더 많이 필요하기 때문이다. PR은 회사가 자사의 목표를 전달하고, 인지도를 높이며, 회사, 제품, 경영진을 대중에 알리는 일이다.

설립자이자 CEO가 PR팀과 가장 성공적인 관계를 맺을 수 있는 비결은 상호 신뢰라고 생각한다. 링크드인의 CMO 섀넌 스투보 브레이턴과 회사가 맺은 관계가 대표적인 성공 사례다. CEO 제프 와이너와 섀넌은 PR에 관해 생각이 완전히 같았고, 그는 그녀를 전적으로 존중하고 신뢰한다. 경영진 회의에 그녀가 참여한다는 점도 매우 중요하다. 거대한 PR 부서를 만들고, 부서의 성과도 놀라울 정도다. 그녀도 마케팅 전문가로 크게 성장했다. 처음에 PR 담당자로 입사했지만 현재는 링크드인의 CMO가 되었으니, 놀라운 성장이 아닐 수 없다. 링크드인의 경영진이 그녀의 의견을 전적으로 존중하게 된 배경에는 그녀에 대한 CEO 제프 와이너의 전폭적인 신뢰가 있다.

일라드　섀넌처럼 훌륭한 업무 방식을 소화해낼 수 있는 사람을 영입했다고 가정해보자. PR 담당자가 진정 유능한 인재라는 점을 어떻게 파악할 수 있는가? 기존에 달성한 성과를 통해서인가? 아니면 이전 회사가 어떠한 회사인지, 그 회사에서 어떻게 평가하는지가 중요한가? PR 담당자를 처음으로 모집할 때 업무 능력이 뛰어난 사람을 어떻게 알아볼 수 있는가?

에린　어느 정도는 경험이 쌓여야 사람 보는 눈도 생기지만, 기존 회사가 어떻게 평가하는지와 대인관계 능력이 어떠한지에 가중치를 두는 편이다.

솔직하게 말하면 '이면 경로back-channel'로 평판조회를 하는 것이 효과적이다. 나는 면접 절차에는 큰 비중을 두지 않는다. 커트라인에서는 누구를 채용할지 매우 신중하게 결정하는 편이라 항상 후보자들에 대한 '뒷조사'

를 한다. 실리콘밸리에서 PR 업계는 좁은 편이기 때문에 대인관계가 중요하다.

설립자들은 후보자에 대한 조사를 위해 이사진과 고문들에게도 자문을 구해야 한다. 알고 지내는 기자들의 인맥도 동원해야 한다. PR업 종사자들이 함께 일해본 경험이 많다고 하는 사람들을 후보군에 둔다. PR업에서 회자되는 인물들은 누구인가? PR 업체 직원이나 기타 PR 전문가들에게 소개를 부탁해도 좋다. 그들이 존경하는 인물은 누구인가? 나에게 묻는다면 바로 생각나는 이름들이 몇몇 있다.

일라드 설립자들이 어떻게 PR 전문 업체를 선정해야 하는가?

에린 고성장 기업이라면 상황이 다를 것이다. 우리는 초기 스타트업들에 자문을 제공하는데, PR 업체를 이용하거나 PR 담당자를 채용하라는 얘기를 많이 듣는다고 한다. PR 업무에 대해 구체적으로 모른다는 생각이 든다.

우리는 PR을 단계별로 접근하는데, 초기 스타트업에는 굳이 사내 PR 담당자가 필요 없다. 프리랜서나 컨설턴트와 계약을 맺고 자문을 받으면 된다. 펀딩에 대한 발표나 제품 출시 등 특별한 시점에 따라 외부 전문가를 충원할 수 있다. PR이 항상 필요하지 않기 때문이다. 우리와 함께 일하는 여러 회사가 대부분 창업한 지 얼마 되지 않았기 때문에 사내 PR 담당자를 아직 두지 않고 있다.

PR 전문 업체를 물색하는 접근법은 사내 PR 담당자를 모집할 때와 비슷하다. 알고 지내는 기자들에게 실력 있고 유능한 PR 전문가들을 소개해 달라고 요청한 후, 그들이 소속된 PR 업체를 파악한다. 나는 VC 혹은 고문

위원들에게 업체를 추천해달라고 요청하는 편이다. 설립자나 경영진이 선정 과정에 대해 함께 논의하는 것이 매우 중요하다고 생각한다. PR이란 비즈니스를 이해하고, 회사와 제품에 대해 열정을 보이는 작업이기 때문이다. 업체의 담당 직원들이 가능한 경우 우리 회사의 제품을 사용하고 있는가? 제품에 대한 열정이 있는가? 제품에 대해 어떻게 대화를 나누는가?

한편, 사내 담당자 혹은 PR 업체에 PR 업무를 위한 면접을 실시할 때 SNS에서 소통하는 방식과 공개적으로 발언하는 방식도 확인할 수 있다. 글의 어조와 스타일은 어떠한가? 트위터를 비롯한 SNS, 그들이 운영하는 사이트와 블로그 등을 검토하면 파악할 수 있을 것이다. 회사의 조직문화와 잘 어울릴지도 고민해보라.

PR 업체와 고객사의 조직문화가 잘 맞고, 추구하는 목표도 같다면 금상첨화일 것이다. 일이 그저 술술 풀리고 만다. 하지만 PR 업체와 고객사가 협업하는 데 어려움을 겪고 조직문화도 상반되면 성과를 내기가 거의 불가능하다. 고객사나 PR 업체 모두에 도움이 안 된다.

공통된 목표의식을 갖도록 하는 것이 중요하다고 생각한다. 어쩌면 당연한 논리겠지만, 실제 함께 일할 PR 업체를 선정할 때, 함께 일하게 될 팀원들을 만나보는 것도 중요하다. 고객사가 원하는 조건을 구체적으로 명시해야 한다. 발주사인 고객사로부터 PR 프로젝트를 수주하기 위해 최고의 인재를 투입하여 팀을 새롭게 구성하는 업체들이 많기 때문이다. 추후에 팀원을 교체할 수도 있기 때문에 실제 투입되는 팀이 스마트한 팀이고, 회의에 전원 참여하는지 확인하도록 하라. 고객사의 사업, 그들이 함께 일하게 되는 고객사의 팀원들, 그리고 고객사의 업종에 대해 궁금한 부분을 최대한 질문을 하도록 하라.

일라드　　업체를 선정할 때, 특정 상황에서 업체가 어떻게 행동할 것인지에 대해 제안서나 발표를 요청하는 것이 일반적인 관행이다. PR 업체를 선정하는 발주사는 심사 과정에서 PR 업체가 수행한 요청 과제의 결과물에 높은 가중치를 두고 평가해야 하는가?

에린　　그렇게 생각한다. 단 심사 과정에서 요청 과제가 지나치게 구체적이면 업체들이 힘들어하고 불공평하다고 생각할 수도 있다. 물론 PR 업체는 고객사의 업종을 어느 정도 이해해야 하고, 프로젝트를 수주하게 되면 심층적으로 지식을 쌓아야 할 것이다. 그러나 RFP**Request For Proposal**° 단계에서 발주사는 광범위한 과제를 내어주어야 한다. 예를 들어, "우리 회사는 기술 분야의 소비자들에게 다가가고자 한다. 특히, 18~34세 여성 소비자들에게 어떻게 접근하겠는가?"라는 질문처럼, 지나치게 구체적이지도 광범위하지도 않아야 한다.

　발주사가 평가해야 하는 또 다른 부문은(나도 과거에 발주사에서 일하면서 PR 업체를 선정해야 했던 경험이 있다) "PR 업체들이 나름의 철학과 고집을 갖고 있는가?"이다. 발주사가 요청한 사항을 수동적으로 결과물에 반영하지 않고, 깊이 고민한 후 이의를 제기하는 태도에는 추가 점수를 줄 만하다. 제안한 아이디어가 발주사가 추구하는 방향과 일치하지 않아도 충분히 높게 평가할 만하다. 발주사에 가장 이로운 방안, 그리고 발주사의 CEO의 입장에서도 합리적인 선택을 모색하기 위해 최선을 다하는 자세이기 때문이다. "귀사에서 X를 요청하셨지만, PR 관점에서 더 나은 아이디어들이 있습니다. 회사가 현재 처한 상황을 고려하고 저희가 축적한 여러 데이터를 토

°　프로젝트 계획 및 수행에 필요한 정보를 수집하기 위해 몇몇 공급업체에 요청하는 제안 요청서.

대로 이러한 방법으로 하면 더 큰 가치가 나올 것 같습니다"라고 주장하며 과감히 이의를 제기할 수 있어야 한다. 이의를 제기하는 행동은 언제부터인 지 흔하지 않은 모습이 되었지만, 토의와 논쟁처럼 매우 중요하다.

일라드　　CEO 혹은 설립자가 커뮤니케이션과 PR에 지나치게 시간을 많 이 투입하는 경우가 있다고 생각하는가?

에린　　그렇다. 회사가 얼마나 많이 언론에 노출되며 관련 기사가 몇 개 인지 등에 지나치게 관심을 보이는 설립자나 CEO들을 본 적이 있다. 바람 직하지 않다고 생각한다. PR의 양보다는 질에 주안점을 두어야 한다. 특히 기자 교체가 비일비재하고 취재 방향도 수시로 바뀐다. 콘텐츠 소비 추이를 따라가야 한다. 글, 영상, 인쇄물, 온라인 등에 어떠한 비중을 실을 것인지 고민하는 미디어 산업은 변화무쌍한 모습을 보이고 있다. 나는 PR의 질적 수준에 초점을 두고, PR에서 할 수 있는 것과 없는 것을 진정으로 이해하라 고 권한다.

"왜 우리 회사는 〈테크크런치〉에 실리지 않지?" 혹은 "왜 블로그 X에서 소개되지 않지?" 하며 궁금해하는 경향도 큰 것 같다. CEO나 설립자가 이 러한 방향으로만 생각하며 집착하다 보면 실제로 게재될 확률이 매우 낮기 때문에 사기가 저하될 뿐이다. 〈테크크런치〉에 실리는 것도 때로는 하늘의 별따기다. 그렇기 때문에 사내 PR 담당자라도 외부 업체를 전폭적으로 신 뢰하고 존중할 수 있어야 한다.

설립자들 중에는 "왜 〈테크크런치〉에 나에 관한 글이 실리지 않지? 나에 대한 기사가 몇 개나 되는가?"를 고민하는 이들이 더러 있다. 물론 언론에 노출되는 것도 어느 정도는 중요하지만 설립자는 더 나은 제품을 만들고,

사업을 여러 분야로 확대하는 데 시간을 투입해야 한다고 생각한다. 특히 자신이 신뢰할 수 있는 PR 담당자가 있다면 더욱 그러하다.

일라드   언론의 스포트라이트를 받는 것에 크게 의미 부여를 하는 사람들도 꽤 있다. 가족이나 지인들의 반응이 워낙 뜨겁기 때문에 언론에 더 노출되어야 할 것 같은 부담을 느끼는 것 같다.

에린   그렇다. 설립자의 생각이 사람들에게 영감을 줄 수 있고, 업계 트렌드에 대한 담론에 의미 있게 기여할 수 있다면 그만큼 언론에 노출되어야 한다고 생각한다. 그러나 모든 설립자가 유의한 전달 사항을 갖고 있는 것은 아니기 때문에 그만큼 기자들의 취재 요청도 뜸할 수밖에 없을 것이다.

한편, 기자들과의 인맥이 불가피하다는 의견도 많다. 내가 PR 업무를 도와준 가장 성공적인 설립자들 중에는 그들에게 바로 연락을 취할 수 있는 기자들이 여럿 있고, 끈끈한 관계를 유지하는 경우도 있다. 물론 기자들과 인맥을 쌓았다는 것은 강점이고 윤리적으로 문제가 되는 것도 아니다. 그러나 일부 설립자들은 "기자가 나에게 직접 연락하거나, PR 업체가 나에게 이 기자와 직접 대화하라고 한다면 굳이 PR 업체에 돈을 지불하는 이유가 있나? PR 업체가 하는 일이 뭔가?"라고 반문하기도 한다. 하지만 이러한 방식으로 PR을 접근해서는 안 된다. 기자들도 설립자들과 개인적인 인맥을 쌓고 싶어 하고, PR 담당자가 중간에 개입하는 것을 불편해하기도 한다. 그러나 PR 업무는 기자에 대해 조사하거나 어떠한 방향으로 이야기를 내보낼 것인지 등에 대한 준비 작업이기 때문에 기자와 설립자 양측 모두에 도움이 되는 일이다.

일라드　제품이나 서비스를 론칭하고 나면 PR 덕분에 방문자 수가 급증하고, 이용자도 급격히 늘어나다가 어느 순간 수요가 대폭 감소하는 안타까운 경우가 많다. 회사에서는 초기 수요에만 기대지 않고, 나름의 채널을 개발하려는 노력에 박차를 가해야 한다. PR만 있으면 자동적으로 수요가 꾸준히 유지된다고 대부분의 회사들이 착각을 하고 있다.

에린　정확히 그렇다. 항상 고민하는 딜레마이기도 하다. 소형 회사들이 PR에 막대한 투자를 진행할 때 특히 기대가 큰 것 같다. 우리는 여러 고객사와 함께 회사가 중요한 시점을 맞이하는 중간중간에 꾸준히 전달할 만한 신선한 스토리에 대해 고민한다. 이때 중요한 덕목은 인내심이다. 회사에 적합한 PR 방향을 잡고 추진하는 데 시간이 걸리기 때문이다. 기자는 시간에 쫓기는 직업이고, 하루에 쓸 수 있는 기사도 한정적이다. 따라서 폭넓게 광고·PR·마케팅의 관점에서 어떻게 판촉 전략을 세울지 고민해야 한다. SNS도 충분히 활용할 수 있다. 뉴스거리가 그다지 많지 않은 회사라면 다양한 스토리텔링 기회를 활용할 수도 있지만, 큰 소식을 알리는 사이사이에 페이스북, 스냅, 인스타그램, 트위터에서 고객들과 소소하게나마 소통을 이어갈 수 있다.

일라드　PR 부문을 처음으로 도입하려는 설립자에게 마지막으로 전하고 싶은 말이 있는가?

에린　거시적으로 PR을 통해 추구하는 목표가 무엇인지 이해하고 명확하게 정의내릴 수 있어야 한다. PR로 할 수 있는 것과 할 수 없는 것도 이해해야 한다. 사업적으로 결정을 잘못 내렸을 때 PR이 투입되어 해결해줄 수는 없는 노릇이다. PR이 기능을 다 하려면 회사에 대한 스토리텔링, 제품과 회사의 조직문화와 같은 요소가 구비되어야 한다.

인터뷰 내용은 이해를 돕기 위해 편집 및 요약되었다.

· · · · · · · ·

7

PM은 제품의 CEO다

제품 관리 개요

일 잘하는 제품 관리 조직은 회사가 제품에 대한 비전과 로드맵을 정하고, 목표와 전략을 구축하며, 제품 주기 전반에 걸쳐 각 제품에 적용하도록 도와준다.[52]

반면 일 처리가 부실한 조직은 엔지니어들을 위한 일정 관리와 서류 정리를 담당하는 프로젝트 관리 부서에 불과하다.

유능한 제품 관리 조직을 구축하려면 무엇보다도 CEO가 PM의 역할을 제대로 이해해야 한다. 둘째, 제품 부서를 총괄한 경력 등 적합한 능력을 보유한 사람을 채용해야 한다. 마지막으로 제품 조직을 구동할 수 있는 간단한 프로세스를 구축하고, 회사가 제품 개발을 확대하는 데 도움이 되도록 한다.

PM의 역할

PM은 제품의 성공을 위해 여러 부서를 지휘하는 제품 총책임자다. PM을 '제품에 대한 총괄general manager of the product' 혹은 '제품의 CEO'라고 부르기도 한다. 실제로 PM은 직접적으로 제품에 대한 책임을 진다. 제품의 성공에 대한 총괄 책임자이지만, 다른 부서가 직접적으로 결재를 요청하는 경우는 드물다.

PM의 역할은 다음과 같다.

1. 제품에 대한 전력 질주와 비전

제품을 통해 추구하는 목표는 무엇인가? 누가 고객층인가? 제품의 주요 기능과 용도가 무엇인가? 어떠한 기준으로 성공을 정의할 수 있고, 제품에 대한 매출을 추적하기 위해 어떠한 측정 변수를 사용할 수 있는가? 경쟁 구도는 어떻게 형성되어 있고, 경쟁사들 속에서 이떻게 차별적으로 제품이 입지를 구축할 것인가? 제품을 어떻게 차별화할 것인가? 주요 보급 채널에는 무엇이 있는가? 제품에 대해 어떠한 사업 모델을 구축할 것인가? 제품 가격을 어떻게 책정할 것인가? 이와 같은 질문의 답을 찾기 위해 PM은 다른 부서(디자인, 마케팅, 판매, 기술, 데이터 과학 등)와 협업해야 하지만 궁극적으로 해답을 찾는 과정을 총괄해야 한다.

한편, 제품에 대한 전략과 비전은 고객의 목소리를 반영해야 한다. PM은 무엇보다도 이용자의 의견과 피드백을 제품 주기에 반영하는 데 총력을 기울여야 한다.

2. 제품 관리의 우선순위와 문제 해결

PM은 제품 로드맵에 대한 총책임자이고, 제품의 효율과 품질에 적합한 '트레이드오프(상충관계)'를 찾는 과정을 총괄하며 다음의 실무를 이행한다. 제품요구문서Product Requirement Dcument(PRD)를 작성하고 피드백을 입수하며, 제품 로드맵에 관한 논의 세션을 주관하고 지휘하며, 앞에서 언급한 모든 부서와 협업하고, 제품을 생산하는 데 필요한 자원과 노력 대비 구현할 수 있는 적합한 기능을 물색해야 한다. PRD를 체계적으로 작성하면 제품에 대한 합의점을 찾아 실행하기가 한결 수월하다. 문서에서는 주요 기능과 제품의 상세사항을 정확히 명시해야 한다. 이와 같은 PM의 역할 때문에 데이터와 고객 중심적인 태도야말로 PM에 필요한 덕목이다. 올바른 측정 변수를 정의하고, 측정 변수에 대한 합의점을 모은 후에 체계적으로 추적하면 제품의 우선순위에 맞게 일을 진행할 수 있다. PM이 기술적 배경지식이 많을수록, 제품에 중요한 '상충관계'를 조율하는 데 필요한 데이터를 효과적으로 분석할 수 있는 역량이 커진다. 이 외에도 PM은 고객 니즈를 이해하고, 기술 비용이나 비즈니스에 미치는 영향을 고려하여 적합한 '상충관계'의 접점을 찾기 위해 노력해야 한다.

PM은 제품 혹은 개발 차원에서 해결해야 하는 문제에 대해 고민해야 한다. "법적·규제적 문제를 피해가기 위해 제품을 어떻게 수정하거나 변경할 수 있을까?", "판매에서 경쟁 우위를 높이거나 적당한 가격대를 형성하려면 기능을 어떻게 변경할 수 있을까?" 등에 대해 고찰해야 한다.

참고 PM이 앞에서 말한 업무를 혼자 처리하지 않는다. 제품을 만들고, 관련 문제를 해결하는 과정에는 구성원 전체의 노력이 필요하다. PM은 엔지니어링(기술적 제약과 기능에 대한 아이디어 관련), 디자인, 데이터 과학, 마케팅, 판매, 지원, 법무(규제 문제) 및 기타 부서와 협업해야 한다. 제품 관리는 그야말로 궁극의 조율 작업이다. 디자인팀이 원하는 창의적이고 순수한 미적 지향점, 기술팀이 제품에 녹여내길 바라는 기술적 생동감, 판매팀이 원하는 잘 팔릴 만한 제품, 그리고 법무팀에서 "이 전략은 위험할 수 있다"는 보수적인 제안(각 경우는 이해를 위해 의도적으로 과장했음) 사이에서 '상충관계'의 접점을 찾거나 제안해야 한다.

"제품요구문서를 체계적으로 작성하면
제품에 대한 합의점을 찾아 실행하기가
한결 수월하다. 문서에서는 주요 기능과
제품의 상세사항을 정확히 명시해야 한다."

_ 일라드 길

3. 실행: 시의 적절성, 자원, 장애물 제거

PM은 제품의 성공을 위한 노력의 일환으로 기술팀과 면밀히 협업하여 즉시에 목표를 정하고 실행해야 한다. 다음과 같은 경우에 PM의 역할이 기술팀에 가장 큰 도움을 준다. ① 기술, 디자인을 비롯한 여러 부서로부터 자원이나 지원을 받기 위해 노력한다. ② 제품 기능의 일부를 제거하거나 우선순위를 정하여, 선정된 기능들을 실행하기 위한 명확한 로드맵을 제시한다. ③ 각 부서가 일정을 앞당겨주거나 불필요한 기능이나 업무를 생략할 수 있는지 '눈 딱 감고' 물어본다. ④ 디자인과 판매 등에 관한 회사 내부의 요청 혹은 고객, 제휴사 등의 외부 요청을 비롯한 각종 요청에 일일이 응대하지 않고 과감히 거절한다.

제품을 출시하면 제품에 대한 실행 과정은 종료된다고 생각하는 사람들이 많다. 제품이 출시된 이후에도 제품의 유지 보수, 사양 반복 적용, 그리고 제품 판매 종료 혹은 퇴출에 이르기까지 꾸준히 관리해야 한다.

제품을 단종시키는 것도 나름의 타당한 전략이 될 수 있다. 고객들이 회사의 다른 제품으로 옮겨가게 하거나, 가격을 변경하거나 고객의 비난을 야기할 만한 다른 문제를 미리 해결하기 위해서이다.

PM의 역할은 단순한 일정관리가 아니라는 점을 명시하라.

4. 커뮤니케이션과 (앞에서 말한 모든 업무에 대한) 조율

PM은 제품과 관련된 각 팀의 상황, 업무 진행률, 부서별 업무 진행 순서를 관리하고 조직의 나머지 부서들에 전달해야 한다. 진행 상황에 대한 주간 회의, 경영진이 참석하는 제품 평가 회의 주관(기술팀과 공동 주관 가능), 전사적으로 제품 출시 혹은 기타 주요 일정에 대해 전달하는 업무가 포함된다. 커뮤니케이션에서 제품의 로드맵, 우선순위, 업무의 순서에 대한 '이유'를 설명하는 것이 가장 어려운 경우가 많다. 특정 업무를 다른 업무보다 중요하게 생각하는 이유를 논리적으로 설명할 기준이 있어야 하고, 다른 부서들이 이 기준에 수긍해야 한다.

그러다 보니 PM은 기술, 디자인, 판매 부서와 면밀히 협업을 해야 하지만 불가피하게 함께 일하다 보면 긴장과 갈등이 생길 수 있다. 기술 부서는 모든 제조 공정에 관여하기 때문에 제품에 관한 결정권이 기술 부서에 있다고 여긴다. 한편 디자인 부서는 제품 관리가 디자인 업무와 겹친다고 생각하고(실제로 두 부서가 하는 일이 매우 다르다), 판매 부서는 제품이 왜 빨리 입고되지 않는지 예민한 반응을 보인다. 따라서 PM은 엔지니어들이 판매 부서에서 단발성으로 요청하는 사항에 일일이 대응하지 않고 제품 개발에만 집중할 수 있도록 항상 판매 직원들을 엔지니어들로부터 멀리 떨어뜨려 놓는다.

PM은 '완충' 기능을 하거나 엔지니어와 디자이너를 회사의 내부와 외부 관련자들로부터 보호하는 역할을 해야 한다. 판매 및 마케팅 부서 사람들은 각 부서에서 선호하는 기능이 제품에 반영되도록 직접 엔지니어들을 만나 요청하고 싶어 하고, 고객들은 기술 부서와 직접 대화를 하고 싶어 한다. 이때 PM은 여러 상호작용에서 현명하게 완충 역할을 하고, 각종 의견과 문의 사항을 취합하여 주간 내부 팀 회의에서 제기해야 한다. PM이 판매에 대한 주요 연락 부서 기능을 할 수도 있다. 중간에서 교통정리를 해주니 마케팅을 비롯한 기타 부서가 엔지니어링과 디자인 부서의 시간을 빼앗지 않아도 된다. 한편 엔지니어들과 소통할 때 고객의 니즈를 파악하도록 설득하려면 고객의 입장에서 생각하라고 충고하는 것이 가장 효과적이다. 고객의 피드백을 직접 들어보면 생각이 바뀔 수 있고, 다른 부서의 직원들과 의미 있는 문제 해결 세션을 마련하는 데 도움이 된다.

적임자가 맞는가

앞에서 언급한 업무에 자신의 시간을 얼마나 투입하는지에 따라 유능한 PM과 무능한 PM을 구분할 수 있다. PM이 제품에 관한 체크리스트와 프로젝트 관리에만 시간을 쏟는다면 다음 중 하나에 해당될 것이다. ① 기술 관리자의 역량이 미흡하여 PM이 도와주느라 본인의 업무에 소홀하게 된다. ② 회사의 경영진이 PM에 충분히 힘을 실어주지 않고 있다. ③ 본인의 업무를 이해하지 못한다. ④ 동료들로부터 존중받지 않고 있기 때문에 실질적으로 중요도가 높은 업무를 할 수 없다. 반면 제품을 정의하고, 여러 상충 관계에 우선순위를 정하며, 고객들과 시간을 더 보내고, 다양한 팀(출시, 제품에 사양 반복 적용, 커뮤니케이션)과 협업하는 데 제품 관리 시간의 대부분을 보낸다면 가장 이상적이다.[53] 회사가 PM직에 적임자를 채용했는가? 회사 차원에서 PM에 적극 힘을 실어주고 있는가? 이 두 가지 질문을 고민하되, 어렵겠지만 두 가지 질문을 분리해서 생각해보길 바란다.

훌륭한 PM의 특징

PM을 채용할 때 다음의 능력을 보유하고 있는지 확인하라.

1. 제품에 대한 안목

특정 분야의 제품에 대한 고객의 니즈를 이해하기 위한 통찰과 직관력을 갖고 있는지 확인한다. 고객들의 마음을 설레게 하거나 핵심적인 니즈를 충족하는 기능에는 어떠한 것들이 있는가? 회사에 합류하는 PM이 직전에 다른 업종에서 일했다면 회사의 고객들이 가진 구체적인 니즈에 대해 모를 수도 있지만, 고객과 니즈를 빠르게 습득하기 위한 능력과 수단을 확보하고 있어야 한다.

2. 우선순위를 정할 수 있는 능력

제안된 제품의 기능, 그리고 그 기능을 구현하는 데 필요한 기술을 고려할 때, 각각의 가치는 어떠한가? 판매팀을 위한 신제품과 고객을 위한 신규 기능 중에 무엇이 더 중요한가? 가격은 소비자 혹은 소상공인에 최적화되어야 하는가? 완제품이 되기 전 단계에서, 즉시 출시해도 무방한 제품의 80퍼센트는 어떠한 부분인가? 이 부분이 고객의 불편함을 구체적으로 어떻게 해결해주는가?

3. 실행 능력

여러 팀을 설득하고 회유하며, 다양한 자원을 취합하여 제품을 출시하고, 제품이 출시된 이후에는 제품을 유지 보수하고 고객을 지원하는 역할이 PM에 포함된다. PM은 기술, 디자인, 법무, 고객지원을 비롯한 기타 부서와 협력하여 제품 로드맵을 실행한다.

4. 전략적 감수성

업계 판도가 어떻게 진화하고 있는가? 경쟁에서 살아남기 위한 제품의 비밀 병기는 무엇인가? 1970년대 당시 인텔의 유명한 가격 전략은 과감한 전략적 행보를 보여주는 대표적인 사례다. 당시 인텔은 단위매출을 확대하면 비용을 대폭 삭감해야 하는 상황을 직시했다. 반대로 단위매출을 줄이면 수요와 매출이 늘어나 선순환으로 이어질 수 있다고 생각했다. 이에 인텔은 시장점유율을 더 신속하게 확대하기 위해 매출원가보다 낮은 금액으로 새로운 실리콘 제품을 출시한다는 스마트한 결단을 내렸다. 이에 고객사들은 2년 전만 해도 계획에 없던 대량구매에 나섰고, 회사의 비용을 대폭 절감하니 수익성을 올렸다. 저가 정책은 예상대로 대량판매로 이어져 오래토록 꾸준한 수익을 올렸다.

5. 업계 상위 10퍼센트에 해당하는 커뮤니케이션 능력 보유

PM은 주로 다양한 부류의 동료 직원들과 외부 거래처의 니즈를 파악하고 상충관계의 접점을 이해하고 전달하는 업무를 담당한다.

6. 측정 변수와 데이터를 기반으로 한 접근법

무엇을 구축하건 결과물을 측정할 수 있는 것이어야 한다. PM은 기술·데이터 과학팀과 협업하여 제품팀이 추적해야 하는 일련의 측정 변수를 규정해주어야 한다. 적합한 측정 변수를 설정하는 작업은 난해하고, 아무리 적합한 측정 변수라도 잘못된 행동을 야기하는 경우가 있다.

PM의 네 가지 부류

회사에서 필요한 PM의 조건은 회사가 생산하는 제품의 종류에 따라 달라진다. 회사에서 필요한 PM을 다음과 같이 분류할 수 있다. 두 가지 이상의 분류에 해당하는 PM도 있지만, 아무 분류에도 속하지 못하는 PM도 있다.

1. 비즈니스 PM

외부 고객들의 요청사항을 내부 제품 로드맵에 녹아내는 역량이 가장 우수하다. 비즈니스 PM은 B2B 소프트웨어 회사에서 능력을 발휘하거나 소비자용 어플리케이션에서 파트너사를 관리하는 일에 소질이 있다. 판매 부서와 협업을 잘하고 고객사들 앞에서도 제품 소개를 잘하지만 기술적 지식은 다소 부족하다. 로드맵을 토대로 기술·디자인 부서 간에 상충관계의 접점을 찾으려면 얼마만큼의 기술력이 필요한지에 대해서는 문외한이다. 그러나 제품 가격 책정, 고객 세분화, 고객 니즈에 대해서만큼은 세밀한 통찰력을 지닌다.

2. 기술 PM

기술 PM은 (항상 그러한 것은 아니지만) 기술 부서 혹은 인프라, 조사의 품질, 머신 러닝, 혹은 기타 사내 업무에서 협업이 가능한 기술 전문가인 경우가 많다. 기술 PM은 B2B와 B2C 전체에 걸쳐 필요한 업무 능력만 파악하고 제품에 대해 적합한 상충관계의 접점을 찾을 만큼 사용자에 대한 직관력을 갖고 있다면 다양한 종류의 제품을 관리할 수 있다.

3. 디자인 PM

대개 소비자용 어플리케이션 분야에 투입되는 디자인 PM은 이용자 경험 중심적 사고에 능하다. 어떤 회사들은 회사가 판매하는 소비재에 대한 PM직에 디자이너를 영입한다. 디자이너는 이용자 경험과 시각적 디자인 분야에 뛰어난 능력을 지니고 있지만, 사업을 운영하는 데 필요한 상충관계의 접점(광고모델, 가격체계 등)을 찾는 노하우는 갖고 있지 않거나 제품이 완벽 그 자체이길 바란다(즉, 제품 출고일자가 늦춰지게 한다). 디자이너 출신의 PM을 교육하여 심미적 효과와 마케팅 간에 실용적인 상충관계의 접점을 찾는 데 몰입하도록 해야 한다. 디자인 PM은 내부 기술팀 및 디자인팀과 가장 많은 시간을 보내고, 외부 담당자나 사업적 실무에 대한 관여도는 낮다.

4. 성장 중심형 PM

성장 중심형 PM은 정량적이고 분석적이며 숫자 중심적 사고를 하는 편이다. 남다른 창의성과 저돌적인 사업 추진력을 발휘하기도 한다. 성장 중심형 PM이 중점을 두는 부문은 ① 사람들이 제품을 수용하고 사용하도록 유도할 만한 주요 요소들을 결정한 다음, ② 그 요소들을 조정하는 것이다. 예를 들면 페이스북의 성장지원팀은 수천만 명의 유저들이 생겨날 수 있도록 발판을 마련했다. 이메일 전송, 퍼널 최적화, 그리고 등록·구매 전환·기타 흐름도에 대한 대규모 다변수 테스팅의 방법을 활용한 것이다. 성장 중심형 PM은 기술팀, 마케팅팀, UX팀, 그리고 일부 경우에 한해 제휴 혹은 거래팀과 함께 일하는 경우가 굉장히 많다. 성장 중심 마케팅 담당자는 성장 중심형 PM의 역할을 담당하면서, 마케팅에 관련한 내용을 보고한다.

제품이 기술적이고 백엔드의 비중이 높을수록, 필요한 PM의 수는 적어진다. 데이터베이스 회사는 B2B 온라인 업체에 비해 PM 수 대비 엔지니어의 비율이 훨씬 낮다. 내가 구글에서 일했을 때, 검색 인프라팀에는 PM이 거의 없었지만, UI 및 비즈니스 중심의 모바일팀에는 PM이 많았다(단 엔지니어들의 수는 훨씬 적었다).

PM은 '프로젝트 관리자'가 아니다

PM직에 프로젝트 관리자project manager를 채용하지 말라. 프로젝트 관리자는 일정을 관리하고 추진하는 업무를 잘할 수는 있지만, 업무의 우선순위를 정하거나 전체적으로 전략적인 관점을 갖고 일하는 능력은 떨어지는 편이다. 일반적으로 기술 관리자나 PM이 공동으로 프로젝트 관리 업무를 수행하는 고기능 소프트웨어 전문 조직에서는 프로젝트 관리자가 필요 없고, 하드웨어 제품, 제휴 계약 이행, 공급업체별로 제공하는 하드웨어를 결합하는 사항에서는 유용할 수 있다.

수습 PM & 순환 보직형 PM

구글과 페이스북은 대학을 갓 졸업한 평사원급 PM을 영입하는 방대한 제도를 여럿 보유하고 있다. 구글의 제도는 12개월 동안 2교대 순환 보직형으로 채용하고, 페이스북은 6개월 동안 3교대 순환 보직형으로 채용한다. 각 순환 보직에서 수습 PMAssociate Product Manager(APM)과 순환 보직형 PMRotational Product Manager(RPM)은 다양한 조직에 배치된다(광고, 소비자 제품, 일정 관리, 검색 등). APM 및 RPM 제도의 취지는 각 회사에서 앞으로 제품 리더가 될 인재들을 양성하는 데 있다. 회사의 직원이 1천 명 이상으로 확대되면 APM 제도가 적합할 것이다. 단 사내 PM 조직이 확실히 기반을 잡고 나서 고려할 일이다.

PM 면접하기

PM에 대한 면접을 실시할 때, 어떠한 역할에 투입할 것인지(363쪽 'PM의 네 가지 부류' 참조), 모든 PM에 요구되는 일반적 역량(362쪽 '훌륭한 PM의 특징' 참조), 그리고 일반적으로 직원을 채용할 때 요구되는 기준(조직문화와의 정합성 등)을 고려하는 것이 중요하다. PM에 대한 면접을 실시할 때 다음의 영역을 확인하라.

1. 제품에 대한 통찰

매일 어떠한 제품들을 사용하는가? 제품 X를 바꿀 수 있다면 어떻게 바꾸겠는가? 특정 이용자 그룹을 위한 제품 X를 어떻게 디자인하겠는가? 어떠한 기능을 추가하겠는가? 어떠한 기능을 포기 혹은 제거할 것인가? 맨손으로 창업하는 경우라면 어떠한 제품으로 시작할 것이고, 그 이유는 무엇인가? 예를 들어 어린이용 핸드폰을 어떻게 디자인할 것인가?

2. 시장에서 성공한 제품에 대한 기여

나는 구글에서 지금껏 만나본 최강의 제품 전문가들과 함께 일한 적도 있었지만, 실력은 형편없지만 운 좋게 적당한 시기와 조직에 근무하면서 우연히 제품을 성공시킨 PM들도 많이 보았다. PM 채용 면접에서 히트상품을 탄생시킨 조직 출신의 PM을 면접할 경우, 그들이 구체적으로 어떠한 기여를 했는지 자세히 질문할 필요가 있다. 예를 들어, 제품을 정의하고 출시하는 데 어떠한 역할을 했는지, 제품의 기능을 처음 생각해낸 사람은 누구였는지, 제품 X의 가격을 책정하는 데 의견을 낸 사람은 누구였는지 등을 질문할 수 있다.

3. 생각의 우선순위

후보자들이 트레이드오프의 접점을 찾기 위해 어떠한 논리적 틀을 우선시하는지를 파악할 수 있도록 질문하라. 트레이드오프 그 자체를 질문하는 것보다 효과적이다. 다음과 같이 구체적인 사례나 예시가 들어간 문제를 질문하라. "회사가 제품에 대해 투자할 수 있는 부문이 여러 가지인데, 전체에 투자를 할 수 없는 현실적인 제약을 나타내는 실제 사례에는 무엇이 있는가? 이렇게 의사 결정을 내릴 때 PM적 접근은 무엇인가? 어떠한 요소가 반영될 것인가? 어떠한 데이터가 사용될 수 있는가? 임원진이 요청했지만 당신이 유보하거나 제거한 기능이 있는가? 그렇다면 사례를 한 가지 제시하라."

4. 커뮤니케이션과 팀의 갈등

PM이 지난번 회사의 임원진에게 어떠한 비전이나 제품에 대해 고려하도록 설득할 수 있었는가? PM이 기술 혹은 디자인 부서와 어떠한 이견이나 갈등이 있었는가? 의견이 일치하지 않는 상황을 어떻게 해결했는가? PM은 타 부서와 어떻게 적극적으로 관계를 구축하는가? PM은 어떠한 커뮤니케이션 전략을 이용하는가? 반드시 소통해야 하는 사항은 무엇이고, 언제 소통해야 하는가? 의사소통의 오류로 제품에 문제가 발생한 사례는 어떠한 것인가? 이 문제가 어떻게 해결되었고, 그 이후 프로세스의 어느 부분이 변경되었는가? 제품, 디자인, 엔지니어링 부서 사이에는 자연스럽게 긴장관계가 생긴다. 업무가 바삐 진행되는 환경에서는 자연스럽게 갈등이 생기기도 한다. 이때 이견을 극복하기 위해 어떻게 관계를 구축하고 갈등이 일어날 때 어떻게 해결할 것인지가 관건이다.

5. 측정 변수와 데이터

지난번 제품에 대해 PM은 어떠한 측정 변수들을 추적했는가? 이 측정 변수들을 어떻게 선택하게 되었는가? 이 측정 변수들이 야기할 만한 부정적 행동에는 어떠한 것이 있고, 이 행동을 방지하려면 어떻게 해야 하는가? 당신의 회사 제품에 대해 PM은 어떠한 측정 변수를 추적하는가? 이 측정 변수들이 적합한 이유는 무엇인가? 측정 변수를 얼마나 자주 검토하고 어떠한 맥락에서 검토해야 하는가? 제품 출시가 성공적이었는지를 어떻게 평가하는가?

제품과 직결된 모든 채용 건에 대한 평판조회의 필요성

누구를 채용하건 평판조회는 매우 중요하다. PM을 채용할 때는 더욱 중요하다. 엔지니어링 후보자를 면접할 때는 기술적 역량을 점검하지만 PM의 경우에는 역량을 쉽게 가늠할 만한 측정 변수가 없다. 오히려 과거의 실적이 앞으로의 성공 여부를 판가름할 가장 강력한 단일 변수로 작용한다. 적절히만 활용한다면 비공식적인 이면 경로가 특히 효과적이다.

기술 부서와 디자인 부서가 다른 의견을 보일 때도 트레이드오프의 접점을 찾고 사업의 성공을 견인할 전략적 관점을 통해 자칫 사장되었을 제품이나 기능을 가까스로 찾아내어 성공으로 이끈 경력이 있다면 최고의 PM일 것이다.

> "누구를 채용하건,
> 평판조회는 매우 중요하다."
>
> _ 일라드 길

제품, 디자인, 엔지니어링: 어떻게 접점을 찾을 것인가

사람들은 제품, 디자인, 엔지니어링의 역할이 어느 정도 겹친다고 인식하기도 한다. 그러나 각 부서에 요구되는 책임은 극명히 구분되어 있다.

- **디자인:** 제품에 대한 최적의 시각적 경험과 사용자 경험을 디자인한다.
- **엔지니어링:** 제품을 구축하고, 기술적 로드맵으로 제품을 어떻게 만들어나갈 것인지 제시한다.
- **제품:** 제품에 대한 비전과 로드맵을 정하고, 이용자의 니즈에 적합한 제품을 만들도록 한다. 디자인, 엔지니어링, 그리고 사업적 우려사항이 상충할 때 접점을 찾고 우선순위를 정한다.

제품에 대한 최적의 디자인을 만드는 것이 디자인의 기능이고, 기술적으로 최적의 상태를 만드는 것이 엔지니어링의 기능이라면 제품에 대해서는 트레이드오프를 고려한다. 다시 말해, 거시적인 사업적 니즈, 경쟁 환경, 회사의 전략을 고려하되, 디자인, 엔지니어링, 법무, 고객지원, 판매·마케팅·고객에 대해 입수된 정보를 토대로 각각의 우선순위를 정한다. 디자이너들은 '디자인에 대한 결정권자는 나인데, 왜 제품 부서에서 변경할 사항을 내게 알려주는 거지?'라고 생각하고, 엔지니어들은 '제품의 기술적인 측면을 결정한 사람은 나인데 왜 제품 부서에서 기능 X에 대한 작업을 중단하라고 요청하는 거지?'라고 생각하기 때문에 모호함이 생겨나는 것이다. 이때, 제품 부서는 타 부서의 기능에 개입하면서 선을 넘는다.

제품 관리는 제품을 총망라하여 총체적으로 각 부서의 트레이드오프에 대한 접점을 찾고 이용자의 목소리를 대변하는 동시에 사업적으로도 접점을 찾는 역할이다. 디자인과 엔지니어링 부문에서 전폭적인 신뢰를 해줘야 가능한 역할이기도 하다. 그래서 실력이 없는 PM은 조직 내에서 PM 역할에 대한 인식에 먹칠을 하는 셈이다.

실력 있는 제품 VP 영입하기

창업 후 초기에는 CEO가 제품의 부사장인 VP의 역할을 겸하기도 한다. 조직과 프로세스를 전문적으로 운영해야 하는 시점이 되면 제품 VP를 영입힐 필요가 있다. 그런데 이 시점에서 많은 CEO들은 제품 관리를 지휘할 수 있는 '프로세스 총괄'을 채용하려는 경향이 있다. 제품을 이해하는 것은 CEO 본인이고, 단지 자신의 비전을 실행해줄 조력자가 필요하다고 생각하기 때문이다. 시간이 지나면서 회사의 규모가 확대되고 부사장급에 더 많은 인원이 투입된다는 점을 고려하면 잘못된 생각이다. 오히려 CEO는 제품 VP를 채용할 때, 제품 관리 프로세스를 이해하는 동시에 제품과 제품 로드맵에 대해 보완적 혹은 유사한 비전을 갖고 있는 사람을 찾아야 한다.

제품 VP의 역할은 다음과 같다.

1. 전사적으로 제품 전략, 로드맵 설정과 실행을 총괄한다

당연히 최종 결재권자인 CEO의 지도하에 실시한다.

- **제품에 대한 비전과 로드맵을 설정한다.** CEO를 비롯한 여러 주요 임원들과 함께 강력한 제품 비전과 로드맵을 설정하고 준수하도록 한다.
- **전략적으로 사고하고 전략을 명확히 제시한다.** 제품 VP는 다음 사항에 대한 확실한 이해를 토대로 하여 설득력 있는 제품 전략을 제시할 수

있어야 한다. ① 대상 고객이 누구인지, ② 업계에서 이기는 기업은 어떠한 기업을 의미하는지, ③ 제품과 회사를 어떻게 차별화할 수 있는지, ④ 고객의 구매 욕구를 자극할 수 있고 만족스러운 제품을 어떻게 만들 것인지 등이다.

- **부서 간의 트레이드오프에 대한 접점을 찾는다.** 제품 관리는 제품 전략과 우선순위화로 요약된다. 훌륭한 제품 총괄자는 회사의 전략에 대해 설립자들과 협업하고 제품 로드맵에 대한 주인의식이 있어야 한다. 그렇다고 설립자나 CEO가 이 부문에서 최종 결정자가 아니라는 것이 아니다. 오히려 설립자나 CEO는 전략적인 제품 계획과 우선순위를 제품 VP에 위임하고, 해당 프로세스의 결과에 힘을 실어주거나 변경을 가할 수 있어야 한다.

2. 전문적인 제품 관리 체계를 개발하고 추진한다

- **고사용 제품의 주기에서 여러 단계를 지켜봐 온 경험 많은 PM을 채용하라.** 회사가 고성장 단계에 있다면 제품을 대규모로 출하한 후, 제품의 전 주기에 걸쳐 관리해본 경험 많은 PM을 채용하고자 할 것이다.

- **임원진 차원에서 제품 관리를 진행하라.** 동료들과 함께 일하는 데 문제가 없어야 한다. 디자인·엔지니어링·판매·마케팅·운영·고객지원을 비롯한 기타 부서와 소통하고, 이들 부서로부터 받은 피드백을 취합하며, 반영하기 어려운 요구사항은 과감히 떨쳐내는, 이 모든 과정의 정중앙에 PM이 위치해있다. 다시 말해 PM이 각 조직과 깊은 관계를 구축하고 여러 부서와 다양한 부류의 사람들과 효과적으로 협업할 수 있어야 한다는 의미다.

- **자신의 조직 내에 있는 PM들이 효과적으로 업무를 진행하고 완수하도록 힘을 실어준다.** PM들이 회사 내에 있을 법한 세력 다툼이나 이해관계

자의 니즈가 다양한 상황에서 중심을 잃지 않고 정진하도록 길잡이가 되어준다. 제품 VP는 PM들의 역할과 책임, 그리고 간단한 제품 프로세스 도입에 대해 명확하게 정의하고 전사적으로 결재를 받는 역할을 담당한다.

- **수습 PM의 연수와 지원을 위한 제도를 구축한다.** 회사 내에 수습 PM을 지원하는 멘토링 및 연수 프로그램이 확보되도록 한다. 특히, 대학 졸업생들을 영입하고 사내 업무 전환을 할 때 필요하다.

3. **전사적 제품 관리 프로세스를 설정한다.**

- **제품 개발을 효율적으로 진행하고, 제품에 관한 결정에 우선순위를 설정하며, 세품을 출시하는 진체 프로세스를 개발한다.** 출시 일정이 적힌 다기능 일정표와 PRD를 작성하고, 제품에 관해 여러 부서의 의견을 취합하며 트레이드오프의 접점을 탐색하는 업무가 포함된다. 이와 같은 프로세스가 전사적으로 채택되도록 한다.

제품 VP의 역량 강화

모든 임원진을 채용할 때 그러하듯, CEO는 제품 VP를 채용할 때도 다음과 같은 활동을 통해 온보딩과 역량 강화에 시간을 할애해야 한다.

- **제품 전략과 계획 업무를 제품 VP에 위임하라.** 포기하란 의미는 아니다. 다만 모든 부서와 협업하여 제품 VP가 제품 로드맵을 만들고 우선순위를 정하면 CEO가 결재하거나 수정하는 방식이다.
- **제품 VP의 역량을 강화하고 업무를 지원하라.** 제품 VP는 회사에 이전에

는 없던 기본적인 신규 프로세스를 도입할 수도 있다. 새로운 임원이 영입되면 늘 그러하듯, 조직을 부분적으로 변경하거나 재조정할 수 있다. 기존과는 다르게 제품 관리의 역할을 강화할 수도 있다. 그럴 경우, 회사에서 영향력 있는 다른 팀들과 긴장관계가 형성될 수 있다. 단 제품 VP가 이렇게 변경을 가하려면 CEO의 지원이 필요할 것이다.

- **인내하라.** 당신은 회사의 CEO로서 회사에 대해 줄곧 고민하며 지금의 위치까지 키워왔다. 그간 쌓인 모든 지식을 누군가에게 전달하는 데는 어느 정도 시간이 걸린다. 제품 VP가 회사, 제품, 주요 인사, 프로세스 등을 완전히 숙지하기까지 3개월 정도 소요될 것이다. 그다음에는 회사에서 능력을 발휘하며 가치를 부여하기까지 3개월이 더 걸린다. 특히 조직의 규모가 커지면서 고위급 간부를 채용할 때도 상황은 비슷하다. 처음 몇 주 혹은 몇 달 동안은 빠르고 쉽게 터득할 수 있는 업무부터 시작하면서 CEO의 업무를 어느 정도 덜어주어야 할 것이다. 어떠한 임원진이라도 채용된 이후 성공적으로 안착하려면 온보딩을 적절히 시행해야 한다. CEO가 보기에 '훌륭한' 제품 조직이 구성되고 제품 VP의 업무가 본격화되면 제품 관리는 회사에서 가장 중요시하는 부서 중 하나가 될 것이다.

제품 관리 프로세스

회사 각 부서의 업무에 대해 프로세스를 정해놓으면 장기적으로 유용하게 활용할 수 있다(예를 들어 전체 엔지니어링 조직에서 코드 검토 세션을 정례화할 수 있다). 회사의 규모가 확대됨에 따라 제품 관리에 대해 CEO가 반드시 고려해야 하는 주요 프로세스는 다음과 같다.

1. PRD 양식과 제품 로드맵

제품을 구축할 때 그 시작점은 무엇을 만들 것인지에 대한 동의를 얻고 명확하게 아이디어를 취합하는 것이다. 엔지니어링은 기술적으로 제품을 어떻게 설계하고 작동시킬지에 대한 '테크니컬 디자인technical design' 문서 작성을 담당하고, 제품 관리는 제품 자체에 대한 요구사항에 대한 작성을 총괄한다. 어떠한 고객들을 위해 이 제품을 만드는 것인가? 제품은 어떠한 경우에 사용할 수 있는가? 제품이 충족해주는 부분과 해결하지 못하는 부분은 무엇인가? 주요 기능은 무엇이고, 제품은 어떠한 기능을 하는가? 제품의 주요 차별화 요소는 무엇인가? PRD는 제품의 이용자가 어떻게 사용하는지에 대한 과정을 대략적으로 구조화한 내용을 포함한다.

2. 제품 점검

조직의 규모가 확대되면 부서와 제품의 수도 늘어나게 된다. 매주 제품 검토 회의를 여는 회사도 많다. 특정 제품에 대한 진전 상황을 검토하고 전략과 방향에 대해 피드백을 제공하거나 준비 작업을 철저히 하기 위한 회의로, 주요 임원들이 참여한다. 제품 관련 부서가 한자리에 모여 임원들에게 제품 개발 혹은 로드맵에 대한 상황을 발표하는 방식이다.

프로젝트 단위로 회의의 안건에 올리는 회사들도 있다. 이 경우에는 주요 목표, 제품의 용도, 로드맵에 대해 기본적인 논의를 한다. 한편 이미 판매되는 주요 제품들에 대한 점검에만 초점을 두는 회사들도 있다.

제품 점검은 특정 제품 영역에 대한 방향이나 트레이드오프 상황에서 불확실한 요소를 해결하거나 여러 부서의 의견을 반영하여 제품의 방향을 유지 혹은 중단하기 위한 장치다. 제품이 출시된 이후 사용되는 측정 변수나 성공 업무를 확인하거나 이용자 피드백이나 활용도를 검토하기 위해 제품 점검을 활용힐 수 있다.

제품 점검 세션에 주로 PM, 디자인 총괄, 기술 총괄, 주요 엔지니어들, 그리고 결실 있는 논의에 필요한 핵심 부서의 기타 직원들(판매·사업 개발·업무지원·법무 혹은 기타 이해관계자 등)이 참석한다.

3. 제품 출시 프로세스와 캘린더 관리

제품 점검 회의에서 제품 출시 프로세스 혹은 캘린더 관리의 안건을 다루는 회사들도 있다. 회사의 규모를 키우고 진행하는 프로젝트가 급증함에 따라, 향후 출시 계획을 논의하기 위한 단독 회의를 마련하는 것이 유용하다. 각 제품에 대한 출시 일자가 등록된 내부 웹페이지를 활용하는 회사들이 많다. 각 프로젝트 옆 칸에는 담당 부서가 '출시 준비 완료' 여부를 표기하고, 해당 부서에서 도출된 질문이나 문제를 추가할 수 있다. 예를 들어 제품과 엔지니어링 부서에서는 제품에 대한 출시 준비가 완료되었다고 생각할 수 있지만, 법무팀은 법적으로 미해결 건이 있어 '출시 준비 미완료'를 표시할 수 있다. 제품 출시 회의를 통해 경영진과 부서 총괄들은 제품을 출시해야 되는지 혹은 미해결된 안건이 있는지를 고민해볼 수 있다.

4. 제품 출시 후 검토

제품을 출시한 이후에는 협업했던 모든 부서원들이 함께 모이는 것이 바람직하다. 순조롭게 진행된 부분과 다른 제품들을 출시할 때 적용할 만한 부분, 그리고 문제가 발생한 부분에 대해 논의하는 것이 목표다. 각각의 성공과 실패에 대한 원인을 논의하고, 향후 프로젝트에 대한 대처 방안을 논의하는 자리다.

제품 출시 후 검토 회의의 목적은 두 가지다. ① 제품 개발과 출시 과정에서 어떠한 모범 실무 사례가 있었는지 시스템상에서 공유하고 숙지하며,

② 잘한 부분은 공개적으로 칭찬하고, 긴장감과 이견을 제시할 수 있는 자리를 마련하는 것이다. 잘못된 부분에 대해 이성적인 대화의 장을 열어서 다양한 팀에게 다음에 개선하고, 적절히 다뤄지지 않은 질문이나 사항을 해결할 수 있도록 한다.

제품 관리직으로의 전환과 PM 교육

내가 트위터에서 일했을 때, 새내기 PM들은 디자인, 판매, 사업 운영, 기술, 제휴사 지인 등 다른 부서 출신인 경우가 많았다. 제품 관리에서 최고의 실력을 발휘한 사람들도 많았지만, 일 처리가 매우 부실하여 조직이 확대되는 시점에서 PM직을 떠나야 했던 경우도 많았다.

CEO인 당신이 PM직에 있던 사람을 다른 직무로 전환시켜야겠다고 결론짓기 전에 다음의 사항을 점검하는 것이 바람직하다. ① 누가 PM직에서 전환해야 할 것 같은지 확인하기 위해 면담 시간을 갖거나 관문을 통과하도록 한다. ② 수습 PM이 업무에서 기준으로 삼을 만한 핵심적인 제품 관리 프로세스가 마련되어 있어야 한다. ③ 제품 VP가 해당 직원을 관리하고 교육을 받도록 조치를 취한다. ④ 경험 많은 임원급의 PM은 수습 PM이 발전하도록 멘토링하고 지원한다. 평사원급이나 신입 판매직원 혹은 엔지니어들이 입사하면 온보딩 및 멘토링 프로그램을 제공하듯, 제품 관리 담당자들이 새롭게 영입될 때도 같은 방식을 적용한다.

여러 고성장 스타트업에서 제품팀에 대해 초기에 변화를 줄 때 공통적으로 나타나는 패턴이 있다. 특히 설립자가 창업 이전에 주요 기술기업에서 업무 경험이 없는 경우 가장 흔하게 나타난다.

- CEO 혹은 설립자 중 한 명이 PM 역할을 담당한다. 그러다 회사가 커지게 되면 기존 직원들에게 제품 관리 업무를 위임한다. 디자이너, 사업 운영 담당자, 마케터, 엔지니어 혹은 기타 업무 담당자가 초기 PM 직으로 전환해야 하는 상황인 것이다.

- 제품 관리 프로세스나 인프라가 부족하고 임원급 PM이 없다면 새롭게 투입된 PM들은 '맨땅에 헤딩'하는 심정으로 임해야 한다. 제품 관리보다는 프로젝트 관리직으로 투입되는 경우도 있다. 제품에 대한 비전과 로드맵을 설정하거나 여러 부서들 사이에서 문제를 해결해주는 역할보다는 프로젝트를 실행하고 체크리스트를 관리하는 것이 주요 업무가 된다. 그렇게 되면 경험이 많이 쌓이기 전까지는 조직 내에서 제품에 직결된 역할을 지속적으로 간과하게 된다.

- 제품 VP를 채용하고, 제품팀을 재가동하며, 프로세스를 설정하고, 회사는 제품 관리를 하나의 조직에 위임한다. 임원급 PM을 채용하여 역량을 강화하고, 부서를 확대하고 내부적으로 영향력을 강화하기 위해 업무 절차를 변경하기까지 1~2년 정도 걸릴 수 있다.

구글은 이 패턴을 경험한 모범 사례다. 구글에서 처음으로 PM직을 맡은 사람들에는 마리사 메이어 Marisa Mayer(전직 엔지니어), 수전 워치츠키(마케팅), 조지스 하릭 Georges Harik(엔지니어), 살라르 카만더 Salar Kamander(일반 운영)가 있다. 이 네 명은 몇몇 임원들과 경험 많은 제품 VP인 조너선 로젠버그 Jonathan Rosenberg의 도움을 받으며 일했다. 조너선 로젠버그는 입사 후 사내에 여러 프로세스를 도입·정착시켰고, 대학을 갓 졸업한 사람들을 대상으로 채용 및 연수 프로그램을 실시했다(유명한 구글의 APM 프로그램을 개발했다). 로젠버그는 구글의 제품 개발에 안정성과 대표 모범 사례를 도입하는 데 크게 기여했다.

출시에서 보급까지 내다보는 자세

기존 제품보다 설득력 있고 차별화된 제품을 만들어서 많은 고객들의 선택을 받는 제품을 만드는 스타트업은 성공 반열에 오를 확률이 높다. 제품을 선택해준 고객군의 규모가 어느 정도 커지면 회사가 전진하는 데 큰 자산이 된다. 다양한 제품을 교차판매cross-selling°할 수 있고, 회사가 투자하는 시간이나 비용도 확대될 수 있다.

제품에만 집중하여 회사를 초기에 성공시킨 선구적 기업들의 설립자들은 제품 개발이야말로 본인들의 주요 역량이자 자산이라고 여기는 경향이 있다. 현실적으로 첫 번째 제품으로 생겨난 보급 채널과 고객군은 회사가 도약하는 데 필요한 최대의 강점이자 차별점이 된다.

이처럼 강력한 방어막 역할을 하며 해자垓字와 경쟁 우위를 부여하는 유통 패턴은 이전 세대 기술기업들이 가차 없이 사용했다. 마이크로소프트는 오피스(워드, 파워포인트, 엑셀은 개별 독립 회사 혹은 세분시장market segment°°이었다), 인터넷 익스플로러를 비롯한 여러 제품에 대한 복수의 독점판매권을 인수하거나 획득했다. 그 후, 일반 B2B 및 B2C 판로로 적용하기 시작했다. 시스코는 수십 개의 회사를 인수한 후, 자사가 보유한 B2B 및 통신 판로들에 재위치 혹은 재매각했다.[54] SAP와 오라클은 유사한 성공 패턴을 보여주

° 한 제품을 구입한 고객이 다른 제품을 추가로 구입할 수 있도록 유도하는 행위.
°° 주어진 마케팅 자극에 대해서 유사한 반응을 보이는 소비자들로 구성되어 있는 시장.

었다.

현시대 최대 기술 강자 기업들인 페이스북과 구글은 처음부터 유통의 위력과 중요성을 파악하고 사업을 본격화했다. 구글이 명성을 얻기까지 유기적 성장의 힘이 컸지만, 실제로 구글은 파이어폭스_{Firefox}° 홈페이지에 배치광고를 했고, 사람들이 다른 어플과 함께 다운로드받는 방식으로 구글 검색툴바를 함께 다운받도록 하여 툴바를 배포하는 데 연간 수억 달러의 돈을지급했다. 또한 노트북 제조업체들이 구글을 초기 검색 엔진으로 설정하는대가로 돈을 지급하기도 했다. 구글은 고객 기능을 주로 사용하는 고객군을 활용하여 자사의 다른 상품을 이용해보도록 유도하고, Maps('웨어2' 인수[55]), 지메일, 크롬, 독스('라이틀리'를 비롯한 몇몇 업체 인수) 등을 배포할 수있었다. 마찬가지로 페이스북은 성장효과에 막대한 투자를 집행했고, 서비스에 초대하고 싶은 사람들을 찾기 위한 이메일 추출기능_{email scraping}(옥타젠_{Octazen}), 보급형 2G 핸드폰(스냅투_{Snapt}를 인수하여 1억 명의 2G폰 이용자들이 페이스북 플랫폼을 이용하게 되었다. 일반 PC만으로는 결코 달성할 수 없는 기록이었다) 등을 위해 관련 회사들을 인수했다. 페이스북은 인스타그램 같은기업 인수를 가속화하기 위해 보급 채널을 글로벌 시장으로 확대했다.

앞에서 설명한 모든 경우에 성공을 향한 단계는 다음과 같이 요약할 수있다.

1. 뛰어난 품질의 제품을 만들어 고객들이 현재 사용하는 제품을 교체하도록 하라

회사의 첫 출시작에 힘입어 이용자 집단을 키우라.

○　네티즌들이 인터넷 익스플로러의 단점을 보완하여 만든 브라우저.

2. 초기에 고객성장률이 높아진다고 안일해지지 말고 공격적으로 접근하라

구글, 페이스북, 우버와 같은 대기업은 창업 초기부터 공격적인 자세로 성장률을 철저히 계산하고 분석했다. 반면 주요 성과 지표를 활용하지 않고 공격적이지 않은 기업들은 성공을 향한 다음 단계로 도약하지 못했다. 핵심 제품이 문제없이 '작동만 되면' 보급에 대해 안일한 자세를 취하는 기업이 수두룩했다.

3. 회사에서 가장 중요한 자산이 고객 판로라는 점을 기억하라

신제품을 만들거나 회사를 인수하여 기존 판매 채널을 활용하라. 우버는 최근 '우버 이츠Uber Eats'와 '점프Jump'를 인수하여 기존 채널을 최대한 여러 방면에서 활용하고자 했다.

4. 회사 홀로 모든 것을 창출할 수 있다는 생각을 버려라

더 많은 회사를 인수하여 기존 채널에 투입하라. 대부분의 회사는 기업 인수에 대해 사내에서 팽배할 수 있는 저항심을 극복해야 한다. 내부적으로 구축하는 것이 얼마나 쉬운지, 혹은 아웃소싱한 결과물을 내부적인 결과물과 통합하는 과정에서 어려움이 크다고 호소하는 등 의견이 분분하다. 현실적으로 선구적 기업들은 모든 일을 할 만한 충분한 자원을 보유하지 않고, 더 많은 스타트업을 인수해야 한다. 한편 대부분의 회사가 규모를 키워가면서 기업 인수에 소극적이다.

현명한 기업들은 배급 사업에 동참하고 있다는 사실을 알고, 다양한 제품을 인수(혹은 구축)한 후 재배급한다.

CHAPTER

HIGH GROWTH HANDBOOK

회사의 가치가 가장 높을 때
자금을 유치하는 것이 정답일까?

돈, 돈, 돈

IT 산업의 40년 역사에 걸쳐 선구적인 고성장 기술기업들이 IPO를 하는 시점이 매우 빨라졌다. 인텔은 설립하고 나서 2년 후에, 아마존은 3년 후, 애플은 4년 후, 그리고 시스코는 상대적으로 한창 물이 오른 5년 차에 상장되었다. 단 마이크로소프트는 예외적으로 설립 이후 무려 10년이 지난 1986년에 IPO를 했다(1980년, MS-DOC에 대해 IBM과 거래를 체결한 이후에 내린 결정이었다).

한편, 2000년대에 들어서는 IPO까지 10년이 넘게 걸리는 기업들도 있을 정도로 IPO의 시기가 늦추어졌다. IPO 시점이 변화함에 따라 펀딩을 위한 자금 조달 전략 및 자본의 원천에도 변화가 생겼다. 상장된 신진 기술 회사에 투자하던 투자자들이 비상장회사에 투자해야 하는 압박을 느꼈다. 오랜 시기가 지나야 유동성이 확보되자 보통주가 거래되는 대규모 비상장 주식 거래소secondary market°가 생겨났다. 마침내 선구적인 상장기업(및 롤 모델로 삼을 만한 상장기업 설립자)이 대폭 줄어들자 새로 등장한 설립자들 사

° 2차 시장이라고도 한다. 투자한 기업의 비상장주식을 다른 사모펀드 등에 매각하는 시장으로 회수자에게는 유동성 확보, 인수자에게는 초기 투자 기간 단축으로 말미암은 투자위험 감소 등의 이점이 있다.

이에서는 IPO를 해야 하는지에 대한 회의감이 팽배해졌다.

여기에서는 후기 파이낸싱, 신주매각과 공개 매수, 그리고 IPO를 다룬다. 내가 변호사가 아니기 때문에 법적 조언을 제공하려는 취지가 아니므로, 해당 주제에 대해서는 변호사에게 문의하길 바란다.

후기 파이낸싱: 누구를 설득해야 하는가

회사가 성장함에 따라, 어떠한 투자자가 다음 라운드에서 펀딩할 것인지도 변화한다. 시리즈 A 파이낸싱에 주로 의존하는 벤처기업들도 있지만(벤치마크Benchmark, 트루 벤처스True Ventures, 업프론트Upfront 등), 많은 전통적인 벤처기업은 지원 대상을 후기 회사들로 확대하거나, 후기 고성장 회사들을 밀어주기 위한 독립형 성장펀드를 형성했다. 이렇게 형성된 펀드들에는 8vc, 악셀Accel, 앤드리슨 호로비츠, 베세머Bessemer, CRV, DFJ, 펠리시스Felicis, 포레사이트Foresite, 파운더스 펀드Founders Fund, 제너럴 캐털리스트General Catalyst, 그레이록Greylock, 구글 벤처스Google Ventures, 인덱스 벤처스Index Ventures, 코슬라 벤처스, KPCB, 라이트스피드Lightspeed, 매트릭스Matrix, 메버릭Maverick, 멘로Menlo, 메이필드Mayfield, NEA, 노르웨스트Norwest, 레드포인트Redpoint, 스케일Scale, 세쿼이아Sequoia, 샤스타Shasta, 시그널파이어Signal-Fire, 소셜+캐피털Social+Capital, 스파크Spark, 서터 힐 벤처스Sutter Hill Ventures, 쓰라이브 캐피털Thrive Capital, 트리니티Trinity, USV, 벤록Venrock 등이 있다.[56] 일반적으로 펀드의 규모가 클수록 후기 기업에 투자할 확률이 높다.

전통적으로 캐피털 G Google Capital, GGV, GCVC, IVP, 인사이트, 메리테크Meritech, 서밋Summit 등과 같은 성장 단계에 집중해온 후기 펀드들도 있다. 한편 기업가 친화적으로 후기 단계의 투자에 집중하기 위해 DST, 타이거Tiger, VY 등의 신생 펀드들이 등장하기도 했다.

제도권 투자자들 혹은 '패밀리 오피스family offices°'가 후기 회사들의 직접 투자기관으로 등장하게 된 것도 최근 나타난 변화다. 직접 투자자에는 블랙록, 티 로우 프라이스T. Rowe Price, 피델리티Fidelity, 웰링톤Wellington 같은 회사들과 포인트Point72와 트리플포인트 캐피털TriplePoint Capital 같은 헤지펀드가 있다. 바이킹Viking과 매트릭스와 같은 일부 헤지펀드는 후기 단계의 생명과학과 디지털 헬스 분야에 집중해왔다. ADIA, EDBI, GIC, 무바달라Mubadala, 테마섹Temasek 같은 국부펀드Sovereign Wealth Fund(SWF)°°도 여러 회사에 직접투자를 진행해왔다. 한편 소프트뱅크Softbank는 사우디아라비아를 비롯한 여러 지역의 자본을 토대로 하는 투자 거물 기업으로 등장했다. 사모펀드Private Equity Fund(PEF)°°° 혹은 크로스오버 펀드crossover fund°°°° (KKR, TPG, 워버그 핀커스Warburg Pincus, 블랙스톤Blackstone, 골드만 삭스Goldman Sachs, JP 모건JP Morgan, 모건 스탠리Morgan Stanley 등)는 기술 위주의 사모펀드를 설립했다. 패밀리 오피스에서 전도유망한 기술기업에 직접 투자하기 위해 거액의 수표를 쓰기 시작한 억만장자들이 많아졌다. 마지막으로 회사가 후기에 이르면 전략적 투자자와 엔젤투자자가 주도하는 특수목적기구special purpose vehicle(SPV), 즉 회사 투자 목적으로 생성된 일회성 펀드의 투자 대상이 될 가능성이 높아진다. 후기 단계에 자본이 몰린다는 것은 기업가가

°   슈퍼 리치 개인 또는 가족을 위한 자산관리 자문업으로, 정부 간섭을 피하고 자금운용의 추적을 피할 수 있다는 점이 장점이다.
°°   정부가 외환보유액의 일부를 투자용으로 출자해 만든 펀드.
°°°   소수의 투자자로부터 모은 자금을 주식, 채권 등에 운용하는 펀드.
°°°° 사모와 공모 펀드를 혼합한 형태의 펀드.

후기 라운드에서 투자받을 확률이 가장 높다는 것이다.

후기 투자자들의 종류

투자자의 종류: 전통적 VC

개별 투자 규모: 단일 라운드에서 최대 5천만 달러(주로 성장펀드에서 거액을 투자한다)

투자 가치 평가: 전통적 VC는 1억 달러 중반을 초과한 라운드에는 참여하지 않는다. 그러나 많은 펀드가 10억 달러 이상 투자하는 성장펀드를 선보였다.

장점: VC 파트너에 따라 실무적 혹은 규모 확대에 대한 조언을 제공할 수 있다.

단점: 이사 직위를 요청할 가능성이 높다(VC의 특성에 따라 회사에 장점이 될 수도 있다). 이미 VC들로부터 자금을 모금했다면 인맥을 크게 확대하지 못할 수도 있다.

투자자의 기대사항: 전통적 VC는 사업에 대한 기본 측정 변수에 관심을 보이지만, 거시 시장 추이, 단위 경제, 포괄적인 회사 전략과 차별화에 집중하는 경우가 많다. 전략적 방어막과 꾸준한 지속 가능성을 목표로 회사가 구축하는 '해자'에 집중할 확률도 높다.

투자자의 종류: 성장펀드 혹은 메자닌° 펀드

° 　채권과 주식의 중간 성격으로, 주식으로 전환할 수 있는 전환사채 또는 신주인수권부사채.

개별 투자 규모: 2천 5백만~5억 달러

투자 가치 평가: 1억~100억 달러

장점: 사업에 개입하지 않을 수도 있다. 투자자의 부류에 따라 다양한 인맥을 동원할 수 있다.

단점: 회사의 후기를 중시하지만 사업 운영에 대한 관심도는 낮다. 수치를 매우 중시하기 때문에 재무 실적, 장기적 해자(구조적 경쟁 우위) 등에 많은 시간을 투입한다.

투자자의 기대사항: 수치 중심적으로 사고한다. 성장률, 이윤, 이용자 유입, 고객 유지 비용, 단위 경제 관련 주요 지수와 기업의 핵심 지수에 집중한다.

투자자의 종류: 헤지펀드

개별 투자 규모: 1천만~5억 달러

투자 가치 평가: 주로 5억 달러 이상의 후기 펀딩 라운드

장점: 동종 업종의 상장회사에 투자한 경험이 있기 때문에 업계나 시장 상황을 깊이 이해하는 경우도 있다. 예를 들어 바이킹은 유전체 분야에 능통한 투자자다. 가치 평가의 내용이 항상 맞지 않고 헤지펀드에 따라 다를지라도 가치 평가에 민감한 편이다. 이사직에는 큰 관심이 없기 때문에 회사의 이사회에 이미 여러 투자자가 있는 경우라면 다행일 수 있다.

단점: 스타트업이 겪는 고충과 불확실성을 제대로 공감하지 못한다. 헤지펀드가 일찍 등장하면(어떠한 헤지펀드인지, 과거에 그 업계에서 얼마나 투자했는지에 따라 매우 다르다. 업계에 정통하다고 알려진 경우도 있다), 후기 투자자들에게 '낮은 투자성'에 대한 신호를 보낼 수 있다.

투자자의 기대사항: 큰 시장에서 리더의 입지를 구축했다. 수치와 장기적

현금 흐름에 집중하는 재무 실적 중심의 투자자들이다. '벤처 투자자'보다는 제도권 투자자와 투자 기회를 평가하고 사고하는 방식이 비슷하다.

투자자의 종류: 사모펀드

개별 투자 규모: 1천억~5억 달러

투자 가치 평가: 시리즈 A 혹은 시리즈 B 라운드에 투입되는 사모펀드도 있지만, 주로 5억 달러 이상의 후기 펀딩 라운드에 참여한다.

장점: 폭넓거나 차별화된 인맥을 보유할 가능성이 높다. 후기 단계에 있는 포트폴리오 회사portfolio company, 즉 하나의 사모펀드 지배에 있는 피투자 기업과 연결해줄 수 있다. 큰 규모로 D2D 사업을 할 때 유용한 것이다.

단점: 비상장 기술회사에 투자하는 실력 있는 사모펀드 회사가 많다. 그러나 투자 조건 제안서에 서명한 이후에는 파이낸싱 라운드에서 피투자 기업에 불리한 조건을 제시하는 것으로 악명 높은 사모펀드도 있다. 한편 사모펀드를 운영하는 은행(예: 골드만 삭스나 모건 스탠리)들이 장기적인 금융거래를 중시하고 회사 친화적인 태도가 강한 것으로 알려져 있다. 함께 일할 사모펀드 협력사를 선정할 때 신중을 기하고, 그들이 펀딩한 적 있는 다른 기술기업 기업가들로부터 정보를 얻어 재무실사를 하도록 하라.

투자자의 기대사항: 사모펀드 회사는 수치와 광범위한 수익률을 토대로 투자하는 경향이 짙다. 전반적인 거시적 시장 상황과 피투자기업의 차별점뿐 아니라, 이윤 구조, 성장률, 최대 수익을 검토한다.

투자자의 종류: 패밀리 오피스

개별 투자 규모: 5백만~5억 달러

투자 가치 평가: 패밀리 오피스는 주로 후기 단계의 라운드에 참여하는

편이지만, 모든 종류의 가치 평가 라운드에 참여할 수 있다.

장점: 대상 시장이 어떠한 시장인지, 패밀리 오피스가 어떠한 회사를 대표하는지에 따라 피투자기업에 도움이 될 만한 강력한 인맥을 보유할 수 있다. 투자의 전문성에 따라 가치 평가에 대한 민감도가 다르다.

단점: 초기 혹은 스타트업 투자에 대한 이해도가 낮고, 회사의 상황이 어려워지면 쉽게 불안해할 수 있다. 일반적으로 패밀리 오피스의 담당 직원보다는 투자 당사자와 직접 일하는 것이 낫다. 과거에 장외시장에 투자한 경험이 많아 전반적인 메커니즘을 파악하고 있는 패밀리 오피스를 물색하라.

투자자의 기대사항: 패밀리 오피스는 펀딩 라운드의 투자성에 대해 다른 기관 투자자들로부터 최대한 정보를 얻거나 분위기를 파악하고자 한다. 큰 시장에서 활동하는 스타트업을 물색하고 고이윤 사업을 선호하는 편이다.

투자자의 종류: 엔젤투자자가 주도하는 SPVSpecial Purpose Vehicle(특수목적기구)[57]

개별 투자 규모: 1백만~5천만 달러

투자 가치 평가: 시리즈 A 이상

장점: 대규모 벤처 라운드의 일환으로 피투자기업을 위해 이미 자금을 조달하고 있는 일반 혹은 엔젤투자자다. 엔젤투자자나 소형 펀드가 피투자기업의 허락을 받고 지분을 늘리는 방식이다. 기존 투자자가 투입하는 시간이나 관여도를 늘리고, 피투자기업이 신뢰하는 특정 개인에게 추가 지분 혹은 우선주 투표권을 확보하여 자금을 모금하는 방법이기도 하다.

단점: 이러한 방식으로 거액을 투자하는 엔젤투자자에 대해 피투자기업의 VC가 강한 반감을 드러낼 수 있다. 실제로 자금을 모금 혹은 집행하

는 데 문제가 생기기도 한다. 엔젤투자자가 주도하는 SPV가 준수해야 하는 프로세스가 무엇인지 잠재 출자자와 공유 가능하거나 혹은 불가능한 정보가 무엇인지 명확하게 정립할 필요가 있다.

투자자의 기대사항: SPV는 펀딩 라운드를 주관하거나 신디케이트~syndi-cate °~의 일부가 될 수도 있다. 펀딩 라운드를 주관하는 경우, 다른 벤처 자본이 주관할 때와 같은 행동 권한이 부여된다. 한편 신디케이트의 일부로 참여하는 경우에는 '모멘텀 투자~momentum-driven investment °°~'를 하는 편이다. 후기 단계의 라운드와 거액의 투자 건에 대해서는 SPV가 피투자기업, 회사의 직원, 재무 상태, 시장 분위기, 경쟁 우위, 성장률에 관한 본 실사를 신행할 수 있다.

투자자의 종류: 제도권 투자자

개별 투자 규모: 최대 5억 달러

투자 가치 평가: 수억~수십억 달러

장점: 신뢰할 만한 거액 자본의 출처이자, '스마트 머니~smart money °°°~'라고 간주한다. 피투자기업의 IPO 이후의 주식을 계속 보유하며, 피투자기업이 투자할 만한 합당한 회사라는 사실을 제도권에 알리는 역할을 한다.

단점: 공식적으로 피투자기업의 주가를 인하~mark down~하여 향후 자금 조달을 하거나 '세컨더리 딜~secondary deal °°°°~'을 할 때 타격을 줄 수 있다.[58]

°   다수의 투자자가 동일 기업에 동일한 조건으로 투자하는 방식.

°°   시장 분위기와 뉴스, 테마, 종목 정보, 투자 심리, 수급, 기술적 분석 등을 토대로 하되, 투자자의 직관을 합하여 자산 가격을 전망하고 투자하는 방법.

°°°   단기 차익을 노려 고수익을 얻으려는 기관이나 개인 투자자들이 장세 흐름을 신속하게 파악하여 투자하는 자금.

°°°° 사모펀드가 보유한 매물을 되사는 것, '사모펀드 간 손 바뀜'으로 칭한다.

투자자의 기대사항: 피투자기업이 IPO 이후 어떠한 상태에 놓일지(핵심 재무지수, 경쟁력, 경쟁 우위 등)를 고려하여 회사를 평가하는 경향이 있다.

투자자의 종류: '전략적' 투자자[59]

개별 투자 규모: 수천만~십억 달러 이상

투자 가치 평가: 수억 달러 이상. 전략적 투자자들은 초기에 투자하겠다고 하지만 막상 피투자기업은 후기 단계의 펀딩 라운드를 위해 '아껴두어' 초기 라운드에서 '시그널링~signalling~°'의 위험을 줄이고자 할 것이다.

장점: 가치 평가에 무디고, 프리미엄을 지불할 가능성이 높다. 피투자기업에 극적으로 도움이 될 만한 핵심 인맥이나 지식을 보유할 수도 있고, 회사의 성장을 가속화할 투자에 대해 포괄적이고 '전략적인' 거래를 성사시킬 수도 있다.

단점: 초기 라운드에서는 다른 전략적 투자자가 지분을 매입하거나 피투자기업과 제휴를 맺는 데 방해가 되는 '시그널링'의 위험을 초래할 수 있다. 예를 들어, 피투자기업이 디지털 헬스 회사이고 화이자~Pfizer~가 초반에 지분을 매입하면 다른 제약사들이 피투자기업과 제휴를 맺거나 피투자기업의 지분을 매입할 확률이 낮아진다. 라운드가 후기 단계로 갈수록 시그널링 영향이 줄어드는 경향이 있다. 또한 전략적 투자자들은 피투자기업의 사업에 대한 정보를 얻고 내용을 파악하여 피투자기업과 경쟁하려는 의도로 투자를 집행할 수도 있다.

투자자의 기대사항: 업계에서 피투자기업의 전략적 가치를 기대한다. 스

° 시장에서 파악하기 어려운 기업의 본질적 특성을 소비자나 경쟁사에 전달해주는 것으로, 본질을 관찰하기 어려울수록 효과적이다.

타트업인 피투자기업을 통해 시장 분위기가 어떻게 변화할지 파악할 수 있다. 어떤 경우에는 전략적 투자가 기업 인수의 전 단계이기 때문에 전략적 투자 단계를 서로 더 잘 알아가는 과정으로 간주하기도 한다.

투자자의 종류: 해외 인터넷 대기업

개별 투자 규모: 최대 10억 달러

투자 가치 평가: 초기부터 수십 억 달러에 이르기까지 매우 다양하다.

장점: 가치 평가에 대한 민감도가 낮다. 피투자기업이 중국을 비롯한 다른 시장에 진출하거나 자본의 출처가 되는 데 도움이 될 수 있다. 텐센트, 알리바바, 라쿠텐Rakuten 등의 기업은 오랫동안 기술 스타트업에 공격적으로 투자해왔다.

단점: 투자자 본국에서의 투자를 합작 투자joint venture나 다른 구조로 연계할 수도 있다. 피투자기업에서 정보를 갈취하여 자국의 시장에서 경쟁사를 설립할 수도 있다.

투자자의 기대사항: 회사의 특성과 목표에 따른 잠재적 투자 성장성의 전략적 가치를 기대한다.

투자자의 종류: 국부펀드

개별 투자 규모: 최대 몇 십억 달러

투자 가치 평가: 초기부터 수십 억 달러에 이르기까지 매우 다양하다.

장점: 가치 평가에 대한 민감도가 낮은 경우도 있다(하지만 민감도가 높은 경우가 더 많다). 국부펀드가 대표하는 국가에 따라 신규 시장에 진입하거나 대형 국영기업에 매각하는 데 도움이 된다. 막대한 자본 규모를 보유하고 있다. 일부 국부펀드는 전략적 이유로 투자를 진행하기도 한다. 자

국의 회사에 영향을 줄 수 있는 기술을 이해하거나 접근성을 강화하기 위해, 혹은 경제 지분을 다각화하기 위해 오일달러petro dollars°를 지불하고 기술 자산을 획득하기 위해 투자한다.

단점: 펀드의 진행 속도가 더디거나, 투자를 실행하는 데 걸림돌이 많을 수 있다. 직접 투자에 대한 친숙도가 낮은 경우에는 스타트업이 어떻게 운영되는지에 대한 이해도가 낮거나 오해하는 부분이 있다.

투자자의 기대사항: 회사의 특성과 목표에 따른 잠재적 투자 성장성의 전략적 가치를 기대한다.

후기 단계의 펀딩 자금 출처를 평가하는 방법

후기 단계의 회사에서는 초기에 비해 선택할 수 있는 투자자의 폭이 훨씬 넓다. 당신이 고성장 회사를 운영하는 CEO로서 막강한 투자자들 중에 후기 단계에서 재원 조달자funder를 선택해야 한다면 다음의 요소를 고려할 수 있다.

1. 후속 투자follow-on
수억 혹은 수십억 달러의 자본을 유치할 수 있는 펀드도 있다. 더 큰 규모로 펀딩 라운드를 진행할 때 펀드가 후속 투자를 할 수 있는가?

2. 제도권 시장의 영향
티 로우 프라이스와 피델리티와 같은 일부 제도권 투자자는 공개 지분을

° 산유국들이 원유를 팔아서 벌어들인 달러.

장기적으로 보유해왔다는 인식이 있기 때문에 매우 강력하고 긍정적인 신호를 시장에 보낸다. 회사를 상장시키면 제도권 투자자들은 장기적으로 회사의 주식을 보유하게 되기 때문에 IPO 이후 회사의 인지도와 성과에 영향을 미칠 수 있다.

참고 최근 제도권 투자자 한 곳이 자사의 사금융 시장 포트폴리오에 월별 기업 가치 추이를 공개적으로 게재하기 시작했다(어처구니가 없는 일이다. 어떻게 상장회사의 가치 평가를 월 단위로 바꿀 수 있다는 말인가?). 그 결과 후속 투자를 위한 자금 조달, 세컨더리 딜, 직원들의 사기 차원에서 여러 피투자 기업에 문제를 일으켰다.

3. 전략적 가치

후기 투자자들은 구체적인 업계 지식, 제휴 관계나 인맥 소개 역량 혹은 개별 국가에 대한 지식을 보유할 가능성이 높다. 예를 들어, 우버는 중국 시장에 진입할 때 처음에는 독립 자회사를 설립했고, 이 자회사를 통해 중국 정부와의 관계와 중국에 진출할 때 필요한 여러 정보로 도움을 줄 수 있는 현지 재원 조달자들로부터 자금을 모금했다. 전략적 투자자가 투자를 실시하면 핵심적인 제휴 관계가 더 공고해질 수 있다. 예를 들어, 구글이 야후 서치 Yahoo! Search(당시 야후가 회사 설립을 준비하던 시절)에 대한 투자 계약을 체결하던 당시 야후의 펀딩 라운드에 참여했다.

4. 단순한 거래 조건

후기 사모펀드 운용사 혹은 헤지펀드가 투자를 실행할 때 복잡한 구조나 회사에 대한 청산 우선권 liquidation preference °을 추가 요청하는 경우도 있다.

° 회사가 투자자의 투자가액보다 높은 가치로 매각될 때 우선적으로 수익을 배분받고, 투자가액보다 낮은 가치로 청산될 때는 가장 먼저 원금 회수를 보장받는 권리.

IPO 가격으로 주식의 추가 발행, 특정 가격하에서 추가적인 상환 의무claw-back 등이 거래 조건에 포함될 수 있다. 거래 조건을 단순화할 수 있다면 가치 평가가 다소 낮게 책정되더라도 충분히 큰 장점이 될 것이다.

5. 이사직

실제로 이사직을 차지하지 않고 투자하려는 후기 투자자들이 많다. DST가 이 부분에서는 선구적인 사례라고 할 수 있다. 회사가 완수해야 하는 라운드가 늘어날수록 이사진이 비대해지는 것도 문제가 될 수 있다.

6. 신주 매입 혹은 공개 매수를 주관하는 능력

재간접 파이낸싱(우선주 매입)을 유통시장에 매각하거나 공개 매수(직원, 설립자 혹은 초기 투자자들이 자신들이 보유한 지분 일부를 매각할 수 있도록 함)와 연계하는 회사들도 있다. 펀드의 종류에 따라 세컨더리 딜에서 거액을 매입할 의향 여부 혹은 매입하는 데 필요한 미국 증권거래위원회Securities and Exchange Commission(SEC) 등록 여부가 달라진다.

후기 투자에 혁명을 일으킨 DST

지난 10년 동안 벤처 투자 분야에서 나타난 최대 혁신은 세 가지로 요약된다(나열 방식은 임의적 순서를 따른다). ① Y 콤비네이터와 초기 혁명, ② 엔젤리스트 신디케이트와 분산형 엔젤 네트워크, ③ DST와 후기 투자이다. 유리 밀너 Yuri Milner와 DST는 2009년 페이스북을 시작으로 여러 회사의 지분을 취득하며 다음의 특징을 통해 후기 단계의 투자에 혁명을 일으켰다.

- 투자는 1차 시장 primary market(발행 시장) 혹은 일반주에 대한 세컨더리 혹은 2차 시장에서 실시하거나, 두 가지 시장에 혼합하여 실시할 수 있다.
- '기업가 친화적으로' 투자를 실시하되, 이사직을 차지하지 않는다.

- 주로 거액을 투자하고, 회사의 평생 주기에 걸쳐 10억 달러 이상을 투자한다. 피투자 기업이 '비공개 IPO°'를 할 수도 있다.

현재 이와 같은 투자 방식은 보편적으로 자리 잡았지만, DST가 페이스북에 투자하기 위해 시장에 진입했을 때만 해도 파격적인 접근법이었다. 당시 후기 투자자들이 복잡한 자산 분배 우선권, 이사직, 혹은 회사를 통제할 수 있는 다른 방식을 요청하는 것이 관행이었다. 그 이후 DST와 유사한 접근법을 실행한 펀드가 많아졌지만, DST는 투자 자본으로 전 세계적으로 분산하는 노하우, 그리고 최고의 회사와 투자 대상을 선별해내는 능력으로 항상 업계에서 한 단계 앞서가고 있다.

용어 설명

후기 단계의 파이낸싱에서 고려해야 하는 주요 용어는 초기 라운드와 크게 다르지 않다. 그러나 후기에서 가장 중요하게 고려해야 하는 사항은 우선분배권preference과 이사회 직위board membership다.

1. 우선분배권

상위 초기 투자자들은 정상적인 우선분배권 구조를 따라가는 편이지만 (비참가 우선주 방식[60]), 사모펀드 운용사와 패밀리 오피스는 사실상 '주식 라운드'를 '부채 라운드'로 바꿀 정도의 이례적인 우선분배권 구조를 요청할 수도 있다. 예를 들어 회사와 투자자가 회사의 가치에 동의할 수 없는 경우, 사모펀드는 2~3배수를 요구하거나, 다음 라운드에서 래칫ratchet°°을 요

°   IPO 직전에 투자를 받아 기업 가치를 올리는 것.

°°   공모가가 목표 수준에 미치지 못할 경우, 투자자들에게 이를 주식으로 보상하는 것.

구할 수 있다. 유사하게 후기 투자자들은 IPO에 대해 특수 조항을 삽입할 수도 있다(예를 들어, IPO 가격이 특정가액 미만이거나, 6~9개월 이상 소요된다면 투자자가 추가 주식을 취득한다). 혹은 향후 자금 유치나 회사 전체 주기의 다른 차원에서 특수한 조항을 삽입할 수도 있다. 가능하다면 이와 같은 특수한 조건을 피하는 것이 상책이다. 단 가치 평가가 피투자기업의 핵심 사업 지수를 초과하기 시작하거나 자본이 부족한 경우에는 피하기가 여의치 않을 것이다.

2. 이사회 직위

여느 파이낸싱이 그러하듯, 펀딩 라운드에 이사를 투입할 것인지 여부를 결정하는 일도 중요하다. 특히 이사회의 규모가 크면 관리하기도 어렵다. 그러나 후기 투자자들은 회사의 재무 관리나 공모시장 상황에 대해 그 시점까지도 명확히 파악하지 못하는 이사회에 노하우 혹은 관점을 전수할 수 있다. 이사회와 회사가 처한 상황에 따라 이와 같은 관점이 도움이 될 수도 있지만, 해를 입힐 수도 있다. 평균적으로 후기 투자자들은 숫자, 수익, 이윤의 관점으로만 사고하는 경향이 있기 때문에 회사를 매우 긍정적인 방향으로 이끌 수도 있지만 반대로 나락으로 이끌 수도 있다.

또한 후기 투자자들은 급변하는 시장 상황에서 제품 로드맵을 변경하고 조직 개편을 실시하며 수많은 난관을 극복해야 하는 스타트업의 현실에 익숙하지 않을 수 있다. 철저히 '불간섭주의'를 추구하는 후기 투자자들도 있지만, 설립자 친화적인 자세로 일관하는 경우도 있다(예: 유리 밀너와 DST). 그러나 많은 투자자는 위험이 크지 않은 '안전한' 후기 투자에 익숙하기 때문에 여전히 빠르게 변화하는 고성장 스타트업에 문제를 일으킬 수 있다.

이사진을 선택할 때 부디 신중하길 바란다. 또한 후기 투자자들이 특별히 힘을 실어주는 상황이 아니라면 이사진 충원은 아예 고려하지 말라. 회사가 처한 자금 유치의 상황과 역학관계에 따라, 회사의 CEO인 당신에겐 별다른 선택지가 없을 수도 있다. 일례로 투자자가 이사직을 요구하는 상황에서 좋은 대안을 찾기가 어려울 수 있다.

단 이사를 충원하기 전에 ① 후보자의 과거 투자 내역과 이사직위에 대해 반드시 점검하고, ② 회사의 방향과 기대 사항에 대해 후보자와 허심탄회하게 대화를 나누며, ③ 이사직을 제공하지 않고, 후기 투자자들이 만족할 만한 의미 있는 권한을 부여하여 회사 정보에 접근할 수 있는 방법이 있는지 고민해보아야 한다. 다른 한편으로는 후기 투자자가 이사회에 막대한 가치를 부가하고, 능력이 부실한 초기 투자자들을 정리하는 데 도움이 될 수도 있다. 관련된 자세한 내용은 100쪽 '이사진에서 사퇴시키기' 항목을 참고하라.[61]

신중한 접근이 필요

사모펀드 투자자들을 상대하다 보면 여러 가지 애로 사항이 있다. 특히 권력을 남용하거나 전통적인 실리콘밸리의 벤처 자본의 윤리에 어긋나는 언행을 할 때가 힘들다. 투자 조건 제안서에 서명한 뒤 3주 후에 일부 조건에 대해 재협상하자고 요구하는 것으로 유명한 사모펀드 운용사가 하나 있다(이미 회사가 다른 투자자들에게 리드 투자자 lead investor °를 선정했다고 전달한 이후라, 협상에 대한 타결 수단을 잃은 상태다).

이 운용사는 최근 '유니콘 스타트업'에 대한 펀딩 라운드에서 두 번 이상

° 능동적으로 투자를 검토하고 투자 과정을 주도하는 투자자.

퇴출되었고, 투자자로서 기피 대상이 되었다.

그러나 그 운용사의 기만적 행동에 대한 소문이 널리 퍼진 것은 아니므로, 사모펀드 운용사들을 대할 때 최대한 주의를 기울여야 한다. 사모투자 계에서 실력 있고 신사적인 운용사들도 분명 있지만(예: KKR), 벤처 자본의 경우에는 질이 나쁜 경우도 드물게 존재한다.

본인 회사의 가치에 대한 지나친 낙관은 금물

일반적으로 설립자들은 회사의 가치가 최고치일 때 자금을 유치하고자 한다. 회사의 가치가 높으면 직원 채용과 보상에 용이하고, 긍정적인 회사 PR이 되며, M&A를 위한 든든한 무기가 되고, 설립자의 자존감도 한껏 치솟을 수 있기 때문이다. 단 가치가 지나치게 높게 평가되면 여러 문제를 야기할 수 있다. 예를 들어, 유니콘 기업 중에는 다음 라운드를 유치할 수 있는 능력이 강력한 사업성을 보유하고 있는지 여부보다는, 이전에 자금을 유치했을 때의 회사 가치와 관련성이 높은 경우가 많다.[62]

시장 상황에 비해 과도한 가치 평가는 다음과 같은 문제를 야기할 수 있다.

1. 후속 자금 조달 활동이 힘들어진다

투자자들은 각 라운드에서 회사의 가치가 2~3배 올라가길 기대한다. 회사의 평가 가치가 지나치게 높은 경우(예: 수십억 달러), 라운드가 진행될 때마다 마크업markup°이 50~100퍼센트 하락한다. 그럼에도 시가총액이 10억

°   일반 투자자에게 매도하는 가격과 시장 조성자의 매도 가격 사이의 차이에서 나온 가격 할증.

달러 증가한다는 것은 막대한 가치(수익과 이용자율 증가 등)가 창출된다는 의미다. 가치가 증가할수록 시가총액을 높이기가 어려워진다.

2. 투자자 조합이 바뀔 수 있다

회사의 가치가 높을 때는, 투자자들의 참여 기간이 변할 수 있다. 사모벤처시장에 진입한 비전통적 후기 투자자들은 약 18~24개월 정도 참여하고, 회사의 궁극적 목표와는 거리가 먼 방향으로 유동성이나 사업 진행을 무리하게 부추길 수 있다.

3. 목표 가치에 도달해야 한다는 부담은 그릇된 행동을 불러일으킨다

이 부분에 대해서는 다음 내용에서 자세히 다룰 것이다. 설립자에게 회사의 가치를 높여야 한다는 부담감이 지나치면 그릇된 행동을 유도하고, 회사를 잘못된 방향으로 이끌게 된다.

4. 직원들의 부푼 기대

시장에서 고평가된 회사의 주식을 보고 그 회사에 입사하는 직원들은 입사하고 나서 몇 년 동안 '다운 라운드**down round**°'가 발생하거나, 가치가 오르지 않으면 크게 실망하게 된다. 특히 고평가를 기대하고 있는데 3~4년 동안 보합세를 유지하면 막막함을 느낀다.

앞의 내용은 회사의 가치에 대한 기대감이 높을 때 나타날 수 있는 문제들이다. 평가액이 높을수록 기대치도 높아지는 법이기 때문이다. 최악의 경우에는 평가액이 높을 때 설립자 스스로가 지나친 부담으로 스트레스를 받게 된다.

°   한 기업이 후속 투자 유치 시 이전 투자 때의 가치보다 낮게 평가받는 것.

설립자를 짓누르는 부담감

회사의 평가액이 수십억 달러에 달하면 설립자는 두 가지 문제에 직면한다. ① 설립자는 어떻게든 평가액에 도달하기 위해 성장률을 높이고자 할 것이고, ② 사업에 실질적인 도움이 안 되면서 주의를 분산시키는 요소가 많을 것이다(예: 언론, 연사 초청 기회, 투자 집행 등).

어떤 수단이든 동원하여 수익이나 성장률을 높여 기대하는 평가액에 도달해야 한다는 부담감이 지나치면 회사는 잘못된 방향으로 나아갈 수 있다. 예를 들어 성장률이 높다는 사실을 과시하기 위해 고객 획득을 하지만 결국 수익만 갉아먹는 상황이라면 점유율은 빠르게 성장해도 회사는 사양길로 치닫게 된다.

성장에 대한 압박은 기업가가 스스로에게 가할 수도 있지만, 주로 이사회에서 압박을 가한다. 후기 투자자들은 특히 자금 조달 시절에 스타트업이 약속했던 전망치에 도달하지 않는 경우 공격적으로 성장을 종용할 수 있다. 고성장 국면에서도 나타나는 스타트업 본연의 불확실성에 대해 후기 투자자들이 항상 이해해주는 것은 아니다.

당신은 펀딩 라운드를 늘려가는 기업가로서 다음과 같은 질문을 자신에게 해봐야 한다.

- 내가 모금하는 자금이 지난번 평가액에서 제시한 목표치를 도달하는 데 도움이 될 것인가? 그렇지 않다면 평가액을 낮춰서 현실적인 목표치로 하향 조정해야 하는가?
- 이번 자금 조달을 계기로 어떠한 단기적 사업 계획을 세워야 할 것인가? 이 계획을 통해 우리 회사의 가치에 대한 인식을 근본적으로 바꿀

수 있는가?

- 우리 회사에 대해 어떠한 옵션을 엑시트하여 투자금을 회수할 수 있는가? 내가 목표하는 평가액보다 높은 금액을 고려하는 인수기업이 있는가? 나는 회사를 상장하려는 계획을 갖고 있는가? 그렇지 않다면 현재의 평가액을 상향 조정하는 전략이 현명한가? 그렇다면 사모투자 시장에서 조달하는 자본보다 높은 평가액으로 IPO를 할 수 있는가?

구주 secondary stock 매각

회사의 평가액이 계속 오를 경우, 초창기에 합류한 직원이나 투자자는 보유 지분의 일부를 매각하고 싶을 수도 있을 것이다. 회사에 대한 '1차 primary' 투자에서는 회사의 지분을 받는 대신 회사에 돈을 지급한다. 그러나 '2차 secondary' 투자에서는 회사가 아닌 제3자로부터 주식을 매입한다('신주'가 아닌 '구주'를 의미한다). 두 경우에 주식은 보통주 혹은 우선주가 될 수 있다. 다시 말해, 구주는 주식의 종류가 아니고, 누구로부터 주식을 매입했는지에 의해 정의된다.

현재 회사에 다니고 있는 직원이나 퇴사한 직원들이 보유하고 있는 주식을 팔고 싶은 이유는 다양할 것이다. 가족의 값비싼 치료비를 내기 위해, 혹은 자신이나 가족을 위한 집을 구입하고 싶어서, 혹은 자신의 순자산 대부분에 해당되는 자본을 다양하게 굴리고 싶어서 등등일 것이다.

초기 투자자들은 자신의 펀드에 대한 출자자에게 돈을 반환해야 하기 때문에 조기에 주식을 매각하려는 의도를 가지고 있다(특히 또 다른 펀드를 모금하는 과정에서 수익을 입증해 보이고 싶을 경우). 혹은 자신의 재무적 이익과

펀드에 대해 '이자 수익'을 내기 위해 빠르게 처분하고 싶을 수도 있다.[63]

또한 설립자들은 본인이 보유한 일반주 위주의 순자산을 다각화하기 위해 구주를 매각하고 싶을 수도 있다. 이러한 이유에서 제대로 된다는 가정하에 설립자가 구주를 매각하는 행위는 설립자가 회사의 장기적 성공이나 결과에 집중하는 데 동기부여가 된다. 개인적 재무 상황에 대한 걱정을 어느 정도 떨쳐버릴 수 있기 때문이다.

주식 매도를 고민하는 평가액 5억~10억 달러의 시기

일반적으로 회사의 평가액이 5억~10억 달러에 이르면 설립자나 직원들은 자신이 보유한 주식을 매각하는 것에 대해 진지하게 고민한다. 머뭇거리는 이유는 세 가지로 정리할 수 있다. ① 평가액 10억 달러 수준에 도달하려면 2~5년 정도 소요되는데, 그 시기 동안 인생에서 목돈이 필요한 시기가 다가온다(자녀 출산 및 양육비, 가족의 치료비 등). ② 회사의 시가총액이 오를 만큼 올라서, 개인적으로 보유한 순자산 대부분이 회사에 묶여 있는 경우다. 회사 지분의 1퍼센트만 보유하더라도 5백만~1천만 달러를 갖고 있는 셈이므로, 자산을 다각화해야 할 것 같은 생각에 잠긴다. ③ 회사에 대한 깊은 애정과 의리가 희석되기 시작한다. 거의 모든 고성장 기업들의 사내 분위기는 전쟁터를 방불케 할 정도로 정신없고 복잡하다. 또한 동종업계의 스타트업이 혜성처럼 등장하여 매출을 올리다 보면 그만큼 업계 경쟁도 치열해진다. 이에 대부분의 초기 구성원들은 회사가 더 이상 큰 '대박'을 내는 데 한계점에 도달했다고 생각하고는 주식을 팔고 싶은 마음이 커진다. 게다가 그 정도 선에서는 직원들이 소량의 주식을 보유한다고 해도 팔고 싶도록 동기부여를 할 만큼 평가액이 높다.

> "일반적으로 회사의 평가액이 5억~10억 달러에
> 이르면 설립자나 직원들은 자신이 보유한 주식을
> 매각하는 것에 대해 진지하게 고민한다."
>
> _ 일라드 길

설립자의 지분 매각

설립자는 '구주 매출secondary sales °'의 관행을 경영자가 지분을 조기에 매각하지 않고 회사의 장기적 성장성에 계속 집중하게 하는 유인책으로 간주하한다.

적극적인 설립자라면 펀딩 라운드 차원인 세컨더리 딜 혹은 독립형 매각이나 공개 매수(각각에 대해서는 이후 내용에서 다룬다)에서 최대 10퍼센트의 지분을 매각하고자 할 것이다(최저 5백만~최대 1천만 달러 수준). 10퍼센트 이상 매각한다면 설립자가 회사에 대해 갖고 있는 신념이 부정적으로 인식될 수 있다.

회사의 평가액이 수억 달러에 도달했을 때 설립자가 지분을 매각하는 경우가 대부분이다(설립자가 특별히 사정이 있으면 수천만 달러 정도로 소액의 매

° 　 자사의 보유 지분을 재매각하는 것, 혹은 대주주나 일반주주 등 기존 주주가 이미 보유하고 있는 주식 지분 중 일부를 일반인들에게 공개적으로 파는 것으로, '유통시장 매각'으로도 번역된다.

각이 진행되기도 한다. 일반적으로 설립자가 학자금 대출을 상환하거나 금전적으로 어느 정도 여유를 바라는 경우에 수십만 달러의 지분 매각이 초기에 진행된다).

내가 아는 대부분의 설립자들은 IPO까지 기간이 길어지면서 재무적 압박을 덜어내는 차원에서 지분의 일부를 매각하게 되어 만족해한다.

구주 매출을 조기에 하지 않으면 역효과 발생

지분을 재매각하는 구주 매출을 위한 체계가 없으면 회사는 여러 난관에 봉착하게 된다. 예컨대 회사의 '기업 가치 평가 보고서409A Report °'에 부정적 영향을 미치는 거액의 거래, 불미스러운 행동을 하는 투자자가 주주명부에 포함되는 경우, 회사의 직원으로부터 할증 가격으로 지분을 매입한 어느 치과의사가 나중에 회사를 공격하며 정확한 정보를 요구한 사건(실제로 '어느 치과의사'가 한 회사의 지분을 매입하여 사건에 연루된 적이 있었다) 등이 있다. 이처럼 투명성이 낮은 시장에서는 세컨더리 펀드가 문제를 일으키기도 한다. 예를 들어 페이스북은 펠릭스 인베스트먼트Felix Investments와 문제가 생겨, 자사의 지분 매각에 대해 증권거래위원회의 조사를 받았다.[64]

이러한 문제를 피해가는 여러 방법이 있다. 회사의 모든 지분에 대해 '우선매수권 혹은 우선매수청구권Right of First Refusal(ROFR) °°'을 확보하고, 어떠한 경우에는 이사회의 승인 없이는 계약상 직원이 지분을 매각하지 못하도

° '409A 가치 평가'는 신생 회사가 보유한 보통주의 공정한 시장 가치에 대한 평가다.
°° 주식의 양도를 제한하는 약정으로 이해관계자가 자신의 주식을 제3자에게 처분하고자 할 때 기존 투자자가 동일한 조건으로 해당 주식을 매수할 수 있는 권리로, 영미법에서는 '첫 번째 거절을 할 수 있는 권리'로 불린다.

록 하여 구주 매출을 막기 위해 회사의 규정과 계약 규정을 변경하는 방법도 있다. 우선매수권자를 설정하거나 공개 매수 제도를 마련하면 2차 시장에서 주식이 활발히 매매되지 않도록 하는 동시에 유동성을 확보하는 데 도움이 될 것이다.

구주 매출의 종류

일반적으로 구주 매출은 일회성 매각으로 시작한다. 회사의 직원이 아픈 부모를 간병하기 위해 퇴사를 해야 하는 상황, 주식을 팔아 업그레이드된 병원 치료를 받고 싶은 경우 등이 동기가 된다. 시가총액이 올라가서 주식 매도에 대한 수요가 증가하면 회사는 아무나 주주가 되어 주주명부에 오르거나, 매각 수요가 급증하여 더 많은 직원과 투자자가 비유동적인 주식을 보유해야 하는 상황을 예상할 수 있다. 이 시점이 되면 '우선매수권자'나 '공개 매수' 접근법으로 노선을 바꾸는 회사가 많다. 구주 매출의 다양한 종류는 다음과 같이 요약할 수 있다.

1. 일회성 매도

매도자가 주주명부에 올라와 있는 투자자(즉, 회사 주식을 이미 소유하고 있는 사람) 혹은 회사에 관여하지 않고 있는 새로운 당사자와 일회성 거래를 하는 경우다. 회사가 이미 잘 알고 있는 매수자를 대상으로 하면 쉽게 매도할 수 있다.

회사가 바라는 매수자와 거래하도록 다양한 방식으로 매도자를 유도할 수 있다. 단순하게 요청을 할 수도 있고(매도자가 회사의 직원이나 투자자인 경우 혹은 회사와 좋은 관계를 유지하고자 하는 경우에는 충분히 가능하다), 우선매수권 혹은 거래를 지연시키거나 일반 매수자와 매도자의 거래를 불안정하게 하는 다양한 조치를 통해 매도자가 물러나게 할 수도 있다.

일반적으로 일회성 매도는 무능하고 악랄한 신규 투자자가 이사진으로 투입되면 회사에 역효과를 낼 수 있다. 구주 매출과 주식 매도에 대한 수요를 잠재우기 위해 초반에 '우선매수권자'를 설정하는 것이 회사의 장기적 재무 상태와 안정성에 도움이 된다. 이미 주주명부에 올라와 있는 신뢰할 만한 투자자들 중에 구주를 더 매입하고자 하는 경우가 있다면 이들과 격식에 얽매이지 않는 관계를 맺는 형태일 수도 있다. 동시에 회사는 직원 혹은 초기 투자자가 어떠한 상황에서 매도할 수 있는 상한선을 세부적으로 명시하는 제도를 마련해야 한다. 공개 매수와 같은 제도를 약속하면 잠재 매도자들은 회사가 공식적인 세컨더리 제도를 개시할 때까지 기다려 줄수 있다. 대부분의 사람들은 회사를 위해 정도를 지키고자 하고, 회사가 규정하는 방식으로 매도할 수 있을 때까지 6~12개월 정도는 기다려줄 의향이 있다.

2. 펀딩 라운드 차원에서 매도하기

설립자, 회사의 초기 멤버나 투자자가 주식을 매도할 수 있는 확실한 시점은 바로 펀딩 라운드를 할 때이다. 후기 선구적 기업들의 파이낸싱 라운드는 주로 초과 청약되는 경향이 있다. 회사의 주식에 대한 수요가 높다는 사실은 발행시장primary market에서 주식을 충분히 할당받지 못한 투자자가 우선주(파이낸싱 라운드 차원에서)와 일반주(직원이나 설립자로부터 획득)를 혼합하여 취득하거나 초기 단계의 우선주(초기 투자자로부터)를 매입할 수 있다.

대부분의 후기 단계의 투자자들은 우선주가 복합적으로 투자를 보호해주는 효과가 있기 때문에 우선주 펀딩 라운드와 세컨더리 일반주를 매입하는 것에 개의치 않는다. 라운드에서 주식을 획득하지 못한 투자자들은 펀드의 구조에 따라 일반주만 매입하려고 할 수 있다(일부 펀드는 출자자 계약 혹은 미국 증권거래위원회에 추가 공시 의무로 말미암아 포트폴리오에 대량의 일반주를 확보할 수 없다).

대부분의 투자자들은 일반주에 대해 우선주 가격 대비 20~30퍼센트 할인하려는 경향이 있다. 다시 말해, 우선분배권이 존재하지 않고, 있다고 해도 회사가 악조건에 처해도 보호망이 될 수 없기 때문에 일반주에 대해 더 낮은 금액을 지불하고자 한다. 예를 들어 DST가 페이스북에 대한 구주를 매입했을 당시, 평가액이 65억 달러였다. 당시 우선주 가격 100억 달러에 대해 35퍼센트 할인한 금액이었다.[65] 그러니 회사의 실적이 고공 행진 중이거나 매수자가 매입에 대한 간절함이 크다면 투자자는 일반주와 보통주에 대해 같은 금액을 지불할 수 있다.

회사는 409A를 준수하기 위해(자세한 내용은 이후 내용에서 다룬다) 공정하게 보통주를 매도하는 방법을 모색할 것이다. 회사가 제재하는 대규모 주식 매도(및 409A 재분석)에 의해 회사 전체에 대한 일반주(및 직원의 향후 스톡옵션) 가격이 재조정될 수 있는데, 최대한 피하는 것이 좋다. 이 부분에 대해서는 변호사와 상의해보라.

최대 20퍼센트의 펀딩 라운드는 '세컨더리 딜'의 형태로 진행된다. VC는 보통주를 과잉 매입하는 위험을 기피하는 편이다(보통주는 우선주가 지닌 재무적·통제적 보호 기능이 없다). 또한 VC 펀드가 신주와 달리 구주에 투자할 수 있는 최대 비율에 대해 규제적 제약이 있다.

3. 우선매수권자 제도

우선매수권자 제도에서는 한 개 이상의 펀드에 우선적으로 구주를 매수할 수 있는 권리가 부여된다. 이 제도는 비공식적 형태(예: 회사가 잠재 매도자들에게 몇몇 펀드와 논의해볼 것을 제안한다) 혹은 공식적 형태(예: 회사가 이 펀드들에 대해 2차 우선매수권secondary ROFR을 부여하다)로 진행될 수 있다.

공식적인 우선매수권자 제도에서는 펀드가 투자 조건 제안서, 투자 의향서 혹은 구속적 합의서를 회사와 체결하여 전용 펀드들이 구주를 흡수하게 할 수 있다. 이 계약에 따라, 펀드는 미리 정의된 범위 내에서 주식을 매수할 수 있고(예: 지난번 라운드에 10퍼센트의 할인가 적용) 회사가 펀드에 우선매수권을 부여할 수 있다.

우선매수권은 중요하게 작용할 수 있다. 회사는 매도자와 매수자가 협의한 매수가액으로 30일 이내에 매도자로부터 주식을 매수할 수 있는 권리를 지닌다. 우선매수권이 펀드에 부여되면 2차로 30일이 추가 부여될 수 있다. 회사가 이 기간을 지나치면 매수자가 합의한 매수가액으로 주식을 매수할 수 있는 기간이 펀드에 30일이 추가 부여된다. 매수 의향을 선언한 시점부터 실제 거래가 일어나는 시점 사이에 60일 이상 시간이 지연될 수 있다는 의미다. 장장 2개월 동안 시장 상황과 여러 조건이 변화하여 세컨더리 딜이 위태해질 수 있기 때문에 매수자와 매도자는 극도로 긴장하게 된다.

또한 우선매수권은 특정 평가액의 주식에 대한 유동성에 제약을 가할 수 있기 때문에 일부 매수자들이 거래에서 손을 떼야 하는 상황이 된다. 우선매수권자가 주식을 먼저 사가기 때문이다. 실제로 우선매수권은 매도자들에게 오랜 기다림과 과도한 가격을 야기해 세컨더리 딜에 대한 시장의 수요를 억제한다. 우선매수권을 우선매수권자들에게 부여하는 사안에 대해서는 회사의 법무팀과 상의해야 한다.

우선매수권자 제도는 다른 회사를 인수할 때 빛을 발할 수 있다. 특히 피인수 회사의 설립자나 투자자가 M&A 거래에서 받게 되는 주식의 일부 혹은 전체를 매도하고자 할 때, 회사가 매수금액을 현금을 지불할 필요 없이 우선매수권자는 이 과정(결국 기업 인수로 이어지는 과정)을 가속화할 수 있다. 공개 매수를 통한 방법도 있는데, 이때 피인수 회사의 투자자가 우선매수권자 제도를 가동하지 않고 공개 매수의 형태로 매도할 수 있다.

4. 공개 매수

공개 매수는 회사의 구주를 한 명 이상의 매수자가 기존에 설정한 가격에 집단적·조직적으로 매수하는 방식이다. 공개 매수는 일반적으로 다음의 패턴을 따른다.

① 회사는 구주매매에 대한 수요를 예측하기 위해 노력한다. 또한 공개 매수 참여자들의 주식매매를 추가 제한하기 위해 서류 작업에 돌입할 수 있다.

② 회사는 공개 매수에서 주식을 매수하기 위해 한 명 혹은 다수의 매수자와 계약이행각서를 체결한다. 매수자는 모든 매도자를 대상으로 단일 가격을 책정한다.

③ 회사는 공개 매수에서 누가 매도할 수 있는지 결정한다. 회사의 이전 및 현재 직원, 투자자, 설립자가 공개 매수에 참여하는 경우가 많다. 공개 매수의 규모를 미리 정하고, 누가 매도할 수 있는지는 회사가 정한 순서에 따라 결정된다. 예를 들어, 5천만 달러 규모의 공개 매수가 이루어지는 경우(즉, 전체 5천만 달러에 달하는 주식이 전량 매도되는 경우), 회사는 현직 및 전직 직원들이 개인 보유량의 최대 20퍼센트를 선점한다고 발언할 수 있다. 직원들이 전체 5천만 달러를 전량 차지하고자 하는 수요가 충분히 높은 경우, 투자자와 설립자들은 공개 매수에서 매도하지 않는다.

④ 공개 매수를 감독할 행정기관의 협조를 요청한다. 수백 혹은 수천 명의 적격 매도자들이 참여할 수 있기 때문이다. 직원과 기타 매도자들

이 주식을 매도하는 전체 과정과 서류 작업을 기관에서 처리한다. 도이치 은행Deutsche Bank 같은 은행이나 기타 기관이 주식의 실질적 매수자는 아니더라도 공개 매수 행사를 대행하여 주관하는 경우가 많다. 협조 요청 비용은 공개 매수비용으로 매도자들이 지불하는 거래수수료(예: 매매액의 1퍼센트)에서 최소한 부분적으로 충당할 수 있다.

⑤ 공개 매수에 참여하는 매도자들에게 공개 매수가 열린다는 소식을 전달하고, 주식 매수액에 대한 가격을 알린다. 행정기관에게 총 매도액과 매도를 위한 서류 작성법을 통지하고 준비하는 총 기간에 대해서도 알려준다. 매도 창구는 20~30일 운영될 수 있다.

⑥ 매도 창구를 폐쇄하면 거래가 일어나며 주식과 현금이 오간다.

일반적으로 공개 매수에서 매수자들은 헤지펀드의 대규모 기관 매수자, 사모펀드, 후기 VC(블랙록, 골드만 삭스, DST, 피델리티 등) 등이다.

공개 매수의 규모는 수천만에서 수억 혹은 수십억 달러에 달할 수 있다.

정보 공유와 세컨더리 매수자

당신은 CEO로서 우선매수권자 목록에 올라 있거나 공개 매수를 주관하는 대형 세컨더리 매수자들과 기본적인 재무 정보를 공유해야 한다. 이 단계에서 비밀유지계약서Non-Disclosure Agreement(NDA)에 서명을 거부할 매수자는 없을 것이다. 이들은 회사에 거액을 투자하고 있으며, 장기 주주가 되기도 한다. 예의를 갖추고 대하면서 그들이 의사 결정을 내리는 데 필요한 기본적인 정보를 제공하는 것이 중요하다.

단 주주명부에 적게나마 추가되는 임의의 주주들, 특히 회사가 특별히 제재하지 않는 주주들에게는 회사가 법적으로 모든 주주와 정보를 공유해야 하는 의무가 없다면(예: 법무 문건의 내용을 변경한 경우), 정보 접근권을 제한할 수 있다.

회사의 평가액이 50억 달러를 상회하는 시점이 되면 초반부터 세컨더리 딜을 봉쇄하지 않는 한, 세컨더리 딜과 전반적인 세컨더리 메커니즘을 관리 감독할 전문가(최소한 파트타임직 전문가)를 고용해야 한다.

직원들이 매도할 수 있는 주식 상한선

직원들이 구주를 매매할 수 있는 세 가지 방식이 있다. ① 매매율을 제한하는 방식, ② 매매액을 제한하는 방식, ③ 두 가지를 합한 복합적 방식이다.

구주 매출에 대한 매매율 제한

직원들이 매도할 수 있는 총 지분율을 정해놓는 회사들도 있다. 예를 들어, 각 직원이 보유한 지분에서 최대 10~20퍼센트로 상한액을 정한다. 매매율의 범위를 지정함으로써 대부분의 직원들이 주식을 계속해서 보유하도록 하여, 회사와 회사 주식의 장기적 가치에 집중하도록 동기부여가 되길 바라기 때문이다. 진정 선구적이고 시가총액이 수십억 달러에 달하는 기업이거나, 회사에 초기에 합류한 직원들이라면 주식 보유액이 수천만 달러에 달할 수도 있다. 따라서 이렇게 막대한 액수의 주식을 매도해버리면 직원들이 계속해서 회사에 남고 싶은 의지를 꺾어버릴 수 있다. 게다가 회사가 IPO 혹은 대규모 지분 매도 등을 통해 자금 유동성을 확보하기 전에 퇴사하는 사람과 잔류하는 사람으로 갈려서 사내 분위기가 어수선해질 가능성이 높다.

구주 매출에 대한 매매액 제한

한편, 직원들이 특정 액수를 매매하도록 허용하는 회사들도 있다. 페이스북은 직원들이 주식을 최대 1백만 달러까지 매도할 수 있도록 허용했다. 페이스북에서는 자사 주식에 대한 순보유액이 얼마든 퇴사하고 싶을 정도는 아니더라도 각자 인생을 송두리째 바꿀 만한 금액을 현금화할 수 있다는 의미다.

매매율부터 매매액을 포괄하는 복합적 방식

앞에서 언급한 두 가지 방식에서의 타협점은 '먼저 추진되는 방식'을 따르는 것이다. 즉, 직원들은 구주 매출 과정에서 본인 지분의 10~20퍼센트 혹은 1백만 달러의 주식 중에 먼저 매도되는 것을 매매할 수 있다. 예를 들어 주식 보유액이 2천만 달러라면 최대 1백만 달러를 매도할 수 있다는 것이다. 1백만 달러가 2천만 달러의 20퍼센트까지 해당되진 않더라도 말이다. 반대로 주식 보유액이 100만 달러라고 했을 때는, 20퍼센트, 즉 20만 달러만 매도 가능하다. 직원들이 회사의 가치를 쌓아올리는 데 일조할 수 있도록 동기부여를 하는 차원에서 대부분의 주식을 보유하게 하는 장치인 셈이다.

회사에서 어떠한 방식을 택하건, 직원들의 주식 매매 행위에 대해 다음과 같은 제한을 가할 수 있다.

1. 직원의 근속 기간이 최소 1년 이상이 되어 회사에 귀속 상태를 인정받아야 한다

근속 연수가 1년이 안 되었다면 귀속 상태를 인정받지 못했기 때문에 주식에 대한 소유권도 유효하지 않은 상태다. 따라서 그 기간을 못 채우고 퇴사를 할 경우 현금으로 상환하기가 매우 어렵다.

2. 구주 매도 가능액은 직원이 수령한 액수에 의해 정해진다

직원이 공개 매수 등 공식제도를 통해 수령한 액수에 비례하여 구주 매출을 제한하는 방법도 있다(예: 수령액의 최대 20퍼센트).

일반적으로 회사의 운영 연수가 오래되면 '리프레셔 그랜트refresher grant'를 제공할 수 있는 여유가 생기는데, 직원이 입사 때 받는 '그랜트grant'에 비하면 매우 낮은 액수다(단 매우 높은 실적을 내는 직원이나 '인디비주얼 컨트리뷰터'가 부사장으로 승진하는 경우에는 '리프레셔 그랜트' 액수가 지위와 성과를 반영할 만큼 높다). 다시 말해 최초로 받는 그랜트 액수에 따라 지원이 수령하는 최대 주식액이 결정된다. 초반에 받는 그랜트는 회사의 장기적 성공에 기여해주는 것에 대한 1차적 재무 인센티브이다.

물론 직원들에게 비재무적으로 동기부여를 하여 스타트업의 운영을 가능하게 하는 방법도 다양하다. 자신이 속한 조직과 타 조직 동료들이 열심히 일해 회사의 미션에 기여하는 데서 오는 뿌듯함과 성취감도 큰 몫을 한다. 그러나 암묵적으로는 금전적 보상만큼 강력한 동기부여는 찾아보기 힘든 게 현실인 듯하다.

투자자의 매도: 재협상의 기회

회사의 평가액이 늘어나면 초기 투자자들은 회사 주식의 전체 혹은 일부를 매도하고 싶은 의향이 생길 수 있다. 예를 들어 초기 엔젤투자자는 회사 주식이 자신의 재산에서 가장 큰 부분을 차지하는 경우라면 지분을 다각화 혹은 매도하고 싶을 수 있다. 한편 벤처 펀드의 경우 출자자에게 자금을 상환하기 위해 지분의 일부 혹은 전체를 매도하고 싶을 수 있다. 특히 차기 펀드를 모금하는 상황에서 동일한 출자자가 참여하길 바라면 매도 욕구가 클 것이다. 투자자가 주식을 매도하는 데 관심을 보인다는 것은 기존의 계약 조건을 재협상할 수 있는 기회로 파악할 수 있다. 재협상 과정에서 검토할 수 있는 주요 항목은 다음과 같다.

- **정보 접근권:** 투자자의 지분이 감소하면 기존에 부여된 정보 접근권을 제한하겠다고 주장할 수 있다. 드물긴 해도 회사의 정보 유출에 대한 최대 경로가 직원이 아닌 초기 투자자였던 사례를 몇 차례 본 적 있다. 초기 투자자에게 〈테크크런치〉에 돈을 받고 정보를 넘겨준 사건들이 었다. 따라서 초기 투자자에 부여된 정보 접근권을 무효화하는 것으로도 문제를 방지할 수 있다.
- **이사진 참여:** 이사로 등재되었다는 사실은 회사에 지분을 갖고 있다는 의미다. 회사의 직원이 10명뿐이던 소기업 시절에는 초기 투자자들이 피와 살이 되는 자문을 해주기도 하지만 후기 단계의 회사로 규모가 커지면 조언해줄 만한 운영 경험이나 통찰이 부족하다. 벤처 펀드의 구주 매출 과정에서, 벤처 펀드의 이사진이 이사직에서 사퇴해줄 것을 요청하거나, 이사직을 우대직에서 사외이사직으로 전환할 수 있다. 이렇게 되면 회사와 설립자에게 통제권이 반환되고, 무늬만 이사인(때로는 회사에 크게 폐만 끼치는) 사람들을 내보내는 데 도움이 된다. 우선매수권자 혹은 공개 매수에 대대적으로 구주 매출을 한다면 최소한 부분적으로나마 이사진을 정리할 수 있는 소중한 기회가 될 것이다.
- **주주명부 정리:** 구주에 대한 공개 매수는 주주명부를 정리할 수 있는 기

회가 된다. 초기 소액 엔젤투자자를 찾아가 '모 아니면 도_{all or nothing}'
방식으로 매매할 것을 제안하여, 전체 지분을 매도하도록 유도하거나
아예 매도를 하지 않는다는 데 동의할 수도 있다. 이런 경우, 주주명부
에서 한 번에 분산된 지분을 하나로 합쳐, 단일 투자자에게 더 높은 지
분율을 주고 매도할 수 있다.

전반적으로 투자자의 구주 매출 행위가 회사의 권리를 되찾고 지배구조
를 정리할 수 있도록 하여 모든 이해관계자에게 긍정적이고 득이 되는 기
회라고 생각해야 한다. 펀드는 자신의 지분 일부를 매도하여 출자자에게 조
기에 자금을 상환할 수 있고, 회사는 유명무실한 이사진과 그들에게 부여된
정보 접근권을 정리할 수 있기 때문이다.

> "전반적으로 투자자의 구주 매출 행위가
> 회사의 권리를 되찾고 지배구조를 정리할 수
> 있도록 하여 모든 이해관계자에게 긍정적이고
> 득이 되는 기회라고 생각해야 한다."
>
> _ 일라드 길

향후 매도 봉쇄

구주 매출은 회사의 명백한 동의 없이 동일한 개인이나 펀드가 구주를 매
도하지 못하도록 하는 기회가 된다. 구주 매출 구조를 초기에 엉성하게 세

웠다면 특히 중요할 것이다(초기에 합류한 직원들-심지어 우선매수권 포함-에 대해서는 어떠한 제약이 없는 경우도 있다. 펜윅 앤 웨스트Fenwick & West는 표준계약서에 이 내용을 포함하지 않는 것으로 악명 높다).

누구라도 주식을 매도할 때마다, 회사는 매도 당사자가 회사의 허가 없이 매도할 수 없다는 내용의 계약서에 서명하도록 요구해야 한다. 마찬가지로 회사의 내규와 직원 규정에서 직원들의 구주 매출을 허용하되, 주주명부에 검증되지 않은 사람을 투입하거나 회사의 주식을 악의를 갖고 매입하는 등 회사에 장기적으로 해를 가하지 않도록 내용을 변경할 수 있다. 앞의 두 가지 접근에 도움이 되는 문서에 대해서는 법무팀에 초안 작성을 요청하라.

409A와 양도제한조건부주식

이와 같은 거래가 보통주의 행사가격에 대한 회사의 409A 가치 평가에 영향을 주지 않은 채 체결되면 구주 매출의 균형점이 맞춰졌다고 할 수 있다. 409A는 회사의 스톡옵션 가격을 설정할 때 사용하는 분석법이다. 대규모로 회사가 제재하는 일반주 거래가 고액에서 이루어지면 일반주 행사가격을 상향 조정하여 직원들에게 보상할 수 있도록 해야 한다.

구주 매출과 409A에 대한 적합한 접근 방식에 대해서는 회사의 법무팀과 상의해야 한다. 또한 회사의 평가액이 10억 달러를 웃돌고, 신규 상장한 시점으로부터 18~36개월 지났다면 스톡옵션보다는 양도제한조건부주식Restricted Stock Unit(RSU)을 선택하는 방향으로 고려해야 한다.

RSU 선택 전략

대부분의 회사 입장에서는 특정 시점에 이르면 RSU를 선택하는 것이 유리하다. 설립 초기에는 스톡옵션을 조기에 행사하는 것과 자본이득세capital gains tax° 과세 문제로 주식을 보유하는 것에 비해 직원들이 받는 세금 혜택이 적은 경향이 있다. 그러나 행사가격이 충분히 높아지면 직원에게 부가되는 조기 행사비용이 워낙 높아져서 대부분의 직원이 스톡옵션 행사를 포기하게 된다. 스톡옵션을 행사하는 것 자체가 비합리적이다(1990년대는 스톡옵션 행사가 넘쳐났고, 과세 금액도 매우 높았기 때문에 실제 주식보유의 장점은 전무할 정도였다. 그 결과 직원들은 주식 평가액 상승을 통한 혜택도 누리지 못한 채 세금만 지불하고, 심지어 세금을 지급할 현금이 없는 경우도 있었다). 자신들이 보유한 모든 옵션을 행사하기 위해 단지 충분한 현금을 확보한다는 목적으로 구주 매출을 해야 하는 상황에 처했다.

결국 회사에 대한 평가액이 높고 IPO 이후 몇 년 지나지 않았다면 세제 차원에서 RSU와 스톡옵션은 효율성이 우수하다. RSU를 통해 회사와 직원들은 주가 하락으로 말미암은 잠재 손실을 피할 뿐 아니라, 주식의 행사가격을 상쇄할 정도로 여러 복잡한 요소를 피해갈 수 있다.

또한 RSU는 단순히 특정 시기에 주식을 매입할 수 있는 옵션이 아니고, 사실상 주식과 동일한 기능을 하기 때문에 '투명한' 거래 대상이다. 주식은 직원이 받은 옵션 가격보다 낮은 가격으로 매매될 수 있는 반면 RSU는 항상 주가와 동일한 가격으로 거래된다. 다시 말해, RSU로 직원들에게 부여된 '지분equity'의 가치는 마이너스가 될 리가 없다. 반대로 스톡옵션은 행사

° 자본 자산의 매각에서 발생하는 이득과 손실에 대한 조세.

가격인 현재의 주가와 같거나 미만일 경우 '제로(0)'로 떨어질 수 있다.

구주매매: 직원들의 관점

앞에서 말한 몇몇 항목에서는 회사의 관점에서 구주 매출을 하는 방법에 대해 다루었다. 이번 항목에서는 직원의 관점, 즉 2차 시장에서 주식을 매도하는 방법을 다룬다.

1. 직원이 주식을 매도할 수 있는지 파악하라

직원이 구주를 매도할 수 있는지 여부를 파악하기 위해 스톡옵션 플랜, 회사의 헌장charter, 기타 회사 문건을 검토하라. 사내 법무실장이 있다면 직원의 매도 권한에 대해 세부적으로 자문을 구하라. 후기 회사들 중에는 재무팀에 세컨더리 딜 전담자를 두고 있다. CFO가 세컨더리 딜 담당자로 지정될 수도 있다.

프로세스 관점에서 대부분의 회사가 30~60일 기간 동안 우선매수권을 보유한다. 즉, 잠재 매수자와 가격을 협상하고 나면 매수자가 아니라 회사가 그 가격에 주식을 매수할 의향이 있는지 결정할 수 있다. 회사가 매수의향이 없다고 하면 회사의 기존 투자자들이 우선매수권을 가질 수 있고, 회사의 주식을 매수할 의향이 있는지 질문을 받게 된다. 매수하겠다는 사람이 아무도 없으면 원매수자가 CEO로부터 주식을 매수할 수 있다. 회사 혹은 회사의 기존 투자자가 주식을 매수하기 위해 우선매수권을 행사히고자 하는 경우, 직원이 매수자와 합의한 동일한 금액을 직원에게 지불한다. 따라서 우선매수권을 발동하더라도 본인이 보유한 주식을 매도할 수 있다.

회사(경우에 따라서는 투자자들)가 우선매수권을 포기하는 데 약 30일이 소요되지만, 더 오래 걸리기도 해서 주식을 매도할 때 미리 일정을 염두에 두어야 한다.

IPO 직전에 회사가 주식 매매를 중단하는 경우가 종종 발생한다. 결과적으로 직원은 IPO 전에 몇 달 동안 주식을 매도할 수 없고, 상장 시점으로부터 6개월 동안에도 매도할 수 없다는 사실을 기억하길 바란다.

2. 매도량을 결정하라

매도량을 결정할 때는 다음의 몇몇 요소를 고려할 수 있다.

- **직원의 퇴사 여부:** 대부분의 회사에서는 직원의 퇴사 시점으로부터 90일 이내에 스톡옵션 행사를 의무화한다. 90일 이내에 행사하지 못하면 그동안 힘들게 쌓아 올린 전체 스톡옵션을 잃게 된다. 따라서 회사를 나오기 직전에 구주 매출을 어떻게 할 것인지 고민하라. 행사하는 전체 스톡옵션에 대해 세금을 부과할 수 있을 정도만 매도할 것인지, 충분히 매도해서 현금을 여유 있게 보유할 것인지 결정해야 한다.

- **포트폴리오 다각화:** 당신의 순자산 중 99퍼센트가 회사 주식에 묶여 있다면 한 번에 순자산을 날려버릴 수 있는 '블랙스완 이벤트black swan event °'로부터 보호하고 싶다는 생각이 들 것이다. 일례로 징가의 직원들 다수는 주가 폭락으로 순자산의 70퍼센트도 함께 급감했다.

- **현금의 필요성:** 회사가 상장을 코앞에 두고 있다고 해도, 직원인 당신은 집이나 차를 사거나 자녀의 학비를 대는 등 단기 유동성을 확보하고자 할 것이다. 기억하라. 당신의 회사가 IPO를 한다고 해도 신속하게 상장까지 완료되는 것이 아니고, 상장 이후에도 6개월 동안은 당신이 보

° 발생할 가능성이 거의 없어 보이지만 발생하면 엄청난 충격과 파급효과를 가져오는 사건.

유한 주식을 매도할 수 없게 되어 있다. 다시 말해 상장 이후 6개월은 불확실성의 시기라는 점이다.

- **세금:** 시기에 따라 주식 매도에 따르는 과세 사항을 고려해야 할 수 있다. 예를 들어 2012년에 사람들은 너나 할 것 없이 구주를 매도하여 2013년에 있을 세금 폭탄을 피하고자 했다. 따라서 매도 전에 회계사의 자문을 구하라.

이와 같은 이유로 많은 사람들은 IPO 이전에 보유 지분의 20~50퍼센트를 매도한다. 당장 현금이 필요하거나 담보를 원한다면 전체 지분을 세컨더리 딜에서 매도할 수 있다. 물론 IPO 이후의 주가 잠재 상승분은 제한될 수 있지만, 조기 매도를 했을 때와 트레이드오프를 고려하여, 접점을 찾도록 하라. 지금 현금 담보를 할 것인지, 추후의 수익 가능성에 기대를 걸 것인지 고민해야 할 것이다.

3. 적합한 매수자를 물색하라

구주 매수자는 다양하다. 구주 전용 펀드, 헤지펀드, 패밀리 오피스, 엔젤 투자자, 치과의사 그리고 임의의 개인투자자 그룹 등이 관련 정보가 들쭉날쭉한 구주매매 시장에 참여하고 있다(구주 매출에 대한 추가 정보는 이전 항목을 참조하라).

일반적으로 다음과 같은 특징을 갖고 있는 매수자가 이상적이다.

- **가용 펀드가 있는 경우:** 고액 거래의 경우, 펀드에 대한 입증 서류를 요청하거나 관련 담당자나 법인이 인지도 있는 투자자인지 확인하라.
- **신속한 추진:** 매수자와 공시자 간에 의사 결정자가 여럿이 되지 않도록 하라. 예를 들어, 세컨더리 펀드에서는 주기적으로 소집하는 의사 결정 위원회를 보유하고 있을 것이다.
- **사모증권에 투자한 경험이 있는 경우:** (펀드가 아닌) 고액 자산가를 상대

하는 경우, 매수자가 세컨더리 프로세스, 관련 위험, 빠르게 거래를 마무리하기 위한 다양한 단계를 파악하도록 하라.

- **회사에 해가 되지 않는다는 보장:** 예컨대 회사의 주주명단에 오타와 출신의 치과의사가 등재되면 고용주에게 피해를 입힐 수 있다. 치과의사가 전문 매수자보다 회사의 주식에 더 높은 금액을 제시할 수도 있기 때문이다. 심지어 임의의 매수자가 불미스러운 사건을 일으킬 수도 있다(아무 이유 없이 회사에 소송을 거는 등). 이렇게 되면 당신이 매도하지 않는 잔여 주식의 가치에 타격을 입히고, 고용주와의 관계에도 악영향을 줄 것이다. 고용주와 돌이킬 수 없는 관계가 되어도 개의치 않는다면 임의의 사람들과 거래하라.

- **회사의 신속한 승인:** 회사가 이미 알고 있거나 주주명부에 신속하게 등재하길 바라는 매수자와 거래하는 것이 가장 이상적일 것이다. 구주매입과 관련하여 과거에 미국 증권거래위원회와 문제를 일으킨 펀드들도 있는데, 회사는 그러한 펀드가 당신의 주식을 매입하길 원치 않을 수 있다.[66]

4. 희망 금액을 추산하라

사모시장private market의 거래는 유동성이 낮고 변동성이 높다.[67] 개인 주식에 대해 가격을 기준보다 높거나 낮게 받았다는 소문은 항상 무성하다. 자격 미달의 매수자가 단지 시장 분위기를 평가하기 위해 지불할 능력이나 의향이 없는 주식에 대해 가격을 제시할 수도 있다. 주로 거래가 불발되고 실제 시장가액에 대한 인식을 왜곡하기도 한다.

주식시장에 대해 감을 잡으려면 회사 동료들이 기존 거래에서 얼마를 받고 주식을 팔았는지 물어보면 된다. 그들이 제안받은 금액 대비 실제 거래액이 얼마인지 파악할 수 있다. 불발된 거래는 허수에 불과한 경우가 많다.

지나친 욕심은 금물이다. 본인이 생각하는 적당한 금액으로 신속하게 거래를 성사시키는 데 초점을 맞춰야 한다. 대량을 매도하는 것이 아니라면 주당 18달러에 매도하는 경우 주당 5센트 정도의 차이는 대세에 영향을 주지 않는다.

내 경험을 통해 깨달은 몇 가지 법칙을 소개한다.

- **주로 마지막 우선주 가격보다 할인받는 보통주**[68]: 금액 차이가 약 30퍼센트 난다. 예를 들어, 회사에 대한 평가액이 2억 4천만 달러일 경우, 보통주를 매도할 때는 평가액을 1억 6천~2억 달러로 산정한다. 매도로부터 수개월 전에 펀딩 라운드를 했고, 그 이후 회사가 높은 진전을 보였다면 우선주 금액으로 주식을 매도할 수 있다.[69] 이때, 마지막 우선주 평가액을 요청해야 하지만 투자자들이 그 금액을 지불할 의향이 없을 수도 있다. 회사가 성숙 단계에 이르고, 가치가 오르거나 후기로 발전할수록 보통주와 우선주의 가격 차이는 사라진다.

- **변동성을 높이는 IPO:** IPO 직전, 회사가 세컨더리 딜을 중단하는 시점으로부터 몇 주 전에 구주의 가격은 급등하는 편이다. 구주 가격이 IPO 이후 주가보다 높은 경우도 있다(예: 페이스북의 첫해 주가[70]). 진정 주식을 매도하고 싶으면 이 시기 동안 지나친 욕심은 금물이다. 가격 상승 속도가 매우 빠르면 좀 더 오래 보유하고 싶은 마음이 생길 것이다. 그러나 가격이 빠르게 움직이는 이유는 회사가 곧 모든 세컨더리 매매를 중단할 것이기 때문이다. 지나친 낙관주의를 펼치며 매도하지 않으면 불확정한 기간 동안 회사가 매도를 막을 수도 있다. 회사가 상장 의향이 있다고 즉시 상장하는 것은 아니기 때문에 상황이 불투명한 것이다. 회사가 IPO를 신청한 이후 시장 상황에 따라 상장까지 수개월(혹은 여러 분기)이 소요될 수 있다. 회사가 상장되면 추가로 6개월

동안 매도할 수 없고, IPO가 지연되기라도 하면 유동성을 잃은 주식만 잔뜩 보유한 상황에서 시장 리스크는 잠잠해질 기미가 안 보일 수 있다.

- **종잡을 수 없는 주가:** 매수자와 매도자의 수가 제한된 시장에서는 가격이 어디로 튈지 모를 수 있다. 당신 회사의 설립자 중 한 사람이 자산을 다각화하기 위해 대량의 주식을 저가에 처분한다면 가격은 바닥을 칠 것이다.

- **세금:** 회계사와 상담해보라. 주식을 매도할 때 부과되는 세금은 올해와 내년이 다를 수 있다. 당신이 스톡옵션을 매입 혹은 행사한 당시, 회사가 소기업이었다면 주식을 좀 더 오래 보유하는 것이 훨씬 유리할 수 있다. 혹은 벌어들인 자산을 어떻게 재투자하는지에 따라 향후 세제 혜택이 있을 수도 있다.

5. 회사가 법무실장에게 거래를 맡길 의향이 있는지 확인하라

많은 회사는 직원들이 주식을 매매할 때 작성하길 기대하는 주식 매매 계약을 보유하고 있다. 혹시 회사에 주식 매매 계약이 없으면 주요 실리콘밸리 기업의 여러 문서를 참조하여 문서를 작성할 수 있다.

문서 작성자가 누구든 상관없이 주식 매매 계약이 필요하다. 본인이 매도하려는 주식을 합법적으로 소유하고 있다는 사실을 입증하는 제3자 법무의견서 등 추가 자료가 필요할 수도 있다(매수자와 매도자가 많은 상황에서 회사의 주식에 대한 2차 시장 규모가 클 경우에 필요한 편이다. 시장에서 막무가내로 행동하며 존재하지 않는 주식을 매도하는 사람들도 있을 수 있기 때문에 법적으로 만반의 준비를 해야 할 필요가 있다).

6. 계약 포함 조건

세컨더리 딜에 필요한 서류에는 다음과 같은 내용을 포함하도록 한다.

- 매수자는 매수 가능일로부터 X일 이내에 주식을 매수해야 한다. 예를 들어 매매 마감으로부터 1주일 이내에 매도자에게 돈을 입금하지 않으면 매도자는 계약을 무효화할 수 있다.
- 매도자는 주식을 매도해야 하고 매도를 취소할 수 없다.
- 회사가 거래를 막거나 우선매수권을 행사하는 경우, 계약을 무효화한다. 내가 변호사가 아니기 때문에 법적 조언을 제공하려는 취지가 아니므로, 해당 주제에 대해서는 변호사에게 문의하길 바란다.

7. 좀 더 복잡한 거래

현재 주식을 현금화하는 동시에 향후 주식의 상승분으로 탄력을 받아 좀 더 복잡한 거래가 가능한 세컨더리 펀드들도 있다. 주식을 담보로 대출을 받아, 상승분을 대출자와 나눠 갖는 경우도 있다. 한편 주식을 직접 매도하되, 주가가 특정 금액을 넘으면 상승분을 나눈다는 내용으로 계약서를 작성하기도 한다. 주당 25달러에 매도할 수 있지만, 주당 30달러 이상 가격이 올랐을 때 상승분을 배분하는 경우다. 따라서 주식을 32달러에 매도하면 본인 손에 쥐어 쥐는 금액은 26달러다[25달러+(32달러-30달러)÷2].[71]

IPO: 회사의 상장

2007~2012년 동안 회사들은 무턱대고 상장할 시점만을 눈 빠지게 기다리곤 했다. 몇몇 단점도 있지만, 상장회사가 누리는 장점이 많기 때문이다.

회사 상장의 장점

1. 직원 채용 · 유지 · 전환

회사가 IPO를 하고 나면 직원 채용률이 높아지면서 직원 연봉이 내려가기도 한다. 회사가 리스크를 낮출 수 있고, 직원들 사이에서도 스톡옵션에 대해 유동성 높은 통화라는 인식이 있기 때문이다. 신입 사원들의 고용 유지율이 높아지지만(근무 연수에 따른 스톡옵션이 늘어나고), 기존 직원들이 퇴사하는 경우가 종종 발생한다(이미 수백만 혹은 수천만 달러의 금액을 벌여들였고, 현재 충분한 현금을 보유하고 있으므로 퇴사할 수 있는 여력이 생겼기 때문이다). 장기근속에 대한 혜택이 석기 때문에 결국 퇴사할 확률이 높다.

2. M&A

인수기업은 유동 통화 덕분에 주가에 대해 크게 고민하지 않고도 회사를 인수할 수 있는 여력이 있다.

3. 회사를 위한 새로운 자본 출처

공모시장에서는 IPO 이후 회사들을 위해 대대적 펀딩의 자리를 마련해줄 수 있다. 테슬라의 경우, 공모시장에서 폭넓은 글로벌 자본이 유입되지 않았다면 꾸준히 상승세를 유지하기 어려웠을 것이다. 시장에 자본이 풍부하다면 큰 장점이 아닐 수도 있겠지만, 자본의 씨가 마른 환경에서는 회사에 단비가 된다. 예를 들어 옵스웨어는 사모시장의 자금원이 바닥나던 2001년에 상장했다.

4. 대규모로 사업 제휴를 맺거나 매도할 수 있는 무기

다른 회사들이 사업 제휴, 제품 판매를 비롯한 비즈니스 활동을 함께할 파트너사를 찾을 때 상장사 중심으로 물색하는 경향이 있다.

5. 재무 및 사업적 목적

페이스북은 상장을 통해 더 많은 수익 창출을 꾀하지는 않았다. 어닝 콜earnings call, 즉 실적 발표를 위한 콘퍼런스 콜을 마친 이후 주가가 처음으로 급락하자, 저커버그는 기술 자원을 비롯한 여러 자원을 광고팀으로 이전하여 수익 창출을 확대하고자 했다. 일각에서는 페이스북이 비상장회사였다면 시가총액 5천억 달러를 달성하지 못했을 것이라고 주장할 수 있다. 공모시장의 압박으로 회사의 우선순위를 재검토하게 되었고, 상장을 통해 얻은 고액 유동자본을 토대로 인스타그램과 왓츠앱을 비롯한 기타 잠재 경쟁사를 인수할 수 있었다.

회사 상장의 단점

1. 이사회의 확대와 복잡화

상장회사가 되면 이사진 차원에서 투입되어야 하는 여러 위원회가 생겨난다. 이로 말미암아 이사회의 크기와 복잡성이 배가된다. 이사회는 작을수록 민첩하게 움직일 수 있다.

2. 재무 및 기타 업무에 대한 통제

IPO를 준비하는 과정에서 재무 및 프로세스에 대한 다양한 통제 시스템이 구비되어야 한다. 이 중 회사에 도움이 되는 제도도 있겠지만, 다수는 핵심 사업 지원에 효과가 없고 처리 과정만 더디게 할 뿐이다.

3. 직원 구성의 변화

회사의 직원이 10명에서 1천명으로 늘어나면 직원들의 리스크에 대한 태도도 변한다. 회사의 단계가 후기로 갈수록 직원들의 리스크 회피도는 높아진다. 한편 회사가 상장이 되면 채용 기준에도 변화가 생긴다. 일반적으로 채용 직원들의 전반적 능력과 역량은 동일하지만 리스크 관리가 더 보수적으로 변한다. 창업 기업을 인수하여 기업문화적으로 흡수하면 적극적으로 리스크를 관리할 수 있다. 한편 경영진과 설립자들이 새로운 조직문화 차원에서 직원들이 리스크를 감수하고 개선해야 할 규정을 검토해야 한다는 점을 설득시킬 필요가 있다.

시장 주기

오늘날 고성장 비상장회사를 처음 운영해보는 창업자들 중에는 인생에서 주요 경제 및 자본 주기를 겪어보지 않은 이들이 많다. 공모시장이 붕괴하면 다음과 같은 몇 가지 이유로 사모시장이 과잉 반응을 보이는 경향이 있다.

1. 비교 평가

공모시장에서의 평가액이 20~30퍼센트 하락하면 사모시장 평가액도 그 추이를 따르는 경향이 있다. 평가액이 10억 달러일 때와 7억 달러일 때는 차이가 나타난다. 시장이 강세를 나타낼 때 회사가 가치를 높게 평가받았다면, 시장이 재균형을 찾았을 때 '다운 라운드'를 해야 할 수도 있다.

2. 벤처 · 성장펀드 출자자

벤처 펀드 · 성장펀드에 참여하는 많은 투자자(기금, 패밀리 오피스, 연금제도)는 벤처 자본에 투자할 수 있는 자본의 비율에 제한을 정한다. 공모시장에 큰 변화가 생기면 출자자들은 벤처 자본에서 자본을 재할당해야 한다. 펀드가 유치할 수 있는 스타트업에 대한 투자 자본이 줄어들 수 있다는 의미다. 전형적인 벤처 펀드의 주기가 2~3년이기 때문에 이 과정도 2~3년 정도 소요된다.

3. 공포가 탐욕을 대체하는 장세

장세에 대한 공포감은 지갑을 닫게 만든다.

계속되는 강세장에서 회사를 상장하는 것이 가장 이상적이다. 거액의 자본을 유치하고, 회사를 인수하는 데 필요한 유동자산을 확보할 수 있다. 강세장에서 모금하는 자금은 회사가 생존하게 하고, 약세장에서 공격적으로 행동할 수 있도록 해준다. 아마존은 상장회사가 누릴 수 있는 장점을 최대한 활용한 성공사례다. 90년대 거품경기시절, 아마존은 자사의 시가총액을 무기로 여러 기업을 인수했다. 경제에서 거품이 가라앉자, 아마존은 공모시장에서 유치한 거액의 자본을 활용하여 2000년대 초반의 암흑기를 이겨내며 생존할 수 있었다.

창업자가 눈이 빠지도록 상장을 기다리다 보면 회사의 IPO 가격에 비해 과도한 걸림돌이나 난관을 마주할 수 있다. 공모시장에서 평가액이 하락하거나, 사모시장에서의 계약 조건이 이례적으로 납득할 수 없거나(사적 자본을 모금하기 위해 내부수익률이나 IPO 가격장벽을 제어해야 하는 경우 등), 평가액이 높을 때 자금을 모은 후에 몇 년 동안 회사를 키워 평가액 수준에 도달하는 경우도 있다.

1990년대는 회사들이 너무 일찍 상장한 시기인 반면 2010년대에는 하염없이 기다린 회사들이 많았던 시기였다.

IPO 절차

IPO를 준비하려면 IPO 전담팀과 총괄자를 지정하여, CFO가 전반적인 IPO 절차를 감독하도록 해야 한다. 동시에 회사를 상장시킨 경험이 있는 다른 CEO와 CFO들을 만나서 IPO를 성공적으로 진행하기 위한 노하우와 전략을 들어볼 수 있다.

회사를 거래소에 상장하는 이유

키스 라보이스와의 인터뷰(파트 2)

키스 라보이스는 코슬라 벤처스의 투자 파트너다. 그는 2000년 이후 페이팔, 링크드인, 스퀘어의 임원, 그리고 옐프와 줌의 이사로 활동해오면서, 다섯 개의 스타트업이 초기 단계에서 성공적으로 IPO하도록 큰 도움을 주었다.

라보이스는 코슬라 벤처스에서 도어대시, 스트라이프, 소트스팟, 어펌, 이븐 파이낸셜, 피아짜 등의 스타트업에 대한 투자를 진행했다. VC로 활동하는 동시에 부동산 테크의 스타트업 오픈도어를 공동 설립했다.

키스 라보이사와의 인터뷰 두 번째 파트에서 우리는 회사의 상장에 관해 이야기를 나누었다.

일라드 길   당신은 페이팔, 링크드인, 스퀘어 같은 상장한 기업에서 경영진이나 이사로 참여했고, 엘프와 줌에서는 이사로 활동했다. 오늘날 많은 창업자가 상장을 꺼리는 듯하다. 회사 상장의 장단점에 대한 생각을 듣고 싶다.

키스 라보이스   최대한 상장을 서두르는 것이 좋다고 생각한다. 상장을 통해 투명성과 책임성이 올라갈 수 있다는 것은 큰 장점이다. 경영진에게도 조직에서 늘 강조하고 설득하는 부분이기도 하다. 상장을 준비하려면 대부분의 다른 프로세스가 그렇듯 선택과 집중 전략이 필요하다.

두 가지로 요약할 수 있다. 상장을 하는 순간, 파이낸싱, 기업 인수, M&A를 확대할 수 있는 수단과 지렛대가 생겨난다. 상장하지 않고서는 활용하거나 펼칠 수 없는 많은 잠재력에 물꼬를 터준다.

예를 들어 페이스북은 트위터를 인수하기 위해 노력했다. 5억 달러를 인수 금액으로 제안한 일에 대해서는 논란이 많았다. 당시 비상장기업이었던 페이스북이 유동자본이 있었다면 충분히 트위터를 인수할 수 있었을 것이고, 만약 인수했다면 업계에 새로운 역사를 썼을 것이라고 생각한다. 최소한 내 관점으로 트위터는 페이스북보다 전 세계적으로 영향력이 큰 매우 성공한 독립기업이다. 페이스북의 평가액이 떨어질 수 있는 가능성에 대해 논쟁이 워낙 커서 인수가 성사될 수 없었다. 이와 유사한 사례는 많다.

내 생각에 상장을 하지 않는 이유는 단지 변명에 불과하다. 예를 들어 혁신에 대해 여기저기서 얘기하지 않는가? 지구상에서 가장 혁신적인 기업 다섯 곳이 어느 기업들인지 실리콘밸리에서 누구에게든 질문해보라. 사람들은 구글, 페이스북, 테슬라, 스페이스엑스, 애플, 그리고 아마도 아마존을 언급할 것이다. 이 중에서 다섯 기업은 시장에서 주식이 거래되는 상장기업이고, 비상장기업에 비해 훨씬 빠른 속도로 혁신하고 있다. 경영진이 제대로 회사를 운영할 수 있는 리더십이 있다는 전제하에, 회사는 사모시장보다는 공모시장에서 더 효과적으로 혁신할 수 있다. 그렇기에 상장하지 않는 이유는 변명에 불과하다.

그다음, 경영인들은 주가를 비롯한 외부적인 요소 때문에 경영에 집중하기 어렵다고 한다. 그러나 실제로 회사 운영에 오로지 집중할 수 없게 만드는 요소는 많다. 사무실에서 직원들이 주고받는 험담, 회사에서 제공하는 식사와 관련된 불만, 그리고 최근에는 암호 화폐 지분율 등 그야말로 회사는 바람 잘 날이 없다. 그러나 회사가 상장된 상태라면 상황은 더 양호하다. 당신이 회사의 임원으로서 직원들과 같은 관점을 갖게 되고, 직원들이 외부 요소로 말미암아 언제 업무를 방해받는지 파악할 수 있기 때문이다. 사무실 내의 분위기와 여러 정보를 파악하고, 직원들이 개의치 않도록 올바른 방향으로 인도할 수 있다. 그러나 비상장된 상태에서 직원들에게 돌아가야 할 수익 가운데 일부를 임원이 부당하게 이익이나 상여금으로 가져가 직원들이 업무에 집중하지 못하는 경우, 그 상황을 임원 당사자가 제대로 파악하는 것은 쉽지 않다. 나는 리더, 임원 혹은 CEO의 업무 중 하나가 직원들의 업무 몰입을 방해하는 요소를 차단하여 관리하는 것이라고 생각한다.

게다가 상장하는 데 드는 비용에 대한 얘기도 많다. 실제 비용 보다 부풀려진 금액이다. 상장하고 나서 1년 동안은 규제 준수에 관해 처리해야 할 부분도 많다. 상장 이후 1년 정도 지날 무렵에는 '사베인스 - 옥슬리법Sar-

banes-Oxley Act ^{°'}을 준수하기 위한 모든 정책을 사내에 도입했고, 관련 자원을 확실히 확보해둔 상태일 것이다. 회사 상장을 통해 수억에서 10억 달러를 모금한 상태이고, 회계사 4~5명의 인건비와 사내에 도입할 몇몇 소프트웨어에 대한 비용 정도는 지불할 여력이 있다. 따라서 상장 비용 때문에 상장을 못한다는 주장은 궁색한 변명에 지나지 않는다.

창업 이후 재무·회계와 승인·결재 체계를 최대한 조기에 갖추어놓으면 앞으로 회사를 투명하게 운영하는 데 큰 도움이 된다. 굳이 회사가 이윤을 내지 않아도 된다. 이윤을 내지 못하는 데도 상장하는 회사가 수두룩한 것 같다. 그동안의 추이를 봤을 때 대부분의 기술기업은 이윤을 내지 못하던 시절에 상장을 했던 것 같다. 따라서 이윤 창출은 상장의 필수 조건이 아니라고 생각한다.

그러나 초창기 상장기업들의 사례를 잘못 해석하는 경우도 있는 것 같다. 예를 들어 내가 임원으로 있던 페이팔은 상장이 되기까지 우여곡절이 많았다. 우리는 9·11 테러 전날 상장을 신청했는데, 당시 주 규제 당국에서 페이팔이 IPO를 하기 직전까지 지나치게 엄격한 잣대를 들이밀었다. 페이팔의 공동창업자 피터 틸이 회사를 상장하는 일은 생각보다 엄청난 골칫거리라는 교훈을 뼈저리게 느꼈던 것 같다. 얼토당토않은 상황들이 페이팔을 덮쳤기 때문이다. 그래도 우리는 결국 상장에 성공했고, 다들 잘한 일이라고 생각했다.

엘프도 상장 이후, 직원 유지율을 확실히 높였다. 상장하기 1년 전부터 임직원은 회사가 상장하여 영구적인 독립기업이 될 수 있다는 사실에 크게 동기부여되고 고무된 상태였다. 상장 이후에는 엔지니어 및 일반 직원들의

°   일명 SOX법으로, 정식 명칭은 '상장기업 회계 개혁 및 투자자 보호법'이다.

고용 유지율이 두 자리 수로 상승했다. CEO 제러미 스토펠만_{Jeremy Stopple-}man의 걱정은 기우에 그쳤는데 결과적으로 회사의 기초를 건실하게 만든 계기였다고 생각한다.

일라드 고용 유지율과 훌륭한 인재를 영입·보상하는 역량 차원에서 회사의 상장이 직원에 미치는 영향을 과소평가하는 경향이 있는 듯하다. 내가 헤드헌팅 업체 한 곳을 만나 관련된 얘기를 나누었는데, 회사가 상장을 하고 난 이후에, 기존보다 낮은 연봉으로 더 많은 인력을 충원할 수 있었다는 사실을 데이터로 확인할 수 있었다.

키스 충분히 그럴 만하다. 그 부분에 대해 내가 면밀히 분석한 것은 아니지만, 옐프의 데이터도 같은 결과를 보여주고 있고, 글로벌 차원에서도 그럴 것이라고 생각한다.

일라드 회사 창업을 처음 해본 창업자들이 회사를 상장시킬 때 어느 부분에서 가장 예상하지 못한 상황을 맞이하는가?

키스 이사회 회의가 더디게 진행될 때 당황스러울 수 있다. 이전과 달리 회의가 정식 식순에 따라 진행되기 때문일 것이다. 당신과 나는 스타트업이 최대 3~7명의 소수 이사회를 구성하는 게 좋다고 조언하는 편이지 않은가? 아무리 많아도 3~7명에서 5명 정도 추가하라고 하는데 회사가 상장하면 상황은 달라진다. 감사위원회, 임명위원회 등 여러 위원회를 구성해야 하고, 구조적으로도 충족해야 하는 조건이 많아져서 이사회의 몸집이 훨씬 커진다. 따라서 회의에서 내용 발표만 하지 않고 활발한 대화와 논의를 하기 어려운 면이 있다.

그러나 그 문제를 해결할 수 있는 대안이 있다. 공식 이사회 회의 외에도 회사의 전략 회의를 열 수 있는 기회가 많기 때문에 크게 문제되지 않는다. 다만 이전과 상황이 달라졌을 뿐이다.

회사가 채용할 수 있는 인력의 특징도 상장 전과는 다르다. 급여 수준을 따지는 구직자들이 확실히 많아졌는데, 시장 전체의 분위기를 반영하는 듯하다. 샌프란시스코 베이 에어리어의 물가가 워낙 높은 탓도 있다. 다른 지역에서 일했을 때는 회사의 급여액보다는 스톡옵션에 관심을 보이다가도, 이곳에 오면 높은 물가 때문에 급여 수준에 치중하는 것 같다.

회사가 상장을 하면 최근 대학을 졸업한 청년 구직자들을 채용할 수 있는 역량이 높아진다. 스탠퍼드대학교와 카네기멜론대학교를 비롯한 여러 상위권 대학의 컴퓨터공학과 졸업생들은 대학을 졸업한 후, 회사에 입사하여 경험을 쌓고자 하는 의지가 강한 편이다. 일부 졸업생은 YC를 비롯한 여러 액셀러레이터에 합류하여 창업을 준비할 수도 있다. 그러나 대다수의 일반 소프트웨어 엔지니어들은 최소 2년간 안정적인 기업에서 일하고자 한다. 부모와 주변인들이 상장회사를 안정적이라고 생각하는 경향이 있기 때문에 구직자들은 상장회사의 취업 제의에 대한 거부감이 낮은 편이다.

대기업에서 일하면서 배울 수 있는 점도 많다고 생각한다. 나중에 창업하게 되면 뼈가 되고 살이 될 만한 많은 교훈과 타산지석을 대기업에서 경험하게 된다.

일라드 창업한 회사가 최대한 조기에 상장되어야 한다고 했는데, 어떻게 상장할 준비가 되었다는 사실을 파악할 수 있는가? 상장 시점을 어떻게 알 수 있나?

키스　　　회사에 대한 예측 가능성에 달려 있다. 즉, 다음 분기, 향후 6개월을 얼마나 쉽게 전망할 수 있는지가 관건이다. 사업을 견인하는 여러 지렛대를 얼마나 파악하고 있는지와 같은 맥락이다. 현재의 사업에 대한 방정식이 'X×Y×Z'라면 CEO가 그 방정식을 정확하게 꿰뚫고 있으면 된다. 사내에서 하나의 업무 결과가 그다음 업무에 미치는 영향, 그리고 최종 결과(예를 들어 공헌이익contribution margin °)에 미치는 영향을 정확히 알고 있다는 의미다.

　이처럼 정확하게 파악할 수 있고, 변동비가 미미할 정도로 표본의 크기가 클 때 상장할 준비가 된 것으로 보면 된다. 어느 정도 확장 단계에 이르러 약 5천만 달러의 수익을 거둔다는 의미이기 때문이다.

일라드　　　주식 시장의 가격 사이클이 얼마나 중요한지 파악하지 못하는 비상장회사의 창업자들이 많다. 나스닥의 S&P 지수가 최고치인 것이 뭐가 대수냐고 반문할 정도다. 회사를 상장하는 시기는 언제라도 가능하겠지만 회사가 상장하기에 적합한 거시경제적 시장주기가 있는지 궁금하다.

키스　　　시장의 분위기만 살피는 태도는 프로답지 않다고 생각한다. 평생 안정적인 시장 환경을 지켜본 이들이라면 산전수전을 겪지 않아서 순진하게 접근할 수도 있다. 실제로 2008년 세계 금융위기 이후, 지난 10년 동안 시장은 활황을 거듭했다. 대부분의 창업자들은 경영 환경과 심리적 차원에서 매우 안정적이고 매력적인 장세를 경험해왔다.

　한편, 2000~2003년 거품이 붕괴되었거나 붕괴한 직후에 사회생활을 시

°　　총 매출액에서 총 변동비를 뺀 값.

작한 창업자라면 시장에 유동성이 결핍되었을 때 어떠한 상황이 펼쳐지는지 이해할 것이다. 예를 들어 많은 기업이 성장을 위한 '산소' 기능으로 부채를 활용한다. 오픈도어, 어펌, 업스타트의 사업 모델도 이렇게 출발했다. 그런데 '산소'의 가격은 급격하고 급박하게 변할 수 있는 것이다. 빌 미 레이터Bill Me Later와 자포스는 사업 실적이 꽤 훌륭하던 시기에 채무 접근성이 타격을 받기 때문에 사업을 매각해야 했다. 채무 접근성이 거시경제적 변화에 영향을 받기 때문에 성장을 위한 자금 활용 능력이 하루아침에 완전히 바뀔 수 있다는 의미다.

나는 돈과 자본을 산소에 비유해본다. 우리가 살아가면서 숨 쉬는 모든 호흡에 대해 돈을 내야 하면 어떨시 싱싱해보리. 지금과는 매우 다른 삶을 살 것이다. 지금처럼 운동을 할 수도, 달리기나 전력 질주를 할 금전적 여유가 없을 것이다. 그러나 현실 세계에서 산소는 무료이기 때문에 우리는 산소의 가격 따위는 생각지 않고 살고 있다. 유동성이 흘러넘치는 장세에서는 누구나 자본이 '무료'라는 생각을 은연중에 하지만, 상황은 쉽게 역전될 수 있다. 자본액이 지난 100~200년 동안 수없이 여러 차례 변동했기 때문이다. 다양한 경제 주기를 겪어본 사람이라면 이 점을 항상 염두에 둘 수 있다는 장점이 있다.

> "나는 돈과 자본을 산소에 비유해본다.
> 우리가 살아가면서 숨 쉬는 모든 호흡에 대해
> 돈을 내야 하면 어떨지 상상해보라."
>
> _ 키스 라보이스

일라드　당신이 권장하는 IPO 절차에 임하는 전략이 있는가?

키스　그 질문에는 정석대로 답하는 것이 맞을 듯싶다. 한마디로 요약하면 CFO를 이사회에 투입하는 시기를 앞당길수록 수월하게 진행할 수 있다. 그렇다고 시기상조인 상황에서 CFO를 영입하라는 의미는 아니다. 단 훌륭한 CFO와 연이 닿을 수 있는 시기가 오면 분명 큰 도움을 받을 수 있다.

　그다음, IPO 절차는 생각보다 빠르게 진행될 수 있다고 생각한다. 정석대로라면 약 1년이 소요된다. 3~4개월에 완료하는 경우도 본 적이 있지만, 다소 극단적인 상황인 듯하다. 평균적으로 3~4개월 동안 직원 수가 0명에서 60명으로 늘어난다면 엄청난 집중과 에너지, 그리고 CFO 혹은 법무실장의 연륜이 필요할 것이다. 결론적으로 가장 보편적인 시기는 6~9개월이라고 생각한다. 그러나 1년 정도 준비 기간을 갖는 것도 좋은 생각이다.

일라드　IPO팀을 구성하는 것도 효과적이라고 생각한다. 다양한 부서에서 임원이나 중간급 관리자를 스카우트하여 함께 IPO에 관한 업무 계획을 세우는 방식이다. IPO를 하나의 프로젝트로 접근한다는 취지다.

키스　그렇다. 총괄자를 임명하는 것이 매우 효과적이라고 생각한다. 페이팔에서도 그렇게 했다. 핵심 개발 부서들의 이사들이나 부사장 중에 한 명을 총괄자로 임명했고, 그가 모든 관련 업무를 진두지휘했다. 따라서 IPO를 주요 사업처럼 취급하기를 권한다. CEO가 신뢰하는 사람이자 조직 내에서 신뢰를 얻고 있는 사람으로 임명하여, 모든 관련 과제를 한데 엮고 직원들에게 IPO에 대한 동기부여를 할 수 있도록 하라.

인터뷰 내용은 이해를 돕기 위해 편집 및 요약되었다.

• • • • • • • •

후기 펀딩을 받는 노하우

나발 라비칸트와의 인터뷰(파트 2)

나발 라비칸트는 엔젤리스트의 회장이자 공동 설립자다. 이전에는 에피니언스(쇼핑닷컴이 인수한 이후 상장되었다)와 배스트닷컴을 공동 설립했다. 현재는 엔젤투자자로 적극 활동 중이며, 트위터, 우버, 야머, 스택 오버플로 등 수십 곳의 회사에 투자했다.

나발은 실리콘밸리에서 가장 존경받는 엔젤투자자이자 기업가로 손꼽히며, 실리콘밸리에서 내로라할 스타트업 성공 신화들에 기여한 전문가이자 투자자로 활동하며, 스타트업에 대해 자신만의 폭넓은 관점을 갖고 있다.
그와의 인터뷰 두 번째 파트에서 우리는 후기 펀딩에 관한 이야기를 나누었다.

일라드 길　(venturehacks.com에 게시된 글을 포함하여) 초기 펀딩에 관한 자료가 많지만, 후기 라운드에 대한 자료는 턱없이 부족하다. 후기 펀딩 라운드에서 중요하게 고려해야 할 사항에는 어떠한 것들이 있는가?

나발
라비칸트　우선 모든 기업에 대규모 라운드가 필요한 시대는 지났다고 생각한다. 인터넷 덕분에 모든 종류의 회사를 훨씬 저렴한 비용으로 창업힐 수 있게 되었다. 하드웨어 사업을 하거나 현지에서 사업을 확대해야 하는 문제가 있을 때는 인터넷으로는 충분하지 않다. 그러나 전반적으로 과거에 비해 훨씬 더 낮은 비용으로 회사를 세울 수 있게 되었다.

한편, 후기 라운드를 유치할 때, 어떠한 점을 유념해야 할까? 후기 라운드는 주로 벤처 자본가들이 추진하곤 했는데, 현재는 뮤추얼 펀드, 동종업계의 다른 기업, 전략적 투자자가 추진하게 되었다. 심지어 패밀리 오피스가 직접 라운드를 추진할 때도 있다. 이와 같은 상황에서 회사는 보통주를 통제·매도할 수 있는 기준을 마련할 수 있다는 점이 매우 중요하다. 회사는 이사직을 포기하지 않고, M&A에 대한 거부권과 옵션풀**option pool**°과 향후 자금 조달을 포기하지 않도록 할 수 있다(가족 간의 거래 혹은 내부자 사적 금융 거래에 대해서는 투자자가 거부권을 행사하도록 한다).

벤처핵스에서는 한때 "가치 평가는 일시적이지만, 통제권은 영원하다"

°　투자 계약 시 스톡옵션의 규모를 미리 합의하는 것으로, 인력 채용을 위한 스톡옵션을 발행하는 것 때문에 회사 지분이 희석되는 것을 방지하여 투자자를 보호한다.

라는 말을 하곤 했다. 누가 통제권을 갖던, 결국 추후에 평가액을 통제할 수 있게 된다. 통제권은 결코 포기해선 안 된다. 그러나 통제권이 미묘한 방식으로 포기되기도 한다. 여러 계약이행각서에는 우선주 주주를 보호하기 위한 '보호 조항'이 있다. 우선주 주주가 소액주주이기 때문이다. 그러나 엄밀한 의미에서 이 주주들에게 회사에 대한 통제권을 넘겨주는 것이다. 따라서 우선주 투자자가 향후 펀드 모금에 대한 거부권을 갖고 있다는 것은 회사에 대한 자물쇠를 갖고 있다는 의미이기도 하다. 회사에 추가 자본이 필요하면 우선주 투자자들의 동의가 필요하기 때문에 어느 정도 통제권을 갖고 있다는 의미다. 회사의 옵션풀을 확대하고, 주식을 신입·기존 직원들에게 추가 발행할 때도 같은 논리가 적용된다. M&A도 마찬가지다. M&A는 통제권을 놓고 큰 싸움판이 벌어질 수 있기 때문에 통제권에 대한 문제가 대폭 확대된다. 설립자가 회사를 매각하고자 할 수도 있고, 매각을 거부할 수도 있을 텐데, 어떠한 경우에건 우선주 투자자가 설립자와 반대의 결과를 주장하며 통제권을 발동시킬 수 있다.

따라서 후기 단계의 고성장 기업이 보통주를 매각하는 것이 가장 이상적이라고 생각한다.

> "가치 평가는 일시적이지만,
> 통제권은 영원하다."
>
> _ 나발 라비칸트

일라드　　그렇다면 어떠한 근거가 있는가? 투자자들은 주로 "하방 위험downside risk에 대비해서 내 투자금을 보호하려면 우선분배권이 반드시 필요하다"고 주장한다.

나발   우선분배권은 다음과 같은 매우 특수한 이유로 존재한다. 내 회사의 투자 전 기업 가치가 9백만 달러인 상태에서 자금을 모금한다고 하자. 이때, 한 투자자가 회사에 1백만 달러를 투자해서 투자 후 평가액이 1천만 달러가 되었다. 투자자는 이제 회사 지분의 10퍼센트를 보유한 셈이다. 내가 나머지 수백만 달러를 가져가면서 "모든 주주들에게 이 돈을 배분할 것이다"라고 말한다고 했을 때, 투자자에게 우선분배권이 없으면 내가 90만 달러를 갖고, 투자자가 10만 달러를 상환받는다. 투자자가 예상치 못한 상황일 것이다.

일라드   향후 하방 위험으로부터 보호하기보다는 분배 보호권의 목적이 강한 듯하다.

나발   그렇다. 청산 우선권의 본 취지가 바로 그것이다. 청산 사유가 발생할 때까지 발동되지 않다가 청산 시점에 크게 한 번에 잔여 재산을 털어갈 수 있는 권리다. 엄밀히 말하면 공모시장에서는 존재할 수 없는 개념이므로 후기 라운드에서는 통하지 않는다. 공모시장에서는 보통주식만 거래되기 때문이다. 공모시장에서 유효하지 않은 이유는 무엇일까? 더 이상 통하지 않는 개념이기 때문이다. 예를 들어 내가 평가액 9억 달러인 회사를 갖고 있다고 하자. 투자자가 와서 1억 달러를 투자한다고 해서, 회사의 평가액 9억 달러에는 변화가 없다. 실질가치 9억 달러를 날리게 되면 실적을 올리지도, 회사를 청산하지도, 1억 달러를 분배하지도 못하게 된다.

한편, 우선분배권은 초기 단계에서 매우 중요하다. 시드 라운드_seed round^o 에서 일반주를 매입하는 일은 거의 없겠지만, 후기 라운드로 갈수록 우선분 배권은 무색해진다. 그 이후 공모 단계에서는 이미 존재하지 않는다.

만약 내가 복수의 입찰자가 있는 고성장·고성과 회사를 갖고 있다면 보통주를 매도할 것이다. 이와 같은 종류의 협상은 복수의 입찰자가 있을 때만 가능하다. 혹은 상황이 여의치 않으면 보통주를 매도하는 동시에 청산 우선권을 부여할 것이다. 깔끔하게 나머지 옵션은 제외하고 이렇게만 할 것이다.

일라드   잘 알겠다. 투자자가 여전히 청산 우선권은 갖지만 우선주 보호 조항_preference protection^oo 이나 통제 조항은 해당되지 않는다.

나발   그렇다. 초기 라운드에만 해당된다. 그다음으로 그나마 줄 수 있는 혜택은 '보호 조항'을 마련해 두는 것인데, 가족 거래에 해당된다. 가족 외에 다른 사람들과 진행되는 거래가 없다는 의미이기도 하다. 만약 내 친구에게 주식을 발행하거나 형에게 회사를 매각한다면 투자자의 승인이 필요하겠지만, 통상적인 정당한 거래라면 투자자의 승인이 필요 없다.

한편, 투자자의 승인이 필요한 상황에서, 투자자가 거부권을 갖고 있는 경우에도 그 거부권이 우선주 전체에 귀속되게 된다. 개별 시리즈에 귀속되는 것이 아니라는 의미다. 한 투자자가 다른 투자자들의 의견에 따라야 한

다는 의미다. 대개 초기 투자자들은 CEO가 후기 투자자들에 비해 더 신뢰하고, 더 오랜 세월 동안 함께 일했으며 더 친절하고 CEO가 직접 선발한 사람들이다. 스타트업의 운영 원리에 대해 더 잘 이해한다. 반면 후기 투자자들은 막판에 투입된 이들이라 그에 걸맞는 전략이 필요하다.

　창업자 지분을 별도로 만들어 투표권을 추가적으로 부여하는 방법도 있다. 창업자의 권리를 보호하는 데 어느 정도 효과가 있다. 우선주 주주가 보유하는 권리 중에서 창업자가 델라웨어 법과 캘리포니아 법에 따라 어떠한 계약에 서명하건 법적으로 가져올 수 없는 권리가 있다. 이 부분을 항상 염두에 두어야 한다.

일라드　　사례가 있으면 알려달라.

나발　　예를 들어, 2003년 당시, 내가 준거법으로 삼았던 캘리포니아 법에 따르면 우선주 주주가 집합적으로 M&A를 승인할 수 있다고 하더라도, 모든 시리즈는 별도로 M&A를 승인해야 한다. 또 다른 예로 감사원을 들 수 있다. 델라웨어의 회사 장부에 등재된 주주는 회사의 재무 정보를 요구할 수 있다. 많이들 모르고 있는데 심지어 소액주주도 요구할 수 있다.

일라드　　후기 라운드에서 '세컨더리 오퍼링 secondary offering °'을 하는 것에 대해 어떻게 생각하는가? 창업자가 세컨더리 오퍼링을 언제 해야 하는가? 혹은 하지 말아야 하는가? 어떻게 접근해야 하는가? 세컨더리 투자자 대비

°　　'2차 분매'라고도 한다. IPO 이후 기존 주식을 매도하거나 신주를 발행하는 것으로, 자금 조달이나 차환을 위한 목적이 대부분이다.

초기 투자자를 어떻게 생각해야 하는가? 세컨더리 오퍼링을 해도 되는 단계는 어느 단계인가?

나발　　　세컨더리 오퍼링은 보편화되고 있는 추세다. 유동 장세에서는 업계가 히트주 중심으로 움직인다. 따라서 신생기업의 실적을 올릴 수 있는 확률이 낮아진다. 창업자와 투자자들을 위한 인센티브가 대폭 양분되기 시작한다. 창업자가 1억 달러에 엑시트를 할 수 있다는 사실에 만족해할 수 있지만, 투자자는 자신의 펀드가 점점 더 커지고 있기 때문에 1달러 엑시트가 성에 차지 않을 수 있다. 인센티브가 크게 양분되기 때문에 창업자가 초기에 유동성을 확보하는 것이 유리하다.

아마 1999년에는 벤처 자본을 토대로 사업을 시작하면 사업 성공률이 10분의 1이었지만, 오늘날은 50분의 1이다.

일라드　　　그만큼 회사가 더 많이 생겨서인가?

나발　　　훨씬 더 많은 회사가 생겨났고, 시장이 승자 독식 체제로 가고 있다. 신규 진입 업체가 계속해서 등장하고, 플랫폼은 더 빠른 속도로 변하며, 승자의 효력이 절반으로 줄어드는 '반감기'도 짧아지고 있다. 이전보다 훨씬 더 경쟁이 치열해졌다.

내 친구는 창업보육센터를 졸업한 사람들을 '스타트업 메뚜기 떼'로 비유했다. 쉴 새 없이 쏟아져 나오는 수많은 메뚜기 떼들을 가늠하기가 어렵다. 동종업계의 경쟁사가 될 것인지, 어떠한 방향을 향해 돌진하는지 알 길이 없다. 그러니 사업하는 사람들은 너나 할 것 없이 끊임없는 공격을 받고 있다고 해도 과언이 아니다.

창업자는 인생을 송두리째 걸 만한 목표를 한두 개 세우기도 하고, 열정을 불태울 단 한 가지 목표를 향해 돌진하기도 한다. 훌륭한 VC라면 창업자에게 십억 달러대의 엑시트를 하라고 요청할 경우, 창업자가 일부 자금을 회수할 수 있도록 해야 한다고 생각한다. 세컨더리 오퍼링이 보편화되고 있고 유동성이 더 강화될 것 같다. 비상장주식 거래소가 보편화될 날이 머지 않을 것이다.

일라드　특정 가치 평가 전에 창업자가 유동성 확보를 요청하지 않아야 하는 경우가 있는가? 혹은 특정 시점 전에 창업자가 자산을 분산하지 않아야 하는 경우가 있는가?

나발　최악의 상황은 창업자가 충분한 유동성을 확보했지만 투자자가 자본을 다 잃은 경우다. 청산 우선권 가치에 비해 회사의 평가액이 높다는 확신이 들면 세컨더리 오퍼링을 요청해도 무방하다고 생각한다. 충분한 수익이나 현금을 창출하고 있는지, 회사의 청산 우선권 가치를 상회하는 가격에 인수 제안을 받을 만한 결과물을 만들었는지를 파악하고, 투자자들에게 수익을 올려주고자(투자자들도 회사가 정진하길 바란다) 하기 때문이다.

세컨더리 딜에 관한 논의는 다른 기업이 회사를 인수하겠다고 제안한 것을 계기로 시작되는 경우가 가장 많다. 투자자들은 CEO가 인수 제안을 거절하길 바라고, CEO도 거절하고 싶기도 하지만 한편으로는 마음이 동한다. 현명한 투자자라면 CEO가 일부 자금을 회수하도록 하자고 제안할 것이다. 이러한 이유에서 시드 투자, 시리즈 A, B 투자 유치 단계에 있는 회사는 세컨더리 딜을 해서는 안 되는 것이다. 그러나 시리즈 C 라운드부터는 세컨더리 딜이 보편적이다. 회사가 엄청난 진전을 보였다면 B 라운드에서도 나타난다.

이와 관련해서 회사들이 이전만큼 큰 자본이 필요하지 않다는 점이 확실해졌다. 창업 비용이 훨씬 감소했고, 필요한 소프트웨어도 전부 오픈 소스다. 하드웨어 전체도 아마존이나 '아마존 웹 서비스'와 같은 클라우드 서비스와 연동되어 있다. 마케팅은 구글, 트위터, 페이스북, 스냅챗, 앱 스토어를 활용하면 된다. 직원 채용에서도 주로 엔지니어가 필요할 텐데, 절반 정도는 외부 인력을 활용하면 된다. 게다가 고객서비스의 많은 부분이 커뮤니티를 통해 이루어진다.

이처럼 회사는 큰돈이 필요하지 않다. 슬랙이 최근 대표적인 사례다. 자금을 조달하고 있다고 알고 있는데, 세컨더리 딜을 준비하지 않나 싶다. 슬랙의 CEO 스튜어트 버터필드**Stewart Butterfield**는 마지막 펀딩 라운드에서 앞으로 약 50년 동안 필요한 자금을 조달한다고 얘기한 것 같다.

일라드　50년 혹은 100년이라고 했다.

나발　그렇다. 50년 혹은 100년 동안 필요한 자금인데, 여전히 계속 조달 중이다. 왜일까? 슬랙에 돈을 대는 펀드들은 막대한 자본을 갖고 있으니 회사에 돈을 투입할 수 있다. 회사는 다른 회사를 인수하는 타당한 이유로 그 돈을 사용할 수도 있고, 창업자에게 유동자본을 마련하는 차원일 수도 있다. 이 외에도 더 많은 이유가 있을 것이다.

오늘날 업계에서 영웅으로 삼는 몇몇 기업가와 대표적인 성공 기업이 있다. 혼자서 혹은 익명의 동업자와 수십억 달러 가치의 기업을 세운 비트코인의 창시자 사토시 나카모토**Satoshi Nakamoto**가 대표적이다. 50명 안팎의 직원을 보유한 왓츠앱은 190억 달러에 인수되었고, 유튜브는 인수되던 당시

60명 미만의 직원을 보유했다. 이 기업들을 세운 창업자들은 당시 데이터 센터에서 일하며 서버를 구축하고 있었다. 자율형 웹 서비스 AWS를 주로 사용하는 환경에서는 굳이 많은 인원이 필요하지 않다. 인스타그램이 인수되었을 당시 직원 수가 몇 명 되지 않았다. 따라서 우리는 매우 소수의 사람들만 있어도 막대한 가치를 만들어낼 수 있는 세상에 살고 있다.

일라드 비트코인의 사례만 제외하고, 네트워크 기반의 소비자 어플리케이션을 취급하는 대기업들을 대표적 사례로 언급해주었다. 그러나 일반적으로 B2B 기업을 떠올리면, '아틀라시안 Atlassian'은 예외지만 판매 조직을 키우고, 기술직 부문 외에도 여러 분야를 확장해야 한다는 인식이 팽배해 있다

나발 슬랙은 판매 조직을 두지 않고 있는 듯하다.

일라드 그렇다. 충분히 그럴 만하다. 판매 조직은 B2C 사업 모델에나 필요하다는 인식이 있다.

나발 맞다. 그런데 요즘에는 B2B 기업들도 점차 그 방향으로 움직이는 듯하다. 그러려면 슬랙이나 우버에 훨씬 더 많은 자원이 필요할 것이다. 그러나 5년 전, 10년 전에 비해 훨씬 적은 양이 필요하다. 이 부분만큼은 분명한 추세 같다.

일라드 사람들이 자금을 과도하게 조달하고 있다고 생각하는가? 그렇다면 왜 그렇다고 생각하는가?

나발   돈의 가치 하락과 가용성 상승 때문인 것 같다. 연방준비은행과 전 세계 중앙은행은 디플레이션deflation °을 막기 위해 미친 듯이 돈을 찍어 내고 있다. 돈은 그냥 값싸져버렸고, 널린 게 돈이 되어버렸다. 그러니 충분히 조달하지 않을 이유가 없다. 미래를 위한 보험이자 회사의 가치를 나타내는 점수판인 셈이다. 회사를 인수할 때 사용할 수 있는 수단이기도 하다. 인력을 충원할 때도 도움이 된다. 인재 모집의 경쟁이 매우 치열한 상황 속에서 고액 연봉을 지급하는 구글과 페이스북보다 더 높은 금액을 제시할 수도 있다.

그런데 여기에 함정이 있다. 조달 금액이 커질수록 지출 금액도 높아진다는 점이다. 마음을 독하게 먹는다 해도 피해갈 수 없는 진리다.

설상가상으로 회사가 움직이는 속도도 더뎌진다. 완료하는 과제의 수도 줄어든다. 한편 회의의 규모는 커지고, 의견을 조율해야 하는 이해관계자 집단이 커진다. 이런 와중에 선택과 집중의 전략을 펼치기보다는 자원이 워낙 많기 때문에 과도하게 많은 프로젝트를 떠안게 된다.

인간의 본성상 돈이 많으면 쓰게 되어 있고, 쓰다 보면 항상 쓸데없는 데 돈이 나가게 되어 있다. 목표점에서 시선이 벗어나게 되는 것 같다. 이러한 면에서는 다소 자금 압박을 받는 회사들의 성과가 더 낫다는 말이 맞는가 보다.

오래전 이야기지만, 대표적으로 이베이 설립자 피에르 오미디아Pierre Omidyar를 예로 들 수 있다. 그는 업계에서 많은 경쟁사를 두고 있었지만, 오랫동안 외부 파이낸싱을 활용하지 않은 유일한 회사라는 점을 성공의 원인으로 생각했다. 그래서 사람들이 경매를 비롯한 이베이에서 매매를 하고 있을 당시, 그는 당시에는 획기적이었던 평점제도를 도입했다. 지금은 당연시

°   물가가 떨어지고 경제 활동이 침체되는 현상.

여기는 기능이지만, 이베이는 자동 평점제도를 이용한 최초의 사이트 중 하나였다. 또한 업계에서 어떻게 고객 경험을 개선할 것인지 고민하고 있을 때, 이베이에서는 모든 거래에 대해 개별 이용자가 직접 참여하여 물품을 팔거나 살 수 있도록 했다. 입소문을 타고 이용자가 급증한 결과, CEO는 경쟁사보다 훨씬 더 빠르게 규모를 키울 수 있었고 업계에서 굳건한 자리를 지켰다. 직원을 두지 않고 고객들이 직접 매매에 나서는 사업 모델을 통해 사업 시작부터 프로세스를 확대할 수밖에 없었다.

일라드 패밀리 오피스, 헤지펀드, 사모펀드, 해외 펀드, 국부펀드 혹은 외부 주달 자본 등 새로운 부류의 다양한 투자자들이 등장하고 있다. 새로운 자본의 출처에 대해 어떻게 받아들여야 하고, 상충관계가 무엇이라고 생각하는가?

나발 기업가들에게는 희소식이라고 생각한다. VC들은 다양한 출처의 자본을 우습게 여기며 콧방귀를 뀌기도 한다. 동네 세탁소 주인이 길 건너편 새로운 세탁소가 문을 열었다고 화를 내는 모습과도 같다. VC는 경쟁하길 원치 않기 때문이다. 따라서 VC가 자금에 대해 조언을 할 때 객관적으로 여과하며 경청할 필요가 있다. 기업가의 입장에서는 자본을 주겠다는 사람이 많을수록 좋다. 구매자 입장에서는 비용도 비싸고 조달 과정도 골치 아픈 구매 대상에 대해 경쟁이 치열할수록 좋다.

기본적으로 벤처 자금은 조언, 통제, 돈을 합한 종합 선물 세트와 같다. 세 품목에 대한 선택지가 다양할수록, 선물이 끝도 없이 나올 것이다. 즉, 기업가가 원하는 조언과 가장 저렴한 자본금 출처를 선택하고 통제권은 최소화할 수 있다. 따라서 풍성한 세트를 마다할 이유가 없다.

이처럼 투자업계에 처음으로 뛰어드는 투자자들이 급증하는 상황에서 부정적인 측면은 무엇일까? 주로 투기자본으로 신규 투자를 하기에는 회사가 장기적으로 펀딩 라운드를 펼칠 때 크게 도움이 되지 않는다는 점이다. '스마트 머니'가 아닌 경우가 많아서, 후기 회사에 부가가치를 실어줄 투자자가 아무도 없다는 뜻이기 때문이다. 미래에 있을 투자 라운드에 계속 참여할 수 있는 권리를 행사하지 않고, 힘을 실어줘야 하는 안건에 거부권을 행사하여 투자 라운드를 무산시킬 수도 있다. 이때 CEO는 이들을 처음부터 통제하려 하지 않아야 하고, 그들에게서 앞으로 투자자본이 투자로 조달될 것이라는 기대를 버려야 한다.

마지막으로 돈에도 '업보'가 있다고 주장하고 싶다. 상대방의 돈을 가져오려면 반드시 도덕적·윤리적인 의무감이 있어야 한다. 충분히 시간을 할애하지 않으면 자금을 조달할 수 없다. CEO가 잠수를 타서 투자자로부터 소송을 당하는 일도 없어야 한다. 그러니 돈을 대주는 사람들과 좋은 관계를 유지하도록 노력해야 한다.

특히 후기 투자업체들의 경우, 직원 교체가 빈번한 편이다. 한편 VC는 10년 제휴를 통해 자금을 조달하고, 그 제휴를 운영·관리하는 경향이 있기 때문에 매우 안정적이다. 피투자기업에 대한 벤처 투자자가 바뀌는 경우는 드물고, 바뀐다 하더라도 경험 많은 벤처 투자자와 제휴하는 경우일 것이다. 기업투자자에게서 자본을 조달하는 상황에서 사업 개발 부문 총괄이 다음날 해고를 당하고, 투자회사 CEO의 남자 형제가 투입되는 경우가 있는데, 그야말로 최악의 상황이다.

투자자에게 이사직을 부여하거나, 투자자 관리 담당자를 투입하는 경우, CEO로서 어느 정도 투자자를 감시·통제하는 것이 좋다. 그러나 전반적으로 투자자에게 다양한 옵션과 선택권을 제시하는 것이 바람직하다.

> "상대방의 돈을 가져오려면 반드시
> 도덕적·윤리적인 의무감이 있어야 한다."
>
> _ 나발 라비칸트

일라드 그렇다. 우리 회사 혹은 내가 관여한 여러 회사의 사례를 통해 긍정적 상황과 부정적 상황을 모두 지켜봤다. 일부 자본 출처의 상황이 다소 위태로운 경우도 있지만, 안정적이고 스마트한 자본인 경우도 많다. 그러나 기술 분야에 투자한 적이 없어 당황해하는 임의의 억만장자 투자자들도 가끔 만난다. 투자자 자신보다는 투자회사에서 담당해한다고 할 수 있다. 자본을 관리하는 사람들이 기술에 대해 문외한인 경우에는 특히 그런 편이다.

한편, 나는 그간에 창업한 스타트업에서 재무 전공 직원이나 뉴욕에서 훌륭한 인맥을 보유한 직원들과 일했을 때의 경험이 좋았다. 다양한 면에서 쓰임새가 많을 뿐 아니라, 전략적 사고를 훌륭히 해내는, 업계의 군계일학이었다. 그런데 전통적인 실리콘밸리 인맥과는 다른 종류의 인맥을 보유하고 있었다.

나발 그렇다. 과거에는 인맥을 쌓으려고 VC를 찾아가곤 했지만, 요즘 대부분의 기업가들은 창업보육센터, 블로그, 그리고 발 빠른 지식 습득을 통해 과거에 비해 훨씬 더 우수한 인맥을 보유하고 있다. 투자자가 다양해지면 장외 인맥을 풍부히 하는 데 효과적일 수 있다.

그러나 당신이 언급한 대로, 피투자기업의 CEO는 여러 투자자들을 만나보고 싶을 것이다. 만나다 보면 투자자가 갖고 있는 진정한 동기와 무언의 행동 같은 섬세한 신호를 감지할 수 있다. 투자자가 얼마나 정직한 사람인지에 대해 누군가가 10분 동안 입에 침이 마르도록 얘기한다면 투자자가 허풍이 심한 사람은 아닌지 의심해볼 만하다.

투자자에 대해 철저히 평판을 조회하고, 함께 시간을 보내며, 협상 단계에서 당신을 어떻게 대하는지 눈여겨보라. 투자조건 제안서 협상이 쉽게 진행되고, 번거로운 요청사항도 없으며, 군더더기 없이 필요한 사항을 효과적으로 전달한다면 함께 일하기에 적합한 사람일 것이다. 투자조건 제안서 내용이 과할 정도로 투자자에게 유리하다면 함께 일하기 어렵고, 융통성이 없으며, 비협조적이다. 자금이 투입된 후에는 열 배 정도 더 힘들어진다.

VC도 마찬가지다. 계약을 체결하기 전 투자조건 제안서 단계에서 VC에 대해 대략적으로 파악이 가능하다. 불길한 예감이 들면 계약을 하지 않아도 된다. 나도 그런 적이 있는데 결코 후회하지 않았다. 평생 협업하고 싶지 않은 사람과 현재 함께 일하고 있다는 생각이 드는 순간, 바로 협업을 중단하라. 시간을 절약하라. 계약을 성사하는 것을 결혼에 비유한다면 이혼 확률이 거의 없는 투자자와 결혼하라. 결혼 전에 1주~1년 동안 연애를 하지 않는가? 운 좋으면 1년까지 사귀겠지만, '썸 타기'는 몇 주를 넘기지 않는다. 따라서 잘 안 맞을 것 같다는 신호가 오는지 살펴야 한다.

이때 산전수전 다 겪은 초기 투자자들이 큰 도움이 될 수 있다. 후기 투자자를 선별하는 데 초기 투자자들의 촉을 활용할 수 있다. 단 주의할 점은 초기 투자자들이 회사의 브랜드에 집착할 수 있다는 것이다. 높은 마크업을 받거나, 세쿼이아 투자사로부터 마크업을 받는 데 혈안이 되어 있을 뿐이다. 이러한 경우 CEO의 지인들 중에서 촉이 좋고, 깐깐하며, 항상 사실만을 이야기해주는 사람의 말을 들어야 한다. 쓴소리를 할 수도 있으나, 최대한 냉철하게 후기 투자자 선발에 대해 조언해줄 것을 요청해야 한다.

일라드   당신이 앞서 제기한 "오늘날 회사는 과거처럼 몸집이 클 필요 없다"에 대해 이야기해보자. 회사에 더 이상 인력을 채용하지 않아야 하는 시점을 어떻게 아는가? 본능적으로 자본이 있으면 왠지 인력도 늘려야 한다고 생각한다.

나발   인간의 본성상 회사에 입사하면 밤낮으로 열심히 일하고, 그러다 보면 피곤해져서 그 업무를 맡아줄 사람을 뽑게 된다. 어찌된 일인지 그 업무를 하는 데 항상 두 명의 신입사원이 필요하다. 이 과정이 지겹도록 반복되면 웹 앱**web app** 개발회사에 어느새 5천 명의 사람들이 앉아서 일하고 있나. 외부인들이 보기에는 '여기에서 이렇게 많은 사람들이 뭘 하고 있는 거지?'라는 생각이 든다. 단순히 웹 앱을 개발하는 일인데 말이다. 그 일을 하는 데 왜 수천명의 직원이 필요한 것인가?

그러던 중 새로운 CEO가 영입되어 직원들 절반 정도를 해고해야 한다고 파악하지만 과연 그 절반을 누구로 할 것인지는 모른다. 이와 같은 상황은 누구나 직면하는 딜레마다. 사내에서 줄을 서거나 세우는 일이 비일비재하기 때문에 실제 누가 주어진 업무를 수행하고 있는지는 알지 못한다. 이미 그 상황이 펼쳐지면 문제가 터진 셈이다.

따라서 채용 속도를 최대한 늦추라고 권하고 싶다. 꼭 뽑아야 하는 이유가 생겼을 때 채용을 해도 늦지 않다. 또한 해고와 직위 감축에 대해 가차 없는 결단을 내려라. 크게 선호되지 않는 접근법이지만, 나와 당신은 크게 효과를 봤다고 생각한다. 창업자는 낭비 요소를 철두철미하게 예의 주시해야 한다. 항상 낭비하는 부분이 있게 마련이기 때문이다.

일라드   직원들에게 스톡옵션을 지급하는 것이 요즘 시대에 맞지 않는 방식이라고 생각하는가?

나발　　스톡옵션을 전혀 주지 않는 것보다는 낫다고 생각한다. 그러나 스톡옵션이 구시대적 접근이라는 데 동의한다. 우리는 대개 지분귀속년도_vest를 6년으로 하지만 VC 회사들은 10년으로 한다. 따라서 일반적으로 귀속년도가 길어질 뿐 아니라 지분에 대한 가치를 영구적으로 보장하지도 않는다. 회사의 초기 멤버들이 회사의 규모를 키우는 데 기초를 닦아준 대가로 스톡옵션을 제공했을 것이다. 그런데 회사가 연수를 거듭하고 더 멀리 뻗어나갈수록, '그랜트'는 '이윤분배제 **profit sharing**°'하에서 제공된다.

일라드　　그렇다면 RSU는 방금 언급한 논리에 부합하지 않는 것 같다.

나발　　RSU는 세금을 최소화하며 직원들에게 보상을 더 많이 지급하는 방식이다. 단 보상은 회사의 전반적인 성과와 거의 무관하게 지급된다. 또한 직원 수가 수천 명에 달하는 회사에서는 한 명의 직원이 회사 성과에 그다지 큰 영향을 줄 수 없다. 직원들의 기여도가 분산된 것이라고 생각한다. 적자생존의 치열한 경쟁 소굴인 월스트리트에 가보면 인재들이 몰리는 이유도 개인의 성과를 모두 상여금으로 보상하고 있다.

　　이윤분배제를 시행하면 세금을 최소화할 수 있다. 엔젤리스트를 유한책임회사로 설립한 이유도, 한 가지 종류의 세금만 내면 되기 때문이다. 회사의 규모가 커지고 더 멀리 정진할수록, 직원들과 수익 분배를 할 수 있다.

° 회사 영업의 호황으로 잉여자금이 일정 규모 이상 축적됐을 때, 그 일부를 취하여 구성원에게 성과에 대한 기여도에 따라 배분하는 성과급의 한 형태.

이윤을 내기 전에 시도할 수도 있고, 그랜트의 총 액수를 대폭 늘릴 수도 있다. 개별 액수를 낮춰 전 직원에게 기본 그랜트를 제공할 수 있는 것이다. 그다음해에는 직원들에 대한 개별 그랜트 액수를 대폭 늘릴 수도 있다.

일라드　맥킨지의 '업 오어 아웃 up or out [°]'이 떠오른다. 직원과 회사가 '파트너십'을 구축한다는 개념이고, 직원들이 승진하여 더 많은 연봉을 받거나 회사를 나간다.

나발　정확히 맞는 이야기다. 피터 틸의《제로 투 원 Zero to One》에서 자세히 설명하고 있다. 스물한 번째 지원을 어떻게 설득한 것인가? 스물한 번째 정도 되면 회사 지분의 5퍼센트 이상을 줄 수 없는 상황이기 때문이다. 차라리 극소수의 인원으로도 훌륭한 기업을 만들어 개별 직원에게 거액의 인센티브를 주는 것도 좋은 생각이다.

지금처럼 창업자가 감당하는 리스크가 낮은 적이 없었다. 창업보육센터에 신청해서 사업가로 승부수를 띄워볼 만하다. 사업을 위해 자금을 조달할 수 있다. 창업자가 겪을 리스크는 매우 낮지만, 창업자 수준으로 지분을 받지 못하면 제품과 시장의 정합성이 생기기 어렵기 때문에 초기 직원들에게 창업자만큼 리스크를 떠안도록 요청한다.

일라드　그 직원들은 창업자들만큼 열심히 일하거나, 스트레스 상황에 대처하거나, 대부분의 직원들에게 생소한 문제를 다루지는 않는다고 생각한다.

[°]　'발전하지 않으면 추락한다'는 의미. 기수제 혹은 연공 서열제가 전혀 통하지 않으며 철저한 경쟁을 통해 승진을 못 하면 회사를 나가야 하는 제도.

나발   정확히 맞는 말이다. 과거에는 직원들의 소유 지분량이 매우 낮았다. 창업자가 40퍼센트의 지분을 소유하면 직원 1호가 0.15 혹은 0.25퍼센트의 지분을 소유했다. 그러한 시절은 지났다.

앞으로 기업들은 특히 아직 자금을 조달하지 않았거나, 막대한 자본을 유치하지 않았거나, 제품과 시장의 정합성에 미약하게라도 도달하지 못한 경우에 초기 직원들을 모집할 때, 후기 창업자들을 채용하는 접근을 취할 것 같다. 그들에게 지금처럼 회사의 지분 0.1, 0.2, 0.3, 0.4퍼센트를 주는 것이 아니라, 1, 2, 3, 4퍼센트를 주어야 한다고 생각한다.

오늘날 초기 회사들이 엔지니어를 채용할 때, 업계에 엔지니어가 부족하기보다는 엔지니어 출신의 창업자가 넘쳐나는 상황에 직면한다. 따라서 엔지니어를 창업자처럼 대우해주는 것이 중요하다. 본인 회사를 차리거나, YC 등에 합류할 수도 있는 엔지니어들이 창업을 포기하고 입사할 때 발생할 기회비용을 고려해주어야 하기 때문이다.

일라드   그런데 사람들은 스타트업에 관한 리스크를 과대평가하거나 과소평가하는 경향이 있다고 생각한다. 스타트업이 가시밭길을 걸을 정도로 리스크를 떠안는다고 생각하는 사람들은 스타트업이 망하면 직원들의 경력이 거기서 끝난다고 생각하곤 한다. 당연히 잘못된 생각이다. 한편 스타트업의 90퍼센트가 자본금을 회수하는 엑시트를 한다고 생각하는 사람들이 굉장히 많은데, 이것도 사실과는 다르다. 대부분의 스타트업이 완전히 실패하고, 이 회사들의 창업자도 엄청나게 낮은 봉급으로 연명했으며, 회사가 망한 이후 전혀 돈을 벌지 못하는 경우도 많다.

나발   그러다 보니 상상도 못할 정도로 스트레스를 받아 건강을 잃고 가족을 희생시키게 된다.

일라드　어떤 면에서는 3~4년간 인건비도 줄 형편이 안 되어 진작 파산한 줄 알았는데 10년을 더 버티는 경우도 있다.

나발　그렇다. 실리콘밸리에서 일관되게 가장 성공한 사람들은 벤처 투자가이거나(분산투자 경향과 적지 않은 금액이라도 본인이 투자한 자본을 통제하려는 경향이 있다) 제품과 시장의 정합성에 도달한 기업을 파악하는 재능이 뛰어난 사람들이다. 그들은 관련 분야에서 전공자 혹은 경험자이고, 풍부한 지식과 인맥을 보유하고 있기 때문에 회사들이 러브콜이 끊이질 않는다. 최근에는 주로 드롭박스나 에어비앤비에 투입되는 추세다.

일라드　구글에서 일한 후, 페이스북 직원이 100명으로 늘어났을 때 페이스북에 합류했고, 그 이후에는 스트라이프 직원이 100명이었을 때 스트라이프에 입사한 사람들이다.

> "실리콘밸리에서 일관되게 가장 성공한 사람들은
> 벤처 투자가이거나 제품과 시장의 정합성에
> 도달한 기업을 파악하는 재능이 뛰어난 사람들이다.
> 그들은 관련 분야에서 전공자 혹은 경험자이고,
> 풍부한 지식과 인맥을 보유하고 있기 때문에
> 회사들의 러브콜이 끊이질 않는다."
>
> _나발 라비칸트

나발   저커버그가 회사를 막 확대하기 시작한 상황에서 당황한 채, 어떻게 해야 할지 난감해하던 시절이 있었다. 그때 그는 짐 브레이어 Jim Breyer 에게 연락하여 조언을 구했다. 짐 브레이어는 "제품 부문 총괄에 훌륭한 적임자를 알고 있는데, 이 사람이 필요한 것 같다"고 얘기했다. 이러한 사람들은 벤처 투자자만큼이나 오랜 세월 동안 위험을 조정할 줄 아는 최고의 전문가다.

인터뷰 내용은 이해를 돕기 위해 편집 및 요약되었다.

• • • • • • • •

CHAPTER

9

HIGH GROWTH HANDBOOK

기업 인수로 업계 강자가 되다

M&A: 다른 기업 인수하기

회사의 평가액이 증가하면 회사의 주식은 하루아침에 다른 회사를 인수할 수 있는 금전적 통화로 기능할 수 있다. 처음으로 CEO 혹은 임원직을 맡은 사람은 기업 인수의 개념이 생소하여 본인들과 상관없는 것으로 치부하는 경향이 있다. 그러나 기업 인수를 적절히 진행하면 회사의 제품 및 채용 계획에 박차를 가할 수 있을 뿐 아니라, 경쟁사 대비 주요한 전략적 혹은 방어적 조치를 취할 수 있게 도와준다.

트위터에 몸담던 시절, 나는 사내 M&A팀의 보고를 받는 임원으로 활동했다. 당시 M&A가 전략적 수단으로 얼마나 효과적인지 피부로 느꼈고, 실제로 많은 스타트업들이 인수되길 희망하지만 인수 기업을 찾느라 애를 먹는 모습을 지켜봤다(애를 먹는 이유는 누구의 관심도 받지 못하는 실패한 스타트업들이기 때문이었다). 한편 구글에서는 여러 회사의 실사, 통합, 합병 후 제품 관리의 업무에 관여했다. 대표적으로 안드로이드(추후에 유명한 핸드셋 플랫폼이 되었다), 구글 모바일 맵스(원래 회사 명칭은 '집대시ZipDash'였다), 그리고 최초의 G메일 앱(원래 회사 명칭은 '레큐와이어리스Reqwireless'였다)을 들 수 있다.

M&A는 구글과 트위터가 주요 전략적 조치를 취할 뿐 아니라, 신제품

을 출시하고 주요 인력을 충원하는 강력한 수단이었다. 마찬가지로 페이스북은 왓츠앱과 인스타그램 같은 기업을 인수하여 업계 강자로 군림했을 뿐 아니라(결과적으로 시장점유율이 대폭 상승했다), 인지도가 상대적으로 낮은 스냅투와 같은 기업도 인수하여 중·저소득 국가의 수억 명이 넘는 사람들이 페이스북을 모바일 앱으로 이용하도록 했다.

대부분의 기업은 처음으로 인수되기 전까지 지나치게 오랫동안 시간을 끌거나, 자사의 주식을 통화로 사용하는 것을 망설여한다. 이 9장을 통해 M&A에 대한 관심이 증폭되고, 당신의 스타트업이 성장하는 과정에서 늦지 않게 다른 기업을 인수할 수 있는 능력에 불을 지피길 바란다.

기업 인수를 언제 시작해야 하는가

언제가 좋을지에 대해 CEO와 이사진이 결정할 필요가 있다. 전략적 인수를 하려면 조기에 해야 할 수가 있다. 예를 들어 트위터가 서마이즈Summize를 합병했을 당시(이후에 '트위터 서치Twitter Search'가 되었다), 트위터의 직원은 15명밖에 되지 않았고, 시가총액도 1억 달러 수준이었다.

특정 기업의 시가총액이 10억 달러가 넘어갈 시점이 되면 CEO와 이사진은 회사의 발전과 평가액 상승을 가속화하기 위해 M&A를 진지하게 고려하기 시작해야 한다. 예를 들어 어느 스타트업의 시가총액이 10억 달러라고 가정해보자. 이 기업이 1천만 달러를 주고 다른 회사를 인수한다고 해도 총 주식의 1퍼센트 정도밖에 안 되는 금액이다. 인수를 통해 회사의 평가액이 10퍼센트만 오른다고 해도, ROI는 확실히 '플러스(+)'가 된다. 회사의 시가총액이 5억~100억 달러 이상이라면 M&A를 전반적 전략의 중심에 놓고 접근할 수 있다.

수익을 창출하는 기업이라면 인수를 통한 잠재적 가치를 직접적으로 수 치화할 수 있다. 예를 들어, 트위터의 M&A가 급물살을 타자 기업 인수가 트위터의 수익에 미치는 직접적 영향을 토대로 광고에 관련된 기업 인수의 잠재적 가치가 어느 정도인지 평가하기가 쉬워졌다. 또 다른 예로 트위터가 1년 전에 비해 5천만 달러가 넘는 수익을 창출할 수 있다면 기업 인수의 잠 재적 가치를 명확하게 파악할 수 있었다. 그리고 이를 통해 인수 회사가 얼 마를 지급해야 하는지, 그 범위를 정하는 결정은 단순히 수리적 계산의 문 제에 불과하다.

또한 '수익+이윤'을 잠재적 시가총액으로 변환할 수 있다. 기업의 가치 평가(혹은 공모시장에서의 가치)를 10배수 수익으로 간주한다면 이윤이 1천 만 달러 올라가면 회사의 시가총액이 추가로 1억 달러 올라갈 수 있다는 의 미다. M&A팀은 이와 같은 공식을 활용하여 얻어낸 투자 수익률을 토대로 광고기술**ad-tech**°과 관련된 기업을 인수하자는 제안을 할 수 있다. 그러면 당 신은 회사의 CEO로서 제품 부서에서 어떠한 부분을 매입하고자 하는지에 대해 우선순위를 정할 수 있을 것이다.

세 가지 종류의 기업 인수

고성장 기업이 실행하는 기업 인수는 ① 팀의 인수, ② 제품의 인수, ③ 전 략적 인수 중 한 가지 방식으로 진행된다. 네 번째 방식은 '시너지 창출

○   디지털·모바일·빅데이터 등 첨단 IT기술이 적용된 광고기술.

형 synergistic'인수라고 하는데, 대부분의 고성장 기술기업은 이 인수 방식을 택하지 않는다. 성숙기에 접어든 기업이 점유율을 높이거나 비용절감 차원에서 진행하는 방식인데, 이번 항목에서는 다루지 않을 것이다.

인수의 종류: 재능 인수, '애퀴하이어 acqui-hire °'라고도 칭한다.

가치 평가액 범위: 설립자에게 제공되는 '사이닝 보너스 signing bonus °°' 차원으로, 인수되는 기술·제품·디자인 담당 직원 1명에 대해 1백만~3백만 달러가 지급된다.

인수의 이유: 채용의 속도를 높이기 위해서다. 이 방법을 통하지 않고서는 도저히 채용할 수 없는 주요 인재를 영입하려는 취지다. 대부분의 경우 피인수기업이 작업 중이던 제품이 폐기되고, 인수된 팀에게 새로운 업무 영역이 재할당된다.

대표 사례: 페이스북이 샘 레신 Sam Lessin이 창업한 온라인 파일 공유 서비스인 드롭 Drop.io을 인수한 이유는 샘 레신을 영입하기 위해서였다.

인수의 종류: 제품의 인수

가치 평가액 범위: 5백만~5억 달러. 대부분의 경우 몇 백만~1억 달러 규모이다.

인수의 이유: 이미 회사의 로드맵에 있는 분야를 키워나가기 위해 제품의 부족한 부분을 메우거나 팀 전체를 변경한다. 원제품이 독립형 제품으로 살아남거나, 다른 제품과 결합되는 경우, 인수기업이 출시하고자 하는 유

° 대기업이 인재 확보를 위하여 작은 스타트업 기업을 인수하는 형태의 채용 방식.

°° 연봉 이외에 입사를 조건으로 일시급으로 지급되는 금전 보상.

사한 신제품을 선택하는 대신 폐기될 수도 있다.

대표 사례: 구글이 인수한 집대시는 '구글 모바일 맵스'의 시드 자본을 얻기 위해 변경되었다. 그 외에도 구글의 안드로이드 인수, 트위터 검색 기능을 만들기 위해 트위터가 서마이즈를 인수한 경우가 대표적이다.

인수의 종류: 전략적 인수

가치 평가액 범위: 최대 2백억 달러

인수의 이유: 전략적 가치가 있지만 재생산이 불가능한 자산을 인수하는 경우이다. 예를 들어 페이스북은 사진 앱을 출시할 수 있었지만, 인스타그램 소셜 네트워크를 이용하여 적극적이고 역동적인 커뮤니티를 재생산할 수는 없었다.

대표 사례: 페이스북이 인스타그램과 왓츠앱을 인수한 경우와 구글이 더블클릭, 모토롤라, 유튜브를 인수한 경우가 대표적이다.

세 가지 종류의 인수를 협상 및 실행하는 접근법은 매우 다를 것이다. 거액의 전략적 인수에 대해서는 심층적인 협상이 진행되고, 인수 기업의 CEO가 직접 관여하기도 한다. 대상 기업의 창업자와 심도 있게 소통하고, 왜 합병하고 싶은지에 대해 큰 그림을 그리는 일도 중요하다. 때로는 감성에 동요되어 거래가 일어나기도 한다. 한편 스타트업에서 자금이 고갈되거나 제품과 시장의 정합성이 부족하다고 느낄 때 창업자가 다양한 '연착륙' 방법을 알아보다가 절박한 심정으로 소규모 팀을 인수하기도 하다.

M&A 로드맵

M&A를 하려면 회사의 조직 구조와 자원에 따라 기업 개발 혹은 제품·사업팀의 담당자가 M&A 로드맵을 작성해야 한다. 담당자가 다음의 임직원들에게서 얻은 의견과 정보를 토대로 로드맵을 작성한다. ① 인수하고자 하는 인력이나 팀에 대한 주요 채용 매니저, ② 로드맵 사안에 대한 제품·엔지니어링 부서의 총괄, ③ 회사가 고려해야 하는 전략적 인수의 '큰 그림'을 그리는 작업을 담당하는 임원진이다. 대략 2012년 페이스북에서 작성한 M&A 로드맵을 떠올려보면 다음과 같은 준비 작업을 거쳤다.

- **채용 M&A:** 페이스북이 모바일 팀을 구축해야 하는 상황에서, 광고 사업을 확대하라는 월 스트리트의 압박이 가해지고 있다. 따라서 ① 모바일 엔지니어링·제품·디자인 혹은 ② 제품 광고 관련 전공·경력을 지닌 인력 3~10명으로 구성된 팀을 인수해야 한다. 관련 팀들을 분리하여 가장 필요로 하는 팀에 배치한다. 인력이 부족할 경우에는 머신러닝이나 데이터 과학 관련 팀을 인수해야 한다.
- **제품의 인수:** 남미와 아시아태평양 지역에서 모바일 앱을 확대 적용하기 위해 이메일 '스크래핑scraping°'을 전문으로 하는 스냅투를 인수하여 사업을 세계적으로 확장하고, 아이엠포커스드IMfocused팀을 인수하여 '메신저Messenger'를 새로 단장한다.
- **전략적 M&A:** 모바일과 앱에서 상위 5개 소셜 앱의 창업자들과 관계를 구축한다. 페이스북 CEO 마크 저커버그가 왓츠앱, 인스타그램, 핀터

°　웹사이트나 데이터베이스 등에서 사용자가 원하는 정보를 모아 제공하는 것.

레스트, 트위터, 웨이보의 CEO들과 만나기 위해 분기별로 1대1 회의를 갖는다. 인제 망아쇠를 낭겨 각 회사에 대한 견적을 매길 것인지 정한다.

M&A 로드맵을 작성하는 일은 매우 중요한 첫 단계다. 그다음 단계에서는 인수액을 평가하고, 상대 기업에 인수를 제안한다.

기업을 인수할 때 고려해야 할 사항

- 이 정도 크기의 팀을 인수해도 우리 회사의 문화에 해가 되진 않는가?
- 조직도와 보고 체계는 어떻게 될 것인가?
- 회사가 인수하는 팀의 총괄이 회사 전반에 걸쳐 영향력을 행사하게 될 것인가? 투입되는 기업가의 업무 소관에 대해 우리가 불편해할 부분은 없는가?

내부 이해관계자 관리

M&A에 대한 사내 반발

회사의 임직원이 M&A에 반발하는 일은 비일비재하다. 반발하는 이유는 무엇일까? 우선 회사가 현재 가진 제한적 자원으로는 모든 업무를 할 수 없다는 사실을 이해하지 못하거나 실용적인 사고를 하지 못하기 때문이다. 아니면 피인수기업의 창업자들이 받게 되는 인수액과 재무적 보상에 대해 배가 아파서일 수도 있다. 다른 회사에서 인수의 효과를 경험한 연륜 있는 임원들보다는 평사원급이나 '노땅·꼰대' 임원들에게서 반발이 심하다.

인수 대상 후보 기업들에 대해서는 정보가 회사 밖으로 새어 나가지 않도록 한다. 그렇다고 올핸즈 미팅에서 전사적으로 논의할 사안도 아니다. 최대한 소문이 나지 않도록 신중하게 취급해야 하는 이유는 다음과 같다.

1. 말이 새어나갈 수 있다

정보가 유출되면 심각한 상황이 발생할 수 있다. ① 인수하는 스타트업이 경쟁 입찰에 부쳐질 수 있고, ② 회사 업무에 차질이 생길 수 있으며(예를 들어, 인수하려는 회사의 직원에게 우리 회사의 직원 한 명이 인수 계획을 얘기하는 경우) ③ 우리 회사의 경쟁사들이 인수를 막기 위해 규제 당국에 로비를 할 수 있다.

2. 대부분의 직원이 거시적인 맥락을 파악하지 못한다

M&A가 경영의 효과적인 수단이 되는 원리에 대해 대다수의 직원은 폭넓은 맥락을 파악하지 못하거나 관련 경험을 해본 적이 없을 수 있다. 약 10곳의 회사와 논의를 하지만 결국 한 곳만을 선정하여 인수하는 상황을 이해하지 못할 수도 있다. 또한 직원들이 성사되지 않을 인수 건에 대해 불만이나 걱정을 토로할 수도 있다. 직원들이 이유 없이 우왕좌왕하거나 의문을 품을 이유가 뭐가 있겠는가?

3. 인수 후보 기업을 추후에라도 인수하기가 힘들어질 수 있다

어떠한 기업에 대한 인수 계획이 공개적으로 알려진 이후, 인수가 불발될 수 있다. 그러한 경우, 해당 기업을 추후에 인수하고 싶어도 뜻대로 되지 않을 수 있다. 전략적 당위성과 재무 모델을 비롯한 여러 사안이 바뀔 수 있으므로, 계획의 유연성을 유지하는 것이 가장 바람직하다.

4. 다수의 직원이 부적절한 이유로 인수를 거부하려 할 수 있다

공통적으로 나타나는 사유는 이후 내용을 참조하라.

반대 의견에 대처하기

내부 직원들이 공통적으로 펼치는 반대 주장은 다음과 같다.

1. "더 낮은 금액에 우리 스스로 이 제품을 만들 수는 없나요?"

"신제품 때문에 왜 굳이 2천만 달러를 주고 작은 팀을 인수하는 겁니까?" "그 돈이면 1년 동안 직원 100명을 채용하면 되지 않나요?"

이러한 반발에는 다음과 같은 답변을 제시할 수 있다.

- 현실적으로 우리 회사가 할 수는 있지만 자원의 한계에 부딪히는 경우가 많다(빠른 시일 내에 그렇게 많은 직원을 채용할 능력도 부족하다). 회사를 인수하지 않으면 현재 우리가 보유한 전략적 목표를 이루지 못하거나, 연기해야 할 것이다.
- 해당 분야에 대해 깊이 고민하고 작업해온 팀을 인수하는 것이기 때문에 그만큼의 시간을 벌고, 그들이 쌓아온 소중한 통찰을 얻을 수 있다.
- 피인수기업의 총괄자들도 우리 회사에 함께 투입되는 것이므로, 이 계획을 추진하는 데 큰 도움이 될 것이다.
- 우리가 인수하는 이 팀이 성공하여, 인수하지 않는 상황에 비해 1년 일찍 성과를 냈을 때 창출되는 재무적 성과를 생각해보라. 인수액으로 지불하는 2천만 달러에 비해 훨씬 더 높은 가치를 가져올 것이다.

2. "우리 회사가 이 경쟁사보다 우위에 설 것입니다!"

"굳이 인수를 하는 이유가 뭡니까?" "아무 경쟁사나 인수해서 업계의 1위가 되겠다는 것은 어불성설입니다."

이러한 반발에는 다음과 같은 답변을 제시할 수 있다.

- 이 경쟁사는 경쟁하는 모든 거래에서 이윤을 떨어트려왔다. 시장에서 이 경쟁사를 없애버리면 경쟁이 줄어드니 그만큼 우리 회사가 가치를 다시 올리게 된다.

- 인수의 혜택이 누적된다. 예를 들어 이 경쟁사에 5배수의 수익을 지불하고, 10배수의 수익을 벌어들이게 된다. 결과적으로 시장점유율을 높이고, 인수에 지불한 주식 금액보다 더 높은 액수의 시가총액을 받게 되며, 규모 확장을 통해 비용을 낮추거나 효율성을 배가할 수 있다.

- 이번 인수는 방어적 차원의 성격도 강하다. 이 경쟁사를 인수하게 되면 우리 회사가 몸담고 있는 이 시장에 무시무시한 거물 기업이 진입하지 못하게 하는 효과가 있다. 거물 기업이 다른 기업을 인수하여 이 시장에 첫발을 내딛을 수 없다면 이 시장은 장기적으로 우리의 것이 된다. 혹시라도 거물 기업이 이 경쟁사를 인수하여 막대한 자원을 투입하기로 한다면 우리는 영원히 이 치열한 경쟁에서 벗어날 수 없다.

3. "이 팀이 우리의 기대 수준을 정말로 충족합니까?"

"이 팀이 우리의 채용 수준에 미치지 못한다고 기술팀이 우려의 목소리를 내고 있습니다. 이 팀의 실력이 별로라고 하는 기술 총괄자도 한 명 있습니다."

이러한 반발에는 다음과 같은 답변을 제시할 수 있다.

- 팀 인수에 대한 답변: 우리는 계속해서 높은 채용 수준을 유지할 것이다. 우리 회사의 면접 프로세스를 거치게 할 것이고, 통과하면 충분히

가치를 발하도록 할 것이다. 확신이 서지 않는 직원들은 투입하지 않을 것(혹은 실력을 베스트하기 위해 짧은 수습 기간을 거칠 것)이다.

- 전략적 인수에 대한 답변: 우리가 이 회사를 인수하는 이유는 그 회사가 지닌 핵심 자산과 시장점유율 때문이다. 팀을 인수하는 것은 부분적인 이유에 불과하다. 본격적인 합병을 시작하면 개별 팀원을 평가하여 우리 조직의 어디에, 어떻게 투입할 것인지, 혹은 투입 가능한지 결정할 것이다. 인수 이후에 그쪽에서 온 팀원이 우리 회사에서 팀을 바꾸고 싶어 하면 들어가고 싶은 팀의 전체 팀원 앞에서 진행하는 인터뷰에 통과해야 한다. 회사에서 높은 채용 수준을 유지하는 데 효과적인 방식이다.

4. "새로운 팀이 우리 회사와 통합하는 데 시간이 오래 걸릴 겁니다."

"우리가 그 팀이 쓰던 물건이나 코드를 가져와야 하는 것 아닙니까? 우리 회사의 스택_{stack}°에 그들의 코드를 다시 작성하려면 1~2년은 걸립니다. 같은 결과물을 얻기 위해 우리 직원들이 하면 더 빠르게 할 수 있습니다."

이러한 반발에는 다음과 같은 답변을 제시할 수 있다.

- 현재나 가까운 미래에 이번 프로젝트에 필요한 인원이 충분치 않다. 우리가 배포할 수 있는 제품을 이 팀이 갖고 있다는 전제하에, 팀을 인수하여 ① 그들의 기존 스택을 유지하게 하거나, ② 우리 회사 장비에 옮겨 심는 방법이 훨씬 빠르다고 생각한다.

- 결과적으로 우리는 시장에 제품을 출시하여 고객을 유치하거나 경쟁사를 떨쳐버리거나 막아버릴 수 있게 된다.

° 일시적으로 보존하고 싶은 데이터를 차례로 겹쳐 쌓듯이 수납해가는 기억 장치.

5. "인수가 실패하면 어떻게 되나요?"

"새로 시작하는 모든 프로젝트는 실패할 수 있고, 분명 실패하는 프로젝트가 생길 겁니다. 이번 인수가 실패한 프로젝트가 되면 어떻게 합니까?"

이러한 반발에는 다음과 같은 답변을 제시할 수 있다.

• 사내 신제품에 대해서도 100퍼센트 성공률은 존재하지 않는다. 실패가 아예 존재하지 않는다는 것은 리스크에 충분히 도전하지 않는다는 의미이다. 기업 인수 역시 성공하기도 하고 실패하기도 한다. 단 인수 성공률이 충분히 높으면 실패한 인수에 대해 치루는 비용을 상쇄하고도 남을 것이다. 게다가 여느 이유를 막론하고 인수를 통하지 않고서는 훌륭한 인재를 영입하기가 어렵다. 사람들은 그만큼 리스크를 감당하려 하지 않기 때문이다.

M&A 인터뷰 프로세스

새로 투입된 직원들이 기대 수준을 충족할 것인지에 대해 기존 직원들의 우려(인수 금액을 차치하고, 직원들의 심기를 건드릴 수 있는 사안이다)가 높을 수 있다(특히 팀을 인수하거나 소형 제품을 인수하는 경우). 인턴십 경험을 제외하고 평사원급 직원들과 다른 회사에서 일한 경험이 없는 직원들이 많을수록 상황이 더 복잡해지는 경향이 있다. 일반적으로 경험이 적은 직원일수록 상대 회사의 이사급 직원들을 인터뷰하기가 난감할 수 있다. 인수되는 기업이 구글이나 페이스북 출신의 이사급 엔지니어들로 구성된 경우라면 평사원급이 진행하는 인터뷰에 통과하지 못할 가능성도 있다. 인수되는 기업과 그 기업에서 넘어오는 직원들을 공정하게 평가하기 위한 몇 가지 방법을 소개한다. 엔지니어들을 인터뷰할 때 다음 내용을 숙지하라.

1. 이 책의 3장(다양한 인재를 찾아내는 섬세한 노하우) 내용을 참조하여 인터뷰 프로세스와 질문을 표준화하라

일관된 질문지가 없으면 면접관의 피드백이 자의적일 수 있다. 인터뷰 질문이 이사급과 평사원급 전체에 해당되도록 하라. 코딩에 대한 질문이 코딩 능력보다는 컴퓨터 공학 학위를 취득한 시점에 좌우될 수 있다. 예를 들어, 이론의 특정 측면만 강조할 수 있다.

2. 여러 회사에서 일한 경험이 있는 이사급 엔지니어들로 M&A 면접관 패널을 구성하라

직원들이 상대방 회사의 이사급 직원들을 인터뷰하고 평가할 수 있는 역량과 기준을 갖도록 할 수 있다.

3. 질문을 하는 면접관 패널에게 상대방 회사가 매각 예정이라는 사실을 알려라

또한 상대방 회사가 인터뷰를 준비할 시간이 충분치 않을 수도 있다고도 전하라.

4. 평판조회를 하고(단, 타당한 이유가 있어야 한다) 철저히 조사하라

피인수회사의 직원들은 본인이 속하게 될 팀에 대한 선택권이 없고(인수하는 회사의 창업자가 인수를 진두지휘한다), 최근에 인터뷰에 참여했을 확률이 낮다. 따라서 인터뷰 준비를 제대로 했을 가능성이 낮고, 인수에 대한 내용도 파악하지 못했을 것이다. 따라서 일반 공채에서 질문하는 "우리 회사에 대한 열정이 있나요?"와 같은 일반적인 질문은 생략하라. 다른 부서에서 인력을 충원할 때 해도 될 질문들이다.

M&A: 인수하는 기업에 대한 가치 평가

인수하고자 하는 기업에 대해 적합한 가치 평가 체계를 구축하는 일은 과학보다는 예술에 가깝다. 인수 건별로 가치 평가 시에 고려할 사항이 다르기 때문이다. 그러나 인수 금액을 지불하기로 결정할 때 공통적으로 고려할 사항이 몇 가지 있다.

모든 종류의 M&A를 평가하기 위한 가치 평가 요소

- **'대상 기업'의 현금 상태가 어떠한가?** 현금 보유액이 3~6개월 분량밖에 되지 않는다면 협상하거나, 자금을 추가 조달하거나, 다른 인수기업을 물색할 시간적 여유가 없다.
- **창업자나 경영진이 회사를 매각하는 데 얼마나 절박한가?** 창업자와 경영진은 지쳐갈 수 있다. 창업자가 자본금을 회수할 수 있는 엑시트를 바라는가? 대표적으로 플리커가 야후에 인수된 이유가 이것이었다.
- **경쟁력이 있는 인수인가?** 입찰에 참여하는 회사에는 어떠한 곳들이 있고, 그 회사들이 제안한 인수액은 얼마인가? 회사의 주식에 상승 여력upside이 많다고 인식되면(예를 들어 10억 달러의 평가액을 인정받는 에어비앤비의 경우), 구글보다 재무적으로는 더 매력적인 인수기업이 될 수 있다(평가액이 조만간에 다시 10배수 증가할 가능성은 낮다).
- **방어적 차원의 인수인가?** 대상 기업을 다른 기업이 인수하여 시장에 진입하는 것을 막는 것이 중요한가? 예를 들어, 구글이 웨이즈Waze를 매입한 이유는 페이스북이나 애플이 '지도mapping' 부문에 뛰어들지 않도

록 하는 방어적 취지가 있었을 것이다.

- 인수하려는 대상 기업이 얼마나 독보적인 특성을 지니고 있는가? 모바일 팀을 인수하려고 하는데, 현금이 바닥난 모바일 팀들 십여 곳이 있다면 독보적인 자산인 인스타그램을 인수할 때의 접근과는 다른 방식이 필요하다.

팀의 인수 혹은 '애퀴하이어'

팀을 인수할 때는 다음의 요소에 따라 가치 평가의 범위가 달라진다.

- **팀의 질적 수준:** 팀의 역량이 얼마나 강력한가? 팀 구성원들은 유명한 회사 혹은 학교 출신인가? 과거에 멋진 제품을 출시하거나 만든 경험이 있는가?
- **특별한 기술 보유:** iOS 앱 스토어가 출시된 직후, 모바일 앱 개발자들의 몸값이 뛰었고, 회사들은 이들이 속한 팀들을 인수하기 위해 많은 금액을 지불했다. 마찬가지로 오늘날 구글과 페이스북은 딥 러닝 기술 전문가들에게 거액의 몸값을 지불하는 듯하다. 회사를 발전시키는 과정에서 현재 우리 팀이 부족한 기술은 무엇인가?
- **인수기업의 절실함:** 구글은 '구글+Google+°' 전성기 시절에 '소셜' 제품 매니저, 디자이너, 엔지니어들을 영업하기 위해 터무니없는 금액을 지불했다. 회사가 절실하게 필요로 하는 능력이 있는가?

° 구글이 2011년 6월 28일부터 운영하는 소셜 네트워크 서비스.

- **유명한 공동창업자나 엔지니어:** 앞으로 합류할 팀에 유명한 엔지니어, 디자이너, 사업가 혹은 기업가가 포함되어 있는가? '유명인'이 합류하면 회사가 탁월한 인재를 채용하는 데 큰 도움이 된다. 본인들이 보유한 인맥이나 능력이 회사에 막대한 도움이 되기도 한다.

일반적으로 애퀴하이어를 진행하면 설립자에게 20퍼센트의 사이닝 보너스를, 나머지 직원에게는 기본 연봉과 보상 패키지를 제공하되, 주주들에게는(즉, 회사 투자자들) 반환금을 제공하지 않는다. 이 방식은 업계에서 생각하는 것보다 더 보편화되었다. 기업 인수가 결국은 새로운 팀을 채용하되, 상대 기업과 제품은 종결짓는 방식이라는 점에 대해 많은 이들이 언급하고 트위터에 포스팅하고 있다.

실제로 '팀의 인수'를 실시하면 인수기업은 엔지니어, 디자이너, 제품 매니저 한 명 당 1백만~3백만 달러를 지급하겠다고 제안한다. 그들은 결국 이 제안을 받아들이고 인수기업에 합류하게 된다. 피인수기업의 기업가와 관리급 임원 등에 대해 퇴직 보상 패키지severance package °도 지급해야 하는 상황이면 피인수기업의 가치 평가액을 변동시켜야 하거나 거래액을 낮춰야 한다고 주장할 수도 있다.[72] 인수 구조를 어떻게 결정하는지에 따라, 개별 엔지니어의 몸값 중에 상당 부분이 주주들에게 보상을 제공하거나(예: VC가 회사에 5백만 달러를 투자한 경우), 합류하는 팀의 잔류 보상비로 사용될 수 있다.

대부분의 기업은 스타트업의 팀을 인수하기 전에 스타트업 직원들에 대해 인터뷰를 요청하거나, 기준에 부합되지 않은 팀 구성원을 배제할 권리를

°   직원이 회사에서 퇴직할 때 받는 급여 및 혜택.

요구한다. 이렇게 되면 최종 인수액이 감축될 수 있다. 다시 말해 대상 기업의 기술 인재들이 인수기업에서 필요로 하는 역량에 부합하는 경우와 그렇지 않은 경우로 들쭉날쭉하다면 인수 금액을 낮출 수 있다. 예민한 사안들이라 순조롭게 대화로 마무리 짓기가 어려울 수 있다. 인수하고자 하는 팀을 인터뷰하는 내용에 대해 관련 항목을 참조하기 바란다.

제품의 인수

앞에서 언급한 일반적인 가치 평가에 관한 고려 사항 외에도, 제품을 인수할 때 고려해야 할 사항도 평가해야 한다.

- **우리 회사가 제품을 인수함으로써 얼마나 많은 시간을 절약할 수 있는가?**

이 제품을 인수하면 우리 제품의 어떠한 취약점이 해결될 것인가? 이 팀이 투입되면 취약점을 메울 수 있을까?

- **인수로 대략 어떠한 가시적인 성과를 얻을 수 있는가?**

예를 들면 인수 이후에 추가로 생겨날 이용자는 대략 몇 명이고, 우리 회사가 현재 보유하고 있는 이용자 한 명당 예상되는 이익은 얼마인가? 혹은 인수 이후에 수익이나 현금 흐름이 얼마나 더 생겨나고, 이에 따른 이윤은 어떻게 되는가?

- **이번 인수를 통해 전략적인 시장 상황은 어떻게 변화할 것인가?**

경쟁사의 사업 역량을 우리가 막는 상황이 되는가? 그렇다면 우리는 사업적으로 무엇을 할 수 있는가?

제품을 인수하는 경우 암묵적으로 적용되는 규칙이 있다. 일반 공채 직원들에 비해 새롭게 합류하는 팀원들의 보상액이 최소 20~50퍼센트 높아야 한다는 것이다. 팀의 인수가 일방적으로 직장 선택권에 제약을 가하는 행위이므로, 초반에 보상금을 상대적으로 높여서 2개월 후라도 퇴사하는 것을 막는다는 취지다. 한편 제품의 인수 혹은 전략적 인수를 하게 되면 상대회사의 초기 직원들에게는 훨씬 높은 보상을 해주어야 하는 경우도 있기 때문에 '최악의 상황'으로 간주한다.

전략적 인수

진정한 전략적 인수는 회사에 다음 중 하나의 성과를 안겨준다.

- 업계의 전반적 시장 구조에 변화를 가져온다.
- 회사에 재생산이 불가능하거나 방어적인 주요 자산이 생겨난다.
- 경쟁사가 주요한 행동이나 시장의 지위 등을 차지하지 못하도록 막는다.
- 회사 사업의 일부 측면(비용 구조, 유통 채널 등)을 급격히 변화시킨다.

대부분의 전략적 인수에서는 동일한 자산을 차지하려는 복수의 잠재 거물 인수기업들이 참여하게 된다. 예를 들어, 구글, 페이스북, 애플은 모바일 광고 부문에서 모두 점유율을 늘리고 역량을 높이기 위해 애드몹AdMob의 매각 입찰에 참여한 것으로 알려져 있다(결국 2009년 구글이 7억 5천만 달러에 애드몹을 인수했다).

전략적 인수를 실행할 때 다음의 주요 질문들을 확인해야 한다.

- 이번 인수를 통해 우리 회사 사업의 중요한 측면들에 어떠한 변화가 가해질 것인가? 주요 시장을 통합할 수 있는가? 우리 회사기 제품들을 교차 판매할 수 있는가? 우리 회사가 새로운 사업 영역에 뛰어들 수 있는가?

- 전략적 인수를 통하지 않고 우리 회사 혼자의 힘으로 혹은 다른 인수 건을 통해 자산을 재생산할 수 있는가?

- 경쟁사가 자산을 인수하면 우리 회사나 제품 라인의 존재가 위태해질 것인가?

- 우리가 인수하려는 회사가 우리의 주요 경쟁사가 될 수도 있는가? 우리와 직접 경쟁하거나 매출을 높이기 전에 우리가 이 회사를 인수할 수 있을까?

- 이 회사가 우리 회사의 미래를 바꿔줄 만큼 특별한 인재 혹은 팀을 보유하고 있는가?

- 두 회사를 합쳤을 때 발생하는 수익과 손실은 어떻게 되는가? 이번 인수를 통해 얼마만큼의 수익이 창출될 것인가? 비용은 어떻게 감소할 것인가?

- 인수액을 책정할 때 어떠한 측정 변수를 사용할 수 있는가?

M&A: 주요 투자자들을 포함한 상대방에게 회사를 매각하도록 설득하기

창업자는 두 가지 부류로 나뉜다. 자신의 스타트업을 매각하고 싶거나 매각해야 하는 상황에 처한 부류와 그 반대의 부류다. 일반적으로 창업자들은 두려움과 심신의 피로 때문에 (피곤에 찌들었거나, 자금이 바닥났거나, 경쟁사에 짓밟힐 것 같아서) 회사를 매각하기도 하지만, 역으로 큰 야심과 기대감으로 본인과 자신의 팀이 나타낼 영향력 혹은 금전적 보상에 대해 들뜬 마음에 매각하기도 한다.

매각 설득하기: 팀과 제품의 인수

팀과 제품을 인수하는 경우, 기업가와 투자자에게 회사를 매각하는 것이 회사에 득이 된다는 확신을 심어주어야 한다.[72] 기업과 투자자에게 각기 다르게 활용할 수 있는 전략을 소개한다.

1. 기업가 설득하기

창업자가 번아웃을 겪거나 자금이 부족해지면 적극적으로 설득할 필요도 없다. 오히려 적극적으로 매각에 나설 것이다. 단 기업가가 매각의 필요성을 못 느끼는 경우에는 다음의 미끼를 던져볼 만하다.

- **보상:** 사람들이 생각하는 부의 '수준'은 다양하다. 학자금 상환 능력, 집에 대한 자가 소유 능력, 평생 일하지 않아도 될 만큼 여유로운 상태 등 해석도 다양하다. 일반적으로 창업자는 주식 1백만 달러("우와. 엄청난 액수의 돈이네요! 귀사에서 몇 년 일한 후에 스타트업에서 다시 한 번 꿈을 펼칠 수 있겠네요."), 50만 달러("베이 에어리어에서 부동산을 하나 매입해서 평생 건물주로 살아도 되겠네요."), 1천만 달러("평생 일할 필요가 없겠어요.")에 다른 반응을 보일 것이다.

매각을 설득할 만한 다른 요소는 차치하고, 기업가의 성향, 현재까지의 재무 상태, 개인사에 좌우되는 경우도 있다. 일반적으로 주식과 현금 지급의 보상은 1~4년 동안 진행되는데, 기업가가 이미 소유하고 있는 주식의 귀속기간을 다시 책정하는 경우도 있다.

- **영향:** 피인수기업의 창업자와 그 회사 혹은 제품이 우리 회사의 제품과 방향에 어떠한 영향을 미칠 것인가? 다른 기업을 인수하기로 결정할 정도면 이미 회사의 제품이 수백만 혹은 수억만 명의 이용자들에게 다가가고 있는 상태일 것이다. 그렇다면 피인수기업의 제품과 비전이 우리의 제품과 비전에 녹아들어, 수백만 명의 삶에 영향을 줄 수 있을 것인가?

- **역할:** 피인수기업의 창업자와 CEO에게 어떠한 역할을 제공할 수 있는가? 그 기업은 인수되기 전에 비해 더 큰 팀을 보유하거나 업계에 더 큰 영향을 미칠 것인가?

- **위협:** 개인적으로 이 방식을 선호하지는 않지만, 인수하려는 스타트업을 협박하는 것으로 유명한 기업들도 있다. 지식재산권 침해를 이유로 소송을 걸거나 자신들이 시장에 진입할 계획이라는 점을 비공식적으로 전달하기도 한다. 그래서 결국 두 회사가 합병하게 된다. 이러한 위협은 행동으로 이어지지 않고 말뿐인 경우가 많다.

2. 투자자 설득하기[73]

팀이나 제품을 인수하는 경우, 피투자기업의 투자자들이 매각을 거부한다는 전제하에 매각에 동의하도록 설득할 필요도 있다. 대부분의 투자자들은 평균 투자 금액의 최소 3배를 기대하는 편이다. 파산하거나 투자자에게 수익을 전혀 돌려주지 못하는 회사들을 상쇄해야 하기 때문에 정상적인 피투자기업이라면 3배 이상의 수익률을 올려야 한다는 의미다. 피투자기업의 수익률이 3배수가 안 된다면 투자자들은 기업 인수에 반발할 것이다.

다음은 투자자들을 설득할 때 언급할 만한 내용이다.

- **"하락 종목을 상승 종목과 트레이딩하는 셈입니다."** 기본적으로 인수기업과 반대로 피인수기업의 성장률이 낮고, 업계에서 선구적이지도 않다. 지금 회사를 매각하면 거래액을 주식으로 제공한다는 전제하에 피인수기업이 결과적으로 얻는 혜택이 많아진다. 인수 이후 주식의 가치가 급격히 상승할 것이기 때문이다. 스타트업이 같은 기간에 2배의 가치를 갖게 되더라도, 매각을 해야 훨씬 더 높은 투자 수익률을 얻게 된다. 예를 들어, 트위터의 시가총액이 10억 달러였을 때가 나의 스타트업 '믹서 랩스'가 매각된 시점이었다. 트위터가 회사를 인수하고 투자 수익률이 최소 10배 올랐다.

- **"저희 회사는 이 시장에서 기업 하나를 인수할 계획입니다. 이 회사가 아니더라도 다른 기업을 인수할 겁니다."** 이 말은 이 기회를 놓치면 회사가 엑시트할 수 있는 기회의 문이 닫힌다는 뜻이다. 지금이 유일한 기회다.

- **"투자자분들과 저희 회사가 좋은 관계를 구축하는 것이 저희에게는 중요한 문제입니다. 투자자분들은 저희 회사의 생태계에 들어와 계십니다."** 동일한 기업들(예: 구글, 페이스북, 트위터)에 인수되어 엑시트하는 스타트업들에 주로 투자하는 VC들이 있다. 이 VC들은 피투자기업과 좋은 관계를 유지하여, 자신들이 지분을 갖고 있는 포트폴리오 기업 중 하나를 매각해야 할 때, 피투자기업의 사업 개발팀에 대한 직접적인 연락망을 갖게 된다. 이처럼 실리콘밸리에서는 철저히 장기적인 접근을 요한다.

창업자에게 회사를 매각하도록 설득하기: 전략적 인수

일반 자산에 비해 진정으로 전략적인 자산과 자체적으로 '브레이크 아 웃break out°하는 자산을 손에 넣기란 매우 어렵다. 따라서 이러한 자산을 노 리는 대신 여러 기업과 장기적인 관계를 유지하면 전도유망한 회사를 인수 할 확률이 높아질 것이다.

당신의 회사가 어느 정도 규모를 키웠다고 생각하면 매 분기 혹은 반기 마다 당신이 인수하고자 하는 기업들의 CEO와 만나보기 시작하라. 이렇게 관계를 구축하다 보면 결국 경쟁력 있는 전략적 상황에서 후회 없는 거래 를 할 수 있으리라. 페이스북의 마크 저커버그가 왓츠앱과 인스타그램의 창 업자들과 관계를 유지하는 데 혈안이 된 것으로 악명이 높았던 시절이 있 었다. 그렇게 공을 들인 결과, 결국 두 기업을 가뿐히 인수할 수 있었다.

창업자들이 전략적 자산을 매각하도록 설득할 때, 몇 가지 고려해야 할 사항이 있다.

- **자율성:** 회사를 창업한 사람들은 대부분 자신이 하고 싶은 사업을 직접 추진할 수 있다는 마음으로 회사를 차렸다. 사업을 추진할 때 간접비 가 과도하게 높아지거나 관료주의적 상황을 마주할 때 심기가 불편해 진다. 경영권은 기존대로 유지하되, 재무적 지원과 판관비°°지원을 통 해 회사의 규모를 확대하도록 도와준다고 약속하면 창업자들의 호감

○   자산 가격이 갑자기 새로운 영역에 진입하는 것.
○○   Sales, General & Administrative resources, 기업의 판매와 관리, 유지에서 발생하는 비용을 통틀어 칭하며, 급여와 복리후생비, 임차료와 접대비 등이 포함한다.

을 살 수 있다. 예를 들어, 안드로이드와 유튜브는 구글에 인수된 이후에도 수년에 걸쳐 자체적으로 채용 절차와 기준을 자율적으로 관리했다. 한편 구글은 이 기업들을 인수하면서 재무적 지원을 했고, 제품 중심의 창업자들이 취약한 복잡한 사업 영역(사업 운영과 판매 등)에 대해 인력과 자원을 제공해주었다.

- **업무 지원:** 독립형 상장기업을 구축하는 데 필요한 제반적 업무를 감당하기 어려워하는 창업자들도 있다. 판매팀을 확대하는 업무보다는 제품과 디자인에 집중하고 싶을 뿐이다. 직원 승진 체계와 회계 업무에 대해 논의하는 회의에 참석하는 것도 고역일 수 있다. 이러한 창업자들에게 그늘이 관심 있는 업무에 온전히 집중할 수 있도록 자율성과 업무 지원을 약속한다면 쉽게 마음의 문을 열어줄 것이다.

- **영향력과 역할:** 창업자가 독립형 기업을 운영했을 때보다 역할이 커지는 경우가 있다. 스타트업의 창업자들이 주로 인수기업에서 주요 부서를 총괄하거나 주요한 전략적 역할을 맡기 때문이다. 예를 들어 키홀Keyhole('구글 어스Google Earth'를 실행하는 데 사용되는 소프트웨어를 개발한 기업)의 존 행키John Hanke 대표는 '구글 맵스'의 총괄자가 되었다.

- **경쟁력 있는 역학 구도 혹은 공포심:** 유튜브가 엑시트를 통해 구글에 인수된 데는 미디어 산업에서 여러 소송 위협을 가한 이유도 있다. 창업자나 CEO가 제3의 위력, 소송 혹은 외부 위협을 감당하기 힘들 때 회사 매각에 대한 제안에 관심을 보일 수 있다.

- **금전적 보상:** 금전적 보상은 동전의 양면이기도 하다. 창업자들은 어떻게든 회사의 실적이 좋을 것이라고 생각하면 매각에 대한 제안이 들어와도 높은 상한액을 정해주고 즉각적으로 엑시트할 의향이 없다. 그러나 지금 매각하는 것이 안전한 길이고 두 번 다시 고민할 필요 없다고

설득할 수 있다. 자본금을 빨리 회수하기 위해 조기 엑시트를 하는 가장 큰 이유 중 하나는 위험 감수를 꺼리는 창업자들의 아내 때문이다. 자신과 자녀의 편안한 삶을 위해 안전한 엑시트를 택하는 경우도 많다.

> "자본금을 빨리 회수하기 위해
> 조기 엑시트를 하는 가장 큰 이유 중 하나는
> 위험 감수를 꺼리는 창업자들의 아내 때문이다."
>
> _ 일라드 길

M&A: 인수 협상

매각 협상: 팀의 인수 혹은 제품의 인수

모든 협상은 상대적 '레버리지leverage°'(혹은 레버리지에 대한 인식)로 귀결된다. 인수하려는 기업을 더 많이 이해하기 위해서는 현금 상황, 경비 지출 속도burn rate, 주주명부, 직원 수, 제품 성장률 등의 여러 요소에 대해 물어봐야 한다. 답변을 들어 보면 창업자가 얼마나 간절하게 엑시트를 희망하는지 감이 온다.

이 외에도 협상에서 도움이 될 만한 보편적 사실을 소개한다.

° 자산투자로부터의 수익 증대를 위해 차입자본(부채)을 끌어다가 자산 매입에 나서는 투자전략을 총칭하는 말.

1. 회사가 지난 3~6개월 동안 펀딩 라운드를 진행했다면 평가액에 최소 50퍼센트의 할증액을 지불해야 한다

투자자들이 평가액을 2~3배 올리라고 종용하는 경우도 있다. 그러나 시장 상황이 급변했거나, 회사의 창업자들이 엑시트를 고대하거나, 회사의 잠재 성장률이 낮다면 마지막 라운드 당시의 평가액 혹은 할인된 금액으로 트레이딩할 수 있다.

2. 엔지니어, 제품 관리자, 디자이너 한 명당 몸값은 1인당 1백만~3백만 달러 정도다

한편 팀을 인수할 때 비즈니스, 오퍼레이션, 커뮤니티 매니저들의 가치는 낮거나 마이너스다(팀을 인수할 때 인수 내싱에 포함되기 않아, 퇴직금을 지급해야 하는 경우도 있다). 특수 경력직이 있거나 그 수가 많을 때, 보상액은 5백만 달러까지 올라갈 수 있다. 주주들(주로 투자자 및 창업자)과 직원 전체가 보상금을 받는 경우도 많다.

3. CEO나 이사회로부터 회사의 평가액 범위를 제안 받은 후, 최저 금액으로 결정하라

일반적으로 이사회는 합의된 인수액 범위(예: 1천 5백만~2천만 달러)에서 '최대' 금액을 승인한다. 특별히 경쟁력 있는 인수 건이 아니라면 거래 담당 팀에서는 안전하게 낮은 금액으로 안착하려 할 수도 있다. 한편 경쟁력 있는 인수 건이라면 거래 담당 팀은 공격적인 제안을 할 가능성이 높다(예: 1천 8백만 달러).

4. 여러 기업발전팀_{corporate development team} [○]**은 공개입찰에서 우선주와 보통주 주주들과 직원들이 가져가는 금액을 언급하지 않고 총 거래액에 대한 견적만 제시한다.**

그 결과 창업자, 투자자, 직원들이 가져가는 금액에 실질적으로 영향을 줄 수 있다.

- 예를 들어, 당신이 여섯 명으로 구성된 회사를 1천만 달러에 인수하고 싶다고 제안한다고 가정해보자. 은행 잔고가 1백만 달러인 그 회사를 인수하게 되면 그들의 현금도 당신의 소유가 되므로, 결국 9백만 달러에 매입을 하는 셈이다(피인수기업의 직원들에게 보너스를 지급해야 할 때, 인수기업의 현금 보유액에 영향을 주지 않기 위해 피인수기업의 현금 일부를 사용하기도 한다).

- 주주들에게는 6백만 달러, 리텐션 보너스_{retention bonus} ^{○○}로 3백만 달러가 지급된다는 의미다. 따라서 피인수기업의 창업자가 이 단계에서 회사의 지분 20퍼센트를 소유하고 있다면 인수 금액에서 120만 달러를 받게 된다. 인수기업이 천만 달러를 제시했을 때, 창업자에게 2백만 달러가 돌아간다고 예상할 수도 있지만, 현실적으로는 120만 달러만 지급된다. 나머지 3백만 달러에 창업자의 리텐션 보너스가 포함될 수 있지만, 나머지 직원 다섯 명이 배분하여 갖게 될 확률이 높다. 즉, 창업자를 포함하여 잔존 기간 4년에 대해 50만 달러를 지급한다.

- 기업가가 엑시트를 결정하고 나면 처음 받는 인수 제안에 한껏 들뜨게

○   인수·합병을 통해 불필요한 사업을 도려내고 알짜 사업을 끌어들여 회사의 가치를 높이는 업무를 담당하는 팀.

○○   회사 잔류를 조건으로 제공하는 보너스.

된다. 인수 거래 조건을 세세히 파악한 이후에 협상에서 물러나는 일도 없다. 이미 길고 긴 터널 밖을 빠져 나와 빛을 본 셈이다("더 이상 한밤중에 벌떡 일어나 식은땀을 흘리지 않아도 되겠다."). 재정적으로 시달린터라 어디에 인수액을 쓸 것인지 다 정해놓았을 것이다("드디어 밀린 카드 값을 내고 아파트도 한 채 장만할 수 있겠다."). 따라서 기업가들이 인수 제안을 받으면 항상 일부 투자자들에게만큼은 그 사실을 전달해야 한다. 기업 인수 상황을 수차례 지켜본 연륜 있는 사람들의 조언이 필요하기 때문이다. 인수합병 업무에 이골이 난 전문가들이 파놓은 함정에 빠지지 않기 위해서다.

무엇보다도 피인수기업의 창업자와 거래를 협상하는 총괄자가 인수 이후에 매일 업무를 보고하는 상사 혹은 함께 업무를 진행해야 하는 동료여서는 안 된다. 거래 협상자와 인수되는 기업가들 사이에는 일부분 악감정이 생기는 경우가 많기 때문이다. 자기 손으로 일으킨 회사를 포기하기란 힘든 일이기 때문에 처음으로 기업가가 된 사람들에게는 협상이 버겁게 다가올 수 있다.

> "기업가들이 인수 제안을 받으면 항상 일부
> 투자자들에게만큼은 그 사실을 전달해야 한다."
>
> _일라드 길

매각 협상: 전략적 자산

전략적 자산을 매입할 때, 다음과 같은 주요 원칙을 기억하라.

1. 오랜 신뢰관계를 토대로 전략적 자산을 매입하라

저커버그가 각 창업자와 오랜 시간에 걸쳐 신뢰를 쌓은 결과, 페이스북이 왓츠앱과 인스타그램을 인수할 수 있었다. 그는 다른 기업들의 CEO에게도 페이스북과 제휴했을 때 어떠한 이점이 있는지 피력하면서 신뢰관계를 쌓아갔다. 결국 저커버그가 왓츠앱을 인수한 것은 페이스북을 공들여 '세일즈'했기 때문에 가능한 일이었다.

2. 매입 주체사의 CEO가 직접 관여하라

당신은 CEO로서 상대 회사를 인수하기까지 전반적인 거래 절차에서 상호 관계를 쌓아가는 데 줄곧 참여해야 한다. 상대 회사의 CEO가 당신과 신뢰관계를 형성하면 본인과 본인 회사의 미래를 맡겨도 되겠다는 믿음이 형성된다. 그때부터는 거래를 협상하고 체결하기가 한결 용이해진다.

3. 신속하게 추진하라

같은 자산의 공개입찰에 복수의 참여자가 있는 경우, 빠르게 결단을 내리면 인수기업으로 적합하다는 인상을 주면서 일 처리에 가속도를 붙게 하여 유리한 결과를 이끌 수 있다. 프로정신과 소소한 사안을 과감히 생략할 수 있는 대범함을 보여줄 수 있다. 구글이 16억 달러에 유튜브를 인수하기까지 1주일도 걸리지 않았다는 유명한 일화가 있다.

이용자들과 사회에
책임감 있는 회사의
규모 확장

헤먼트 타네자와의 인터뷰

헤먼트 타네자는 2011년 실리콘밸리에서 제너럴 캐털리스트 사업부를
설립한 뒤, 스냅, 스트라이프, 거스토, 컬러, 그래머리 Grammarly, 리본
고 Livongo에 투자해 큰 수익을 올렸다. 또한 첨단 에너지에 대한 전국적
인 비영리 단체인 '어드밴스드 에너지 이코노미 Advanced Energy Economy'
를 공동 설립했고, 칸 아카데미 Khan Academy의 이사로 활동하고 있다.
헤먼트는 매사추세츠 공과대학교 MIT에서 다섯 개의 학위를 취득했다.
그는 기술 분야에서 활동하는 동료 리더들이 큰 영향력을 갖고 있으니,
책임감을 갖고 그 영향력을 행사해줄 것을 촉구하며 책임감 있는 혁신
을 실행할 것을 공개적으로 요청해왔다. 그의 저서 《언스케일 Unscaled》
에서는 경제 주요 부문의 역사가 재편되는 현실 속에서 30년간 실질적
으로 일어난 변화에 대해 설명한다.

그와의 인터뷰에서는 실리콘밸리가 진화하는 현재 진행형의 역사 속에
서 지금 우리는 어디쯤 와 있는지, 스타트업이 성공적으로 규모를 확장
하려면 어떻게 입지를 구축해야 할 것인지, 승자 독식의 관점이 주로 역
효과를 내는 이유 등에 대한 그의 생각을 물었다. 그는 창업자들이 회사
를 창업한 첫날부터 어떻게 사회적 책임의식을 사업 운영에 녹여낼 수
있는지에 대해서도 설명했다.

· · · · · · · ·

일라드 길 당신은 이전에 온라인 콘텐츠, 커뮤니티, 이커머스 부문에 현재 대대적인 격변이 일어나고 있다고 언급한 적이 있다. 현재 펼쳐지는 상황에 대한 당신의 의견이 궁금하다.

헤먼트 타네자 관련 사업의 규모가 확대되는 현실이 큰 변화를 나타내고 있다. 인류는 100여 년에 걸쳐 '규모의 확대'를 성공 측정의 변수로 사용해왔다. 미국에서는 그동안 전 국민이 헬스케어, 교육, 금융을 비롯한 핵심 서비스를 쉽게 이용하는 데 주안점을 두고 규모를 키워왔다. 오랜 기간 동안 순이익이 '플러스'를 유지한 분야들이기도 하다. 결과적으로 산모들이 더욱 안전한 환경에서 출산할 수 있게 되었고, 외상성 손상과 전염병 치료 성과도 훨씬 개선되었다. 규모의 확대를 통해 정규 교육을 받는 아동들이 늘어나고, 금융 서비스를 이용할 수 있는 사람들도 증가했다. 지난 한 세기에 걸쳐 규모의 경제가 적용되는 활기찬 중산층이 생겨났다. 중국의 중산층 인구는 규모 확대의 원칙이 적용되어 20년 안에 3억 이상으로 증가했다.

그러나 이제는 규모의 확대가 빛을 발하던 시절은 지나갔다고 단언할 수 있다.

헬스케어를 예로 들어 보겠다. 한때 부자들만 병원 진료를 받을 수 있었던 시절이 있었다. 집으로 직접 방문하는 왕진 의사가 주치의가 되어 가족의 건강 상태를 속속들이 알며 정성스럽게 진료와 치료를 담당했다. 전 국민을 위해 기본적인 의료 서비스를 제공하기 위해 전국에 종합병원이 들어서게 되었다. 무엇보다도 영아 사망률, 전염병 및 외상 발생률을 낮추는 노하우가 축적되었다. 한편 오늘날 병원에 가면 의사 진료 시간이 5분을 넘지 않고, 의사가 환자에 대해 아는 바가 거의 없으며, 환자의 눈을 보지 않고 화면 속의 전자의료기록시스템Electronic Medical Record(EMR)에 소견 내용을 입력할 뿐이다. 오래전 주치의가 직접 집으로 와서 하던 진료와는 달라도 너무 다르다.

의료 외에도 교육, 금융, 에너지를 비롯한 여러 핵심 분야에도 비슷한 상황이 펼쳐질 수 있을 것이다.

사회에서 중요한 이 각각의 서비스를 변곡점까지 확대시켜왔기 때문이다. 은행이 영세기업들과 많은 소비자들의 등골을 빼먹는 일이 비일비재해졌고, 보건의료제도도 '돈 먹는 하마'가 되었다. 우리의 자녀 세대가 21세기를 편하게 살아가도록 대비책을 마련하지 못하고 있다. 선력 분야가 기후변화의 주범이 되기도 했다.

다행히도 지난 20~25년에 걸쳐 온라인 콘텐츠, 커뮤니티, 이커머스 부문에 대대적인 격변이 일어났다. 그 결과, 우리 사회의 밑거름이 되는 앞서 언급한 기본적인 서비스들을 어떻게 제공할 것인지에 대해 처음으로 재고해볼 수 있는 기회가 생겼다.

또한 기술과 기술기업가들의 역할이 전면에 부각되면서 여기저기에서 러브콜을 받는다. 한마디로 '대세' 그 자체다. 교육, 헬스케어, 금융 서비스의 현대화에 없어서는 안 되는 존재가 되었다. 지난 10년 동안 나의 투자 욕구를 자극한 창업자들은 시장의 무게중심이 기술 부문으로 옮겨 가면서 어마어마한 규모의 이 시장에서 물 들어올 때 노를 저으려고 하는 이들이었다.

일라드   규제 당국보다 고객을 중심에 두라는 첫 번째 원칙에 대해 당신의 생각을 듣고 싶다. 헬스케어, 교육, 금융 같은 거대한 규제시장에서 기업이 규모를 키워갈 때, 주안점을 두어야 하는 대상이 어떻게 바뀌어야 하는가?

> "우리는 '대세' 그 자체다.
> 교육, 헬스케어, 금융 서비스의 현대화에
> 없어서는 안 되는 존재가 되었다."
>
> _헤먼트 타네자

헤먼트   헬스케어를 예로 들어보겠다. 내가 최근에 헬스케어 임원으로 구성된 합동 실무단과 회의를 했다. 기술 사용에 관해서는 최첨단 보건 시스템을 진두지휘하는 임원들이었다. 대화의 주된 주제는 보건의 질과 비용을 개선하기 위해 EMR과 호환되는 소프트웨어 표준을 사용하는 것에 대한 내용이었다. EMR의 표준과 관련 사안에 대해 4시간에 걸친 토론이 이어졌다. 그런데 대화에서 환자나 의사에 대한 언급이 없었다는 점에 놀라움을 금치 못했다.

저녁 만찬을 마칠 무렵 나는 폐회사에서 "여러분이 헬스케어의 질적 수준과 비용에 영향을 줄 것이라고 생각하는 것 같은데, 결코 그런 일은 일어나지 않을 것이다"라고 말했다.

내가 창업에 도움을 준 '리본고'라는 회사가 있다. 첫 번째 원칙에 따라 만성질환에 걸린 소비자들을 위해 헬스케어에 대해 새로운 접근을 도입한 회사였다. 현재 2형 당뇨를 앓는 3천만 명이 넘는 환자(소비자) 대부분이 주기적으로 혈당량을 체크하고 1년에 몇 차례에 걸쳐 주치의나 내분비계 전문의의 진료를 받는다. 병원에 가지 않는 기간 동안 건강 상태가 악화되어, 경련을 일으키고 동반 질환이 생기기도 한다. 이에 대한 대부분의 기존 해결책은 소프트웨어를 이용하는 방법을 비롯하여 소비자가 지시사항에 맞게 투약 절차를 따르도록 하는 것이었다. 실리콘밸리에서도 혈당량과 영양

상태에 대한 데이터를 더 효율적으로 수집하기 위해 수십 개의 당뇨 관리 앱이 소비자용으로 개발되었다. 그러나 2형 당뇨의 발병률과 치료비가 내려갈 조짐이 안 보인다.

한편, 리본고는 소비자 중심적인 접근으로 소비자가 최대한 질병에서 '자유로운 생활'을 할 수 있도록 하는 서비스를 개발했다. 소비자가 건강하게 살기를 진정으로 바라는 마음이었다. 회사의 시스템과 연결된 당 수치 측정기를 소비자에게 제공하고, 머신 러닝을 통해 그들의 데이터를 모니터링한다. 건강을 유지하도록 식단이나 운동 패턴에 변화가 필요하면 개입하여 조언할 수 있다. 이 방식을 통해 당뇨 관리로 지출되는 비용 중에 연간 1천억 달러 이상 절감할 수 있을 것이라고 생각한다. 또한 소비자들의 신진대사 패턴에 대해 데이터를 더 많이 수집함에 따라, 기존에 '2형 당뇨'라고 정의했던 당뇨병에 실제로 다양한 종류가 있다는 사실을 파악하고 있는 상태다. 막대한 영향력이 아닐 수 없다.

2형 당뇨 치료를 취급하면서 전 업종에 걸쳐 소비자가 필요로 하는 경험을 제공하기 위한 제품 메커니즘을 고려할 수 있다면 막대한 사업 기회가 창출될 수 있다.

일라드 묵묵히 고객에 대해 탐구하고 고객에 집중한 회사들이 결국 선두 기업이 된다고 생각하는가? 헬스케어, 금융 서비스 등 분야를 막론하고 기업들이 도약하는 데 공통적으로 적용될 만한 성공 전략이 있는가? 고객 중심적 사고가 성공의 가장 큰 관건인가?

헤먼트 이들 기업의 공통분모는 그들이 활동하고 있는 시장이 매우 방대하다는 점이다. 대상 시장의 규모가 각각 1천억 달러를 상회한다. 그러한 시장을 뚫고 들어가서 목표를 달성하는 기업들은 시가총액이 1천억 달러 이상인 경우가 많다. 10년 전 벤처자본에서는 상상조차 할 수 없는 상황이다.

그들의 공통점은 사업 초반부터 어떠한 고객들을 대상으로 할 것인지를 명확하게 파악하고 있었다는 점이다. 대표적인 사례를 알아보자. 스트라이프는 온라인 거래를 할 때 결제용 API를 필요로 하는 개발자를 염두에 두었다. 리본고는 항상 혈당량을 확인하는 당뇨병 환자를 대상으로 했고, 현재는 민영보험에 가입한 사업장에서 사용되고 있다.

규모가 큰 시장을 대상으로 하되, 선택과 집중의 전략으로 특정 고객군을 대상으로 제품을 개발한 것이 이들 기업의 성공 비결이었다.

일라드   회사의 규모가 커지는 과정에서 그러한 관점이 바뀌기도 하는가? 회사가 커지면 제품의 복잡성을 해결하고, 제품 라인을 늘리기 시작한다. 훌륭한 기업들이 그러했듯, 첫발을 내디딘 시장이 잠재성은 높지만 틈새시장이었기 때문에 사업 범위를 확대하려 할 수도 있다. 그렇다면 고성장으로 가는 과도기를 어떻게 보내야 하는가? 과도기를 성공적으로 거친 대표 사례가 있는가?

헤먼트   좋은 질문이다. 스트라이프가 사업을 키운 사례를 생각해보자. 스트라이프는 온라인 결제 API를 전 세계에 제공하는 것에서 큰 사업적 잠재력을 감지했다. 고객사가 제품 스택을 늘릴 수 있도록 하는 '상거래용 AWS**AWS for commerce**' 스택을 개발하자, 스트라이프는 업계에서 독보적인 입지를 차지할 수 있었다.

스트라이프는 최대한 이 점을 사업으로 승화시켰다. '창업을 하는 신규 회사들이 최대한 우리 제품으로 시작하도록 하자'고 생각하며 멀리 내다보았다. 한 번 인연을 맺은 거래처들은 계속해서 그들의 제품을 이용했다. 어느 정도 자리를 잡은 후에는 중견 및 대기업들을 공략하기 시작했다.

한편, 리본고가 사업을 키운 방식은 달랐다. 당뇨병 환자들에게 건강을 되찾아주는 것이 목표였다. 대상군이 고혈압과 비만 같은 동반 질환을 앓는 경우가 많았기 때문에 질환이 늘어나지 않게 최대한 빠른 시일 내에 제품을 공급해야 하는 상황이었다. 시장 규모가 아무리 크더라도 고객들이 효과를 체감하려면 속도를 낼 수밖에 없었다.

이처럼 회사마다 우선순위가 다를 수밖에 없다. 초기에 정한 대상 고객의 수가 많아서 큰 시장을 상대해야 한다면 회사 내부 조직을 다각화하고 통폐합하기 전에 규모를 최대한 키워놓아야 한다.

일라드　보편적으로 어떠한 경우에 실패를 하는가? 공통적으로 나타나는 실패 유형이 있는가? 핵심 시장에 지나치게 집중해서 다른 시장으로 확대하지 못하는 경우는 어떠한가? 반대로, 대상으로 하는 시장의 규모가 큰 단일 시장이라 기존 사업에 최대한 집중해야 하지만 업계에 새로 진입하는 회사들이 생겨나면서 집중하기가 어려운 경우는 어떠한가? 본인이 처해 있는 상황에 대해 어떻게 알 수 있고, 그 상황을 어떻게 헤쳐나갈 수 있는가?

헤먼트　이러한 시장에는 승자 독식의 구조가 성립되지 않는다. 따라서 우선적으로 '시장에서 승자로 군림한다'는 표현 자체에 모순이 있다. 오히려 회사들은 장기적으로 공격적이되 관리할 만한 수준의 성장률을 토대로 전진하는 데 집중해야 한다.

각 회사에 맞는 최적의 성장률이 있게 마련이다. 시장을 확대하는 경우와 대비하여 초기 고객군에 서비스를 순조롭게 제공하려면 어떠한 주기로 직원을 채용해야 하는가? 서비스를 제공할 때 물류 시스템은 얼마나 복잡할 것인가? 사업을 다각화하는 데 필요한 자본집약도$^{○}$capital intensity는 무엇인가? 효과적인 성장 계획을 구상할 때 반드시 검토해야 할 질문들이다.

지금껏 성공한 창업자들이 했던 방식이기도 하다. 재무 관리를 신중하게 할 수 있던 비결이기도 하다. 그러나 실제로 많은 회사들이 막대한 자본을 쉽게 얻은 탓에, 사업적으로 과욕을 부리며 지나치게 문어발 확장을 한다. 그러다 자금을 조달하거나 회사 평가액에 맞게 성장률을 보여주지 못하는 경우가 태반이다. 단위 경제에 계속해서 집중하지 못했기 때문이다.

일라드　　승자 독식의 시장에 대한 설명이 흥미롭다. 2000년대 초반부터 중반까지 승자 독식의 시장 논리가 통했고, 투자자들도 승자의 기업에만 투자해야 한다는 논리가 팽배했다. 주로 네트워크 효과 중심의 회사들이 투자 대상으로 물망에 올랐기 때문인 듯하다. 그렇다면 벤처사업에서도 그 논리가 통한다고 생각하는가? 아니면 좀 더 복잡한 과점$_{oligopoly}$$^{○○}$ 구조 혹은 다른 시장 구조가 자리 잡고 있다고 생각하는가? 다시 말해, 승자 독식 구조는 얼마나 중요한가?

헤먼트　　무엇보다도 시장 상황에 따라 달라진다고 생각한다. 그동안 엄격한 규제를 받아왔고, 이제 막 개방 단계에 이르는 큰 규모의 시장들에는 당연히 승자 독식이 불가능하다. 거스토가 대표적인 사례다. 현대적인 인적

○　　노동자 1인당 자본량으로, 자본집약도가 커지면 한 사람의 노동자가 만들어내는 산출량의 크기, 즉 노동생산성이 상승한다.

○○　　소수의 공급자가 시장을 장악하고 수요의 대부분을 공급하는 시장 형태.

자원관리 플랫폼으로 사업을 하는 수백 개의 회사들이 있다. 거스토는 어떠한 규모의 회사를 대상으로 B2B로 제품 판매와 홍보를 해야 하겠는가?

무엇보다도 틈새시장을 찾고, 그곳에서 승자가 되어야 할 것이다. 그렇게 되면 다른 회사가 무엇을 어떻게 하고 있는지 신경 쓸 필요도 없다. 창업자 본인이 생각하기에 사업이 적정한 속도로 성장할 수 있으려면 어떻게 사업을 이끌고 가야 할 것인지 고민하면 되는 것이다. 무리하게 시장점유율을 높이려는 생각으로 골머리를 앓지 않기를 바란다.

일라드　　매우 흥미로운 주장이다. 마치 교과서적인 관점에서 보면 구글과 페이스북은 자기 분야에서 독식하는 승자가 아닌가? 그런데 당신의 주장에 따르면 헬스케어나 핀테크 분야에서는 승자 독식 구조가 성립되지 않는다. 시장 크기나 구조, 시장 분절화를 고려하면 구글이나 페이스북이 처한 상황과 다르기 때문이다.

또한 당신은 책임경영을 대대적으로 옹호해왔다. 이 부분에 대한 당신의 의견을 듣고 싶다.

헤먼트　　기술기업들은 수십 년에 걸쳐 헬스케어, 교육, 금융을 비롯한 모든 부문에서 효율성을 배가하기 위한 소프트웨어를 개발하는 데 집중해왔다. 이제는 첫 번째 원칙을 기반으로 서비스를 어떻게 제공할 것인지에 대해 새롭게 접근해야 한다. 신생기업들은 이제 거시적인 질문들("당뇨환자가 어떻게 일상을 보내고, 어떠한 음식을 섭취해야 하는지에 대해 권장하는 것은 어떠한 효과를 가져올 것인가?" 혹은 "고등학교 수업에서 교사의 교수법에 따른 효과는 무엇인가?")을 던지며 사업에 임하기 시작했다.

거시적 관점의 책임 의식을 내포하는 접근이다. 이전에는 어떻게든 성장부터 하고 본다는 자세가 통하지 않았는가? 실리콘밸리에서도 "빠르게 움직여 낡은 것을 파괴"하는° 해커출신의 기업가를 지원하는 데 현안이 되어 있었다. 그러나 이러한 태도와 무조건적인 성장은 사람들의 일상에 큰 영향을 주는 부문에서는 책임 의식을 갖고 사업을 키우기에 적합하지 않다.

고객들의 니즈를 깊이 이해하고, 책임 의식을 갖고 고객을 대하는 방식을 파악하며, 성장을 갉아먹는다고 해도 '최소 기능 제품Minimally Viable Product(MVP)°°'에 책임 의식이 녹아 있도록 하는, 고객 공감 능력이 높은 기업가상과 맞닿아 있다.

이러한 시장을 대상으로 하는 전통적 대기업들은 기업의 사회적 책임을 실천하고 있다. 오늘날 실리콘밸리의 신생 스타트업들은 나름대로의 사회적 책임 의식을 구축해야 할 필요가 있다. 서비스를 제공하는 데 어떻게 알고리즘과 머신 러닝을 활용하는지 투명하게 공개하고, 회사의 성공이 사회에서 지양하는 편견과 차별 등을 담보로 하지 않도록 하는 성과 측정 시스템을 구축함으로써 실천할 수 있을 것이다. 나는 이 부분을 진정으로 이해하고 존중하며, 창업 초기부터 이 원칙들을 토대로 일하는 창업자들을 물색해왔다.

> "오늘날 실리콘밸리의 신생 스타트업들은
> 나름대로의 사회적 책임 의식을 구축할 필요가 있다."
>
> _헤먼트 타네자

°   move fast and break things, 페이스북이 수년 전에 강조했던 업무 지침.
°°   피드백을 바탕으로 가치를 제공할 수 있는 최소한의 기능을 구현한 제품.

일라드　회사가 규모를 키워가는 과정에서, 회사 문화나 일상 업무를 통해 이러한 원칙을 어떻게 강화할 수 있다고 생각하는가? 전략적으로 성공한 사례를 본 적이 있는가?

헤먼트　사회적 감성 학습, 만성질환 관리, 재무·금융적 지식, 미디어 등어떠한 방면으로든 본인의 제품이 사회에 미치는 영향을 측정할 수 있는 시스템을 구축하는 추세가 자리 잡고 있다. 이때, 투명성은 기본이다.

창업자들은 미지의 영역에 대해 준비를 해야 한다. 회사의 핵심 가치에 벗어나는 상황이 바로 눈에 띄지 않는 경우가 대부분이다. 따라서 회사의 각 부서에서는 의도치 못한 취약점을 감지하기 위해 제품, 그리고 측정 기준 대시보드에 '알고리즘 기반의 감시체계'를 투입하는 방안을 고려해야 한다.

이를 통해 회사의 제품에 대해 외부인들이 전혀 파악하지 못하게 하거나, 회사의 관리자들이 젊은 직원들과 중장년 직원들에게 다른 언어와 기준을 적용하는 경향이 있다면 알고리즘 기반의 감시 체계에 빨간불이 들어온다. 제품이 어떻게 사용되는지 파악하는 과정에도 마찬가지로 적용된다. 본래의 의도에서 벗어난 방식으로 제품이 사용될 경우 알고리즘 기반의 감시 체계가 경고 메시지를 전달한다.

실제로 회사를 성장시키기 위해 물불 가리지 않는 회사들을 보라. 제네피츠, 테라노스Theranos, 우버의 사례가 대표적이다. 빠른 성장을 위한 지름길을 택했고, 그 결과 직원과 고객을 비롯한 이해관계자들을 위험에 빠뜨렸다.

처음부터 '책임 있는 혁신'을 중시하는 조직으로 만들 수 있다고 생각한다. 제품을 개발할 때, 공격의 목적으로 기술을 활용하지 않는다는 점을 명시할 수 있다. 그렇지 않으면 치명적인 결과를 마주할 수 있다.

실리콘밸리 기술 부문에서 30년을 한 주기로 고려했을 때, 지금껏 10년이 지났다고 할 수 있다. 회사들의 가치가 고평가되어 있다거나 현재의 거품이 언제 빠질 것인지에 대한 논의도 활발하게 진행되고 있다. 하지만 이 부분에 집중하기보다는 실리콘밸리가 주축이 되고 있는 폭넓은 디지털화에 대해 더 깊이 생각하길 바란다. 개인적으로 우리의 문화에 이와 같은 사고를 어떻게 녹여낼지에 관심이 많다.

각 회사의 결과물이 사회에서 한데 모일 때 어떠한 결과가 나올지에 대해서도 깊이 고민해야 한다. 예를 들어 이곳 베이 에어리어에는 자율주행 트럭을 만드는 회사들과 스프링 디스커버리Spring Discovery와 같은 건강하게 오래 사는 비법을 연구하는 회사들도 있다. 이와 동시에 개인이 살아가는 데 필요한 기본소득에 대한 실험도 진행 중이다. 이 모든 노력들이 한데 모여 결실을 맺으면 어떻게 될까? 미국 전역에 있는 3백만 명의 운전자들에게 이렇게 발표할 날이 오지 않을까? "여러분께 전할 희소식과 안타까운 소식이 있습니다. 희소식은 여러분이 30~50년 더 살게 된다는 것이고, 안타까운 소식은 여러분이 일자리를 잃게 된다는 것입니다. 그래도 연금이 지급되도록 할 것입니다. 그런데 개인적 보람이나 자긍심 따위는 기대하면 안 될 듯합니다." 참으로 끔찍한 미래가 아니겠는가?

기술 전문가인 우리가 체계적으로 사고하는 것도 중요하다. 기술 윤리에 대한 담론화가 더욱 절실한 시점이다.

> "각 회사의 결과물이 사회에서 한데 모일 때
> 어떠한 결과가 나올지에 대해서도 깊이 고민해야 한다."
>
> _헤먼트 타네자

일라드　더 나아가서 선두 기업의 창업자들이 사회공헌이나 정치 활동에 참여하거나, 사회문제에 폭넓게 고민해야 하는 시점은 어느 때인가? 한편에서는 본인의 스타트업에만 집중하라고 주장한다. 사업의 규모를 키우는 데 집중하고 나서, 시간과 재정적 여유가 생겼을 때 사회문제로 적극 눈을 돌리라는 취지다. 사업적으로 성공한 후에 사회공헌을 활발히 하는 빌 게이츠가 대표적인 롤 모델인 경우다. 다른 한편에서는 성공 반열에 올랐다 싶으면 지체 없이 포괄적으로 사회공헌 활동에 뛰어 들어야 한다고 주장한다. 사업에만 집중하다가 사회공헌으로 관심을 확대해야 하는 과도기를 어떻게 보내야 하고, 적합한 시점은 언제라고 생각하는가?

헤먼트　나는 회사 초기부터 사회공헌에 참여하라고 주장하는 편이다. 나는 보스턴에서 'TUGG선한 영향의 기술'라는 조직을 공동 설립했다. 기술 커뮤니티가 사회적 기업가들에게 멘토링을 제공하며 재능을 기부한다는 취지였다.

실리콘밸리에는 스타트업을 창업하는 데 서로 도움을 주는 활발한 멘토링의 문화가 있다. 다른 회사를 재정적으로 지원할 여력이 안 되는 경우, 시간을 쪼개서라도 멘토링을 통해 '나눔'의 문화에 동참하려는 분위기다. 사회적 기업가가 되기 위해 어느 정도 시간을 할애하는 습관이 몸에 배이도록 해야 한다. 시간이 지나면서 열정을 쏟아부은 자신의 스타트업이 자리를 잡고 성공을 거두게 되면 재정적인 사회공헌에 본격적으로 참여하도록 해야 한다.

나는 사회공헌은 쉬지 않고 계속 이어져야 하는 행동이라고 생각한다. 따라서 현재 남는 시간을 활용하여 '멘토링'부터 참여하고, 시간이 지나면서 재정적으로 성공하게 되면 재정적인 사회공헌 활동에도 참여하길 권한다.

일라드　스타트업이 정치적 활동주의의 성향을 보이거나 정계에 관여하는 것에 대해서는 어떻게 생각하는가? 한편으로는 회사에 다양한 배경과 성향의 직원들이 있기 때문에 중립적인 관점을 유지하는 것이 옳다. 그러나 다른 한편으로는 실리콘밸리가 사회에 도움이 되는 정치적 프로세스에 지나치게 무심하다는 비판을 받기도 한다. 사회공헌 활동은 사회에 영향을 주는 한 축이고, 다른 축에는 정치와 규제가 있다고 생각한다. 이 부분에 대해 회사나 창업자들이 어떠한 관점을 지녀야 하는가?

헤먼트　　　나는 회사가 올바른 정책을 설계하는 데 도움을 주지만, 정치 그 자체와는 거리두기를 하는 게 맞다고 생각한다. 나는 지난 10년 동안 에너지 부문에서 많은 일을 했는데, 항상 합리적 비용의 청정하고 안정적인 에너지를 사용하도록 하는 정책을 어떻게 만들어갈 것인지를 고민하는 자리였다.

　　우리는 소프트웨어와 데이터를 자사의 제품과 서비스에 어떻게 사용하고 있는지에 대한 투명성을 강화해야 한다고 생각한다. 정책 입안자들과의 담론회에 참여하고, 알고리즘적 책임 의식을 통해 자율 규제를 실천하는 모습을 보이는 것이야말로 정책 입안자들과 생산적으로 소통하는 방식일 것이다. 간혹 SNS에서 이루어지는 정계와의 소통 문제에 대해 회사들이 실수를 범할 때면 재계의 일원으로서 우리가 한 발짝 물러나야 할 때이기도 하다고 생각한다. 소통의 시행착오를 타산지석으로 삼지 않으면 규제의 압박에서 벗어나기 어려울 수 있다.

　　데이터와 AI를 활용하는 담론에 규제 당국을 참여시키는 것이 가치 있는 투자라고 생각한다. 규제 완화는 혁신 강화로 이어지기 때문이다. 그러나 이를 위해서는 규제 당국과의 신뢰관계에 투자가 불가피하다.

인터뷰 내용은 이해를 돕기 위해 편집 및 요약되었다.

· · · · · · ·

금기시해야 할 것들

실리콘밸리에 오래 있다 보면 회사들이 꿰는 신전수견을 더 지켜보는 것 같다. 경험상 금기시해야 하는 몇 가지를 소개한다.

1. 두둑한 돈 봉투

구글은 12월 중 하루를 정해, 전 직원에게 크리스마스 보너스로 1천 달러를 평범한 봉투에 넣어 지급하곤 했다. 이러한 회사 정책이 소문이 났고, 구글 본사가 있는 샌프란시스코의 직원들이 셔틀버스에서 내리면 단체로 수만 달러를 도난당하는 일이 있었다고 전해진다.

2. 중국 진출

우버는 디디Didi의 지분 20퍼센트를 갖고 중국 사업을 거의 진행할 뻔했지만, 거물급 기술기업은 대부분 중국에서 활동 제재를 받았고, 얼마 후 비슷한 아류 회사가 등장하곤 했다. 진출 후 초기에 활동을 접어야 하는 경우도 비일비재했다. 대부분의 회사에게 중국 진출 전략은 돈만 날리는 가슴 아픈 실패로 이어졌다.

3. 크롬 도금을 한 대형 판다 조형물

드롭박스는 펀딩 라운드에서 최고로 성공을 거두던 시절 크롬 도금을 한 대형 판다 조형을 들여놓았다. 시간이 지나면서 회사가 긴축 상황에 직면하자, 조형물은 회사 초기의 방만한 지출을 상징하며 절약의 중요성에 대해 지속적으로 각인시켰다. 크롬 도금의 조형물에 굳이 거액을 쏟아붓지 않고도 얻을 수 있는 교훈일 것이다. 최근에 한 회사가 '크롬 도금 판다'의 교훈을 빗대어 쥬세로Juicero 착즙기°를 사무실에 들여놓았다는 얘기를 들었다.

4. 당구대

내가 실리콘밸리에서 첫발을 디뎠을 때, 세쿼이아 캐피털의 자금 지원으로 시작한 120명 직원을 둔 스타트업에 합류하게 되었다. 3개월 안에 직원은 150명으로 늘었지만, 9개월 후에는 4~5차례의 정리해고 끝에 12명이 되었다. 1차 정리해고 이후, 회사는 직원들의 '사기를 진작한다'는 취지로

° 평범한 압착 기능을 스마트 착즙기로 비싸게 판매하다가 결국 사업을 접었다.

당구대를 들여놓았다. 그러나 안타깝게도 당구내에서 항상 눈에 띄던 직원들이 공교롭게도 다음 회차에서 정리해고되었다. 결국 당구대는 그곳에 머물던 사람들이 곧 떠난다는 징조를 나타내는 물건이 되어버렸다. 당구를 즐기던 사람들은 그만큼 업무 시간에 당구를 칠 만큼 한가하다는 의미이므로, 결코 좋은 징조는 아니지만, 분명 사실적 상관관계는 존재했던 것 같다.

감사의 글

지난 10년 동안 나와 공식적 혹은 비공식적으로 함께 일한 창업자들에게 감사의 마음을 전한다. 그들의 헌신, 창의력, 호기심, 에너지, 그리고 세상에 영향을 오래도록 전파하여 더 나은 세상을 만들고 싶어 하는 그들의 희망은 내게 줄곧 영감이 되어왔다.

이 책이 세상의 빛을 보기까지 많은 분들의 도움이 있었다. 특히 집필의 초기 단계에서 수많은 이들이 고견, 수정에 대한 제안과 피드백을 주었다.

인터뷰 요청에 응해준 창업자들과 투자자들에게도 감사를 전한다. 다양한 관점이 모아져 이 책의 깊이를 더해주었다. 샘 올트먼, 마크 앤드리슨, 패트릭 콜리슨, 조엘 에머슨, 에린 포스, 리드 호프먼, 클레어 휴스 존슨, 에런 레비, 마리암 나피시, 키스 라보이스, 나발 라비칸트, 루치 상비, 섀넌 스투보 브레이턴, 헤먼트 타네자에게 감사를 전한다. 혼자만의 노력으로는 이렇게 스마트한 책이 나오지 못했으리라 생각한다.

이 프로젝트를 믿고 초반부터 전폭적으로 지지해준 스트라이프에도 감사하다. 집필의 전 과정을 총괄한 브리아나 울프슨Brianna Wolfson에게 감사를 전한다. 창의적인 방향을 제안한 타일러 톰슨Tyler Thompson, 책의 내지를 디지인힌 케빈 윙Kevin Wong, 인터뷰 내용을 기록하여 초반 편집을 담당한 크리스티나 베일리Christina Bailey, 그리고 인터뷰 원고를 편집해준 딜런 트위니Dylan Tweney에게 진심 어린 감사의 마음을 전한다.

APM   Associate Product Mnager 수습 PM

B2B   Business to Business 기업 간 거래

B2C   Business to Consumer 기업과 소비자 간 거래

BD   Business Development 사업 개발

CDN   Content Delivery Network 전 세계에 전략적으로 분산되어 있는 서버 네트 워크

CEO   Chief Executive Officer 최고경영책임자

CFO   Chief Financial Officer 최고재무책임자

CIO   Chief Information Officer 최고정보관리책임자

CMO   Chief Marketing Officer 최고마케팅책임자

COO   Chief Operating Officer 최고운영책임자

CPO   Chief Product Officer 최고제품책임자

CRO   Chief Revenue Officer 최고매출책임자

CTO   Chief Technology Officer 최고기술경영자

CXO   최고책임자(CEO, CFO 등 최고경영자들을 모두 일컫는 용어)

EMR   Electronic medical record 전자의료기록시스템

FYI   For Your Information 참고로

GM   General Manager 부장

HR   Human Resources 인적 자원

IPO   Initial Public Offering 기업공개

KPI   Key Performance Indicator 핵심성과지표

LP   Limited Partner 유한책임투자자

M&A	Mergers and Acquisitions 인수합병
MVP	Minimally Viable Product 최소기능제품
NDA	Non-Disclosure Agreement 비밀유지계약서
NPS	Net Promoter Score 순추천고객지수
OKR	Objective and Key Results 목표 및 핵심 결과
PEF	Private Equity Fund 사모펀드
PM	Product Manager 제품 관리자
PR	Public Relations 홍보
PRD	Product Requirement Document 제품요구문서
R&D	Research & Development 연구 개발
RFP	Request For Proposal 제안 요청서
ROFR	Right Of First Refusal 우선매수청구권
ROI	Return on Investment 투자 수익률
RPM	Rotational Product Manager 보직형 PM
RSU	Restricted Stock Unit 양도제한조건부주식
SaaS	Software as a Service 서비스형 소프트웨어
SEC	Securities and Exchange Commission 미국 증권거래위원회
SEO	Search Engine Optimization 검색 엔진 최적화
SPV	Special Purpose Vehicle 특수목적기구
SWF	Sovereign Wealth Fund 국부펀드
VC	Venture Capital 벤처 캐피털
VP	Vice President 부사장, 상무급

1 내가 투자하는 모든 기업에 도움을 주기 위해 최선을 다하지만, 기업별로 성장 주기에 따라 필요로 하는 도움 수준이 다르다.

2 제프 베이조스는 가장 효율적으로 제품 혁신을 하려면 5~7명의 조직이 가장 바람직하다고 생각한다. 라지 사이즈 피자 두 판을 주문해도 부족하지 않을 정도면 족하다는 의미다. eladgil.com을 참조하라. https://www.fastcompany.com/50661/inside-mind-jeff-bezos

3 임원을 위한 훌륭한 코치를 섭외하고자 할 때, 코치를 이용해본 경험이 있는 다른 기업가들에게 의견을 구하는 것이 가장 효과적이다. 상황이 여의치 않다면 주변에 은퇴한 임원들 중에서 성공적으로 큰 조직을 이끌어본 전직 임원에게 멘토링과 코칭을 요청할 수 있다.

4 나는 사무실을 자주 정리하고 청소하고, 다른 이들에게도 그렇게 하라고 종용한다. 사람들은 자신의 환경에 대해 주인의식을 가져야 한다. 그러나 CEO가 매번 정리와 청소를 할 필요가 없는 시점이 찾아온다.

5 기업가를 힘들게 하는 유혹과 방해에 관한 원본은 eladgil.com에서 확인할 수 있다. http://blog.eladgil.com/2013/05/entrepreneurial-seductions-and.html

6 eladgil.com에서 링크를 확인할 수 있다. https://a16z.com/2012/08/18/a-good-place-to-work/and https://a16z.com/2012/08/30/one-on-one/

7 eladgil.com을 참조하라. http://blog.eladgil.com/2012/02/how-to-choose-cofounder.html

8 여러 민간 기업들의 경우에도 공동 창업자들 간의 관계나 지분율이 평등하지 않지만, 상장하기 전의 단계에 있으므로 이 문제를 담론화하기는 어려울 것이다.

9 eladgil.com에서 링크를 확인할 수 있다. https://www.buzzfeed.com/amygrindhouse/a-mark-zuckerberg-production-1qq?utm_term=.qfbBY80xEV#.su1OnjRzW7]

10 공동 창업자 A가 공동 창업자 B의 지시에 따라 CEO직을 맡는 경우가 비일비재하다. 인텔과 로지텍을 비롯한 여러 기업에서 그러한 경우가 있었다.

11 일론 머스크와 존 도어에 관한 이야기는 eladgil.com에서 확인할 수 있다. https://pando.com/2012/07/17/who-made-the-bigger-mistake-inthe-botched-series-c-for-tesla-elon-musk-or-john-doerr/

12 임원 옵저버에 관해 마크 서스터가 작성한 게시물 링크는 eladgil.com에서 확인할 수 있다. https://bothsidesofthetable.com/rethinking-board-observers-the-role-of-the-silent-observer-eee4ccecac7

13 사외이사 선발에 대한 참고자료의 원본에 대해 의견을 제시해준 조쉬 한나, 나발 라비칸트, 샘 올트먼, 데이비드 킹에 감사를 전한다. 블로그 포스팅 원본은 eladgil.com에서 확인할 수 있다. http://blog.eladgil.com/2011/12/how-to-choose-board-member.html

14 https://theboardlist.com/

15 링크는 eladgil.com에서 확인할 수 있다. https://www.forbes.com/power-women/#750df0665e25 and http://savoynetwork.com/top100/

16 eladgil.com를 참조하라. http://blog.eladgil.com/2011/03/how-funding-rounds-differ-seed-series.html

17 eladgil.com를 참조하라. http://venturehacks.com/archives#board-of-directors

18 리드의 블로그에서 '창업자들이 전문 CEO를 영입해야 하는 경우, 이유, 방법'을 확인할 수 있다. http://www.reidhoffman.org/if-why-and-how-founders-should-hire-a-professional-ceo/

19 리드의 블로그에서 '창업자들이 전문 CEO를 영입해야 하는 경우, 이유, 방법'을 확인할 수 있다. http://www.reidhoffman.org/if-why-and-how-founders-should-hire-a-professional-ceo/

20 마크 서스터는 이사회 회의를 효과적으로 하는 방법에 대해 도움이 될 만한 글을 포스팅했다. eladgil.com를 참조하라. https://bothsidesofthetable.com/why-you-re-not-getting-the-most-out-of-your-board-abf9e8b891d9

21 마크 앤드리슨은 이것을 '유일하게 중요한 요소'로 칭한다. eladgil.com를 참조하라. https://pmarchive.com/guide_to_startups_part4.html

22 임원의 회의 준비용으로 발표 데크를 준비하는 방법에 대한 예시는 eladgil.com에서 확인할 수 있다. https://www.sequoiacap.com/article/preparing-a-board-deck and http://resources.iaventures.com/#board

23 세쿼이아의 브라이언 슈라이너는 임원 발표용 데크를 준비하는 방법에 대해 유용한 글을 게재했다. eladgil.com를 참조하라. https://www.sequoiacap.com/article/preparing-a-board-deck/

24 eladgil.com를 참조하라. https://bothsidesofthetable.com/rethinking-board-observers-the-role-of-the-silent-observer-eee4ccecac7d

25 이사회 회의에 대한 더 많은 읽을거리는 eladgil.com를 참조하라. http://www.bothsidesofthetable.com/2013/12/09/why-youre-not-getting-the-most-out-of-your-board/ ; http://www.joangarry.com/executive-session/ ; http://venturehacks.com/

archives#board-of-directors; https://www.sequoiacap.com/article/preparing-a-board-deck/

26 https://www.paradigmiq.com/blog

27 eladgil.com에서 링크를 참조하라. https://paradigmiq.app.box.com/s/bpk3v4umfbj8d-kakepwvqpqt79y87tyt

28 이 게시글에 대한 댓글과 의견을 준 아디 다이**Ardy Daie**와 크리스 쇼**Chris Shaw**에게 감사를 전한다.

29 '부서 간 공감**cross-functional empathy**'에 대해 정보를 제공해준 마크 윌리엄슨**Mark Williamson**에 감사를 전한다.

30 전 직원이 주인의식이 있으면 가장 바람직하다. 그러나 임원들이 주로 조직 분위기를 좌우하므로, 주인의식이 필수적이다.

31 원본은 eladgil.com에서 확인할 수 있다. http://blog.eladgil.com/2014/02/6-traits-for-hiring-executives.html. 이 장에 대해 의견을 준 알리 로우가니에게 감사를 전한다.

32 진정한 선구 기업이나 고성장 기업이 아니라면, CEO의 역량에 버금가는 COO를 영입하기가 어려울 수 있다. CEO를 하고자 하는 훌륭한 임원들은 많다. 그런데 COO의 역할을 비롯한 기타 업무를 하겠다는 임원은 많지 않다.

33 기업 성장의 초기 단계에서 마이크로소프트의 경우, 빌 게이츠는 1980년대 연륜이 많은 '사장'을 영입해 업무를 위임했고, 오라클은 래리 엘리슨이 수년에 걸쳐 여러 COO를 영입했다. 물론 빌 게이츠는 마이크로소프트가 이윤을 많이 창출한 후 벤처 자본을 들여왔기 때문에, 회사에 대한 충분한 통제권을 쥐고 있었고, 자신의 직책이 교체될 수 있다는 불안을 느끼지 않아도 되었다.

34 '총괄'이라는 직함으로 우선적으로 채용한 후에 COO로 직함을 변경하는 기업들도 있다. 이럴 경우, COO가 되기에 적합한 자질과 능력을 갖고 있는지 검증해볼 수 있다.

35 CEO가 COO직을 겸직하는 것도 하나의 방법이다. 리드 호프만은 이 주제에 관한 훌륭한 기고문을 썼다. eladgil.com에서 링크를 참조하라. http://www.reidhoffman.org/if-why-and-how-founders-should-hire-a-professional-ceo/

36 '빌 게이츠와 함께 일하는 비결'에 관한 글은 eladgil.com에서 확인할 수 있다. https://www.americanexpress.com/us/small-business/openforum/articles/the-secrets-of-working-with-bill-gates/

37 eladgil.com에 게재된 원본을 검토하고 의견을 준 애런 레비, 제스 리, 키스 라보이스에게 감사를 전한다. http://blog.eladgil.com/2013/02/should-you-hire-coo.html

38 벤 호로비츠의 관련 게시물을 확인할 수 있다. eladgil.com에서 링크를 참조하라. https://a16z.com/2011/08/24/preparing-to-fire-an-executive/

39 다양한 딜을 성사하는 단계와 여러 조언을 설명해준 마크 레위보위츠**Marc Leibowitz**에게 감사를 전한다.

40 외부 행사에 연사로 초청을 받거나 네트워킹 행사에 참여하는 것은 회사에 도움이 될 수 있지만, 사업가로서 중요한 소수의 행사를 엄선하고 각 행사에 참여할 명확한 목적을 갖고 있어야 한다. 모습만 많이 드러낸다고 좋은 건 아니기 때문이다.

41 이 장의 검토본을 읽고 의견, 제안, 코멘트를 해준 마크 레워보위츠, 클라라 쉬Clara Shih, 킴 말론 스콧Kim Malone Scott에게 감사를 전한다. 원본 게시물은 eladgil.com에서 확인할 수 있다. http://blog.eladgil.com/2013/02/hiring-great-business-people-is-hard.html

42 1996년 〈하버드 비즈니스 리뷰〉에 실렸다. eladgil.com에서 링크를 참조하라. https://hbr.org/1996/11/what-is-strategy

43 원본은 eladgil.com에서 확인할 수 있다. http://blog.eladgil.com/2015/10/organizational-structure-is-all-about.html

44 eladgil.com에서 관련 링크를 참조하라. http://www.au.af.mil/au/awc/awcgate/ndu/strat-ldr-dm/pt4ch15.html and https://en.wikipedia.org/wiki/Value_(ethics)

45 eladgil.com에서 '직원을 해고하는 시점과 방법'에 관한 글을 확인할 수 있다. http://blog.eladgil.com/2010/06/startups-when-how-to-fire-employee-at.html

46 클레어 휴스 존슨. 이 책에서 그녀의 인터뷰를 확인할 수 있다.

47 편견은 다양한 인종과 성별에 영향을 줄 뿐 아니라, 채용 과정에서도 효과를 떨어트린다. 예를 들어 백엔드 기술팀이 프론트엔드 기술자를 고용하는 데 어려움을 겪는 사례를 본 적이 있다. 면접 질문과 방식이 백엔드 기술직 채용에 맞춰져 있었기 때문이었다.

48 과거에는 다양성에 기반을 둔 채용이 회사의 가치 흐름에 도움이 되는 '파이프라인'에 관한 문제인지, 아니면 회사에 대한 편견을 없애기 위한 문제인지에 대해 논란이 있었다. 복잡해 보이지만 답은 명료하다. 두 가지 모두 해당되는 문제. 안타깝게도 문제는 두 가지 관점에서 고려해볼 수 있다. ① 회사에서 다양한 채용 후보를 면접하고 다양한 직원을 수용 및 지지하도록 기존 관행을 바꾸어야 하는 상황, ② 해당 업계, 특히 스타트업들이 탐을 내는 수백 혹은 수천 명의 적격 후보들을 채용하는 대기업들이 내부적으로 다양성의 문제를 겪고 있는 상황이 그것이다.

49 '사업 주기' 관해서는 위키피디아를 참조할 수 있다. eladgil.com에서 관련 링크를 참조하라. https://en.wikipedia.org/wiki/Business_cycle

50 에런 해리스Aaron Harris의 '나스닥에 목숨 걸지 않기'를 확인할 수 있다. eladgil.com에서 관련 링크를 참조하라. http://www.aaronkharris.com/dont-focus-on-the-nasdaq

51 이와 관련하여 두 가지 반대 사례를 소개한다. ① 네트워크 효과를 이용한 소비재 기업: 회사의 지금 단계에서 현금화를 진행하기보다는 이용자 상승률로 가치를 평가받게 된다(단, 소비재 회사에 대한 이와 같은 가치 평가는 첫 몇 년 동안만 유효하다). ② 현재 현금 흐름이 매우 훌륭한 상황: 경쟁사들이 지출을 대폭 늘리게 함으로써 타격을 주어 결국 파산에 이르게 한다.

52 벤 호로비츠의 관련 게시물을 확인할 수 있다. eladgil.com를 참조하라. https://a16z.com/2012/06/15/good-product-managerbad-product-manager/

53 벤 호로비츠는 1990년대 기업 PM에 집중한 면이 있지만 이 주제에 관한 훌륭한 글을 게시했다. eladgil.com에서 관련 링크를 참조하라. https://a16z.com/2012/06/15/good-product-managerbad-product-manager/

54 eladgil.com에서 전체 리스트에 대한 링크를 참조하라. https://en.wikipedia.org/wiki/List_of_acquisitions_by_Cisco_Systems

55 '구글 맵스 설립에 관한 뒷이야기'를 참조하라. 또한 eladgil.com에서 관련 링크를 참조하라. https://medium.com/@lewgus/the-untold-story-about-the-founding-of-google-maps-e4a5430aec92

56 이 부분에서 투자회사에 대한 최대한 광범위한 리스트를 실으려고 했지만, 최신 정보는 아니라는 점을 밝힌다. 직접 조사에 나서고, 책에 실린 투자자 명단에만 의지하지 않도록 한다. 혹시 간과한 기업들이 있다면 사과를 전한다.

57 SPV는 특정 기업에 투자하기 위해 설립된 1회성 펀드다. 복수의 회사에 투자하기 위해 LP로부터 자금을 모금하는 벤처 펀드처럼, SPV도 LP로부터 자금을 모금하되 단 하나의 기업에만 투자하는 1회성 펀드다. 최근 다수의 펀드(초기 단계의 VC와 전통적 VC)와 개별 앤젤 투자자들이 특정 기업들에 투자하기 위해 SPV를 설립하기도 했다.

58 eladgil.com를 참조하라. http://fortune.com/2015/11/12/fidelity-marks-down-tech-unicorns/

59 관련 업계에서 현금 보유량이 많은 대기업들이 투자를 하는 이유는 다음으로 요약된다. ① 피투자기업과 광범위한 파트너십을 맺고 싶은 경우, ② 소프트웨어와 기술이 그들의 업종에 어떠한 영향을 주는지 파악하고자 하는 경우, ③ 피투자기업을 결국 인수하고자 하는 경우다. 일례로 로슈는 플래티론Flatiron의 1억 달러 투자 라운드에, GM은 라이프트의 10억 달러 라운드에, 인텔은 클라우데라의 주요 라운드에 참여한 바 있다. http://arstechnica.com/cars/2016/01/general-motors-bought-sidecar-gave-lyft-millions-now-its-launching-maven/

60 eladgil.com를 참조하라. https://www.forbes.com/pictures/fiii45hlf/participating-preferred-vs-non-participating-preferred/

61 eladgil.com에서 관련 게시물을 참조하라. http://blog.eladgil.com/2012/11/how-to-choose-right-vc-partner-for-you.html

62 시가총액 10억 달러를 넘지 못한 채 사라지는 기업들도 많지만, 지금은 미약해 보여도 2년 후에 가치 평가가 수직 상승한 회사들도 많다.

63 이자 수익은 VC가 펀드를 운용한 대가로 벌어들이는 투자 수익률이다. 자본 회수가 안 되었다는 것은 이자 수익이 없다는 의미로, 개별 VC의 수익에 큰 차질을 주게 된다.

64 eladgil.com에서 관련 기사를 참조하라. https://www.law360.com/articles/516967/sec-settles-with-firms-over-pre-ipo-facebook-trading

65 eladgil.com를 참조하라. https://beta.techcrunch.com/2009/07/13/dst-to-buy-up-to-

100-million-in-facebook-employee-stock/

66 eladgil.com에서 관련 링크를 참조하라. https://dealbook.nytimes.com/2012/03/14/
charges-filed-against-brokerage-firms-that-trade-private-shares/?_r=0

67 주식이 훨씬 높거나 훨씬 낮은 가격에 판매된다는 루머는 항상 있어 왔다. 내 경험상 이러한 루
머가 거짓일 확률이 매우 높은 편이다. '내 친구의 친구가 X달러를 제안받았는지 매각하지 않
았다'는 식의 성사되지 않은 거래보다는 실제로 체결된 거래, 즉 돈의 주인이 실제로 바뀐 거래
에 주안점을 두어야 한다.

68 할인받는 이유는 회사가 마지막 라운드에서보다 더 낮은 금액으로 엑시트를 할 경우에 우선주
에 대한 지급이 우선순위가 되기 때문이다. 따라서 우선주에는 전체 금액을 지급받을 가능성이
높도록 '보호' 장치가 있는 반면, 일반주에는 그러한 장치가 없다. 따라서 할인을 받게 되는 것
이다. 회사의 자산 가치가 오르고 성과가 상승하면, 저가 엑시트의 위험은 낮아지고, 일반주와
우선주의 가격 차이는 좁혀져 결국 사라지게 된다. 파이낸싱 라운드에서 VC가 회사에서 우선
주를 매입하는 동시에 창업자들로부터 보통주를 매입하려 할 수 있다. 이러한 경우, VC는 우선
주와 보통주에 대해 같은 가격을 지불하려고 하는데 그 이유는 다음과 같다.
① 창업자들이 부분적으로 현금 상환을 허락하도록 도와주고자 하는 경우.
② VC가 소유한 보통주 비율이 우선주 대비 충분히 낮은 경우.

69 마지막 라운드 이후로 크게 진전을 보였던 잠재력 많은 기업에 다니고, 펀딩 이후로 많은 시간
이 흘렀다면, 마지막 라운드에서 프리미엄을 요구할 수 있다. 회사들은 이사회 회의에서, 그리
고 기업 가치 평가 보고서를 통해 내부적으로 가치 평가를 점검하기 때문에, 가격을 정하기 위
해 현재 가치를 산정해줄 것을 기업에 요청할 수 있다.

70 여러 투자자들이 페이스북이 IPO를 하기 전, 회사의 가치 평가를 추측하느라 애를 먹은 이후부
터는 구주매입을 중단한 경우가 많다고 알고 있다.

71 이 장에 대해 검토하고 의견을 준 나발 라비칸트에 감사를 전한다.

72 주요 기술 분야에서 엔지니어 연봉을 터무니없이 높게 책정한 기업들도 있다. 예를 들어 구글은
2015년 딥 러닝 부서에 막대한 보너스를 일시금으로 지급했고, 그전에는 구글+의 전성기 동안
'SNS' 전문가들에게 큰 보너스를 지급했다.

73 일부 투자자들(특히 대규모 VC)은 회사가 인수되는 것을 어떻게든 막을 수 있는 역량을 갖고 있
다. 따라서 인수를 하고자 한다면 투자자들을 설득해야 한다. 회사가 인수되었을 때 고집을 부
리는 투자자들도 있다. 믹서 랩스가 트위터에 인수되던 당시 투자자 중 한 명은 끝까지 고집을
부리며, 자신을 위해 더 높은 거래액을 합의해줄 것을 계속해서 요구하기도 했다.

옮긴이 최기원

연세대학교 영문학과를 졸업했으며 연세대 국제대학원 국제관계학, 이화여대 통번역대학원 통역학으로 석사 학위를 받았다. 현재 각종 국제회의에서 동시통역사로 활약하고 있으며, 번역에 이전시 엔터스코리아에서 번역가로도 활동 중이다. 옮긴 책으로는 『롱:텀 씽킹』, 『아세안은 중요한가?』, 『월세보다 쏠쏠한 에어비앤비』, 『페이스북 마케팅』, 『나는 스무살에 백만장자가 되었다』, 『디자이닝 브랜드 아이덴티티 (공역)』 등 다수가 있으며, 『그래서 쉬운 영어』를 집필했다.

유니콘 성장을 위한
하이 그로스 핸드북

초판 1쇄 인쇄 2021년 10월 11일
초판 1쇄 발행 2021년 10월 18일

지은이 일라드 길 | 옮긴이 최기원 | 감수 황성현
펴낸이 오세인 | 펴낸곳 세종서적(주)

주간 정소연 | 편집 박수민
표지 디자인 김윤남 | 본문 디자인 김미령
마케팅 임종호 | 경영지원 홍성우
인쇄 한영문화사

출판등록	1992년 3월 4일 제4-172호
주소	서울시 광진구 천호대로132길 15, 세종 SMS 빌딩 3층
전화	마케팅 (02)778-4179, 편집 (02)775-7011
팩스	(02)776-4013
홈페이지	www.sejongbooks.co.kr
네이버 포스트	post.naver.com/sejongbook
페이스북	www.facebook.com/sejongbooks
원고모집	sejong.edit@gmail.com

ISBN 978-89-8407-970-0   03320